信托所得的跨境征税

International Taxation of Trust Income

Principles, Planning and Design

原则、筹划与安排

［澳］马克·布拉巴松　著
（Mark Brabazon）

张泽平　赵文祥　译

法律出版社　LAW PRESS·CHINA
北京

This is a simplified-Chinese translation of the following title published by Cambridge University Press:

International Taxation of Trust Income: Principles, Planning and Design
9781108492256

This simplified-Chinese translation for the People's Republic of China (excluding Hong Kong, Macau and Taiwan) is published by arrangement with the Press Syndicate of the University of Cambridge, Cambridge, United Kingdom.

© Law Press China 2025

This simplified-Chinese translation is authorized for sale in the People's Republic of China (excluding Hong Kong, Macau and Taiwan) only. Unauthorised export of this simplified-Chinese translation is a violation of the Copyright Act. No part of this publication may be reproduced or distributed by any means, or stored in a database or retrieval system, without the prior written permission of Cambridge University Press and Law Press China.

Copies of this book sold without a Cambridge University Press sticker on the cover are unauthorized and illegal.

本书封面贴有Cambridge University Press防伪标签，无标签者不得销售。

英文原著著作权归原作者。
中文版由剑桥大学出版社授权法律出版社有限公司独家出版发行。
版权所有，违者必究。

著作权合同登记号
图字：01-2021-2550

原著作者简介

[澳] 马克·布拉巴松（Mark Brabazon）
澳大利亚昆士兰大学文学学士、法学硕士，悉尼大学博士。澳大利亚温特沃思·塞尔伯恩律师事务所律师、新南威尔士州判例报告委员会主席。拥有超过35年的律师执业经验，为纳税人和税务机关提供咨询和代理，并在各类税务、股权和商业纠纷中担任法律顾问。

译者简介

张泽平
法学博士，华东政法大学国际法学院教授、博士生导师，国际税法研究中心主任。

赵文祥
法学博士，上海中联律师事务所顾问。

信托所得的跨境征税

在本书中,马克·布拉巴松(Mark Brabazon SC)将信托所得的跨境征税作为具有全球统一性的主题进行研究。本书涵盖了澳大利亚、新西兰、英国和美国关于信托的国际税收规则,以及上述4个国家对委托人、受益人、信托和信托分配的税收规则。对于本书所归纳的有关信托征税的原则及其规则,各国可将其适用于对由信托取得、通过信托取得或来源于信托的跨境所得的征税事项。本书还指出了由于不同国家税收规则之间的差异错配或单纯国内层面的不合理税制所导致的双重征税与双重不征税问题,并在税制设计上提出解决方案去实现特定规则的政策功能(包括反避税),不同税收管辖权的优先级,各国税收主权以及国内法和税收协定(以下简称协定)各自发挥的作用。最后,本书还对 OECD(Organisation for Economic Co-operation and Development)/G20(Group of Twenty)防止税基侵蚀和利润转移项目及各项行动计划(base erosion and profit shifting, BEPS)改革进行了讨论,该讨论也涵盖了 OECD 税收协定范本(Model Tax Convention on Income and on Capital)中的透明实体条款。

马克·布拉巴松是一名澳大利亚出庭律师,拥有超过35年的律师执业经验,是温特沃思·塞尔伯恩律师事务所(Wentworth Selborne)的律师。他拥有悉尼大学的博士学位和昆士兰大学的文学学士及法学硕士学位。马克·布拉巴松为纳税人和税务机关提供咨询和代理,并在各类税务、股权和商业纠纷中担任法律顾问。他还担任新南威尔士州判例报告委员会主席。本书是马克·布拉巴松在其博士论文的基础上完成的。

译者序

尽管我国《信托法》已于 2001 年施行，信托制度已在民事、公益慈善、商事等领域广泛应用，但长期以来与之对应的税法规则付之阙如。目前，仅有财政部、国家税务总局《关于信贷资产证券化有关税收政策问题的通知》(财税〔2006〕5 号)这一税收文件对利用信托进行信贷资产证券化业务的涉税事项进行了规定，且限于企业所得税的处理。这带来的问题是显而易见的，在信托设立、存续、变更以及终止环节，都存在着对信托当事人是否征税以及如何征税的争议，特别是涉及自然人的情形。例如，自然人委托人向受托人转移信托财产时，是否对其征税；自然人受益人取得信托收益分配时，是否对其征税等。近年来，随着中国税务居民在境外设立信托的普遍实践以及受益人身份的多元化，信托还将面临跨境征税的诸多问题。例如，境外家族信托的征税问题，受益人是中国税务居民，其取得信托收益分配时是否对其征税。再如，境内信托的受益人是境外税务居民，其取得信托收益分配时是否对其征税，能否适用税收协定的优惠税率等。这些问题的解决极其复杂，涉及跨境所得的定性、纳税主体的认定、税收协定的适用、境外财产申报制度等。

我国现行相关税制主要围绕自然人以及能够进行商事登记(如公司、合伙等)的法律主体展开,信托以及类信托(资管计划、契约型基金等)在法律本质上是一个法律关系而非独立的法律主体,涉及委托人、受托人和受益人三方当事人的法律安排,委托人和受益人既可能是同一主体,也可能是不同主体,信托所得的名义归属与实质归属也可能并不一致,对此需要设置专门的衔接规则予以规范,而现行税制框架下并未将这类特殊的法律安排纳入。

《信托所得的跨境征税:原则、筹划与安排》可以为我国相关税制的完善提供参考。本书将澳大利亚、新西兰、英国和美国这四个信托制度比较发达国家的税制规则作为主要研究对象,从全球视角将信托所得的跨境征税作为一个主题进行系统性和结构性的研究。值得注意的是,本书采用了功能比较的分析方法,使各国税制规则有了可以分析和比较的基础。在功能比较法的视角下,各国信托税制规则都需要回应以下三个核心议题:第一,征税时点。在信托取得所得时征税,还是在信托向受益人分配时征税。第二,纳税主体的选择。明确了征税时点后,继而需要确认的是,对于该信托所得,是委托人、受托人还是受益人对该项所得负有纳税义务。这其中信托所得、委托人、受托人以及受益人,都可能存在跨境情形。第三,如何应对跨境情形下可能发生的双重征税或者双重不征税问题。上述三个核心议题的讨论,构成了本书以及信托税制构建的核心内容。相信本书所归纳和梳理的有关信托的境内和跨境征税的税收政策与征税规则,将给未来的中国信托税制立法提供参考。

需要强调的是,本书并非仅是理论层面的抽象探讨,全书随处可见各国税法规则的细节论述以及这些规则所涉制度之间的功能性比较,充满着实践旨趣。本书还可以作为境外信托税法的学习教材。相信无论是立法者、科研人员、信托行业的从业人员和学生,都将受益颇丰。

  本书中文译本的面世,得益于诸多人的参与和奉献。以下人员在初稿翻译的过程中提供了大力协助:王佩(前言与第一章),戴婧(第二章),付可嘉(第三章、第八章、附录),高琳颖(第四章、第五章),吴仪(第六章),刘姗姗(第七章),彭月盈(第八章、第九章、附录)。其中,付可嘉、彭月盈还参与了全书的校对和统稿工作。感谢法律出版社对本书出版的大力支持,尤其是法治与经济分社社长沈小英女士、分社长助理陈妮女士和编辑张思婕女士、编辑王鸿女士的辛勤付出。此外,还要特别感谢的是香港汇聚信托有限公司董事长张世荣先生,其协调了汇聚信托对本书出版的资助,并对本书的翻译提供了宝贵意见。最后,囿于译者水平,本书的错谬之处在所难免,恳请读者批评指正。

译者

2025 年 1 月 6 日于牛津郡

前　言

在普通法系国家,律师不仅熟悉公司与合伙企业,也同样熟悉信托。梅特兰(Maitland)曾说过,信托是"英国人在法律领域取得的最伟大、最有特色的成就"。[1] 除了信托的固有功能,长期以来信托还被当作税收筹划和避税的工具。如何对信托及其所得征税是一个难题。将信托视为税收不透明(fiscally opaque)或将其视为纯粹透明实体的做法,都不能令人满意。信托税收规则是奇异的,其有选择性地借鉴了其他类型实体的征税模式,并且自成一格,信托税收规则具有的特点与其他任何实体的税收规则都不完全相似。此外,信托税收规则也因国家而异,且时常包括特殊的国际税收规则。可以预期的是,信托税收规则在不同国家存在某些相同的问题,但这些问题在不同的税制下会以不同的方式展现出来。当一个人的税收居民身份具有跨境特征时,如果他把财产资本化或者希望通过信托获益,前述

---

[1] F. W. Maitland, *The Unincorporated Body*, 3 Maitland, Collected Papers (Bristol University, 1911), www.efm.bris.ac.uk/het/maitland/unincor.mai.

问题会给投资地点、所得来源地和实际管理地的认定带来一定困难（也可能是税收筹划的机遇）。

　　本书有三个目标。首先是确定各国对信托所得和分配跨境征税的原则。对于这部分内容，主要参考了澳大利亚、新西兰、英国和美国的税收制度。其次是阐明由于信托的存在附带产生的非故意的双重不征税和双重征税。这取决于不同国家的信托税制在涉及协定适用或不涉及协定适用时的相互影响情况，特别是当这些国家在税务处理时对信托所得的归属存在分歧时。最后是针对双重征税和双重不征税的问题从税制设计原则的角度提出解决方案。这一目标是通过参考一国税收管辖权背后的财政利益，以及为协定适用和无协定适用时的异常情况提供解决方案，制定可用于确定税收管辖权的功能特征和优先次序的原则来实现的。

　　尽管信托在税法领域一直占有一席之地，但本书的写作是第一次从全球视角将信托的跨境征税作为一个主题进行系统性和结构性的研究。本书的受众包括信托从业者、学者、行政人员和正在设计或重新设计税法或协定的立法者。无论是从一般法承认还是不承认信托的国家视角展开，都欢迎同人对这一主题作进一步研究。本人在悉尼大学的博士论文是本书的写作基础。

　　在写作过程中，我得到了许多人的帮助，如果没有他们，这本书就不会付梓出版。我深深地感谢我的导师理查德·范恩（Richard Vann），感谢他对我工作的一贯支持，以及对这本书源起项目的深思熟虑的建议和深刻的见解。我还要感谢我的前导师李·伯恩斯（Lee Burns），因为他建议早期进行一个小范围的研究项目可能会对我的博士论文有所帮助；感谢我的辅助导师迈克尔·迪基斯（Michael

Dirkis),以及那些耐心阅读初稿并给予支持和鼓励的朋友和同事们。感谢悉尼大学和罗斯帕森斯中心(Ross Parsons Centre)帮助我向国际社会展示这一研究成果。最后,我要感谢亲爱的另一半埃斯特尔(Estelle),她自始至终都乐于接纳这个执拗闯进我们生活的项目。

术　语

归属：如果为税收之目的，某一所得被认定为属于某人/实体，或者该所得的税务处理依据该人/实体的税收属性（如税收居民身份）而确定，则认为该所得归属该人/实体。同见"税收归属"及"间接归属"。

导管情形/处理：当某国的本地/居民实体被认定为向非居民传递外国所得时，该国不对该实体征税或进行相应税务处理，这意味着相应所得归属非居民。

当期税收：在涉及信托的情形中，根据信托层面所得产生的纳税期间向信托、受益人或委托人就这一信托所得征税。

差别透明：信托或其他实体的差别透明指的是，依据/参考该实体的形式或属性之外的标准，将某一实体层面（基于其所拥有的财产）的特定所得归属该实体或参与人。

捐赠信托：该类型信托项下，财富将随着时间推移受控制地转移至委托人意图转移的人。

税收归属：见"归属"。

信托的税收居民身份：见"信托居民身份"。

委托人：通过赠与或者低于市场价格的交易或买卖的方式,将信托资本化并赋予其经济价值的人。

入境(税收/归属)：入境税收,对归属非居民的所得行使来源地税收管辖权；入境归属,将应征收来源地税收的所得归属非居民。

由/通过信托取得的所得：在信托层面取得或确认(recognize)的所得,而无论其是否为税收之目的被认定为信托、受益人或委托人的所得。

来源于信托的所得：由信托向受益人进行实际或视同分配并被认定为受益人的税法所得,而非受益人归属的信托所得的传递。

间接归属：一国根据另一人的所得项目(如信托所得)将特定所得归属特定纳税人,但没有明确承认两种所得之间的统一性,同时也没有明确排除对另一人(如信托)的所得归属,另一人可能会/可能不会在该国纳税。

投资信托：受益人同时也是委托人的信托,根据信托条款受益人有权享有信托所得。

非当期税收：与分配有关的征税,征收非当期税收并不必然需要参考当期信托层面产生的所得。

出境(税收/归属)：出境税收是对税收居民的外国来源所得征税；出境归属是将外国来源所得归属税收居民处。

代理(缴税)：在涉及信托的情形下,由信托承担信托归属所得的实质性、最终性税负,该所得在分配时不会被同一国家再次征税,无论是基于分配不征税,还是所得在可追溯到分配的范围内免税。

反向混合：就特定所得而言,如果该所得在实体所在国不归属实体,并且在任何信托当事人所在国也不归属信托当事人,则该实体为反向混合实体。

往返(情形/处理):对通过离岸或非居民实体回到居民手中的本地来源所得,一国拒绝给予入境待遇的情形。

设立人联结:新西兰通过建立设立人联结,在全球范围内对信托分配所得征税。

税法所得:与信托法所得或会计所得不同,税法所得是就所得税法/资本利得税而言的所得。

应税存在:纳税人在特定国家的应税存在将导致按照净所得税基征税,特别是对于非居民纳税人而言,如果在一国没有应税存在则不需要征税或者以毛所得税基征税。

信托归属:信托所得不归属受益人或者委托人,而是归属信托整体,由信托实体代表整个信托承担纳税义务。

信托实体:对信托归属所得承担纳税义务的纳税人——通常是信托本身,或者以该身份行事的受托人集合体。

信托所得:在信托层面取得或确认的所得,不管税收目的上其是否被视为信托、受益人或委托人的所得。

信托居民身份:在一个以居民国/来源地为基础征税的国家,该国依据信托的税收居民身份对全球范围内的信托归属所得征税。

信托法所得:根据信托法的相关概念所确定的所得。

信托层面所得:见"信托所得"。

信托相关所得:信托取得(derived by)的所得/通过(through)信托取得的所得或源自(from)信托取得的所得。

缩略语

1963年OECD草案 《OECD关于避免对所得和资本双重征税的协定范本草案》(1963)[2017年修订,《OECD税收协定范本(2017年修订版)》(2017年11月21日OECD理事会批准)]

ATO Australian Taxation Office 澳大利亚税务局

BEPS base erosion and profit shifting 税基侵蚀和利润转移(BEPS行动计划指的是OECD/G20防止税基侵蚀和利润转移项目及各项行动计划)

BEPS 行动计划2报告 《OECD/G20税基侵蚀和利润转移项目行动计划2,消除混合错配安排的影响:2015年最终报告》(2015)

BEPS 行动计划6报告 《OECD/G20税基侵蚀和利润转移项目行动计划6,防止税收协定优惠的不当授予:2015年最终报告》(2015)

CG HMRC Capital Gains Manual 英国税务海关总署:《资本利得手册》(www.gov.uk/hmrc-internal-manuals/capital-gains-manual)

CIR Commissioner of Inland Revenue (NZ)/Commissioner of

Internal Revenue (US) 新西兰/美国的税务局局长

CTA 2009　Corporation Tax Act 2009　《2009年公司税法》(英国)

DCT　Deputy Commissioner of Taxation (Australia)　税务局副局长(澳大利亚)

DIR　dividend, interest and (or) royalty　股息、利息和(或)特许权使用费

FA [year]　Finance Act　《财政法案[年度]》(英国){第二部这样的法案被缩写成 FA (No.2) [year]}

FCT　Federal Commissioner of Taxation　联邦税务局局长(澳大利亚)

G20　Group of Twenty　二十国集团

HMRC　Her Majesty's Revenue and Customs　英国税务海关总署

IntTAA　International Tax Agreements Act 1953 (Cth)　《1953年国际税收协定》(澳大利亚联邦法院法)

IRC　Inland Revenue Commissioners (UK)　税务局局长(英国)

IRC　Internal Revenue Code (US)　《国内收入法典》(美国)

IRD　Inland Revenue Department (NZ)　新西兰税务局

IRS　Internal Revenue Service (US)　美国国内税收署

ITA NZ　Income Tax Act 2007 (NZ)　《2007年所得税法》(新西兰)

ITA UK　Income Tax Act 2007 (UK)　《2007年所得税法》(英国)

ITAA 1915　Income Tax Assessment Act 1915 (Cth)　《1915年所得税法评估法案》(澳大利亚联邦法院法)

ITAA 1922 Income Tax Assessment Act 1922（Cth）《1922年所得税法评估法案》(澳大利亚联邦法院法)

ITAA 1936 Income Tax Assessment Act 1936（Cth）《1936年所得税法评估法案》(澳大利亚联邦法院法)

ITAA 1997 Income Tax Assessment Act 1997（Cth）《1997年所得税法评估法案》(澳大利亚联邦法院法)

ITR 1936 Income Tax Regulations 1936（Cth）《1936年所得税条例》(澳大利亚联邦法院法)

ITTOIA Income Tax（Trading and Other Income）Act 2005（UK）《2005年所得税法案(贸易和其他所得)》(英国)

MLI Multilateral Convention to Implement Tax Treaty Related Measures to Prevent Base Erosion and Profit Shifting 《实施税收协定相关措施以防止税基侵蚀和利润转移的多边公约》(2016年11月24日通过,2017年6月7日首次签署,2018年7月1日生效)

NRWT non-resident withholding tax（NZ） 非居民预提税(新西兰)

OECD Organisation for Economic Cooperation and Development 经济合作与发展组织

OECD注释 OECD Commentary/OECD Comm OECD对协定范本的注释[载于《OECD税收协定范本及注释(2017年版)》;在历史背景下,也包括它以前的几个版本;根据注释采用的形式,本书中将使用"OECD范本第24条注释第67段"等表述精确引用和参考注释内容;对OECD范本以及注释的导言部分的引用不采用条款形式]

OECD 范本　OECD Model　OECD《关于对所得和财产避免双重征税协定范本》(在历史背景下,也包括它以前的几个版本)

OECD《合伙企业报告》　Partnership Report OECD

PE　permanent establishment　常设机构

TAA Au　Taxation Administration Act 1953（Cth）　《1953 年税收征管法》(澳大利亚联邦法院法)

TAA NZ　Tax Administration Act 1994（NZ）　《1994 年税收征管法》(新西兰)

TCGA　Taxation of Chargeable Gains Act 1992（UK）　《1992 年应税利得征税法》(英国)

TIOPA　Taxation（International and Other Provisions）Act 2010（UK）　《2010 年国际及其他规定法》(英国)

TSEM　Trusts, Settlements and Estates Manual　英国税务海关总署:《信托,财产转让和财产手册》(www.hmrc.gov.uk/manuals/tsemmanual/index.htm)

UN 范本　UN Model　United Nations Model Double Taxation Convention between Developed and Developing Countries 2017　《2017 年联合国发达国家与发展中国家间避免双重征税协定范本》(在历史背景下,也包括它以前的几个版本)

US 范本　US Model　United States Model Income Tax Convention（2016）　《美国所得税协定范本》(2016)(在历史背景下,也包括它以前的几个版本)

案 例

澳大利亚

AAT Case 6103（1990）21 ATR 3594（Case X69 90 ATC 531）.
ABB Australia Pty Ltd. *v*. FCT（2007）162 FCR 189.
Bywater Investments Ltd. *v*. FCT（2016）260 CLR 169.
Charles *v*. FCT（1954）90 CLR 598.
Chevron Australia Holdings Pty Ltd. *v*. FCT（No. 4）（2015）102 ATR 13.
Chianti Pty Ltd. *v*. Leume Pty Ltd.（2007）35 WAR 488.
Colonial First State Investments Ltd. *v*. FCT（2011）192 FCR 298.
Cooper Brookes（Wollongong）Pty Ltd. *v*. FCT（1981）147 CLR 297.
CPT Custodian Pty Ltd. *v*. Commissioner of State Revenue（2005）224 CLR 98.

Davis *v*. FCT (1989) 86 ALR 195.

Esquire Nominees Ltd. *v*. FCT (1973) 129 CLR 177.

FCT *v*. Angus (1961) 105 CLR 489.

FCT *v*. Australia and New Zealand Savings Bank Ltd. (1998) 194 CLR 328.

FCT *v*. Bamford (2010) 240 CLR 481.

FCT *v*. Everett (1980) 143 CLR 440.

FCT *v*. Linter Textiles Australia Ltd. (in liq) (2005) 220 CLR 592.

FCT *v*. Tadcaster (1982) 13 ATR 245.

FCT *v*. Whiting (1943) 68 CLR 199.

Fischer *v*. Nemeske Pty Ltd. (2016) 257 CLR 615.

GE Capital Finance Pty Ltd. *v*. FCT (2007) 159 FCR 473; 9 ITLR 1083.

Glenn *v*. Commissioner of Land Tax (1915) 20 CLR 490.

Harmer *v*. Federal Commissioner of Taxation (1991) 173 CLR 264.

Howard *v*. FCT (2012) 206 FCR 329.

Howard *v*. FCT (No. 2) (2011) 86 ATR 753.

Leighton *v*. FCT (2011) 84 ATR 547.

Newcastle City Council *v*. GIO General Ltd. (1997) 191 CLR 85.

Octavo Investments Pty Ltd. *v*. Knight (1979) 144 CLR 360.

Russell *v*. FCT (2009) 74 ATR 466.

Russell *v*. FCT (2011) 190 FCR 449; 13 ITLR 538.

Stewart Dawson Holdings Pty Ltd. v. FCT (1965) 39 ALJR 300.

Syme v. Commissioner of Taxation (Vic) (1914) 18 CLR 519.

Taylor v. FCT (1970) 119 CLR 444.

Taylor v. The Owners SP 11564 (2014) 253 CLR 531.

Tech Mahindra Ltd. v. FCT (2015) 101 ATR 755; 18 ITLR 239.

Tech Mahindra Ltd. v. FCT (2016) 103 ATR 813; 20 ITLR 70.

Thiel v. FCT (1990) 171 CLR 338.

Traknew Holdings Pty Ltd. v. FCT (1991) 21 ATR 1478.

Truesdale v. FCT (1970) 120 CLR 353.

Zeta Force Pty Ltd. v. FCT (1998) 84 FCR 70.

加拿大

Canada – Israel Development Ltd. v. Minister of National Revenue [1985] 2 CTC 2460.

芬 兰

Re A Oyj Abp (2002) 4 ITLR 1009.

法　国

Conseil d'État, 28 March 2008, No. 271366 Rec Lebon (Aznavour); Tax Treaty Case Law IBFD.

德　国

Compagnie de Saint – Gobain, Zweigniederlassung Deutschland *v.* Finanzamt AachenInnenstadt (Case 307 – 97) [1999] ECR I – 6181.

Re US S Corporation's German Withholding Tax Status I R 48/12; (2013) 16 ITLR 428.

新西兰

Baldwin *v.* CIR (1965) NZLR 1.
Davidson *v.* CIR [1976] NZLR 705.
IRC (NZ) *v.* Ward (1969) 1 ATR 287.
Levin *v.* Ikiua [2011] 1 NZLR 678.
Lin *v.* CIR (2018) 20 ITLR 602.
Tucker *v.* CIR (1965) NZLR 1027.

英 国

Anson *v*. IRC [2015] STC 1777; 17 ITLR 1007.

Archer – Shee *v*. Garland [1931] AC 212.

Baker *v*. Archer – Shee [1927] AC 844 294, 295 Bayfine UK Ltd. *v*. HMRC [2011] STC 717; (2011) 13 ITLR 747.

Bricom Holdings Ltd. *v*. IRC [1997] STC 1179.

Cape Brandy Syndicate *v*. IRC [1921] 1 KB 64.

F. L. Smidth & Co. *v*. Greenwood [1921] 3 KB 583.

Gartside *v*. IRC [1968] AC 553.

Greenwood *v*. F. L. Smidth & Co. [1922] 1 AC 417.

Hardoon *v*. Belilios [1901] AC 118.

IRC *v*. Botnar [1999] STC 711; (1999) 72 TC 205.

IRC *v*. Countess of Longford [1927] 1 KB 594.

IRC *v*. Countess of Longford [1928] AC 252.

IRC *v*. Duke of Westminster [1936] AC 1.

IRC *v*. Plummer (1980) AC 896.

Jones *v*. Garnett (2007) 1 WLR 2030 (HL).

Kelly *v*. Rogers [1935] 2 KB 446.

Re Vestey's Settlement [1951] Ch. 209.

Reid's Trustees *v*. IRC [1929] SC 439; 14 TC 512.

Saunders *v*. Vautier (1841) 4 Beav 115; 49 ER 282.

Stanley *v.* IRC［1944］KB 255 121.

Stevenson *v.* Wishart［1987］1 WLR 1204.

West *v.* Trennery［2005］STC 214;（2005）76 TC 713.

Williams *v.* Singer［1921］AC 65.

美　国

Brigham *v.* US, 160 F. 3d 759（1st Cir. 1998）.

Buhl *v.* Kavanagh, 118 F. 2d 315（6th Cir. 1941）.

Central de Gas de Chihuahua SA *v.* CIR, 102 TC 515（1994）.

CIR *v.* North American Bond Trust, 122 F. 2d 545（2nd Cir. 1941）.

CIR *v.* South Texas Lumber Co. , 333 US 496（1948）.

CIR *v.* Stearns, 65 F. 2d 371（1933）.

Eisner *v.* Macomber, 252 US 189（1920）.

Elm Street Realty Trust *v.* CIR, 76 TC 803（1981）.

Estate of Kanter *v.* CIR, 337 F. 3d 833（7th Cir. 2003）.

Helvering *v.* Clifford, 309 US 331（1940）.

Lynchburg Trust & Savings Bank *v.* CIR, 68 F. 2d 356（4th Cir. 1934）.

Morrissey *v.* CIR, 296 US 344（1935）.

目 录

第一章 导论   001
  1.1 目标、意义和方法论   002
  1.2 作为法律组织和经济实体的信托   007
  1.3 对信托相关所得的征税   014
    1.3.1 税收规则设计的选择   014
    1.3.2 国际税收   016
    1.3.3 信托所得相关概念   017
    1.3.4 税收归属   019
  1.4 适用范围   022
  1.5 结构   027

第一部分 国内税法:澳大利亚、新西兰、英国和美国

第二章 委托人   033
  2.1 委托人归属   034

2.2 历史和起源 035
  2.2.1 美国 036
  2.2.2 澳大利亚和新西兰 038
  2.2.3 英国 038
2.3 委托人归属一般规则 040
  2.3.1 美国 042
  2.3.2 英国 044
  2.3.3 澳大利亚 047
2.4 入境制度 049
2.5 出境制度 052
  2.5.1 美国和澳大利亚 054
  2.5.2 英国 061
  2.5.3 新西兰 065
2.6 小结 068

第三章 受益人 072
3.1 一般受益人归属 073
3.2 受益人入境税收 078
  3.2.1 境外所得 079
  3.2.2 经营所得 080
  3.2.3 不动产所得 084
  3.2.4 DIR 所得 086
  3.2.5 资本利得 094
  3.2.6 入境受益人规则总结 097

目录

3.3 居民受益人出境税收 099
 3.3.1 所得 099
 3.3.2 资本利得 101
 3.3.3 双重征税减免 105
 3.3.4 往返情形 113
 3.3.5 受益人出境规则总结 116
3.4 小结 119

第四章 信托 123
4.1 信托实体和信托归属 123
4.2 信托居民身份 125
 4.2.1 澳大利亚 126
 4.2.2 美国 128
 4.2.3 英国 129
 4.2.4 新西兰 130
4.3 入境税收制度 134
4.4 出境税收制度 135
4.5 小结 138

第五章 分配 140
5.1 概述 140
5.2 澳大利亚、美国和新西兰 142
 5.2.1 应税分配 144
 5.2.2 双重税收减免 146

  5.2.3 返付利息 148
5.3 英国 149
  5.3.1 所得 149
  5.3.2 入境制度 150
  5.3.3 出境制度 152
  5.3.4 导管及往返情形 152
  5.3.5 资本利得 153
5.4 小结 153

第六章 国际信托 156

6.1 国际信托税制 156
  6.1.1 国内一般税收 157
  6.1.2 入境导管情形 159
  6.1.3 出境往返情形 160
  6.1.4 信托居民身份 163
6.2 双重征税 164
6.3 不征税 167
6.4 信托作为代理 172
6.5 小结 175

第二部分 全球税收

第七章 国际税收 179

7.1 国际税收秩序 180

7.1.1	税收协定	180
7.1.2	国内税法的协调	183
7.1.3	部分主题及主要时间线	184
7.1.4	《合伙企业报告》	185
7.1.5	BEPS 行动计划	186
7.1.6	国际税收的一致性	188
7.2	国内法与 BEPS 行动计划的互相影响	192
7.2.1	基于信托的错配与税收套利	192
7.2.2	BEPS 行动计划 2 与国内法	195
7.3	综合分析	203
7.3.1	概述	203
7.3.2	来源地税收管辖权	207
7.3.3	一般税收管辖权的出境适用	209
7.3.4	特别出境机制	214
7.3.5	其他反税基侵蚀和利润转移的措施	217
7.3.6	小结	217

第八章 协定 219

8.1	历史和背景	221
8.2	协定适用	229
8.2.1	协定中的"人"	230
8.2.2	协定居民	231
8.2.3	双重居民	237
8.2.4	反滥用限制	238

- 8.3 信托所得 240
  - 8.3.1 双重征税 241
  - 8.3.2 透明实体条款 243
  - 8.3.3 税收透明 245
  - 8.3.4 透明实体条款在信托所得方面的适用 255
  - 8.3.5 保留条款 258
  - 8.3.6 差别透明 260
  - 8.3.7 委托人的作用 262
  - 8.3.8 透明归属分析 264
  - 8.3.9 承认混合实体税收透明的后果 278
  - 8.3.10 经营结构归属 278
  - 8.3.11 受益所有权 286
  - 8.3.12 公司参股股息 290
  - 8.3.13 居民国协定减免 294
- 8.4 分配 302
  - 8.4.1 来源地税收 302
  - 8.4.2 居民税收 304
  - 8.4.3 协定减免的效果 305
  - 8.4.4 协定后减免 306
- 8.5 小结 308

第九章 总结和建议 311
- 9.1 原则 312
  - 9.1.1 来源原则 312

9.1.2　委托人　　　　　　　　　　　　　313
　　9.1.3　受益人　　　　　　　　　　　　　316
　　9.1.4　信托　　　　　　　　　　　　　　319
　　9.1.5　双重征税减免　　　　　　　　　　320
9.2　不征税和双重征税　　　　　　　　　　　321
　　9.2.1　不征税　　　　　　　　　　　　　321
　　9.2.2　双重征税　　　　　　　　　　　　327
9.3　税收和协定设计　　　　　　　　　　　　335
　　9.3.1　归属冲突　　　　　　　　　　　　336
　　9.3.2　应对归属冲突和双重征税　　　　　341
　　9.3.3　信托所得和分配　　　　　　　　　346
　　9.3.4　税法和协定的内部一致性　　　　　348
　　9.3.5　一般建议　　　　　　　　　　　　349
9.4　小结　　　　　　　　　　　　　　　　　350

附　录　　　　　　　　　　　　　　　　　　　352
A.1　一般归属　　　　　　　　　　　　　　　353
　　A.1.1　英国　　　　　　　　　　　　　　353
　　A.1.2　美国　　　　　　　　　　　　　　356
　　A.1.3　澳大利亚　　　　　　　　　　　　361
　　A.1.4　新西兰　　　　　　　　　　　　　370
A.2　经营所得的入境税收　　　　　　　　　　375
　　A.2.1　澳大利亚　　　　　　　　　　　　375
　　A.2.2　美国　　　　　　　　　　　　　　379

A.2.3　英国	382
A.2.4　新西兰	387
A.3　DIR 所得的入境税收	389
A.3.1　澳大利亚	390
A.3.2　美国	400
A.3.3　英国	405
A.3.4　新西兰	411
A.4　外国税收抵免:纳税人的同一性	417
A.4.1　澳大利亚	417
A.4.2　美国	420
参考文献	422

图表目录

图

1.1	信托、信托当事人、信托财产和所得	009
4.1	委托人规则和信托规则的相互作用	139
7.1	BEPS 与 OECD 的主要时间线	184
7.2	受益人归属模式的取消(建议 5.2)	200
7.3	委托人归属模式的取消(建议 5.2)	201
7.4	信托居民国再分配(建议 5.2)	202
8.1	来源地国—居民国协定	222
8.2	居民国—居民国协定	223

表

2.1	委托人归属规则的总结	070
3.1	归属非居民受益人的 DIR 所得的征税	087
3.2	外国税收抵免和居民受益人	108
4.1	外国税收抵免和居民信托	138

6.1	信托所得的外国税收双重征税抵免	162
6.2	信托居民身份标准	163
7.1	税收管辖权概述	206
8.1	OECD范本(2017)第1条第2款、第3款,第23条的补充	220
8.2	《合伙企业报告》的一般原则	225
8.3	《合伙企业报告》的一般原则(归属)	226
8.4	两版避免居民国与居民国间双重征税条款的对比	301

第一章 导 论

本书探讨了一些国家对于信托取得(derived by)的所得/通过(through)信托取得的所得或源自(from)信托取得的所得,行使国际税收管辖权的相关原则,以及在涉及协定适用和不涉及协定适用情形下各国行使税收管辖权的相互影响。通过研究澳大利亚、美国、英国和新西兰的国内税法,本书初步归纳了一整套关于信托所得跨境征税的原则、政策和税收规则。除此之外,本书结合 BEPS 行动计划[2]的工作成果及 OECD 范本[3]的相关内容,对各国国内税法间的相互影响进行了更加广泛的思考。

本章导论先对该项研究的目标、意义以及方法论进行概述,接下来,本章将信托视为一个法律组织和一个经济实体,并简要概述了信

---

[2] OECD 和 G20 关于 BEPS 的讨论参见本书第 7.1.5 节。关于 BEPS 及其 15 项行动计划的简要说明,见 OECD/G20 BEPS Project, *Explanatory Statement*: 2015 *Final Reports* (2015)。

[3] OECD《关于对所得和财产避免双重征税的协定范本》《税收协定范本:2017 年简明版》(2017),见第 7.1.1 节。本书在相关历史背景下所提及的《OECD 税收协定范本》均为在当时有效的版本。

托给一国税制设计带来的空间和挑战,包括透明和不透明征税模式的区分,单一征税和双重征税的区分,以及信托作为实体本身与作为潜在纳税人的信托参与人(participants)之间的区分。本章还对不同国家就相同事实安排可能采取的跨境征税路径选择加以阐述,并对后续章节中使用的术语予以明确。本章随后概述了本项研究的覆盖范围,并对所调研国家的信托税收规则进行了简要总结。最后,本章介绍了本书的整体结构以及每一章节的概要。

1.1　目标、意义和方法论

本书的目标是,在多个国家拥有潜在税收管辖权的国际(税收)背景下,明确各国对信托取得/通过信托取得/源自信托取得的所得的征税原则,以及梳理在涉及协定或不涉及协定情形下各国国内税收制度的相互影响导致的双重征税或双重不征税问题,并提出一国国内税制以及协定设计的相应原则从而避免不适当的双重征税或双重不征税问题。

对于在一般法层面承认信托的国家而言,信托在该国法律、经济和社会层面都具有重要意义,并承载了除税收以外的正当功能。那些使得信托具有实用性的特征也同样使其成为具有吸引力的税收套利和避税的工具。因此,各国能否以具有一致性和原则性的方式理解和处理信托相关所得的跨境征税问题显得十分重要。全球化背景下,建立国际税收框架应对跨境安排的重要性正日益增加。BEPS行动计划的相关主张为混合体(hybrids)和其他税收透明实体的国际(征税)困境提供了解决思路,信托可能是这些实体类型中最具挑战性的一类,主要原因是:(1)其具有极大的灵活性;(2)所得(income)和资本(captial)的收益存在潜在不确定性;(3)委托人作为外部(extra)参与人的角色;(4)部分国家将不具有独立法律人格的实体拟制为纳税主体或税收居民时面临困难。不过,如果一国税制和国际税收秩序能够应对这一挑战,并正确处理信托的跨境征税问题,那么相应的解决方法也可能适用于其他混合体和透明实体的征税问题。

本书第一阶段工作是对具有代表性国家的国内税制中的信托税收规则进行分析,这些国家分别是澳大利亚、美国、英国、新西兰。这些国家经济发达,承认信托是其一般法项下的制度,遵循国际税收中通常的居民或来源地税收管辖权范式。尽管如此,这些国家的信托税收规则与相关的国际税收规则之间仍存在明显差异,这些差异表明其规则存在潜在的错配问题,并由此可以得出结论,即存在差异的一国国内税收规则与国际税收规则之间会互相影响。囿于篇幅所限,本书主要研究上述4个国家的税收规则,虽然也会部分涉及加拿大的税收规则(加拿大的这部分规则与上述4个国家相比存在概念性差异),但不试图对其进行一般性的研究。本书所进行的工作是基础性的:这些工作为对其他国家(包括那些在其一般法项下不承认信托的国家)的信托税收规则进行类似分析打下了基础。

本书采用功能比较法(functionally comparative)对被纳入研究样本的相关国家信托税收规则进行分析。[4] 这种比较中所包含的结

---

〔4〕 功能比较法侧重于"不同国家税收规则的功能,目的是确认不同国家国内税收规则之间的相似性和差异性以及面对共同问题时所采取的潜在替代解决方案",以此寻求克服不同国家税法概念的异质性和明显的不可比性。See Carlo Garbarino, *An Evolutionary Approach to Comparative Taxation*: *Methods and Agenda for Research*, American Journal of Comparative Law, Vol. 57, p. 677, 681, 687–688 (2009).

构性要素反映了国际税收的征税逻辑以及税收协定的影响。在各国信托税收规则中,第一个分歧是对当期归属信托的所得征税或是对信托分配的所得征税。第二个分歧是对纳税人的选择,即应将信托所得在当期归属谁处:委托人、受益人或信托本身。本书中委托人、受益人和信托这三个章节均包括所得归属的一般原则、入境规则(inbound setting)和出境规则(outbound setting)这几个部分。信托这一章节还会讨论信托的税收居民身份问题。根据讨论的具体主题,国际税收的逻辑,以及某些情况下可能涉及的历史背景,这些章节下的归属原则、入境规则和出境规则部分的内容还会进一步作差异化的功能细分。这些分析的目的是促进对现行和未来国际税收制度及其背后基本逻辑的理解。[5] 基于这一目的,对特定国家信托税收规则的讨论并不是总以同样的顺序展开。在某些情况下,行文顺序会有差别,以便于对征税策略的历史沿革以及具体方法进行阐释。

本书第二阶段工作聚焦国际层面的讨论。根据前面第一阶段的分析得出的结论,本书从总体上评估了各国国内税制间的相互影响。这部分主要参考了关于混合实体以及防止协定滥用的BEPS行动计划工作成果(行动计划2、行动计划6和行动计划15)的相关内容来建立分析框架。对涉及协定适用情形的分析主要参照了OECD范本、OECD《合伙企业报告》和BEPS行动计划的相关内容,辅之以对美国协定文本和其他国家协定实践中的特定因素的考量。

现行的规范性假设是,一国国内税制中有关信托的税收规则应避免不恰当的不征税,对于因各国税收制度之间的错配所导致的意

---

[5] 对信托税收规则进行比较不是首要目的,但它是有助于确定和描述税收管辖权原则及其相互影响的必要手段。

料之外的漏洞,应通过有选择性地扩大税收管辖权来弥补。这些漏洞主要来源于信托所得归属的消极冲突以及信托的双重非税收居民身份,对此采取的处理方法,类似于规制不恰当的双重征税的处理方法。不恰当的双重征税应通过协定来解决,或者采取更有选择性地参考另一国的税务处理决定是否给予单方面抵免、免税或不征税的方法来解决。在涉及协定适用或不涉及协定适用的情形下,均需要识别(不同国家)重叠的税收管辖权,并通过制定协定范本、双边或者单边条约的方式来确认优先征税权的原则。

本书并不试图从基础经济学角度对所得税的征税进行评议,而是以国际所得税制的一般体系为讨论基础,以此探讨各国国内税制和它们之间的互相影响,以及协定之间构成的国际(征税)组合(global matrix)。相关讨论将基于围绕 OECD 国际税收工作成果所发展起来的学术研究(侧重但不仅限于协定),这些研究反映了历史上法律分析、国际关系和经济政策之间的平衡与综合。[6]

对于信托的跨境征税这一问题,现有学术研究缺乏系统性研究,当然也有例外。例如,1989 年一个国际税收研究团体针对《海牙信

---

〔6〕 See H. David Rosenbloom & Stanley I. Langbein, *United States Tax Treaty Policy: An Overview*, 19 Columbia Journal of Transnational Law 359 (1981); Hugh J. Ault, *Corporate Integration and the Division of the International Tax Base*, 47 Tax Law Review 565 (1992); Reuven S. Avi-Yonah, *All of a Piece Throughout: The Four Ages of US International Taxation*, 25 Virginia Tax Review 313 (2005); C. John Taylor, *Twilight of the Neanderthals, or are Bilateral Double Taxation Treaty Networks Sustainable?*, 34 Melbourne University Law Review 268(2010); Richard J. Vann, *Writing Tax Treaty History* (24 March 2011), Sydney Law School Research Paper No. 10/19, available at SSRN: https://ssrn.com/abstract=1788603.

托公约》发布了一项研究报告,[7]该报告对部分普通法系和大陆法系国家的信托税收规则进行了比较分析,[8]报告还讨论了相应的国际税收问题(其中包含了协定有关的议题)。[9] 罗伯特·达诺农(Robert Danon)的最新研究成果对瑞士的信托税收规则进行了研究,该研究还同时对美国、加拿大和新西兰的税收规则进行了比较研究。[10] 此外还有《合伙企业报告》对信托所得归属冲突问题的研究。[11] 1989年的研究报告没有考虑对委托人进行征税的问题,尽管考虑了跨境征税情形的组合(matrix),但它没有试图对这些情形或其涉及的税务后果作出一般性或规范性解释。这项研究先于《合伙企业报告》的发布时间,但后者从根本上(甚至在不同意见者之间)改变了对非公司实体及其所得的跨境征税问题的论述。达诺农教授继续研究了涉及协定适用情况下的信托征税问题,[12]但没有扩展至

---

[7] See Alexander Easson & Victor Thuronyi, *Fiscal Transparency*, in Victor Thuronyi ed., Tax Law Design and Drafting, International Monetary Fund, 1998, p.925, 949–965. 该文和该论文集的其他文章旨在协助发展中国家设计其税收制度。另一个相当早期的贡献是 Frans Sonneveldt & Harrie L. van Mens eds., *The Trust: Bridge or Abyss between Common and Civil Law Jurisdictions?* (Kluwer, 1992),一部聚焦部分大陆法系国家和OECD范本层面对信托进行税务处理的论文集。

[8] See John F. Avery Jones et al., *The Treatment of Trusts under the OECD Model Convention – I* [1989] British Tax Review 41.

[9] See John F. Avery Jones et al., *The Treatment of Trusts under the OECD Model Convention – II* [1989] British Tax Review 65.

[10] See Robert J. Danon, *Switzerland's Direct and International Taxation of Private Express Trusts with Particular References to US, Canadian and New Zealand Trust Taxation* (Linde/ Schulthess/Westlaw/Bruylant, 2004).

[11] See Robert J. Danon, *Conflicts of Attribution of Income Involving Trusts under the OECD Model Convention: The Possible Impact of the OECD Partnership Report*, 32 Intertax 210 (2004).

[12] 信托是 Robert J. Danon, *Qualification of Taxable Entities and Treaty Protection*, 68 Bulletin for International Taxation 192 (2014)中考虑的实体之一。

信托跨境征税的总体考虑。这些研究都从不同角度为本书的分析提供了启示,但它们都没有对信托的跨境征税作出系统性理解,也没有实现本节开头部分所概述的目标。

1.2 作为法律组织和经济实体的信托

在一般法中承认信托的法域大多继承了英国的普通法,包括衡平法规则。少数具有普通法和大陆法系混合背景的法域承认信托是一种继受的或不成文的,没有独立衡平法理的组织,如苏格兰和南非。其他没有继受信托的国家或地区,则选择通过立法来采纳信托,如美国路易斯安那州、日本和中国。[13]

每个设立了信托制度的法域在法律上都是独立的,这些法域会

---

[13] 不同法律制度背景的国家和地区陆续引进信托制度,与之相关的文献研究越来越丰富。See Madeleine Cantin Cumyn, *Reflections Regarding the Diversity of Ways in Which the Trust Has Been Received or Adapted in Civil Law Countries*, in Lionel Smith ed., Re-Imagining the Trust: Trusts in Civil Law, Cambridge University Press, 2012, p. 6 and other essays in that book; Tony Honoré, *Obstacles to the Reception of the Trust: The Examples of South Africa and Scotland*, in A. M. Rabello ed., Aequitas and Equity: Equity in Civil Law and Mixed Jurisdictions, Hebrew University of Jerusalem, 1997, p. 793; George L. Gretton, *Scotland: The Evolution of the Trust in a Semi-Civilian System*, in Richard Helmholz and Reinhard Zimmermann eds., Itinera fiduciae: Trust and Treuhand in Historical Perspective, Duncker & Humblot, 1998, p. 507; George L. Gretton, *Trusts without Equity*, 49 International and Comparative Law Quarterly 599 (2000); Lusina Ho & Rebecca Lee, *Reception of the Trust in Asia: An Historical Perspective*, in Lusina Ho and Rebecca Lee eds., Trust Law in Asian Civil Law Jurisdictions: A Comparative Analysis, Cambridge University Press, 2013, p. 10; Adam Hofri-Winogradow, *Zionist Settlers and the English Private Trust in Mandate Palestine*, 30 Law and History Review 813 (2012). 这里将不考虑各国(地区)信托概念的具体差异。

各自定义信托的概念,在国际层面并没有普遍适用于各个法域的定义。不同法域对于信托定义的措辞在比较(法律)语境下出现了困难,因为它们是循环的或自我参照的。[14] 尽管如此,这些定义仍然存在一些共同点,《海牙信托公约》对此提供了一个有用且可操作的定义,该定义抓住了明示信托(express trust)的本质,也反映了普通法法域对于明示信托的理解:"在本公约中,当财产为受益人的利益或为了特定目的而置于受托人的控制之下时,'信托'这一术语系指财产授予人[15]设定的在其生前或死后发生效力的法律关系。信托具有下列特点:(一)该项财产为独立的资金,而不是受托人自己财产的一部分;(二)以受托人名义或以代表受托人的另一个人的名义拥有信托财产;(三)受托人有根据信托的条件和法律所加于他的特殊职责,管理、使用或处分财产的权力(power)和应尽的义务。财产授予人保留某些权利和权力以及受托人本身享有作为受益人的权利这一事实,并不一定与信托的存在相矛盾。"[16]

---

〔14〕 See J. D. Heydon & M. J. Leeming, *Jacobs' Law of Trusts in Australia* (LexisNexis Butterworths, 8th edn., 2016) [1.01]. 该文指出,信托的定义是令人难以捉摸的,即使并非不可能,那些已经尝试过的定义也仅仅是描述性的。对信托进行定义的尝试不可避免是循环的。因此,在[1.03]中有如下表述:"如果需要定义,那么信托可以定义为参与人之间就信托标的财产产生的整体关系,受托人对受益人的义务和受益人在财产中的利益可以视为是基于该关系的存在。"

〔15〕 在本书中通常称为委托人(grantor),见注释18。

〔16〕 海牙国际私法会议《关于信托的法律适用及承认的公约》第2条。该公约于1985年7月1日开放签署,1664 UNTS311,[1992]ATS 2(1992年1月1日生效)。该公约的功能是规定缔约国承认信托及其自体法(第1条)。它不影响各国的财政主权(第19条)。在被调研的四个国家中,澳大利亚和英国已经签署并批准了该公约,美国已经签署但尚未批准,新西兰尚未签署。参见《1985年7月1日〈关于信托的法律适用及其承认的公约〉状况表》,载海牙国际私法会议官网,https://www.hcch.net/en/instruments/conventions/status-table/? cid=59(2017年12月14日访问)。

第一章 导 论

在国际税收背景下,为受益人设立的明示信托是各方关注的焦点,本书的讨论也将聚焦于此。

信托本质上是一种财产与人之间的关系(见图1.1)。信托财产这一主体(body)是被作为一个经济实体来管理的,其并没有法人资格。[17] 它可以用于承担受托人在履行信托义务时产生的责任,但不能承担受托人的其他责任或个人责任。从法律上讲,信托是可以由受益人或者代表受益人的人来执行的。

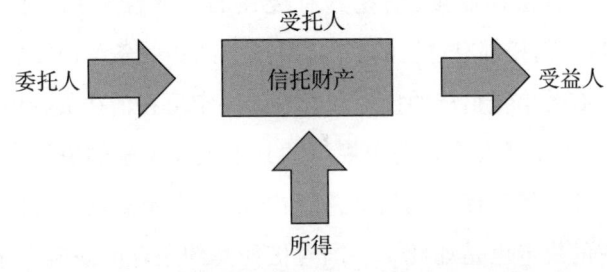

图1.1 信托、信托当事人、信托财产和所得

在税收层面,信托通常指的是一个经济实体,其是由作为一个整体的信托财产构成的,受托人或以受托人身份行事的人对该信托财产进行管理。衡平主义者(equity purists)可能不认可这一观点,但目前没有其他更为方便的术语。基于简明与常用语言的要求,信托这一术语还指代信托财产或受托人,就像在衡平法用语中该术语指代财产、受托人和受益人之间的关系那样。

信托可以通过两种方式实现资本化:财产所有人宣布就其持有的财产设立信托并由自身担任受托人;将财产转让给另一人以信托

---

[17] 参见 George L. Gretton, *Trusts without Equity*, 见注释13, 认为信托应该被视为一种概括财团(patrimony)或特别基金(Sondervermögen)。

的方式持有。信托的相关条款通常规定在提供财产的人和受托人（如果二者是不同主体）签订的信托契约中。已设立的信托可以由原始委托人或者其他人自愿将财产转让给信托受托人实现信托财产的增加或"补充"。另外，免费或以低估的价格提供任何形式的价值能实现事实上（De facto）的资本化。为了避免关于"settlor"含义的语义争论，以上述任何一种方式将（财产）资本化为信托的人通常被称为**委托人**（grantor）。[18]

作为一种法律制度，信托具有极强的灵活性和私人控制的特点。[19] 每个信托都有自己的契约，契约中的相关条款由委托人规定或同意。有关信托财产的投资和管理的决定可在信托契约中约定或限制，或者由受托人或契约中规定的其他人在未来的决策中进行自由裁量。关于信托存续期限、信托财产的最终受益权以及信托所得的受益权的决定也是如此。一国对信托契约条款的限制是很少的，且信托通常不需经登记或批准就能生效。在多数情况下，信托可以

---

[18] grantor 一词是从美国税法中借用来的，在美国税法中这一词汇众所周知。在美国该术语指的是，从出资角度来看信托真实的或者经济上的财产转让人。[Buhl v. Kavanagh, 118 F.2d 315 (6th Cir. 1941); Estate of Kanter v. CIR, 337 F.3d 833 (7th Cir. 2003)]，包括向现有信托补充（财产）的人。这包括了将现金或其他财产无偿转让至信托的转让人和以低于实际价值的价格转让财产的转让人[26 CFR s 1.671-2(e)]。与之相对的是英国和新西兰税法中的"settlor"（ITTOIA s 620; ITA NZ s HC 27）和澳大利亚的"attributable taxpayer"（ITAA 1936 s 102AAT）或"transferor"（一个通俗的同义词，参考 ITAA 1936 第 347 条和第 348 条中关于"eligible transferor"的规定）。

[19] See John H. Langbein, *The Contractarian Basis of the Law of Trusts*, 105 Yale Law Journal 625 (1995); Stewart E. Sterk, *Asset Protection Trusts: Trust Law's Race to the Bottom?*, 85 Cornell Law Review 1035 (2000); Nuncio D'Angelo, *The Trust: From Guardian to Entrepreneur: Why the Changing Role of the Trust Demands a Better Legal Framework for Allocating Stakeholder Risk* (PhD Thesis, University of Sydney, 2012) ch. 1; 另见注释 23。

有效地将信托资产与委托人[20]、受托人(以其自己的身份)和受益人[21]的债权人提出的请求权隔离开来,此外,受益人不用承担或者可以轻易避免承担信托债务。[22]

正是基于上述这些特点,信托被用于非常多样化的目的,特别是曾被用于其他法律形式无法完成或者难以达到的新的经济目标。[23]如今,信托作为工具被广泛用于包括公募和私募的集合投资;工商业中的合资和特殊目的;对职工的奖励或工资薪金;养老金或退休金;

---

[20] 主要的一般限制是欺诈性转让撤销规则。该规则源自 the Statute of Elizabeth 1571, 13 Eliz 1, c 5,并在大多数现代普通法法域(非避税地)都有体现[如 Conveyancing Act 1919 (NSW) s 37A]。家庭法和继承法也可能限制配偶或某位继承遗产有争议的人的处分效力,这类规则并不特定于信托。

[21] 如果受益人在信托中的利益是酌定的或可撤销的,那么该利益将免受强制执行或破产的影响。即使债权人可以取得该利益,除非 Saunders v. Vautier (1841) 4 Beav 115;49 ER 282 确定的规则中相关条件得到满足,否则一般也不能获得信托财产本身,该规则要求数量有限的法律上适格的受益人拥有信托财产的全部受益权,并且一致同意要求分配。这就是亨利·汉斯曼(Henry Hansmann)和雷纳·克拉克曼(Reiner Kraakman)在 The Essential Role of Organizational Law, 110 Yale Law Journal 387 (2000)中提出的积极的资产分割(affirmative asset partitioning)或(后来被称为)实体屏障(entity shielding)的强形式(strong form)。

[22] See Hardoon v. Belilios [1901] AC 118.

[23] 一个明显的例子是股份公司的发展历程。"于是,我们设立了慈善机构(Anstalt)或基金会(Stiftung),没有劳烦国家承认或否认人格的神秘特性。这不是法理学的一个微小成就,它比表现出来的更伟大。事实上,我们是在没有劳烦国王或议会的情况下建立公司的,尽管也许我们什么也没做"[F. W. Maitland, The Unincorporated Body, 3 Maitland, Collected Papers (Bristol University, 1911), www.efm.bris.ac.uk/het/maitland/unincor.mai]。另见注释19。有关信托在财税和商业世界中的另一个理想且迄今仍然独占的一个领域的论述,See Erik Röder, Combining Limited Liability & Transparent Taxation: Lessons from the Convergent Evolution of GmbH &Co. KGs, S Corporations, LLCs, and Other Functionally Equivalent Entities, 21 Florida Tax Review 762 (2018); Dale Pinto & Stewart Karlinsky, Darwinian Evolution of the Taxation of Trusts: A Comparative Analysis, 10 Journal of Australian Taxation 251(2007)。

家庭或个人财富的持有、管理或代际转移与分配(家庭信托,遗嘱信托);[24]积极经营或投资;间接参与企业(如合伙等);作为控股实体;持有特定的商业资产,基于贷款人、债权人或商业交易的其他相对方的利益提供担保资产。[25]该列举并非详尽无遗,上述这些用途在特定的法域中是较常见的。

人们选择信托的原因也是多样的:信托允许决策和受益分离;在受益人易受影响或其需求和(个人)品质尚不清楚的情况下,可以任命一位可信的决策者。信托允许受益权的享有取决于未来的事件,可以是客观的事件(出生、死亡、婚姻),也可以是基于可信决策者的自由裁量。信托可使委托人在其死亡后仍能发挥影响力,也可保护资产免受不利索赔的侵害,或从事商业投资但投资者仅承担有限责任。信托还使得获取专业管理和规模经济成为可能。税收即使不是决定性的因素,其也构成重要的考量。信托本身并不是一种避税工具,但它的特点有助于实现这一目的,并且在特定的涉税情形下,利用特定类型的信托进行避税是常见的。

---

〔24〕 特别是在澳大利亚和新西兰,此类信托除了被用于被动的(权益)持有和投资外,还常用于开展积极经营,受托人或与委托人相关的其他人一般会被赋予对信托所得和资本(利得)受益去向(beneficial destination)的高度自由裁量权。

〔25〕 See Graeme Cooper, *Reforming the Taxation of Trusts: Piecing Together the Mosaic*, 35 Sydney Law Review 187(2013); Charles M. Bruce, *United States Taxation of Foreign Trusts*(Kluwer, 2000) 43 – 48; Charles M. Bruce, Lewis D. Solomon & Lewis J. Saret, *Foreign Trusts – Continuing Uses*, 7(6) Journal of Retirement Planning 39 (2004); New Zealand, Law Commission, *Review of Trust Law in New Zealand: Introductory Issues Paper*, NZLC IP19 (2010)〔1.15〕-〔1.18〕,〔2.37〕-〔2.45〕; New Zealand, Law Commission, *Court Jurisdiction, Trading Trusts and Other Issues: Review of the Law of Trusts Fifth Issues Paper*, NZLC IP28 (2011)〔2.2〕-〔2.20〕; New Zealand, Law Commission, *Review of the Law of Trusts: A Trusts Act for New Zealand*, NZLC R130 (2013)〔2.3〕.

信托参与人和设计者并不能为所欲为。在特定的公共或社会秩序下,当信托设计的隐私性和信托的灵活性被认为属于滥用时,法院或立法者可能会限制与信托相关的交易或信托意欲达到的某些预期效果。[26] 在税务领域,这些限制常体现在对委托人的税务处理、跨境信托所得累积的税务处理以及信托避税所得累积后分配的税务处理等方面。

尽管信托存在多变的特性,但总体上可以分为两大类:第一类是用来优化投资者的财富,这些投资者向信托捐赠并成为拥有相对固定和客观权利的受益人(投资信托);第二类是服务于委托人的特定目的,后续将财富受控制地转移给委托人希望能够受益的人(捐赠信托)。前者本质上是一种投资形式,因为受益人也是委托人。而后者本质上是一种受控或延期的(在一段时间内交付的)赠与。大多数信托可以相当清楚地被划分为第一类或第二类。[27] 但**投资信托**和**捐赠信托**的区分不是信托法上的分类,之所以在这里提出是因为这种区分与税收有关。[28]

---

[26] 预防税务滥用不是唯一的例子。理想情况下的(财产)转移制度(transfer system)还应基于个人的实际经济状况,养老金或社会福利立法中通常会制定特殊条款,以承认某人在信托下可能获得的自愿性委托(voluntary entrustments)和捐赠(benefactions)。另见注释20与欺诈、家庭和强制继承(forced heirship)有关的内容。

[27] 毫无疑问,有些信托会落入这两类之间的界定,或者具有混合特征。就当前研究而言,只需注意宽泛的区别就足够了。

[28] 本书中使用的术语"投资信托"不应与英国常用的同一术语相混淆,后者指某一类封闭式集合投资工具,而其法律形式通常为公司。

1.3 对信托相关所得的征税

1.3.1 税收规则设计的选择

在其一般法中承认信托制度的国家,对信托取得的所得或通过信托取得的所得通常有一套特殊的税收规则。这些国家往往还会对所得和资本利得进行区分处理,这可能是受信托法律和实践中存在相应区别的影响。[29]

信托税收规则未必会适用于所有类型的信托。每个被调研的

---

[29] 英国、澳大利亚和新西兰的所得税制中最初没有将资本利得视为所得,也没有试图对其征税,这是受《信托法》对信托本金(corpus)/资本(属于衡平法上的剩余受益人)和所得(归属终身受益人或所得受益人)之间区别的影响。(译者注:信托本金指的是委托人移转至信托的钱或非货币财产,不包括移转后信托财产产生的收益部分。)See Ross W. Parsons, *Income Taxation: An Institution in Decay*, 13 Sydney Law Review 435 (1991). 英国现在建立了完全独立的资本利得税制,资本利得适用单独的税率结构;个人应税利得的具体数额与该个人所适用的个人所得税累进税率相关联。澳大利亚将资本利得单独视为一种法定类型的收入,并规定了复杂的规则,其中包括对非公司居民(个人和某些类型的信托)的应税资本利得数额确认有关的税收优惠。这种优惠是透过信托传递并通过一整套复杂的取消(cancellations)和回拨(write-backs)机制来实现的。因此,从某种程度上来说,优惠的具体数额与资本利得所归属的具体个人或者实体的税收属性是相匹配的(ITAA 1997 Sub-div 115-C)。新西兰坚持原来的区分方法,但将某些特定类型的资本利得(主要与土地投资和开发有关)重新定性为所得;基于本书的主题,这些具体的做法将不在本书讨论。美国则从相反的立场出发,将已实现的资本利得定性为所得,但在所得税的框架下为资本利得税制定了一套特别规则和适用税率。See Eisner *v.* Macomber, 252 US 189 (1920); Henry Calvert Simons, *Personal Income Taxation: The Definition of Income as a Problem of Fiscal Policy*, University of Chicago Press, 1938, p. 146. Richard Krever, *The Ironic Australian Legacy of Eisner v. Macomber*, 7 Australian Tax Forum 191(1990),该文观察到,该案中对于资本与所得提出了"树与果"的比喻,澳大利亚的做法似乎与美国法院所持观点相反。

国家都划定了信托税制的适用范围,这些国家都将被广义称为投资信托的这类信托,以对信托进行定义的方式来排除适用信托税收规则,而将其视为公司或合伙企业予以税务处理。有些国家还将其信托税收规则扩展适用于非信托类型的实体,如管理中的遗产。在信托征税中与存在管理的遗产有共同交集的是通过生前协议或遗嘱建立的捐赠信托,它介于原财产所有人转移财产的协议(对财产的处分)与受益人享有的对财产及其收益的最终受益权之间。如下文所示,信托征税的结构符合捐赠信托的某些特点,包括委托人的独立地位以及信托财产和所得的受益所有权的潜在不确定性。

假设一国承认信托制度是其一般法的一部分,并试图不受历史因素限制且自由地为捐赠信托或者其他类型的信托设计信托税收规则,它便会面临一系列相互关联的问题:谁应被视为取得了信托所得?在多大程度上信托本身可以被视为适格的纳税人(类比公司)?在多大程度上从信托中取得的分配应被视为独立类型的所得(类比公司股利)?第一个问题有三个潜在的答案:委托人、受益人和信托。用逐步实施的赠与来类比,该国可以认为,委托人应被视为所有权人,直至该赠与已经充分地转为在受益人的实际所有和控制下或者脱离委托人的实际所有和控制(这两者不一定等同)。[30]一个相关联的问题是,对于委托人的征税主张是否应当建立在考察持有信托财产的受托人或者是可能取得信托财产的受益人的基础上。除此之

---

〔30〕 在信托的早期历史中,格雷戈里十一世倾向于将用益权受让人(feoffee to uses)(受托人)视为相关财产捐赠者的代理人。See F. W. Maitland, *The Origin of Uses*, 8 Harvard Law Review 127 (1894).

外,一国可能会更加关注信托财产的收益由受益人享有这一基本事实,从而希望对受益人征税并将受益人视为适格的纳税主体。然而就上述两种方式而言,存在委托人已经死亡或者信托取得的所得没有明确受益分配的情形。这就产生了一个问题,即是否应该对该信托征税,或者是否应该等待直至信托财产被分配至具体的受益人。也许,该国可以像对待公司一样对待整个(信托)安排,对信托实体征收实体层面的所得税,并将信托的分配作为一种单独类型的所得进行征税。当然这种方式也存在与传统公司税中类似的问题,包括双重征税和税收递延。尽管从税务透明体至不透明体的谱系梳理是有用的,但一国对信托税制作出实际选择时将更为复杂,而这个选择是必须做的。[31]

实践中,对一国税法的设计并不能随心所欲,因其会受到自身历史因素和国际因素的限制。这些限制主要在于,保护本国税基不因机会主义利用各国税制的错配而被侵蚀,以及意图在跨境交易中保护本国居民。

1.3.2 国际税收

国际税收视角与国内税收视角不同。广义而言,假设采用传统的居民国/来源地分析范式,一国可以从以下四个维度中的任何一个主张征税:作为来源地国,或作为委托人、受益人或信托的居民国。如果一国将信托所得归属本国居民,即可以基于纳税人的居民身份对信托所得(trust income)行使税收管辖权,或者将信托的分配作为

---

[31] See J. P. le Gall, *International Tax Problems of Partnerships*: *General Report*, 80a Cahiers de droit fiscal international 655 (1995); Richard J. Vann, *Australia's Policy on Entity Taxation*,16 Australian Tax Forum 33 (2001).

源自信托的一种单独类型所得进行征税。对于一个信托在不同国家存在所得、关联(connection)或参与人的相同事实,多国同时存在重叠的税收管辖权可能导致双重征税,而潜在征税国之间同时存在税收管辖权的缺位又可能产生双重不征税,所以一国或多国可能会采取互补的方式征税。

根据征税视角不同,一国可能会以多种不同的方式来理解投资或所得的流动。国际税收中的传统做法是,根据投资资本的流动方向(通常与由此产生的所得的流动方向相反),将其分为**入境**(inbound)或**出境**(outbound)两种情况。本书采纳了这种分类方法,即假定所得的归属者提供了投资资本。但该假定的例外情形是,所得归属者是一个仅能基于(受托人)行使自由裁量权才有权取得所得的受益人。尽管如此,为方便讨论可以将其概括成简短的术语,将对非居民基于来源地管辖权的征税称为"入境情形",将对居民的境外所得征税称为"出境情形"。此外,还有**导管处理**(conduit treatment)和**往返处理**(round-trip treatment)的概念,前者指一国不对其认定的将境外所得传递给其他非居民的本国居民或居民实体征税,后者指一国不对通过离岸或非居民实体返回本国居民的本地来源所得作入境处理。

1.3.3 信托所得相关概念

对于所得这一概念,信托法和税法各有其规定,本书将分别称为**信托法所得**和**税法所得**。

从早期开始,信托在指定期限(如生存期间或一定年限)内将信托的定期收益(periodic income)应用于特定受益人是常见的情形。因此有必要进行记账,以此对连续所得受益人(successive income beneficiaries)之间享受的权利,以及剩余/资本受益人(remaindermen or capital beneficiaries)和所得受益人(income beneficiaries)之间享受的权利进行区分。信托的会计惯例也随之发展起来,但仅用于补充适用于惯例的信托目的,信托会计惯例的适用仍然从属于信托契约条款。因此,判定某一所得项目是否属于信托法所得的标准可能因具体信托而异,并且如果信托契约相关条款另有规定的话,还可能受到受托人或其他决策者行使自由裁量权的影响。[32]

相较之下,税法所得更为客观,它明确规定了应将哪些信托收入项目确认为所得,并且可能包括(税法上)被视为所得但从信托会计角度不会确认为所得的项目。税法也可能将某些商业会计上不会如此确认或以不同方式或在不同时点确认的收入项目视为税法所得。如果相关国家以这种方式对资本利得征税,则税法所得也可能包括资本利得。信托的税法所得包括了,在任何影响所得税务归属的决定作出之前,税法直接确认为信托所得的收入项目。[33]

信托的信托法所得和税法所得之间存在差异的原因有很多,包括:(1)是否涵盖资本利得;(2)特定收入项目是在资本账户还是在所得账户上进行确认;(3)特定收入项目所属期间的认定;(4)所得计算扣除项目的金额、时点或者是否属于扣除项目的确认;[34](5)特别是在反避税的情形下,税法可能会将信托法层面尚未认定为所得

---

[32] See FCT v. Bamford (2010) 240 CLR 481.

[33] 因此,如果受益人归属是通过扣除制度实现的(在美国是这样的——见第 A.1.2 节),本书使用"信托的税法所得"一词时将忽略这些特定扣除项目,而分配扣除项所涵盖的信托所得项目则按比例计入受益人归属所得,并排除在信托归属所得之外(见第 1.3.4 节)。"税法所得"的提法侧重于税法项下所得的确认,而非这部分所得如何归属。

[34] 根据上下文,"信托法所得"或"税法所得"既可能指代特定项目,也可能指代调整或扣除后的余额。

的收入项目确定为税法所得。上述这些因素的潜在重要性在各国之间存在差异。假如一国的税法归属规则需要根据酌定或可操纵的信托法权利或者其他方式进行判断(而这些方式偏离了信托法权利的经济实质[35]),或者信托税制适用范围内的信托从事积极的营业活动并产生视同税法所得的所得,将会引发难题。

在本书中,**信托所得**一词(或更确切地说是**信托层面的所得**)用于指代在信托层面取得或确认的所得,无论其在税法项下是被视为信托的所得、受益人的所得还是委托人的所得。在协定用语中,它是指**信托取得的所得/通过信托取得的所得**。相比之下,如果信托向受益人的分配在税法项下被确认为所得,而不仅仅是作为当期归属受益人的信托层面所得的传递,则该分配可以被认为是**源自信托取得的所得**。信托取得的所得、通过信托取得的所得或源自信托取得的所得可以一同被视为与**信托相关(trust-related)的所得**。

各国税制在对待资本利得的税务处理以及是否将应税资本利得归类为所得方面存在差异。本书所采取的一般方法是将资本利得视为所得的一种类型。

1.3.4 税收归属

所得税可以被认为是对所得征税的税种,也即可以被视为对

---

[35] 正如澳大利亚对信托层面的资本利得的处理所显著说明的。See Davis *v.* FCT (1989) 86 ALR 195, 230; FCT *v.* Bamford (2010) 240 CLR 481; M. L. Brabazon, *Australian International Taxation of Attributed Trust Gains*, 44 Australian Tax Review 141, §7 (2015)。

"人"（persons）取得的所得征税。[36] 纳税主体可以是自然人、法人或纯粹税法上的人。税法上的人是基于税法目的设置的，但缺乏法律人格，或者在特征、责任或能力上，与一个在税收意义之外法律上承认的确定的人不完全一致。税收归属是对人的纳税主体与对物的征税对象之间的联系。

如果一个国家以累进税率的方式征税，或对个人和公司等纳税人进行差别税务处理，或如果该国以传统的居民国/来源地为基础行使其国际税收管辖权，该国需要能够将特定的收入项目分配给特定的个人或实体，如何分配则根据收入项目的相关特征或者居民身份进行确定。也就是说，相关规则需要能够识别某一收入项目在税法项下应视为的所得。这种联系就是**"税收归属"**（fiscal attribution），或简称为**"归属"**。它确定了一个人或实体（明确或默示的纳税主体）对特定所得负有税务责任，即使支付税款的法律义务可能由其他方承担，如扣缴义务人。

一个国家的税收归属规则既可能是明示的，也可能是默示的，在其立法中既可能是成体系的，也可能是分散的。通常而言，将所得归属某一纳税人意味着，同一收入项目不再归属其他纳税人，除非该纳税人以代表人的身份行事（in a representative capacity）。但情况并不总是如此，特别是在反避税或反递延纳税的情形下，纳税人可能就某一收入项目承担主要的纳税义务，而征税国并没有明确否认所得原本的归属，作为所得被归属主体的其他个人或者实体，在该国可能应

---

〔36〕 在较早的时期，人们认为对人征税和对物征税（包括所得或者替代所得的代理变量项目）之间的区别更重要。参见 E. R. A Seligman, *Double Taxation and International Fiscal Cooperation*（Macmillan, 1928）第四章和拟议税收分类法（原著第84页）。

税也可能不应税,这被称为"**间接归属**"。[37]

与信托相关的所得在以下两个环节(之一)可以被征税:信托取得所得时或信托向受益人进行分配时。在信托层面取得所得并在取得该所得的纳税期间内对该信托所得进行征税,称为"**当期征税**"(current taxation)。所得当期归属(出于当期征税目的的归属)的对象可能是委托人、受托人或信托实体。在信托分配(而非信托层面取得所得)时进行征税称为"**非当期征税**"(non-current taxation),即使征税恰好是在信托取得所得并进行分配的同年发生的。相比当期征税,非当期征税的方式更为便利。在这种情况下,界定经济(实质)层面的征税对象以及其与信托层面所得的关系(如有需要的话)会变得相当复杂。这类信托分配能否作为应税的征税对象?信托进行分配的数额是否需要以前一年度信托层面所得作为支撑依据?如果是的话,该信托层面所得被同一国家或另一国家征税是否重要?受益人已取得的信托分配的特征(如周期性)是否重要?不同国家对这些问题作出了不同的选择,并对非当期征税的征税对象定义了不同的特征。将(非当期征税的)征税对象认定为接受(recipient)支付的受益

---

[37] 间接归属可通过举例说明。英国的海外资产转移规则是一系列国际反避税规则的集合,基于上述规则的规定,居民转让人应根据在境外的人所取得的所得纳税。法律并没有规定将境外的人的所得视为该居民的所得,而是规定将"相当于境外的人所取得的所得的金额"等同于该居民取得的所得[ITA UK ss 721(3B),728(1A)]。这一特定表述是基于修正案作出的,菲利普·贝克(Philip Baker)曾在下述文章中作出过解释,*Finance Act Notes: Section 26 and Schedule 10: Amendments to the Transfer of Assets Abroad Legislation*, British Tax Review 407, 409(2013),其依据在于"境内征税是基于所得的名义归属,而不是境外非居民的实际所得;毫无疑问,这一改变的原因是协定推翻了境内征税的规定"。根据一个实体或者另外的人所取得的初始所得为基础适用公式计算出"金额",并对于该金额进行归属的方法,并不必然意味着该初始所得不会因此归属所讨论的纳税人,是否能得出这一含义取决于上下文。本书中所使用的间接归属一词之含义,不限于Baker 所提及的所得的名义归属(或名义所得的归属)。

人的税法所得,这样的归属方式通常是直接的,但这样的归属与当期税收归属相比,其所得属性通常是有差异的。

依据法律事实达成税收制度的经济目标存在难以避免的困难,原因在于这些法律事实基于其性质不可能直接对应一个具体的经济指数。[38] 对此各国针对具体情形制订了大量具体规则,一般性的归属规则也不可避免地存在差异,税收归属规则最终变得过于复杂,以至于难以被归纳成先验性的国际税收层面的一般法律原则。[39] 尽管如此,通过研究被调研国家的实际税收制度及其在各自税收体系中所起的作用,仍然可以推理出一套或多或少可以确定的关于信托所得归属的可能方法,从而确定当信托与不止一个潜在征税国存在联系时,各种不同的法律适用规则是如何相互作用,以及这些相互作用是如何产生潜在的国际双重征税或双重不征税的。

1.4 适用范围

正如前文提到的,信托税制的适用范围因国家而异,某些信托形

---

[38] See John Prebble, *Ectopia, Tax Law and International Taxation*, British Tax Review 383(1997); John Prebble, *Income Taxation: A Structure Built on Sand*, 24 Sydney Law Review 301 (2002).

[39] 乔安娜·惠勒(Joanna Wheeler)在 *The Attribution of Income in the Netherlands and the United Kingdom*, 3(1) World Tax Journal (Journals IBFD)(2011)一文中有所阐释。虽然这篇文章的研究范围只涉及被提及的两个国家,并且针对的是在协定中设置实质性归属规则的可行性,但仍然能够归纳出如此的结论。另外,参见 Joanna Wheeler, *The Missing Keystone of Income Tax Treaties*, 3 World Tax Journal 247 (2011); Joanna C. Wheeler, *Conflicts in the Attribution of Income to a Person: General Report*, 92b Cahiers de droit fiscal international 17(2007),两者都对信托所得归属作出了广泛的和比较法上的思考。

式的安排可能被排除在一国信托税制的适用范围之外,而另一些非信托形式的安排又可能被一国信托税制纳入适用范围。对于部分特定或特殊类型的信托,一国税法可能会另行设置专门的税收规则,这些税务处理既可能在信托税收规则之内予以规定,也可能在其他税收规则之中予以规定。本书仅讨论为受益人设立的私人明示信托,且该类信托将在至少一个潜在征税国适用该国的通常信托税收规则。[40]

如果一国将其信托税制适用于某一安排,而另一国对该安排作出了不同的税务处理,就可能会出现困境。为了便于构建对被调研国家信托税制的讨论框架,下文将先对各国的情况进行简要介绍:

(1)澳大利亚信托税制的适用范围是广泛的,其对大多数类型的信托在税法上予以认可,不过消极信托在资本利得税层面实际上被无视处理。一般对商业信托适用信托税收规则,退休金基金则被排除在适用范围之外,另外上市公开交易的信托需按照公司税法缴纳公司税。[41] 受管理的基金(managed funds)另有特别规定。澳大利亚将遗产视为信托,但是对其适用的部分税收规则(特别是税率和资本利得税规则)进行了修改。

(2)美国信托税制的内容侧重于赠与信托,通常这类信托具有消极投资或者单纯持有资产的功能。存在商业目的和员工的信托将作

---

[40] 因此,本书不讨论以下话题:慈善信托、归复信托(resulting trust)和推定信托(constructive trust),信托规则与CFC(译者注:controlled foreign companies,受控外国公司)或FIF(译者注:foreign investment funds,外国投资基金)规则的相互影响,适用公司税制的信托,受特殊税收规则约束的用于退休金、就业或薪酬目的的信托,在税法上被无视(disregard)的消极信托(bare trust),受特殊税收规则约束的集合投资工具和受管理的基金,以及受特殊税收规则约束的为特殊残障人士设立的信托。

[41] See ITAA 1936 Part Ⅲ Div 6C.

为社团（association），被排除在信托税制适用范围之外；[42]根据"打钩规则"，这种类型的信托可能会被视为公司、合伙企业或无视实体而适用相应的税收规则。[43] 投资的积极管理属性暗示了存在商业目的；[44]不过，税法意义上的信托可以通过消极投资的方式在积极经营的合伙企业中持有权益，受益人不参与管理或控制且缺乏成员的信托，可以直接从事经营且不丧失税法意义上的信托身份。[45] 根据美国信托税制所确立的原则，对外国信托进行类似的分类认定也是可以预期的事。[46] 委托人信托（适用委托人归属规则的信托）属于信托税制的适用范围之内，但是现行规则尽可能地将其视同委托人自己的财产进行税务处理。遗产不是税法意义上的信托，但适用的核心税收规则与委托人信托之外的信托是一致的。

（3）英国信托税制通常将信托取得已转移财产（settled property）作为适用前提，因此要求存在财产转移行为。在税务处理上，消极信托被视为受益人的代理机构。[47] 特定类型的集合投资工具需要适用公司税收规则或者适用经修正的信托税收规则，遗产则另行适用专门的税收规则。

---

[42] See Morrissey *v.* CIR, 296 US 344（1935）；26 CFR s 301.7701－4 Trusts. IRC s 7701(a)(3) 为税收目的将公司定义为包括"社团"。See Mark L. Ascher, *The Income Taxation of Trusts in the United States*, 53 Bulletin for International Taxation, p. 146－148（1999）.

[43] See 26 CFR ss 301.7701－2,－3.

[44] See CIR *v.* North American Bond Trust, 122 F. 2d 545（2nd Cir. 1941）.

[45] See Elm Street Realty Trust *v.* CIR, 76 TC 803（1981）. 根据 Ascher 的文章——参见注释42，第149页——非委托人赠与信托（donative non-grantor trusts）（特别是遗嘱信托）通常从事业务经营。

[46] See 26 CFR s 301.7701－4.

[47] See ITA UK s 466；TCGA ss 60, 68.

(4)新西兰信托税制的适用范围与信托法的分类基本保持一致,但不包括被称为单位信托的集合投资工具(尽管单位化既不是必要的,也并不对分类具有决定性意义),单位信托适用公司税收规则。消极信托不适用信托税制,其被作为代理安排予以处理。[48] 商业信托适用信托税制,遗产也被视为税法上的信托。[49]

　　对于受益人是实际或推定信托财产转移人(disponer)的交易安排,如信托份额利益的出售或赎回,不在本书的讨论范围。

　　本书也未考虑英国汇付制税基(remittance-basis)以及依据住所(包括视为住所)进行区分的复杂税收规则。[50] 英国的信托税收规则一般都是在假设信托的委托人或受益人的税收住所(fiscal domicile)与这个委托人或受益人自身的税收居民地(fiscal residence)相同的前提下进行的。虽然汇付制税基是英国税法项下所得税、资本利得税以及遗产税税收筹划的重要考量方向,但被调研的其他国家并没有相对应的税制安排。

　　本书也不涉及将境外设立的 CFC、FIF 或类似实体的所得归属征税国税收居民的税收规则讨论。这种类型的税收规则通常是独立的,有自己的结构和设计。解决这类规则对于信托的潜在适用

---

　　[48] See ITA NZ ss HC 1(2), HD 13, YA 1 ("公司"的定义,第2款,"信托"和"单位信托"), YB 21.

　　[49] See Vicki Ammundsen, *Taxation of Trusts* (CCH, 2nd edn., 2011) §26.30, §26.60 ff.

　　[50] 该主题在英国税务筹划中很重要,在其他著作中也有详细论述。See Emma Chamberlain & Chris Whitehouse, *Trust Taxation and Estate Planning* (Sweet & Maxwell, 4th edn., 2014) chapters 5, 7, 23 and passim. 有关更多最新变化的考虑,参见 Robin Vos, Finance (No.2) Act 2017 Notes: Section 29 and Schedule 8: deemed domicile: income tax and capital gains tax; Section 30: deemed domicile: inheritance tax; Section 31 and Schedule 9: settlements and transfer of assets abroad: value of benefits, British Tax Review 572(2017).

及其与信托税收规则的交叉问题本身就是一个重大的任务,这超出了本书研究的范围,但是部分离岸投资领域也涉及信托税收规则,属于本书的讨论范围,这部分主要涉及委托人的出境征税问题。

本书侧重于信托税制的一般规则,主要关注的是私人捐赠信托和受各国信托税制一般规则调整的其他类型信托。因此,特殊的税制安排和适用于公司税制的信托不在本书的研究范围内,包括以专门方式处理以下事项的信托:(1)集合投资工具(包括受管理的投资信托);(2)养老金、退休金和雇员相关信托;(3)为特别弱势、残疾或受伤人士设立的信托;(4)公共和私人慈善信托;(5)目的信托。

本书不讨论临时性居民所涉及的税收规则。

除非另有说明,否则本书所提及的被调研国家的法律、OECD范本和OECD注释以及其他国际文件均为2018年7月1日之前的内容。[51]

---

[51] OECD理事会于2017年11月21日通过了2017年更新版本的OECD范本。如果在2017年的更新版本中对特定条款进行添加、更改或重新编号,则该事实将在正文或相应的脚注中注明。2018年8月发布的英国秋季预算案将在多个方面影响信托的税务处理,包括将非居民资本利得税的征税范围普遍扩大至非居民所拥有的英国土地,以及在英国居民信托有交易活动的情况下(少见)可以选择性递延支付资本利得税的退出税(exit charge)。就这些措施的详细内容讨论超出了本书的范围。英国政府还宣布将对信托税制进行审查。欲了解更多详情,请参阅英国税务海关总署和英国财政部发布的《税收立法和税率概述》(2018年10月29日发布,www.gov.uk/government/publications/budget-2018-overview-of-tax-legislation-and-rates-ootlar)。

1.5 结构

本书的第一部分(第二章至第六章)探讨了被调研国家信托相关所得的归属和征税规则,试图厘清这些国家所采取的跨境税收原则,并总结出一系列对各国可行的、具有普遍适用性的原则。第一部分还研究了各国规则可能产生的双重征税或双重不征税问题,问题发生的原因是不同国家基于不同的征税视角对同一问题所采取的已知或者可推知的税收规则相重叠。

第二章首先对美国和英国的委托人征税规则的历史渊源进行概述,并进一步讨论了两国的一般/国内委托人归属以及征税规则。与之相比,澳大利亚的税收规则略有不同,主要体现在对于入境或导管情形的相关规则修正,以及出境情形下委托人归属和征税规则的适用这两方面。其次,该章还研究了具体的出境委托人规则,并与新西兰的相关规则进行了对比研究。最后,该章对这些不同的国内规则与相应的国际规则之间在结构上的相似性和差异性进行了总结。

第三章研究了将信托所得归属受益人的信托透明化税务处理。该章首先对被调研国家受益人归属的一般性原则进行了讨论,其次梳理了英国和其他国家对于既定(vested)权利和酌定(discretionary)权利的差异化处理方法。再次对非居民取得的主要所得类型所适用入境规则和导管规则的差异化税务处理进行了梳理。该章还对实体层面的经营结构归属受益人,以及 DIR 所得的预提所得税与受益人归属之间的相互影响这两个问题进行了讨论。最后,该章讨论了出境受益人规则,其中主要涉及信托所得在境外的征税(可能是对信托或委托人的征税),以及给予居民受益人双重征税减免的单边措施。附录[52]对被调研国家的部分受益人归属规则进行了比较分析。由于这些内容过于细节,相关规则将不在主要章节中予以讨论。

第四章解决信托自身所得的归属和征税问题。该章先讨论了将信托概念化为(独立)应税主体的问题,以及各国对归属信托的全球范围所得进行征税的基础,即所谓的信托居民身份或功能性居民身份,然后对信托征税的入境和出境规则进行了概述。需要指出的是,将信托居民身份进行扩张性定义的规则,以及出境委托人归属规则,二者在政策功能上具有一定的相似性。

第五章研究了将分配作为源自信托的所得进而对其征税的做法。该章首先简要介绍了澳大利亚、美国和新西兰所采取的做法,这些国家将对分配征税作为一项补充性的国际性规则。该章从适用范围、追及(tracing)原则、国际双重征税减免(该领域存在较大分歧)和税收递延优惠(tax-deferral benefits)的处理等关键要素方面对上述国家的信托税制规则进行了比较。随后该章进一步讨论了英国的做法,即分配征税与国内规则的整合,在入境和出境规则方面的修改,以及英国专门适用于资本利得的独立税收规则。

第六章发挥了第一部分和第二部分之间的桥梁作用。该章阐明了前几章中涉及的不同国家国内法规则之间的相互影响以何种方式可能产生双重征税或不征税的结果。

第二部分(第七章和第八章)论述了在涉及协定适用和不涉及协

---

[52] 前缀"A."用于交叉引用并指定附录的各个部分。

定适用的情形下,对信托相关所得征税或不征税的各国国内法规则之间的相互影响。在第一部分的研究基础上,第二部分力求阐明可能导致无意的(unintended)双重征税和双重不征税的情况,评估试图避免或抵消这些后果的现有或拟议策略,并为此提出国内税法和协定的设计原则。

第七章首先通过对国际税收秩序进行概述的方式构建了全球税收审查(tax examination)框架,包括协定以及各国国内法之间的相互影响。该章特别梳理了《合伙企业报告》所做的规范性层面的工作以及 BEPS 行动计划 2、6、15 中与信托尤为相关的内容。该章提出以下观点,即税收套利在涉及协定适用和不涉及协定适用的情况下都是有害的,对此各国应该采取相应的反制措施。随后该章讨论了在不涉及协定适用时各国征税权的相互影响,以及 BEPS 行动计划为了避免或补救信托相关的税收套利,所提出的特定提议。最后,该章指出,对于信托相关所得,各国所行使的税收管辖权应当存在先后顺序的区别,其目的是有效应对税收套利、避免过度或无法减免的双重征税。

第八章讨论了信托相关所得的协定(基于 OECD 范本)适用问题。该章重点关注了在 BEPS 行动计划中提出且已纳入 OECD 范本的透明实体条款和保留条款(saving clause)如何适用于信托所得,特别是考虑到各国对于信托的透明程度处理存在差异以及可能存在委托人归属问题。该章对涉及信托情形下取得协定优惠的可行性和具体范围进行了研究,并提出了协定完善的建议,包括解决两国将同一所得各自归属本国居民时所产生的双重征税问题。此外,该章还讨论了信托所得以及信托所得的分配,协定和国内税法规则之间的相互影响。

第九章对本书的相关研究进行了总结,该总结基于如下脉络主线:对信托相关所得进行跨境征税的原则;阐释非故意的不征税和双重征税的相关风险;结合其他研究成果提出国内税法和协定规则起草应遵循的原则。

第一部分
国内税法：
澳大利亚、新西兰、英国和美国

第二章　委托人

本章讨论将信托所得归属委托人的规则以及关于跨境委托人的征税规则。第 2.1 节简要介绍了这一主题所涉的内容。第 2.2 节以美国和英国为重点,概述了在境内和跨境中均可适用的委托人归属一般规则的历史沿革。第 2.3 节概述并比较了美国、英国以及澳大利亚的一般委托人归属规则。第 2.4 节探讨了委托人为非居民情况下的入境规则和可能适用的导管规则。第 2.5 节探讨并比较了美国、澳大利亚和英国的出境规则,包括委托人归属一般规则在出境情形中的适用以及仅适用于出境情形的其他专门规则。该节还将这三个国家的规则与新西兰税收居民委托人的相关税收规则进行了比较。第 2.6 节对本章进行总结,并将其置于全球税收的背景下加以阐释。

2.1 委托人归属

税法项下当期信托所得可以归属委托人、受益人或者代表整个信托的信托实体。从便利性角度看,首先可以考虑将该所得归属委托人,尽管这与大多数信托税收著作中讨论的通常顺序不一致。一旦将该所得归属委托人,那么委托人分割(parted with)能够产生所得的信托资本的交易可以明示或暗示地被忽略。这意味着将所得归属委托人应当优先于任何其他可能适用的归属规则,这一情形在境内或者跨境情形中都可以见到。

大多数国家在制定委托人归属规则时,遵循了税收设计中所蕴含的经济学思维。在综合所得的概念之下,能够增加可供个人使用的财富净储存量的经济流入即称为他或者她的所得。[53] 在此情况下自愿捐赠也等同于个人使用。[54] 在信托财产明确归属确定的受益人之前——在缓慢实施的捐赠完成之前——将尚未完成的捐赠

---

[53] 参见注释 29、49;Robert M. Haig, *The Concept of Income:Economic and Legal Aspects*, in R. M. Haig and E. R. A. Seligman eds., The Federal Income Tax:A Series of Lectures Delivered at Columbia University, Columbia University Press, 1921, p. 1, 7 and 27; Georg Schanz, Der Einkommensbegriff und die Einkommensteuergesetze, 13 Finanzarchiv 1, 5(1896)。经济公共财政理论与 20 世纪中叶的传统观点大相径庭,如今仍然颇有争议。尽管如此,综合所得仍然是综合所得税制背后影响深远的观点[See Alan J. Auerbach, *Directions in Tax and Transfer Theory*, in Melbourne Institute ed., Australia's Future Tax System Conference, Melbourne Institute of Applied Economic and Social Research, 2010, p. 63 - 64; Glen Loutzenhiser, *Tiley's Revenue Law*, 8th ed., Hart, 2016, ch. 1]。

[54] See Victor Thuronyi, *The Concept of Income*, 46 Tax Law Review 45(1990).

(inchoate gift)产生的所得归属委托人,不违反综合所得的税收规则。

2.2 历史和起源

美国[55]、英国[56]和澳大利亚[57]的境内委托人归属一般规则可追溯至20世纪50年代至20世纪70年代。这期间的历史揭示了这些规则背后的政策、理由说明(rationale)以及与税收原理之间的关系。

在一个税率低且有限累进的封闭税制体系中,人为筹划信托所得归属的动机相对较弱。当第一次世界大战期间税率和税收累进(fiscal progression)呈大幅上升时,富人和他们的顾问便采取了一系列的避税策略予以应对。一个反复出现的主题是希望将信托化的资本所产生的所得归属信托实体或受益人,此种情况下他们承担的纳税义务(根据当时适用的税法)比作为归属委托人要轻得多。通常情况下,信托的最终受益人是委托人在任何情况下都希望或有义务为其提供利益的人,或者是可以被信任会遵从委托人意愿的人。在某些所得在信托中累积(accumulation)的情形下,信托的最终受益人甚至可能会包括委托人本身。

不同的国家对这些避税策略采取了不同的司法和立法应对。

---

[55] See IRC ss 672-677.委托人归属规则是税法典E分章中的一部分(全称:IRC Subtitle A Chapter 1 Subchapter J Part I Subpart E)。

[56] See The settlements legislation, ITTOIA Part 5 ch. 5.

[57] See ITAA 1936 s 102.

2.2.1 美国

美国法院通过对委托人归属的一般规则采取一种强有力的目的性解释来解决问题。[58] 赫弗林诉克利福德案（Helvering v. Clifford）是此领域中具有开创性的权威案件。[59] 本案中，克利福德先生就其持有的部分证券设立明示信托，在设立后的 5 年内，该信托仅排他地为其妻子的利益之目的对外支付或继续持有这些证券所产生的所得，他的妻子也确实获得了上述信托利益。美国联邦最高法院支持对克利福德进行征税，理由是，税法项下克利福德仍然是信托本金的实际所有人，因此也是相应的信托所得的实际所有人。法院的理由简短而概括，主要是基于对所得税立法体系的认知，以及"唯恐现实中一个经济单位（unit）通过某种手段变为两个或多个单位"的担忧，这些手段虽然在州信托法律项下是有效的，但在税法项下尚无定论。[60] 这就要求法院在案件审理过程中

---

〔58〕 关于委托人信托规则从 1954 年法典化至今的历史背景简明而详细的说明，参见 Jay A. Soled, *Reforming the Grantor Trust Rules*, 76 Notre Dame Law Review 375 (2001)。

〔59〕 See Helvering v. Clifford, 309 US 331 (1940).

〔60〕 Ibid., 331, 335. 法院的分析完全基于征税的一般条款，而不是基于 1924 年以来一直存在于立法中的具体的委托人税收条款（Roberts J. 提出了反对意见，载于第 339～341 页）。该一般条款是指 1934 年《财政收入法》（Revenue Act），Pub. L 73-277, 48 Stat 680 s 22(a)［见 IRC s 61(a)］，该条款在"毛所得"（gross income）中包括了所有"利得（gains）、利润（profits）和所得（income）……来自专业、职业、贸易、经营（business）、商务（commerce）、销售或动产/不动产的财产交易（基于对该财产的所有权或使用或权益份额而产生的）；或来自利息、租金、股息、证券或在经营过程中发生的交易所产生的利得或利润；或来自任何来源的利得、利润或所得"。判决中的多数观点认为（第 334 页），"这一措辞的广泛性范围表明，国会的目的是在这些可定义的类别中充分发挥其征税权……技术上的考虑、信托法或财产转让法中的细节或创造性天才构建出来用以避税的复杂法律设计，都不应该掩盖基本问题。这个问题是，在现行制定法项下，信托成立后是否仍可将委托人视为信托本金的所有人"。

"分析信托条款以及信托设立和运作过程中的所有情形"。[61] 因此，法院特别关注委托人对管理信托财产的控制权的保留程度，信托对委托人经济状况造成的实际影响，以及委托人从信托所得中享有的潜在实际利益。[62]

本案之后，随着财政部相关的财政规章陆续出台，[63] 且判例法也逐渐丰富，对委托人征税的各种适用情况也均被明确。其中，控制权的概念至关重要："如果委托人对信托保留了很大程度的控制权，以至于（其）分配的金额或确定性受到或可能受到（委托人的）实质影响，那么每一次年度分配都将具有委托人年度赠与的性质，因此信托所得相关纳税义务应当单独分派至委托人，由委托人承担。"[64] 在判断是否构成控制权保留时，有观点认为，应当在允许审慎的家庭财产规划与反避税之间取得平衡，因为前者需要采取保留控制权的措施，倘若委托人征税规则的适用范围过于宽泛则不利于采取这样的措施，而后者是为了防止在没有其他实质性改变的情况下，通过将所得转移至适用较低税率的特定受益人或是信托本身的方式来避税的

---

[61] See Helvering *v.* Clifford, 309 US 331, 335 (1940).

[62] Ibid., 331, 335–337 (1940).

[63] 相比于其他大多数普通法系国家，美国财政规章在国内法律体系中的权威性较高。美国法院曾在判例中指明，"除非不合理且明显不符合美国税法典的规定，财政规章必须得到支持，因为这些规章构成了税法典项下征收管理的基础，只有存在充分的理由才可以推翻财政规章的规定"[CIR *v.* South Texas Lumber Co., 333 US 496, 501 (1948)]。这种司法谦抑的效果使得财政规章对其母法具有解释性的权重。在美国财政规章中，对判例法以及税法典相关条款的讨论和解释是很常见的。

[64] See H. Brian Holland et al., *Proposed Revision of the Federal Income Tax Treatment of Trusts and Estates – American Law Institute Draft*, 53 Columbia Law Review 316 (1953).

行为发生。[65]

《1954年美国税法典》认为,与克利福德案件相关的财政规章中所确认的税收政策合理且充分重要,足以被提升为制定法的规定。于是委托人所得归属的相关税收规则从一般规则中分离出来,被纳入《1954年美国税法典》的信托章节。不过为了反映其理由说明和政策基础,委托人并非作为准受益人被征税,而是作为税法项下相关信托资产的所有者被征税,并享受因信托相关事项而产生的相应扣除和抵免。[66] 现行委托人相关的信托税收规则的国内税部分仍然在很大程度上反映了《1954年美国税法典》的结构和政策。

2.2.2 澳大利亚和新西兰

澳大利亚的历史资料有限,其不太关注20世纪中叶美国和英国委托人规则所应对的避税问题。[67] 新西兰在1988年进行了改革,建立起了本书第四章所讨论的设立人(settlor)制度,在此之前新西兰也没有制定委托人归属的一般规则。

2.2.3 英国

与其他国家不同的是,在英国,法院对于所得转移策略持接受的

---

[65] See H. Brian Holland et al., *Proposed Revision of the Federal Income Tax Treatment of Trusts and Estates – American Law Institute Draft*, 53 Columbia Law Review 316 (1953).

[66] Ibid., 361-362(1953).

[67] 参见 Royal Commission on Taxation, Third Report (1934) (Ferguson Report, Vol.3) p.124, [723], [724],关于可撤销信托以及对此的解释性备忘录;*Income Tax Assessment Bill* 1941 (Cth), commentary on cl 16 [s 17 of the *Income Tax Assessment Act* 1941 (Cth)],关于委托人的未婚幼年子女在(信托项下)对于所得的权利和分配。尽管这些内容与英国立法的细节相似,但历史资料表明,澳大利亚各州的征税实践才是 ITAA 1936 s 102 的直接灵感源泉,英国立法带来的灵感位列其次。

态度,并且不愿意在字面上的(文义)法律形式之外作更进一步的研究。作为回应,英国议会通过了反避税规则,其总体策略在于将被转移的所得重新归属委托人。接踵而来的便是一场"猫捉老鼠"的游戏:在富有的纳税人以及他们的律师、会计师思索出一系列合法避税的新形式后,税务局便敦促议会通过禁止每一个新形式以及该形式最终可预见的相关变体来防止税收的流失。这些反避税规则是分阶段制定的,其中最重要的时间点是在 1922 年、1936 年、1938 年和 1946 年。[68] 众所周知,英国在 1995 年对这些财产授予制度(settlements legislation)(译者注:财产授予制度是英国特有的财产制度,通常指财产所有人以遗嘱等方式对其家庭成员设定遗产的分配)进行了实质性的修订,[69] 并在 10 年后将其作为税法重述项目的一部分进行了改写,[70] 但仍然非常复杂。

---

[68] David P. Stopforth 的一系列文章对 1922 年、1936 年、1938 年这三个年份的历史和政策进行了有益的讨论[David P. Stopforth, *The Background to the Anti-Avoidance Provisions Concerning Settlements by Parents on Their Minor Children*, British Tax Review 417(1987); David P. Stopforth, *Settlements and the Avoidance of Tax on Income – The Period to 1920*, British Tax Review 225(1990); David P. Stopforth, *The First Attack on Settlements Used for Income Tax Avoidance*, British Tax Review 86(1991); David P. Stopforth, 1922–36: *Halcyon Days for the Tax Avoider*, British Tax Review 88(1992); David P. Stopforth, *The Pre-legislative Battle over Parental Settlements on Their Children*, British Tax Review 234(1994); David P. Stopforth, *The Legacy of the 1938 Attack on Settlements*, British Tax Review 276(1997)]。在战后工党政府的领导下制定的 FA 1946 s 28 比战前保守党政府所准备的方案更加严格。除此之外,它最终成功规制了威斯敏斯特公爵案[IRC *v.* Duke of Westminster (1936) AC 1]中的附加税避税计划。

[69] FA 1995 s 74, Sch 17,是对后来的 Income and Corporation Taxes Act 1988 (UK) Part XV 的修改。

[70] 现行规定参见 ITTOIA Part 5 ch. 5。

2.3 委托人归属一般规则

美国、英国和澳大利亚的国内委托人归属一般规则,在委托人有生之年或存续期间,至少在信托存续期间的大部分情况下,[71]都取代了受益人归属规则或信托归属规则的适用。也就是说,信托所得将优先归属委托人而非受益人或信托,最终将按委托人的适用税率征税。这是为了防止委托人利用税法的归属规则进行税收套利以及通过转移信托所得进行避税的行为,该做法也可以适用于跨境情形之中,并且通过对所得的归属进行控制来规制国际税收套利。至少在委托人居民国该做法是有效的,但各国的税收规则之间也存在显著差异。

(1)美国[72]和英国[73]使用的是广义且实质性的委托人定义。与之相反,似乎是由于一个未经纠正的历史意外,澳大利亚使用的是

---

[71] 这一点在美国规则和英国财产授予相关立法[ITTOIA ss 624(1), 629(1)]的第1条和第2条规定中都有明确规定。在澳大利亚的规则中也有默示性规定[ITAA 1936 s 102(2B)(a), (3)]。英国上述规则的第3条和第4条规定是例外规则;见第2.3.2节。

[72] 美国现行的关于委托人的概念规定在26 CFR s 1.671-2(e)中,指的是鉴于某人捐赠而使其成为信托实际上的或经济上的委托人[Buhl v. Kavanagh, 118 F.2d 315 (6th Cir. 1941); Estate of Kanter v. CIR, 337 F.3d 833 (7th Cir. 2003)],包括为现有信托提供资金的人和以低于其价值进行转让的转让人(限于低价范围)。

[73] See ITTOIA s 620. "设立人"是指直接或间接地进行或达成财产授予的人,包括以直接或间接的方式为信托提供资金的人。赠与信托是一种"财产授予",参见注释83。

一个狭义且形式上的定义,[74]这导致其规则在实践中成为一纸空文:利用名义上的委托人的做法可以完全规避该规则,这一做法在澳大利亚早已司空见惯。不过,从其他方面看还是有意义的,因为这说明了税法设计的可行性。

(2)美国税法直接对委托人征税,且拒绝给予委托人从信托财产求偿的权利。英国税法将信托视为委托人的代表进行征税,如果已经对委托人征税那么则允许在受托人纳税时予以抵扣;通过交叉补偿制度,使得相关信托所得(在信托中留存或分配给受益人)按照委托人的适用税率纳税(见第2.3.2节)。澳大利亚税法不对委托人征税,而是按照委托人的适用税率对信托征税,因此不会产生补偿的问题。

(3)以下各节将进一步探讨委托人归属规则所依据的实质性标准。它们反映了大致相似的主题,但不完全相同。美国的标准体现了委托人潜在控制或受益(benefit)的广义概念。英国的标准反映了

---

[74] ITAA 1936 s 102 的表述是"创建信托"的人。在特鲁斯代尔诉联邦税务委员会案[Truesdale v. FCT (1970) 120 CLR 353]中,孟席斯法官(Menzies J.)认为,这一表述指的是形式上的委托人,而不是为存续的信托提供资金的人。很难想象,该立法的起草者竟然作出这样的选择,这样做完全破坏了该规则显而易见的意图和政策导向。制定法解释的方法因洛拉特法官(Rowlatt J.)在开普白兰地集团诉税务局局长案[Cape Brandy Syndicate v. IRC (1921) 1 KB 64,71]中所表达的"税收领域不存在衡平法"的观点(位于362段)如今不再适用。参见Murray Gleeson, *Justice Hill Memorial Lecture*: *Statutory Interpretation*, 44 *Taxation in Australia* 25(2009);现代解释方法一般可追溯至库伯布鲁克斯私人有限公司诉联邦税务局局长案[Cooper Brookes (Wollongong) Pty Ltd. v. FCT (1981) 147 CLR 297]。即使从字面上看,通过捐赠额外资产来资助现有信托的行为也可以被描述为以这些资产为基础设立了信托{参见鲍德温诉国税局局长案[Baldwin v. CIR (1965) NZLR 1]以及塔克诉国税局局长案[Tucker v. CIR (1965) NZLR 1027],这两个案件在Truesdale v. FCT中均被法院援引,但未被采纳}。尽管该判决可能会被批评为"糟糕的规则",但40多年来它从未受到挑战。

潜在受益的广义概念。控制权的概念并非完全没有出现在英国规则中，它很大程度上包含在了潜在受益的延伸含义中。总体而言，相比英国，美国委托人归属规则的适用范围更广，而澳大利亚使用的则是不完善（rudimentary）的受益标准。

新西兰采取了不同于其他被调研国家的方法。在纯国内情形下，委托人归属规则并不适用。

2.3.1 美国

如果在相关年度内，委托人对信托所得存在必要的潜在控制/影响或者潜在利益，美国税法项下就会将当期信托所得与利得直接归属委托人。其一般规则适用的实质性要素涉及：（委托人）潜在的归复权益（reversionary interests），[75]对信托所得或本金的潜在酌定权利，[76]能够低价处置资产的管理权[77]，潜在的信托撤销（revocation）或再恢复权（revesting）[78]，（信托）潜在的向委托人当期或递延分配信托所得。[79] 委托人配偶的权力和利益被归属委托人。[80] 可见，美国规则中对委托人归属检验标准的规定是宽泛而细致的。

---

[75] See IRC s 673. 第673（a）条的具体措辞说明了如何做到这一点："如果委托人在信托财产或由此产生的所得中拥有归复权益，并且在该部分信托成立时，归复权益的价值超过该部分信托价值的5%，则委托人应被视为该部分信托的所有人。"信托所有权意味着对信托财产（the trust property）的所有权。其他实质性规则也遵循了类似的模式。

[76] See IRC s 674.

[77] See IRC s 675.

[78] See IRC s 676.

[79] See IRC s 677. 如果信托所得酌情分配是为了履行委托人抚养幼年子女的义务，那么该所得仍需适用第677（b）条和相关条例的规定。

[80] See IRC s 672(e).

第二章　委托人

对于委托人而言,由于缺乏委托人(基于信托所得归属委托人被征税)从信托或受益人处取得补偿的规定,使得委托人得以实现一些复杂的税收筹划方案,这些方案的主要目的在于规避赠与和遗产税。[81]

---

[81] 一些纳税人会通过故意满足一项或多项委托人信托的认定标准来设立信托,以此作为减少或逃避转移税的一种手段,该行为俗称刻意瑕疵委托人信托(intentionally defective grantor trusts, IDGTs),主要是利用所得税和转移税征税标准之间的不匹配,通过税法项下的所有权转移来确认构成委托人信托。See Mark L. Ascher, *Grantor Trust Rules Should Be Repealed*, 96 Iowa Law Review 885 (2011); Soled,注释58, p. 398 – 403; Robert T. Danforth, *Proposal for Integrating the Income and Transfer Taxation of Trusts*, 18 Virginia Tax Review 545 (1999); Laura Cunningham & Noel B. Cunningham, *Tax Reform Paul McDaniel Style: The Repeal of the Grantor Trust Rules*, in Yariv Brauner and Martin James McMahon eds., The Proper Tax Base: Structural Fairness from an International and Comparative Perspective – Essays in Honour of Paul McDaniel (Kluwer, 2012)。美国针对个人财富的自愿转让或继承设置了一套宽泛适用的转移税制度,如赠与税、遗产税和隔代转移税(generation skipping tax)。转移税通常以较高的标准税率(headline rate)征收,但也设置了复杂的起征点、税前扣除和税收减免措施。转移税并没有与所得税整合为一体,尽管它们在有些概念上是并行不悖的。具体来说,如果赠与人将财富转移到信托中,如果其被定性为是完全赠与,则属于当期应纳税赠与;如果其被定性为非完全赠与,则转移税的确认将推迟到赠与完成之际或赠与人死亡之时,在赠与人死亡的情况下,它构成其应纳税遗产的一部分。非完全赠与的信托赠与通常相当于委托人信托,而完全赠与对应非委托人信托。然而,它们之间的这种对应关系并不精准。将财产转让至信托可以设计成以委托人信托之名,行完全赠与之实。信托所得的所得税每年都由委托人承担,同时信托财产在无须扣除该项税款的情况下得以增加,委托人向信托进行的隐含价值的转让也无须缴纳赠与税,并且委托人的潜在应税遗产也因缴纳所得税而减少。最终税收效果还可以通过加杠杆和特定赠与税规则来放大。另一种观点认为,此类信托可以被用来最小化所得税(Ascher,注释81, p. 907 – 930; Soled,注释58, p. 403 – 406)。上述这一所得税避税架构通常依赖委托人信托规则本身的错配(包括能够在不同年度之间"切换"委托人信托状态认定的能力)或这些规则与计税成本(cost base)(美国税法称为 basis)相关规则之间的不匹配。

2.3.2 英国

英国关于财产授予(settlement)的立法[82]并不仅限于信托领域,实践中,这些立法更为侧重的是其他安排,但其"财产授予"的概念显然包括赠与信托。[83] 这其中包含4条基本规则。第一条规则是,如果信托财产有可能归复或用于委托人、委托人的配偶或民事伴侣的利益,则当期信托所得将归属委托人。[84] 第二条规则是,如果该所得本将归属委托人的幼年子女或将服务于委托人幼年子女的利益,那么当期信托所得也将归属委托人。[85] 这两条规则都将信托所得归属委托人一人。[86] 这排除了受益人归属,因而也排除了对受益

---

[82] See ITTOIA Part 5 ch. 5. 英国最近制定了对财产授予立法和受益人出境资本利得税的一系列反避税修正案,包括 TCGA s 87 及相关规定,由 FA(No.2)2017 发布修正,并由沃斯(Vos)在注释 50 所列文章中进行了讨论。FA 2018 s 35, Sch 10 增加了进一步的反避税措施。许多(但并非所有)修正案都侧重于涉及无住所或被视为有住所的居民设立人的情形,对这些设立人作出了日益复杂的特别规定。涉及这类设立人的情况不在本书的讨论范围之内。

[83] 该定义包括"任何资产的处置、信托、契约(covenant)、协议(agreement)、安排或转让"(ITTOIA s 620)。它的适用范围是如此之广,以至于法院认为有必要确定一项默示性限制,即如果不存在赠与物(bounty)的因素,那就无法确认存在相关的财产授予,即使这一行为是出于税收利益的驱动也不行[IRC v. Plummer (1980) AC 896; Jones v. Garnett (2007) 1 WLR 2030 (HL)]。而赠与信托中隐含着赠与物的因素。("财产授予"及相关术语在财产授予法律之外有不同的定义。对比 ITA UK ss 466、467 和 TCGA ss 68、68A 中以信托为基础的不同定义。)

[84] See ITTOIA s 624.

[85] See ITTOIA s 629. 孩子必须未婚并且不存在民事伴侣关系。

[86] See ITTOIA ss 624(1), 629(1).

人的征税,[87] 但保留了对受托人"作为接收任何所得的人"的征税。[88] 这与受托人取得归属受益人的所得时的征税基础(依据)一致。受托人以代表人的身份纳税,他们支付的税款被视为代表委托人支付的税款。[89] 如果委托人在所得归属以及税收抵免之后需要缴纳额外税款,则可从信托或有权获得相关信托所得的受益人处收回相应的金额;如果委托人收到退税,则必须以有利于信托或受益人的方式交出该退税。[90] 第二条规则也适用于那些虽然本不会归属委托人的幼年子女但是为他们利益服务的所得,前提是信托有足够的留存或累积所得来实现这种利益,而不论在信托法项下该所得是否或是否本可以用于上述事项。[91] 如果是上一年度的信托所得,并且该所得在其产生的当年已经归属某一受益人或信托,则该规则似乎要求对该所得进行重新归属,并在委托人和最初被归属该所得的纳税人之间进行调整:虽然所得的最初归属并未被否定,但其效果发生了改变。

---

[87] 如果信托所得本应当期归属委托人以外的受益人,则直接适用上述规定。类似的效果也可以通过不同的方式实现:受益人根据(受托人的)酌处权从受托人处收取"每年一次的基于所得的付款",该付款可以被确定是由归属委托人的信托所得中支付的,并且该信托所得在同年或往年根据相关立法已缴纳了税款:在这种情况下,受益人将以该税率获得一项隔离(quarantined)开来的、不可退还的税收抵免,从而抵消了其对相应款项(s 685 A)的所得税义务。

[88] See ITTOIA s 646(8). Chamberlain and Whitehouse,注释 50,§9.29 评论称"结果异常复杂且伴随着不必要的税款归还主张(reclaim)"。

[89] See TSEM 4512 (at 27 December 2017);注释 50,§9.30,§9.31。受托人支付的税款也被排除在受托人的税池(tax pool)之外,以防止双重抵扣。(税收池作为信托所得酌情分配的一种特殊的归集抵免税制。见 ITA UK ss 497, 498;第 5.3.1 节。)

[90] See ITTOIA s 646. 例如,如果受托人已按信托适用税率(等于个人最高适用税率)纳税,而委托人尚未适用个人最高税率,则会产生退税。

[91] See ITTOIA s 631.

第三条规则涉及直接或间接地从信托中向委托人、委托人的配偶或民事伴侣进行的资本支付(主要是贷款)。[92] 如果向委托人进行的支付可以和信托层面的所得进行匹配并且这一所得没有当期归属受益人时,这一所得将在支付的当年度或者以后的10年内的任意一年归属委托人。

第四条规则将向关联法人团体的付款也纳入第三条规则的适用范围。[93]

委托人根据第三条规则所计入的所得被视为产生于与信托所得发生相匹配的那一年。资本性支付的金额将根据信托适用税率得出的余额进行反计还原(grossed up),以此反映受托人就用以向委托人进行支付的信托所得承担的税款。[94] 归属对象并非用以进行支付的信托所得,而似乎是资本支付加上反计还原的部分,其被重新定性为视同所得。如果委托人、信托实体是或将成为非居民,或用以进行支付的信托所得来源于境外,这种差别就可能会影响到税收管辖权。

英国不再有关于资本利得的国内委托人归属规则。[95] 在国内情况下,资本利得归属信托实体,并适用最高一档的资本利得税率

---

[92] See ITTOIA s 633 及相关条文。
[93] See ITTOIA s 641.
[94] See ITTOIA s 640.抵免额以信托税率计算的数额为上限。
[95] 在2008年之前,国内委托人税收制度适用于资本利得税(TCGA s 77,由FA 2008 Sch 2 cl 5 废除)。在为个人和受托人确定了18%的单一资本利得税税率后,议会废除了一般委托人归属规则,理由是这些规则已经没什么用了[Explanatory Notes, Finance Bill 2008 (UK), notes to cl 6 Sch 2 para 5]。2010年,单一税率被现在的双税率结构所取代[FA (No.2) 2010 s 2, Sch 1],但重新引入国内委托人归属显然被认为是不必要的,因为受托人将以更高的税率就信托利得纳税。见Loutzenhiser,注释53,§32.7,以了解资本利得税政策和税率变化的简要历史。

征税。

公司税中没有委托人归属规则。

2.3.3 澳大利亚

澳大利亚的委托人规则适用于以下情况:委托人是信托的形式设立人,他还在世或存续,并且委托人有权获得信托所得或创收(income-producing)资本的受益权,或者信托所得应支付给/累积给/应用于委托人的幼年子女。它呈现出一种不同寻常的委托人归属形式:委托人不被征税,但参照委托人的税收居民身份和适用税率,对让与的财产及其孳息征税。将其定性为委托人归属规则的依据在于:它使用了委托人的适用税率,排除了其他类型的归属,[96]而且在国际层面的税收规则上也选择忽略受益人和信托的税收居民身份,只在信托所得来源于澳大利亚或委托人是税收居民的情况下才会征税。此时,没有向委托人追索(recourse)的权利;由于包括税后所得在内的信托财产可用于支付税款,追索权也就没有存在的必要了。[97]

然而在实践中,真正的委托人从来都不是生前信托的形式设立人。真正委托人常常会通过各种保留权、否决权和控制的公司受托人等各种方式或这些方式的组合,对信托行使完全的支配权。这已经被视为正常现象,利用信托进行所得分割来使税负降到最低的做

---

[96] See ITAA 1936 s 102(3),排除了对受益人或受托人进行"本条以外"的征税。
[97] See ITAA 1936 s 254.

法也被容忍了。[98]

只要狭义的委托人概念还存在,其他技术上的模糊之处[99]就不太可能得到解决。

澳大利亚规则中蕴含的逻辑与50年后新西兰制定的委托人(设立人)规则在很多地方有着异曲同工之处,尤其是在第2.5.3节的出境委托人税收和第4.2.4节的信托居民身份规则方面。这两个国家都选择将信托(受托人)作为所得归属的法定纳税人;都根据委托人的居民身份确定国际税收管辖权;都认为应使用信托财产缴纳税款。但这两个国家在以下几个方面存在区别:委托人归属规则与受益人归属规则之间的关系(澳大利亚的规则取代了受益人归属,新西兰的规则则没有)、税率(澳大利亚使用委托人的适用税率;新西兰使用信托的适用税率,目前等于个人最高适用税率)、委托人为非居民时是否可以适用该规则(澳大利亚规则可适用于非居民委托人来源于澳

---

[98] 例如 Treasurer Australia, *Tax Reform: Not a New Tax, A New Tax System – The Howard Government's Plan for a New Tax System* (AGPS, 1998), p.105, 113, 115。该报告提到通过信托分割所得的做法应予保留。通过生前信托将所得转给幼年子女的做法已不再具有税收方面的诱惑,因为他们一般按最高个人税率就此类所得纳税,但在存在关联关系的成年受益人和"桶型"(bucket)公司(封闭型公司受益人——澳大利亚的公司税率远远低于最高个人税率)之间分割所得的做法却十分普遍。受益人的权利作为未支付的现存权利保留在信托中的情况也很常见,信托仅拿出必要的资金来支付受益人的应缴税款,剩余部分均保留在信托中。这是许多封闭型信托公司的重要营运资金来源。

[99] 目前尚不清楚该规则是自动适用还是仅由税务机关酌情决定适用。见 ITAA 1936 s 102 中的措辞 "税务机关可能评估适用" (the Commissioner may assess) 以及 s 128B (3)(e) 提及 s 102 时的措辞。此外,该规则如何与资本利得的导流规则(streaming rules)(译者注:该规则允许将资本利得归属特定受益人而非信托的全部受益人)和"免税分配"(franked distribution)(附有可抵扣税额的股息)产生相互影响也不清楚。导流规则(ITAA 1936 Part Ⅲ Div 6E, ITAA 1997 Sub-divs 115 – C, 207 – B)制定于2011年。ITAA 1936 s 102UX in Div 6E 取代了第6部分一般信托规则其他执行条款下的税收,但未提及第102条。

大利亚的所得;新西兰则要求委托人拥有税收居民身份才可以适用该规则)以及委托人的个人纳税义务[委托人在澳大利亚不承担纳税义务;委托人在新西兰则有可能被视为代理人从而承担纳税义务,同时也有权从信托(财产)中获得补偿]。

2.4 入境制度

以居民国/来源地为基础的国际税收规则为例,只有在委托人是税收居民或存在境内来源所得的情况下,归属委托人的所得才是应税的。当期归属非居民委托人的境外来源信托所得不用征税;如果对信托所得适用委托人归属规则,且排除了对其他人的归属,则指定或分配给税收居民受益人的所得将不用缴税。如果本应将(境外来源)所得归属构成税收居民的信托或受益人,而不是(非居民)委托人,那么这实际上被视为一种导管情形。同样地,如果一项来源于本地的所得归属非居民委托人,可按特定的入境规则征税,这可能与将所得归属构成税收居民的受益人或信托的征税规则不同。如果一般委托人归属规则在跨境情形中不适用,则会出现上述结果。

在这一意义上,美国的一般委托人归属规则最初无法在跨境情形中适用,它使得一项由非美国委托人[100](这些税法项下的规则将非美国委托人视为信托的所有人——所谓的外国委托人信托)设立

---

[100] "美国人"应就其全球所得纳税。"美国人"这一概念包括公民、居民个人、国内公司和国内信托[IRC s 7701(a)(30)]。本书提到的美国委托人或受益人应在这一概念的基础上进行理解。

的委托人信托能够向美国受益人分配所得,并且免于缴纳美国所得税。如果(通常情况下)所得是在避税地产生的,而且没有在委托人的税收居民国被征税,那么美国受益人取得这些所得在实践中将不会被征税。这被认为是一种滥用行为,因此国会制定了一项一般性规则作为回应,即如果适用委托人规则会导致将所得归属非美国人,则不再适用委托人归属规则。[101] 该一般性规则适用于涉及入境和导管情形,但其适用范围是有限的,其例外情形仍可被当作税收筹划的机会加以利用。例如,由非美国委托人设立的简单可撤销信托仍然可被视为美国税法项下的委托人信托。[102]

英国采取的方法则略有不同。广义而言,如果委托人规则的适用会导致将来源于境外的所得归属非居民,则不适用委托人归属规则。[103] 也就是说,如果所得的来源地是英国,则委托人归属规则仍

---

[101] See IRC s 672(f), *Small Business Job Protection Act of* 1996, Pub. L 104 – 188, 110. Stat 1909 s 1904 对其进行了修改。

[102] 如果委托人保留了重新取得(revest)相关信托财产的所有权的权利,或者如果在委托人在世期间(信托条款)只允许(信托)向委托人或其配偶进行分配,对于上述情形不适用该一般性规则[IRC s 672(f)(2)(A)]。该条规定的理由是,"这种所有权安排等同于委托人拥有信托财产并直接向受赠人馈赠的经济安排"(Bruce,注释25,121)。这些例外情况——尤其是第一种例外——在国际税务实践中尤为重要。它们是严格且明确的。众所周知,外国委托人可以通过咨询律师对信托进行合理的安排,使其符合某一种例外情形,由此确保这种安排能够获取美国委托人归属规则所带来的利益[Bruce,117 – 128;cf 26 CFR ss 1.672(f) – 1 and 1.672(f) – 3]。

[103] See ITTOIA s 648(2);cf s 577(2). 考虑到其第648条与非居民产生的"无视的所得"(disregarded income)相关规则(对于该非居民的征税仅限于基于来源地所扣缴的税款)之间难以适配(ITA UK s 811 etc),见 Chamberlain & Whitehouse,注释50,§9.21。问题是,是否一项英国所得归属非居民委托人(否则应归属税收居民受益人),如果对于非居民委托人而言该项所得符合"无视的所得"的构成要件,将会导致"无视的所得"的税务处理(见第 A.3.2 节)。如果是这样,该项所得的税负通常会比单纯将所得归属税收居民受益人时低。

第二章 委托人

旧适用;而在涉及非入境的导管情形下,委托人归属规则也不再适用。

在澳大利亚,委托人归属规则的适用仅以会产生澳大利亚税收为前提。[104] 这样的话,来源于境外的信托所得就不会归属非居民委托人。因此,在导管情形下不适用委托人归属规则;入境情形下的委托人归属仍可能发生,但根据相关规定,其前提是对非居民DIR所得征税应以净额计税方式进行,一般情况下,对于非居民取得的这类所得是按照总额计税方式征税或者并不征税。[105]

在涉及非居民委托人以及存在境外来源所得的情形下,一个国家选择不适用委托人归属的一般性规则的做法并不意味着该规则是不健全或缺乏普遍效力的。更合理的解释是,这是一种对国际(税收)套利风险的回应;如果委托人所在国没有设置或没有成功实施与第一国(来源地国)类似的委托人归属规则,就会产生上述风险。该问题的核心在于所得归属的冲突:信托和(或)受益人所在国将所得归属非居民委托人,而委托人所在国将同一所得归于非居民信托或受益人,从而导致居民国征税的缺失。如果来源地国不征税——或许因为它是避税天堂,或许因为某一所得可以适用某项税收优惠规则——那么该所得就完全不用交税了,尽管它流向了第一个国家(信托或受益人所在国)税收管辖权范围内的受益人或信托。

---

[104] ITAA 1936 s 102(3)规定,当信托所得根据第102条"被用于计税"时,则适用本节的税收规则而不再适用其他类型税种的税收规则。只有在适用国内委托人规则可能导致纳税义务的产生时,国内委托人规则才会优先于对受益人或信托实体的一般税收规则适用。从第102条的措辞来看,还有一种单独的观点认为,该条仅由税务署署长酌情适用。

[105] ITAA 1936 s 128B(3)(e)在入境DIR的一般性税收规则中,排除了根据第102条的规定适用委托人归属所得规则。

如果说征税国不适用入境委托人归属规则的原因是防止套利（这种套利产生的原因是对外国委托人的不征税或低征税），那么该理由也同时支持了这样一种观点，即该国应承认委托人的实际外国税收，就像承认对归属信托或者受益人的信托所得的已征税款一样——这与居民信托或受益人关于双重征税的减免权利息息相关。[106] 在涉及来源地征税的情况下，委托人的境外征税也可能与委托人居民国签订的协定待遇有关，该居民国可能是也可能不是纳税人（信托或受益人）的居民国（纳税人是来源地国所得归属的对象，以替代委托人归属）。第八章将进一步讨论协定项下外国委托人税收的确认问题。

2.5 出境制度

出境委托人归属主要是指，当信托所得来源于境外时，将信托所得归属应该就全球所得纳税的委托人（税收居民）。出境委托人归属规则实际上也可以在往返情形中适用，即信托所得来源于当地，但该所得本应归属的信托实体或受益人所在地仅以来源地取得所得作为征税前提。在上述两种情况下，信托实际上都可能不是税收居民；这也可能是该规则的适用前提，应当谨记居民信托通常就其全球范围内归属的全部所得缴税。

前文讨论的一般委托人归属规则，在以下情形下会予以适用：当

---

[106] 见第3.3.3节与第4.4节，以及位于第6.1.3节的表6.1。

委托人是税收居民,其余的联结因素之一存在涉外因素,且一般委托人归属的条件被满足。从委托人所在国的角度来看,委托人归属制度成功避免了将外国所得不当地归属非居民信托或受益人以及由此产生的不征税问题。但委托人所在国可能并不满足于此,它们希望为本国税基提供更大程度的保护。

除非委托人归属一般规则是这样设计的:直到信托的资本和所得存在完全可客观确定的(受益人的)受益所有权,从而使其当期所得实际上归属受益人后(在所有被调研国家都不存在这一情形),委托人归属规则才能不适用;否则的话,在委托人所在国不完善的规则之下,来源于外国的信托所得仍有可能逃避当期税收。如果外国所得是在不符合一般委托人归属标准的非居民信托中累积的,因此逃避了当期对委托人征税,那么它早晚都将会为一个或多个受益人的利益进行分配或使用。这就使得委托人所在国面临一系列潜在的政策问题:

(1)排除将信托所得归属委托人会导致本国对这一所得不征税,而不仅仅是税率套利。

(2)信托仍然基于委托人的目的行事,(信托所得)尚未完全属于受益人。委托人所在国可能认为,它有理由将信托所得归属委托人(第1.3.1节),即使它在境内委托人规则中并没有这样做。

(3)有关信托财产受益去向的信托管理实际上可能反映了委托人的意愿或者其保留下来的影响,但这些可能达不到该国适用委托人归属一般规则的要求。这种情形实际上可能与符合该国委托人归属一般规则的情形大同小异。这就产生了一种避税动机,根据该国的其他税收规则,这种避税可能是合法且有效的。

(4)税务机关可获得的其管辖范围外的信托中关于控制权和受益权的信息可能是不充分的、不可靠的或难以核实的。这就意味着存在委托人逃税或税务机关难以发现应税所得的风险。

(5)逃避了委托人所在国当期征税的所得所带来的经济利益最终可能以表面上或法律上未被征税的、变形的、伪装的或未披露的形式回流至委托人或居民受益人或其关联方手中。这些利益对税务机关来说是难以识别和追踪的。这在很大程度上是一种逃税(evasion)和不披露(non-disclosure)的行为,尽管在某些情况下(比如最终利益在税法项下不需要纳税时)它也可能被定性为避税(tax avoidance)。

(6)如果这类利益在分配时确实以披露和应税的形式回流到居民纳税人手中,那么委托人所在国的征税也会相应递延。

这些问题,可能导致一个国家对委托人归属和征税适用特殊的出境规则。

2.5.1 美国和澳大利亚

美国和澳大利亚分别于1970年[107]和1990年[108]制定了特别出境规则。它们在政策导向、规则设计和国际征管上有许多共同之处;但也存在明显差异。澳大利亚的规则基本上是以美国规则为范本制定的,但是在委托人的国内规则处理方面与美国规则存在明显不同。

---

[107] IRC s 679,由 Tax Reform Act of 1976 制定,Pub. L 94 – 455, 90 Stat 1614 s 1013.

[108] ITAA 1936 Part Ⅲ Div 6AAA Sub-div D (ss 102AAS – 102AAZG)的内容以及 Sub-div A 中的相关定义,简称为 Div 6AAA 或转让人信托规则,由 Taxation Laws Amendment (Foreign Income) Act 1990 (Cth) s 18 制定,执行细则条款为 ITAA 1936 s 102AAZD。

澳大利亚的规则考虑了与当时制定的受控外国公司规则在一定程度上的概念整合,而在其他方面,澳大利亚相关规则的起草者只是与他们的美国同行作出了不同的政策选择。以下是对一些要点的总结。

(1)这两项规则均仅适用于当年为税收居民的委托人,[109]都使用了广义的、以经济实质(economically)为基础的价值委托或转移的概念。[110]

(2)与相对应的境内规则不同,这两项规则的适用都不依赖是否存在保留控制权或利益的判断。

(3)这两项规则仅涉及当年非居民信托的所得。

(4)美国规则仅限于相关委托所涉的信托所得。澳大利亚规则则通过征管上的自由裁量权实现了类似的结果,即排除了被证明与相关委托无关的信托所得。[111]

(5)就政策而言,这两项规则主要针对的是相同的风险:对在国外累积并最终用于(尽管并非预先确定)税收居民利益的信托所得的

---

[109] 澳大利亚:ITAA 1936 s 102AAZD。美国:根据 IRC s 679 的规定,委托人在本年度是美国人才属于特定的出境归属情形,这一要求源于第 672(f) 节 [See John L. Peschel & Edward D. Spurgeon, *Federal Taxation of Trusts, Grantors & Beneficiaries* (Thomson/Westlaw, electronic looseleaf) (at 27 December 2017) §16.03]。如果委托人在进行委托后移民并放弃了美国人身份,这将导致出境情形转为入境情形。除非该信托是可撤销的或在第 672(f)(2) 节中另有规定(在这种情况下,无论第 679 节如何规定,委托人归属规则都将予以适用),否则第 672(f) 节将取消适用任何委托人归属规则,因为这将导致相关所得归属非美国人。

[110] 澳大利亚规则中的委托人概念对应于 ITAA 1936 s 102AAT 中定义的"可归属纳税人"。澳大利亚的规则很复杂,因为其中包含了一些条款,这些条款通过(委托人)与非酌情信托的交易来定义可归属纳税人。由于该规则的主要实践和政策重点是酌情信托,因此此处仅简单提及。

[111] See ITAA 1936 s 102AAZD(7).

递延纳税/避税。[112] 实际上,这两个国家都将委托人视为待定的未来受益人的代理人(proxy)[113]而征税,受益人被假设为税收居民,信托所得的经济利益最终将流向他们。美国的规定要求,至少存在法律上的可能性,即信托的资本或当期所得可能流入在当年度是美国居民的受益人。澳大利亚则没有此种要求,委托人拥有税收居民身份已足够。委托人的税收居民身份可被视为将最终受益人推定为税收居民身份的一个指标,也为行使税收管辖权提供正式和切实可行的依据。

(6)美国出境规则补充了其对应的境内委托人规则,并与之进行

---

[112] 美国:见 Bruce,注释25,ch.10; Charles M. Bruce and S. Gray, *US Taxation of Foreign Trusts: Post - 1976 Act Changes and Continued Uses*, 17 Tax Management International Journal 192(1988); New York State Bar Association, *Report on Foreign Trusts*, 31 Tax Law Review 265(1976); Joint Committee on Taxation, *General Explanation of the Tax Reform Act of* 1976 (HR 10612, 94th Congress, Public law 94 - 455)(1976) 219 - 220 "Reasons for Change"。Bruce comments at 162 - 163: "国会希望弥补委托人归属规则的漏洞,即利用外国信托作为实现递延纳税的手段。为了达到这一目的,它决定在委托人归属规则方面进行重磅调整"(第679节的规定)。澳大利亚:见 Treasurer, *Taxation of Foreign Source Income: A Consultative Document* (AGPS, 1988) 39, "对于非居民信托,税收居民能否受益于递延纳税的可能性最有可能通过参考'转让人'(transferor)(将财产转让给非民信托的人)的居民身份来确定。如果居民纳税人直接或间接地将财产转移至位于低税率税务辖区的非居民信托中,并且无法确定哪些受益人对信托所得拥有不可撤销的权利,那么可以推测,获取递延纳税的利益是转让的主要动机之一。在这种情况下,如果没有受托人是税收居民,那么直到居民或非居民受益人能够对信托所得享有权利时之前,对于累积在信托中的信托所得,税收居民转让人是最合适的纳税人。因此,适用于非居民信托的累加规则(the accruals rules)会就累积信托所得向非居民信托的转让人征税"。See Lee Burns & Richard Krever, *Interests in Non - Resident Trusts: A Review of the Conflicting Income Tax Regimes*, Australian Tax Research Foundation, p.38 - 39(1997)。

[113] 本书中使用的代理人征税概念是指不考虑其他主体的性质而对一个主体(委托人)征税,因为其他主体可能身份不明或无法识别,尽管在政策层面这些其他主体才是作为征税对象的相关所得的推定所有人。所以说,代理税本质上是一种粗糙但是富有成效的策略。

了整合。与境内规则一样,它直截了当地将当期信托所得直接归属委托人,而非其他潜在纳税人。澳大利亚出境规则是独立的,并且在结构上与对应的境内规则不同,如果发生竞合,该规则将取代对应的境内规则而优先予以适用。[114] 该规则的目的是归属当期信托所得,但这是通过规定一个复杂的视同所得计算来实现的,计算的起点是信托所得;如果以前一年度已经归属的信托所得在经济上交付给了委托人或居民受益人,则会通过适用既定规则缓解双重征税。[115]

(7)虽然这两项规则都要求居民委托人就当期信托所得缴纳税款,但都没有规定他们对信托本身的法定求偿权。这也许并不能表示是这两个国家有意的政策选择,但是可能会产生反常的结果。[116] 对委托人征税的前提,无论是境内规则还是出境规则,都暗含着委托人应该拥有求偿权。

(8)这两个国家都排除了一些被认为不太可能故意避税的外国信托。两国都建立了自己的豁免标准。美国规则不适用于委托人向美国移民前设立的信托,前提是在委托行为和委托人税法意义上的移民之间已经经过了足够久的时间(5年)。澳大利亚的豁免范围则相对较窄,而且十分复杂,要求(在满足一定条件之后)该信托不受委

---

[114] See ITAA 1936 s 102(2B)(b). Burns & Krever,注释 112, p.65,将此归因于 s 102 规则(信托作为委托人的代理人承担纳税义务)难以实际应用于取得境外所得的非居民信托。显然,没有人愿意强化、改革或废除这一不起作用的国内规则。

[115] 大多数计算依据的是 ITAA 1936 s 102AAU"信托财产的可归属所得"。更详细的介绍,参见 ITAA 1936 s 102(2B)(b). Burns & Krever, p.45 – 48。

[116] 最基本的反常是,税收负担并没有减少纳入了已税所得的财富池(总量的概念)。在美国,求偿机制的缺位是复杂的转移避税策略的支点。委托人支付的税款不被确认为应税转让,但会减少委托人的应税遗产并使得信托增加的财富免税。参见 Ascher,注释 81, p.903 – 907; Soled,注释 58, p.398 – 403; Danforth,注释 81, p.573 – 600; Cunningham & Cunningham,注释 81。

托人的控制。[117]

(9)两者间主要的差异涉及出境委托人归属征税和信托或其受益人的外国受益人征税的优先权和相互关系。

①美国的规则允许委托人或信托就已归属的信托所得所缴纳的外国税款进行税收抵免。[118] 然而,如果某一国家将信托所得归属该国的居民受益人并对其征税,出境委托人归属和征税规则仍将适用,并且委托人对受益人所缴纳的外国税款不享有任何宽免。[119] 就算受益人所在国适用美国的征税原则,该国将所得归属受益人时,也是如此,更别说作为该国征税基础的受益人受益权利或者分配,可能与美国规则适用的假定基础并不相同。

②澳大利亚规则不涉及外国税收抵免,其自行设置了复杂的豁免和扣除规则。[120] 简言之,该规则可划分为两层处理方式。在第一层处理方式中:如果信托所得在7个"列举"国家(加拿大、法国、德国、日本、新西兰、英国和美国)中的任何一个国家被征税(前提是该

---

[117] 参见 Burns & Krever,注释112,p. 49-64。相关豁免体现在 ITAA 1936 s 102AAT 的"可归属纳税人"的定义中。

[118] 这源于将委托人视为信托所有人(因为存在委托人的财产转让)的简单方法。如果信托被征税,则视为委托人被征税。这提供了 IRC s 901(b)(1)-(4)所要求的联结因素。

[119] 参见注释295;IRS, Technical Advice Memorandum 9413005 (1994)。也许可以这样说,信托支付了外国税款(无论该税款是通过最终或非最终预提税的方式向信托征收的),但仍将委托人视为所信托的所有人,尽管外国税的征税国将受益人视为个人纳税主体。

[120] See ITAA 1936 s 102AAU. 正如 Burns & Krever,注释112中所评析的那样:"对第6AAA部分豁免规定适用的前提审查要件生动地揭示了该部分起草所使用的错综复杂的方式。"

征税并非最终预提税或存在特定减让税基型税收优惠），[121]或如果被确认构成当期分配而须在上述列举国家之一作为税收居民的所得被征税，那么这部分所得就被排除在委托人归属规则之外了。[122] 在此情形下，归属规则将自行停止适用，并将已缴纳"第一层"外国税的所得的征税优先权交付给该国。与美国的做法相比，这一做法更集中地反映了出境委托人规则宣称的政策基础。

在第二层处理方式中，澳大利亚允许扣除列举或非列举国家对归属所得所征收的其他税款。[123] 这种最终减免仅通过扣除而不是抵免来实现，这反映了转让人相关信托规则的反避税目的;[124]假设外国征收的税款由信托实体承担，那么美国的相应税务处理对纳税人更有利。澳大利亚认为，信托中若同时存在：澳大利亚委托人、受益人具有外国税收居民身份、信托的税收居民国或信托的投资在上述列举的7个"良好"国家以外的任何国家，则应被视为有避税目的。这种做法可能会让其中一些"非列举"国家感到惊讶，但也表明了澳大利亚在制定该规则时，对基于信托的递延纳税和避税问题的重视程度。

（10）另一个主要的差异点涉及出境委托人归属与信托或受益人

---

[121] ITR 1936 reg 152C, Sch 10, via ITAA 1936 ss 102AAB and 320. 这些国家的征税标准与澳大利亚相当（参见注释112，p.45）。"列举"国家的概念则是从CFC规则中借用而来的。

[122] ITAA 1936 s 102AAU(1)(b),(c)(viii);参见 s 102AAE 对"列举国家信托财产"(listed country trust estate)以及 s 324 对"应被征税"(subject to tax)的概念表述，adopted via s 102AAB."应税"测试没有表明对纳税人身份的要求：它关注的是征税的经济对象和没有征收预提税的事实。

[123] ITAA 1936 s 102AAU(1)(d).

[124] See Burns & Krever, 注释112, p.48 – 49, citing the *Information Paper*, *Treasurer*, *Taxation of Foreign Source Income: An Information Paper*, AGPS, 1989, p.128。

一般归属之间的优先权和相互关系,如果不适用特殊的出境委托人规则,信托或受益人的一般归属会导致所得在当地被征税。

①美国出境委托人规则与其国内情形的规则一样,取代了对美国受益人的归属和征税规则,即使受益人取得当期信托所得也不例外。出境委托人规则取代了其他美国归属和征税,包括预提税(前提是符合信息和披露要求)。

②澳大利亚的规则与其国内情形的对应规则不同,如果根据受益人和信托归属规则,可以对特定信托所得适用净所得税基计算方式征税,则澳大利亚出境委托人规则将会被替代。受此影响的所得将会被排除在澳大利亚出境委托人规则的适用范围之外,[125]澳大利亚的免税股息(franked dividends)[126]也被排除在外,它们是支付给非居民的股息,不需要再进一步征税。[127] 在这些情况下,与涉及外国税收的第一层排除规则一样,出境委托人规则将自动停止适用,并遵从其他可适用的税收规则。澳大利亚对其最终预提税的确认方式与对外国征税的处理相同:仅通过扣除而非抵免。[128]

---

[125] 参见 ITAA 1936 ss 102AAU(1)(b),102AAE(2)(如果信托财产位于列举国家时);s 102AAU(1)(c)(i)(其他情形)。对澳大利亚 DIR 所得征收的预提税不满足要求,因为它不是根据 s 102AAE(2) 或 s 102AAU(1)(c)(i) 规定征收的,参见 ss 128B,128D。

[126] See ITAA 1936 s 102AAU(1)(c)(iii). 股息是已完税的,可以通过归集抵免(imputation credit)的方式实现,抵免部分代表先前公司层面已缴税部分。

[127] See ITAA 1936 ss 128B(3)(ga),128D.

[128] See ITAA 1936 s 102AAU(1)(d). 如果将未免税 DIR 所得基于现时应得权利(present entitlement)归属非居民受益人[s 128A(3) 和 s 128B 中的相关征税规则],那么可以对未免税 DIR 所得征收最终预提税,但当所得项目归属信托本身时并不适用最终预提税[s 128B(3)(d)]——这一做法是根据 s 99 或 s 99A 的规定,对于没有在当期指定给或归属特定受益人但最终可能使居民或非居民受益的所得项目,保留了对非居民信托的净所得税基征税。

2.5.2 英国

2.5.2.1 所得税

在出境情形下,英国的海外资产转移规则(transfer of assets abroad rules)是对其财产授予制度的补充。[129] 海外资产转移规则是一套独立的反避税措施,其最初规则是在 1936 年制定的。[130] 它们是所得税规则的一部分,只影响英国税收居民个人[131]及其配偶或民事伴侣。[132] 这些规则不仅适用于信托或其他任何特定形式的安排,还适用于由于资产转让或其关联操作使得存在应支付给国外人所得的情形。[133] 就本质而言,转让人相当于信托项下的委托人。尽管两种制度的具体标准和规则结构不尽相同,但若海外资产转移规则将所得归属居民委托人,则该居民委托人通常也会满足财产授予制度

---

[129] See ITA UK Part 13 ch. 2(ss 714 – 751). FA 2018 s 35, Sch 10 对财产授予制度和海外资产转移规则的修订主要集中在涉及无住所或视同有住所转让人的复杂情况,本书不考虑这些情况。关于进一步的研究,可见 Vos,注释 50。ITTOIA ss 643A – 643N 与 ITA UK ss 733B – 733E、734A 及 735C 是主要的新条款。

[130] See FA 1936 s 18, Sch 2. 财政大臣张伯伦(Mr. Chamberlain)对海外资产转移规则的最初构想进行了总结,这一阐述有助于纳税人对该规则的理解:第一项建议涉及居住在本国的个人的避税问题,如果该个人将自己的财产转让给国外的人,但是自己保留了对财产的控制权,并且自己享有该财产产生的所得,根据目前的所得税法,该个人不被视为取得所得。笔者认为要解决这一问题,应当将这类财产产生的所得作为纳税义务的一种予以考量(United Kingdom, Parliamentary Debates, House of Commons 21 April 1936 vol. 311 cc45 – 8)。

[131] See ITA UK ss 721(1), 728(1), 732(1). 这些规则不把所得归属实体,即使是那些需要缴纳所得税的实体。

[132] See ITA UK s 714(4).

[133] See ITA UK ss 716("相关转让"的定义), 721(1), 728(1), 732(1). 如果一项转让是财产的转让,并且由于该转让或一项或多项关联操作,所得应支付给国外的人,则该转让是"相关转让"。

中规定的委托人征税标准。[134] 如果两种制度都可以适用,那么财产授予制度将优先适用。[135] 本书将不对海外资产转移规则作进一步研究。[136]

2.5.2.2 资本利得税

英国也有关于委托人资本利得税的出境制度。如前所述,英国不存在一般的或国内的委托人资本利得税规则。从广义上讲,对于拥有英国住所的英国居民委托人,如果他(她)被视为在非居民信托中拥有利益,则他(她)会被认为拥有与该信托当年净利得等值的资本利得而被征税,从而不再考虑该非居民信托就英国住宅用地应缴纳的"非居民资本利得税"(non-resident capital gains tax, NRCGT)相关问题[137](令人惊讶的是,英国分支机构或代理机构的资本利得没有被提及,这些同样也是非居民的应税所得项目)。如果源自委托人

---

[134] 与信托领域最为相关的是,对于不适用财产授予制度的外国所得,海外资产转移规则将其归属下层实体(lower tier entities)的当期所得。海外资产转移规则很重要的一个功能就是截取下层实体的收入。在这方面,其作为公司税的一部分,更像是针对居民个人的CFC制度,这是英国CFC规则所不具备的功能。IRC v. Botnar [1999] STC 711;(1999) 72 TC 205 可以说明这一点,在这个复杂的案件中,一个位于列支敦士登的信托的最终委托人和他的妻子被排除在该信托的受益人范围之外,在本案中该信托的受托人有很大的权力可将信托财产转移到其他安排(位于列支敦士登的信托)中,并且被排除在外的人(最终委托人及其妻子)可能在后一个信托中受益。根据海外资产转移规则,纳税人应就在第一次信托安排中的受托人直接或间接持有的公司的所得纳税。

[135] See ITA UK ss 721(3C), 728(2A).

[136] 本书决定不再考察这些规则,因为它们的关注重点过于广泛,并且它们与信托[前面提到的优先权规则和CFC规则的一般豁免(参见注释134)]的实际相关性有限。关于海外资产转移规则的研究及其在信托背景下的应用,参见Chamberlain & Whitehouse,注释50。关于FA (No.2) 2017修正案对无住所和视同有住所的转让人的影响以及海外资产转移规则与财产授予制度之间的关系,见Vos,注释50。这种关系受到FA 2018 s 35, Sch 10 修正案的进一步影响。

[137] See TCGA s 86.

的信托财产或所得与"相关方"[138]之间存在实际或潜在的受益关系,那么利益测试(interest test)就得到了满足。[139] 尽管潜在受益的人(benefited person)范围更广,但出境制度中的"利益"概念仍与资产转让立法下的保留权益概念明显相似。用于归属的措辞使用的形式是前面提到的与信托层面净利得"相等的金额"(an amount equal)。[140] HMRC认为,信托层面的利得本身并没有被归属,被归属的是根据该利得计算出的名义金额。[141]

委托人有法定权利要求受托人补偿由此缴纳的英国税款。[142] 法定补偿金的效力,就像财产授予制度下的所得税补偿一样,取决于若干因素,这些因素包括信托在英国有哪些类型的财产、信托条款怎么规定、信托的准据法以及委托人和受托人之间任何与原始委托有关的安排的条款。委托人应该谨慎考虑这些因素。

在某些情况下,如果涉及从非居民信托向委托人的近亲属进行资本分配,或由原始受益人向其持续付款,居民委托人可能会基于出境制度被征税,就如同他(她)是接受资本分配的受益人一样。[143] 此种情况是主要针对居民受益人的税收规则的扩展延伸。[144] 以此种方式针对委托人的原因在于,信托层面的分配可能存在逃避英国来

---

[138] See TCGA Sch 5 cl 2. "相关方"的范围包括委托人(转让人)、他或她的子女和孙子女、上述这些人的配偶和民事伴侣、他们控制的公司以及与这些公司关联的公司。

[139] See ITTOIA ss 624, 625(注释84)。

[140] See TCGA s 86(4)(a)。

[141] 参见 CG 38345 (at 27 December 2017);注释146。

[142] See TCGA Sch 5 cl 6.

[143] TCGA ss 87G, 87L, 作为 FA 2018 s 35, Sch 10 中规定的一整套反避税措施的一部分而添加。

[144] TCGA s 87 及相关条款(见第3.3.2节)。

源地征税(如果近亲属或原始受益人是非居民)或者居民征税的可能。

2.5.2.3 外国税收抵免

英国的外国税收抵免规则是这样设计的:对于居民委托人的单边双重税收减免,根据归属居民委托人的信托所得或利得的金额进行计算,但必须符合这些规则的通常(一般)要求。例如,信托层面已归属或名义上已归属的所得或利得必须是在外国征税国境内产生或积累的,外国税收必须根据产生或累计的数额来进行计算,该外国税收必须与英国的所得或资本利得税有必要的对应关系,等等。[145] 但这些规则并不要求英国纳税人和外国纳税人是相同的。只要外国税收和英国税收使用相同的税基进行计算(calculation base),那么无论是直接或间接的所得归属,无论外国纳税人是信托或是受益人都适用单边抵免,这样似乎是更佳的做法。对于名义上归属的(利得)项目,HMRC 的观点是,那些基于(将利得)归属另一个纳税人从而将独占税收管辖权让渡给另一个国家的协定条款将不再适用;这种观点将排除委托人在海外资产转让规则和资本利得税规则之下(不包括在财产授予制度主要条款下)享有的协定待遇。[146] 如果协定规定允许给予抵免,那么就不再适用单边减免措施,即使适用后者可能会

---

〔145〕　See TIOPA s 9.

〔146〕　参见 CG 38545 (at 27 December 2017),包括以下内容:双重征税协定中那些赋予转让者居民国独占征税权的条款,不适用于根据 TCGA 第 86 条应向委托人征税的利得。这是因为进行处置的人是受托人而不是委托人。第 86 条不认为受托人的利得应归属委托人。相反,第 86 条第 4 款规定将委托人的积累利得,视为与受托人的应计利得相等。Cf Baker, *Finance Act Notes*,注释 37, p.409,提及了海外资产转移规则中类似的名义归属条款[ITA UK ss 721(3B), 728(1A)]。然而,财产授予制度的大多数规定都涉及直接归属。

更优惠，[147]但这对纳税人一般不会产生障碍：首先，简单的不符合协定减免条件的情形不会取代单边减免；其次，也许更重要的是，英国相关协定中的双重税收减免条款经常采取非标准形式，即在对所得征税时使用同一税基进行计算则可适用双重征税减免条款，而不将征税对象的同一性作为减免的要件。[148]

2.5.3　新西兰

新西兰有两类委托人规则。在这两类规则之下，委托人（设立人）可能据此承担与信托所得有关的纳税义务。[149] 第一类规则是将当期新西兰居民委托人视为受托人的代理人，从而使他们承担纳税义务。第二类规则纯粹是选择性的，委托人可以选择不可撤销地承担受托人应履行的实际或名义所得税纳税义务。[150] 这两个规则都限于"受托人所得"，即那些尚未被当期归属受益人的信托所得。[151]这些规则已在其他文献中得到了更为详细的阐释。[152]

---

〔147〕 See TIOPA s 11（见 Loutzenhiser，注释 53，§74.4.1.1）。

〔148〕 参见注释146。CG 38545（at 27 December 2017）也称，可以为任何对利得所支付的外国税款提供抵免。这是因为对委托人征税的利得是根据受托人应计利得来计算的。无论是根据 TIOPA 第 18 条第 1 款规定的双重征税条款的抵免法，还是根据 TIOPA 第 9 条第 2 款中的单边抵免，外国税收抵免都将被允许。与 OECD 范本第 23 条不同的是，在英国税收与外国税收基于相同所得或利得进行计算的情况下，英国有关协定中的双重税收减免条款将给予减免。例如，《2003 年澳大利亚—英国协定》第 22 条第 2 款（a）项；《1983 年新西兰—英国协定》第 22 条第 1 款（a）项；《2001 年英国—美国协定》第 24 条第 4 款（a）项。

〔149〕 See ITA NZ s HC 29.

〔150〕 See ITA NZ s HC 33. 受托人或受益人也可以作出相同的选择。

〔151〕 See ITA NZ s HC 7. 在某些情况下，未成年的居民受益人所得可能被视为受托人的所得（参见第 HC 35 条），并可能导致委托人承担纳税义务。本书对此不予进一步讨论。

〔152〕 See M. L. Brabazon, *Trust Residence, Grantor Taxation and the Settlor Regime in New Zealand*, 22 New Zealand Journal of Taxation Law and Policy 346 (2016).

代理规则只要求信托在纳税年度的任何时刻不存在居民受托人时便可以适用。[153] 在某些情况下——如果委托人是一个自然人,且其是在对信托进行最后一次相关财产移转之后才拥有新西兰居民身份[154],那么只有在委托人选择了选择性义务规则(第二条规则)的情况下,才会产生代理人义务。[155] 虽然在某些情况下,委托人可能会作为代理人承担纳税义务而使得受托人并不直接承担纳税义务,但是委托人的纳税义务并不会取代受托人的主要纳税义务。[156] 与此同时,在所有这些情况下,受托人都需要间接承担税负,因为委托人被视为代理人,也因此享有相应的法定求偿权。[157]

作为一个税收政策问题,让委托人来承担纳税义务是合理的,因为信托被视为是委托人的意志和目的的产物,或者是委托人的经济代理人,无论委托人是否保留以及保留了何种程度的影响或控制,[158] 只要信托所得当期尚未根据(下一章所述)既得权利或当期分配归属受益人,那么这种做法就是合理的。然而,制定法并没有将信

---

[153] See ITA NZ s HC 29(1).

[154] 不考虑1987年12月17日当日或之前的居民身份(该法仅针对这一日期后设立的信托)。

[155] See ITA NZ s HC 29(5). 对于那些自1987年12月17日以来没有收到移转财产的信托,也适用祖父条款(grandfathering provisions)。在1987年12月17日,政府公布了一份拟议的新修订国际税收规则的咨询文件。见 Brabazon, *Trust Residence*, 注释152。

[156] See ITA NZ s HC 25(4). 如果受托人的所得来源于境外且纳税年度内不是税收居民,并且在1987年12月17日之后至相关财产移转之日,委托人不是税收居民,则受托人不直接承担纳税义务。在这种情况下,如果委托人作出了规定的选择,他(她)就负有纳税义务。

[157] See ITA NZ ss HD 5(2), HD 12(2).

[158] See John Prebble, *New Zealand's 1988 International Tax Regime for Trusts*, 6 Australian Tax Forum 65 (1989). John Prebble, *New Zealand Trust Taxation: The International Dimension*, 53 Bulletin for International Fiscal Documentation 398 (1999).

托所得归属委托人,也没有声称要将主要纳税义务强加给委托人,更没有寻求将税负最终施加在委托人身上。更好的观点是,从根据协定进行税收管辖权分配以及单边或协定税收减免这个角度来说,代理规则并不等同于委托人归属或委托人征税。[159] 第4.2.4节将表明,在累积信托所得方面,新西兰利用信托归属和税收居民规则以达到其他国家通过出境委托人归属规则所寻求的政策目标。

同样的结论也适用于委托人基于选择性规则下的选择所产生的选择人义务。该规则使选择人有责任承担"受托人"(相关信托实体)本应承担的纳税义务,如果该信托的委托人以及受托人是当期税收居民,[160] 则对选择人就受托人的全球所得按信托税率征税,并享受信托可获得的任何双重税收减免。这种选择一旦作出,就不可撤销。除却居民委托人符合代理规则的情况,选择人没有从受托人那里获得补偿的权利。选择人的义务是,就那些归属信托且基于税收居民身份征税的所得,履行委托人以外的人——信托实体——的名义义务(也可能是实际义务)。选择人的税收居民身份、自身税务处理、扣除和税收减免这些事项都是无关紧要的。

在代理规则下,委托人的非选择性(non-elective)义务取决于信托实体承担的实际税负,并对此承担次要义务。委托人的选择性义务则截然不同,无论是否适用代理规则,也无论信托实体是否承担实际税负,都有可能存在。如果代理规则适用,委托人有法定求偿权。如果不适用,那么税法并未涉及相关求偿的问题。该权利在某些特定情形下是否存在,取决于信托法在不同具体情形下的个案适用。

---

[159] 参见 Brabazon, *Trust Residence*,注释152。
[160] See ITA NZ s HC 33(2).

2.6 小结

被调研国家的委托人规则在国际、国内不同情形下的征税规则与方法上都呈现出了极具挑战性的多元化。表2.1对本章前述的澳大利亚、美国和英国的相关制度进行了简明的比较与总结。新西兰的制度则不适合作为委托人归属或委托人税收制度进行系统性分析,尽管其基本的税收政策承认信托(在其累积所得的范围内)是委托人在经济上的代理人。

表格的最后一行为"国际优先征税权/双重税收减免(DTR)"。如果外国对同一所得征税,无论是将其归属委托人、信托或受益人,还是以来源地或居民国税收管辖权为基础,委托人居民国都需要决定如何认定境外的征税。居民国可以不计入归属委托人的所得(如澳大利亚在某些情况下所做的那样),可以通过抵免或扣除给予双重税收减免,也可以选择不给予任何减免。这些不同的制度选择意味着委托人所在国对其税收管辖权在各种情况下相对于另一国税收管辖权的规则强弱(优先级)持有的各种不同意见。排他税收管辖权规则的设定主要是防止套利,确保税款由一个国家或另一个国家征收。[161] 这将使委托人所在国在征税方面享有最低程度的优先权。允许外国税收抵免意味着承认另一国拥有优先税收管辖权,但也意

---

[161] 此处可能会有些许不同的解释。在反避税的情况下,如果委托人所在国将其纳税人的动机纳入考虑,并且如果某项外国税可能是实质性征收的,则可以判断导致该项税收的相关安排不太可能是出于避税动机。

味着委托人所在国自己也拥有适当的税收管辖权。如果另一国纯粹以居民身份为基础征税,那么此种制度设计的政策内含就特别重要。

如果委托人是一国的税收居民,而其他方面诸如信托、受益人、投资等是另一国的税收居民或位于另一个国家,第一个国家将根据其一般税收规则和出境委托人税收规则对委托人征税,而第二个国家则会适用一般税收规则和入境规则进行征税。如果双方都认同将某一信托所得归属委托人,并且如果第二个国家将自己视为所得的来源地国,则双方都希望对委托人征税,但双方所援引的税收管辖权依据是不同的。例如,当委托人是美国人并且信托所得来源于英国时,这种情况就可能会发生。在这种情况下避免双重征税应是理所应当的。

然而,当各国在所得归属的问题上存在分歧时,困境与疑虑则会迎面而来,这种分歧可能来源于否定入境委托人归属的规则,也可能来源于出境规则和/或委托人归属一般规则的差异,又或者可能来源于一国没有委托人归属规则。这些分歧将会导致双重征税的情况发生——最明显的情况是,委托人所在国将所得归属委托人,但另一国对信托或受益人征收的税款(无论是建立在居民身份还是来源地的基础之上)不给予双重税收减免。这种分歧同样也可能导致双重不征税,即一国承认入境/导管情形下的委托人归属(正如美国有时所做的那样),但委托人所在国并未设立委托人归属规则,或者该规则适用所需的一系列要件并未得到满足。例如,一个来自新西兰的委托人根据符合美国外国委托人归属规则的条款将信托资本化;且信托在避税地获得所得;且它将所得在当期分配给美国居民受益人。结果是,新西兰将所得归属受益人;美国则将其归属委托人。在这种情况下,双方都不行使税收管辖权,因为两国均认为这是归属非居民的外国所得。这些例证以拥有复杂税法与信托法制度的国家的税法为基础,每一个国家都详细考虑了委托人的税务处理。如果这些特点都不存在,预计双重征税或不征税的可能性会更大。

表 2.1 委托人归属规则的总结

制度	项目	澳大利亚	美国	英国
国内一般规则	范围	所得税(包括公司所得税、资本利得税)	所得税(包括公司所得税、资本利得税)	所得税(不包括公司所得税、资本利得税)
	委托人概念	形式的(formal)	广泛	广泛
	归属标准	利益,不完善的	利益或控制,广泛	利益,广泛
	税率	委托人的适用税率	委托人的适用税率	委托人的适用税率
	纳税人	信托实体	委托人	委托人
	是否能够从信托实体处获得补偿	不适用	不能	可以
	优先权	第一顺位	第一顺位	第一顺位
入境/导管制度(非居民委托人)	对一般规则的修正	外国所得不适用	对于非居民委托人,部分适用/部分不适用	外国所得不适用

续表

制度	项目	澳大利亚	美国	英国
出境制度（居民委托人）	范围	所得税（包括公司所得税、资本利得税）	所得税（包括公司所得税、资本利得税）	所得税（不包括公司所得税，但是包含资本利得税）
	委托人概念	广泛	广泛	广泛
	归属标准	—	—	利益,广泛
	税率	委托人的适用税率	委托人的适用税率	委托人的适用税率
	纳税人	委托人	委托人	委托人
	是否能够从信托实体处获得补偿	不能	不能	可以
	国际优先征税权/双重税收减免（DTR）	混合优先权:排除/扣除	对委托人或信托的外国税收抵免（FTC）	对委托人或受益人的外国税收抵免（FTC）

第三章 受益人

本章主要讨论将信托层面的所得当期归属受益人以及对该类所得的当期征税。

第3.1节对被调研国家的一般受益人归属规则进行了比较性的概述，暂不讨论出入境的特别调整。第3.2节对入境和导管情形下的受益人归属和税收制度进行了分析，涉及来源地国将信托所得归属非居民受益人，以及和相应的非居民直接投资的入境制度相比，这些规则产生国际双重征税或者不征税的可能。根据所得分类不同，本节将具体针对境外所得、经营所得、不动产所得、DIR所得和资本利得进行讨论。其中，对DIR所得的征税被认为是国际相关性最弱（weakest international correlation）、各国规则最不一致和最有可能出现征税差异（greatest potential for fiscal anomaly）的领域。第3.3节分析了受益人归属和税收的出境制度，对当期受益人归属的信托层面的所得征税，如果在非信托的情形下，就同类型所得而言，仅由居民承担纳税义务。[162] 不同国家之间对其居民受益人的归属冲突是双重征税或者不征税的潜在原因之一；信托或其委托人居民国与受益人居民国之间的归属冲突是另一个潜在原因。第3.2节与第3.3节的结尾部分将会分别就入境和出境税收的国际双重征税和不征税进行总结。第3.4节概括了本章的结论。

本章的讨论有一个假设前提，即从适用受益人归属规则的国家的角度来看，委托人归属规则已被排除适用。本书前述章节提及，除非存在特定适用范围的特殊国际规则，否则委托人归属通常优先于对受益人或者信托本身的归属。委托人归属规则缺位的情况下，国家在受益人归属和信托归属之间作出的选择是相互独立且穷尽了的，即任何税法上的信托所得只有上述两种归属可能性。

为了在满足可读性基础上展现本章的比较研究结果，部分更具体的国内税收体系和制度的技术分析被安排在了附件中，偏好对单个话题进行深度探讨的读者可以参考与本章讨论内容相关的交叉引用。

3.1 一般受益人归属

所有被调研国家都对当期信托所得设置了受益人归属方法。本节在附录（第A.1节）更为详尽的国别分析的基础上，对这些制度进

---

[162] 对分配征税，包括当期信托归属的所得分配，还补充了出境情形中受益人归属信托层面所得的征税，但仅在涉及征税国境内情况下，并取决于征税国的一般归属制度。对于分配所得的征税将在第五章进行讨论。

行概述。

下文按国别分类总结了各国在一般或国内情境下受益人归属的主要制度。各国对于资本利得的税务处理都不同于其他类型的所得。在下文中,每个国家先叙述对资本利得以外类型所得的税务处理,再叙述对资本利得的税务处理。

(1)英国。①根据英国信托法,当信托所得发生(accrue)时,受益人对此拥有不可剥夺的既得权利(vested interest),那么该所得将归属受益人。受托人以受益人名义承担纳税义务,受益人对受托人所纳税额可享受税收抵免。归属受益人的所得保留其原始信托层面的所得性质,包括所得来源。而追及信托层面特定所得项目至特定的受益人,则是根据信托法实施的。(译者注:追及是英美信托法项下的术语,指的是受益人对第三人行使信托财产返还请求权。除非该第三人是善意买受人,否则只要信托财产或其变价物仍在其手中,受益人就可以追索信托财产或追及变价物,并行使财产上请求权,请求该第三人返还信托财产或变价物。)

②资本利得税是独立于所得税的税种。英国不会在纯国内情形中将信托层面的资本利得归属受益人。

(2)美国。①将信托所得归属受益人是基于受益人享有的分配权和/或根据信托条款对受益人进行的适时分配或者借贷。实际的支付不是所得归属受益人的必要条件,但是受益权利必须是不可撤销的。受益人当期归属的所得以税法项下信托当期所得为上限。归属受益人的所得保留其在信托实体层面的所得性质,包括其所得来源。特定所得项目的追及通常依据信托法规则实施(在非酌情权利的情形下这是最先考虑的),或者根据税法规定的公式按价值比例确定。所得归属过程是根据"可分配净所得"(distributable net income, DNI)这一法定概念进行的,这一概念最早正是为了处理受益人归属问题。

②资本利得被作为所得征税,并给予一定的税收优惠。信托的资本利得被分派至信托法层面的资本账户(trust-law capital account),但尚未支付或借贷给受益人的信托层面利得通常不属于受益人所得归属的范围。其他情况下,信托法层面的利得将包含在DNI账户中,并根据所占的价值比例确定分配的数额。

(3)澳大利亚。①对于税法层面的信托所得,将按照一定比例归属受益人,该比例根据受益人对当期信托法层面所得享有的酌情或既定的现时权利的比例确定;在涉及免税股息的情况下,基于受益人对这些股息的酌情或既定导流分配。澳大利亚的受益人归属规则不要求以所得的实际支付为前提。已归属的所得保留其原始信托层面所得的性质,包括所得来源。某些特定所得项目的追及需要综合运用信托法和税法层面的规则。对于特定的信托层面免税股息,通常是根据信托法导流规则进行追及的。其他类型的信托所得根据一般税法规则,按照累积的信托法层面所得受益的权利比例进行追及。

②资本利得作为特殊类型的所得征税,可以享受一定的税收优惠。信托层面的资本利得根据受益人对该导流利得享有的特定受益权份额比例进行归属。从广义上讲,这里所指的特定权利反映了既定或酌情的信托法分派(trust-law allocations)。所有信托留存利得都按受益人信托法所得分派比例进行归属,除非信托实体决定将其归属自身。

(4) 新西兰。①信托所得通常根据即时的信托法层面的授予 (vesting) 或支付而归属受益人,包括视同支付 (constructive payment)。如果一个信托的委托人现在是或以前是非居民,那么该信托在分配信托法层面的资本或所得时,税法规则会对该归属进行相应调整:一般来说,该调整会将资本分配重新认定为当期信托所得的支付。有一小部分税法层面的所得项目不能被归属受益人,而仅能归属信托本身。

②新西兰通常不对资本利得征税。每一个被调研的国家在法层面上对于信托的税务处理都是**差别透明**(differentially transparent) 的。换言之,利用信托这一形式,并不能决定信托所得将归属哪一信托参与人——本章所述的受益人、第二章所述的委托人或者信托本身。已归属的所得依然保留着它的原始的特征。在不考虑委托人归属的前提下,某一项信托所得到底是归属受益人还是信托本身不仅取决于信托的性质,还取决于该项所得的性质以及特定受益人就该笔所得和/或更通常地说信托所得所享有的利益。在税法层面,信托本身既可以是不透明的又可以是透明的,这是因为信托具有表现为或被认定为透明或不透明形式的内在可能性。但是就具体的信托所得或者该所得的特定份额来看,认定方式可能截然不同。一个实体的"**差别透明**",在本书中指的是根据一国税制,该实体的某一所得应该归属该实体还是其成员,以及归属比例具体为何的问题。

在被调研国家中这些差别透明主要体现在,受益人归属是否仅限于既定所得 (vested income),这反映了受益人对信托层面所得的既存权利 (preexisting right);抑或是它也延伸到通过行使酌情权归属于受益人的指定所得（appointed income）。[163] 英国采取了前一种做法，即限制性方法；澳大利亚、美国、新西兰采取了后者，即包容性方法。另一个不同之处在于，信托法层面所得的分配在税法层面所得归属过程中发挥的作用。对受益人归属持包容性态度的国家，在不同程度上都将税法层面的公式引入了归属过程当中。

国内制度中相关的税法结构也反映出了一些差异。在澳大利亚和美国，境内情形下受益人归属所得的征税通常仅适用于受益人本身。而英国则是对信托本身按基本税率征税，[164] 对受益人单独征税但给予税收抵免。在新西兰，信托本身通常被视为受益人的代理人就相应所得纳税，而受益人（如代理关系所表明的）可享受税收抵免。

每个被调研国家对受益人归属的基本逻辑，都有一个共同特征，即受益人归属可以在包含多层信托的链条中重复进行。[165] 这一特征在澳大利亚似乎比在其他被调研国家更为突出。另一个共同的特征是尽管信托层面的损失通常可以从当期所得中扣除，也可以在信托层面结转抵减以后年度的信托所得，但信托无法将信托层面的亏损转移给其受益人承担。

---

[163] 参见 Avery Jones et al.，*Treatment of Trusts* Ⅰ，注释 8，区分了终身权益信托（a life interest trust）（在这种情况下，相关受益人对信托所得拥有既定的终身权益）、酌情信托和累积收益信托。这里虽然提到了不同的信托类型，但这并不意味着必须对信托本身进行定性：最重要的是特定所得的税务处理以及最终支付去向。

[164] 这一基本税率将由新的针对非个人的"默认基本税率"（default basic rate）代替。FA 2016（UK）s 6 提供了默认税率、较高税率和附加税率这一系列税率的规定。新的 ITA UK s 11C 也作出了配套规定，相关部分从 FA 2017（UK）s 6(24) or (25) 指定的日期起开始生效。至少在最初阶段看来，这些税率和普通税率相同（s 3）。

[165] 也就是说，一个信托的受益人是另一个信托。每个此类关系都构成了信托链条中的联结。

3.2 受益人入境税收

本节所讨论的是,将信托层面所得归属非居民受益人的入境税收问题。首先需要讨论的是外国来源的所得:外国来源所得如果由非居民直接取得,则会被排除在该国税收管辖权之外。随后需要考虑来源于信托的所得是何种类型:经营所得、不动产所得、DIR 所得还是资本利得。对于上述分类,重点在于信托结构可能带来的征税差异,是入境征税还是可能存在双重征税或不征税。信托可以是本地的或者国外的,居民或者非居民;与入境税收相关的特征在于被归属所得的受益人是非居民。

经营所得和 DIR 所得比其他类型所得复杂得多。可以说,对归属非居民受益人的经营所得征税和一般情况下的入境征税是等同的,但是若信托通过设立在他国税收管辖权内的**应税存在**(taxable presence)进行经营,对归属非居民受益人的经营所得征税会产生非居民外国税收抵免的难题。经营所得的入境征税通常需要对非居民纳税人的应税存在进行识别。应税存在是指,在相关国家内以净所得税基计税的存在(特别是当纳税人为非居民时),如果在该国不存在应税存在,纳税人将无须缴纳任何税款,或者以毛所得税基计算应纳税款。它常以在税务辖区内进行营业活动作为其基本条件,也可能附加更高要求,如存在进行营业活动的常设机构、分支机构或者固定场所和/或在该项所得和当地营业之间存在相关的联结点。

DIR 所得的税收规则将会产生一系列不同的问题,特别是关于信托层面的当地营业或应税存在是否应该归属受益人的问题,这关乎对相关所得是按照净所得税基征税还是按照毛所得税基征税,以及适用最终预提或以毛所得税率对实际上的净额(net amount)征税的可能性。这些问题可能会导致国际不征税发生的概率增加。另外,在澳大利亚也发现对于受益人归属的资本利得行使入境税收管辖权时存在一个奇特的漏洞。

3.2.1 境外所得

所有被调研国家将归属非居民受益人的(外国)信托所得排除在其税收管辖权的范围之外,就如同这一所得由该非居民直接取得的情形。[166] 基于境内来源征税时,境外来源的所得将被排除在征税范围之外;基于该国应税存在的征税,与应税存在缺乏必要联系的所得也被排除在外。信托层面应税存在(如常设机构、管理中心或分支机构)的归属在下一节(第3.2.2节)再行讨论。虽然不同国家规则的运行机制不同,但是原理相通:信托的税收居民身份,不足以作为对归属非居民受益人的所得征税的依据。这种安排被认定为导管情形,而不是入境税收的问题。这与所得性质保留原则是一致的:在信托所得归属受益人的情形下,信托层面所得在税法上的性质及其来源仍得以保留。

虽然这些制度在被调研国家普遍存在,但并非总是如此。加拿大对当期归属非居民受益人的居民信托所得征税,不会考虑其最初

---

[166] 澳大利亚:将ITAA 1936 ss 97(1)(a)、98(2A)(非居民受益人)与ITAA 1997 ss 6-5(3)、6-10(5)(一般为非居民,但有关名义税法所得的例外情况,请参见注释50)进行比较。美国:IRC ss 871(a)、(b)中对非居民的优先税收管辖权(primary claim)的限制,第881条和第882条适用于ss 652、662项下的受益人所得。英国:见注释19和相应文本。新西兰:ITA NZ s BD 1(4),(5)以及 ss CV 13(a),HC 17。

来源:受益人在信托中的权益被认为是所得的来源,信托的居民身份提供了行使这种税收管辖权所需要的联结因素。[167]

3.2.2 经营所得

本节概述了根据被调研国家的一般受益人归属规则(第3.1节),归属非居民受益人的信托积极经营所得的国际税收处理方法。对于这种所得可能存在多种归属规则,但是被调研国家采取了一致做法。本节基于附录(第A.2节)中更加详细的国别分析结果进行了总结。本节主要围绕对受益人归属的经营所得的税收管辖权展开论述,包括将信托的商业结构(business structure)和信托活动归属受益人以及征税的税基问题。然后讨论在本地有商业存在的情况下,外国税收抵免可否适用。本节还对每个国家的调研结果进行了比较以确定各国规则是否一致及其产生国际不征税或双重征税的可能性。

3.2.2.1 税收管辖权

在各个被调研国家中,就非居民直接取得的积极经营所得行使一般税收管辖权,与就当期归属非居民受益人的信托积极经营所得行使管辖权之间,存在很强的相关性。适用于非居民直接取得经营所得的来源规则同样适用于非居民受益人,即将信托存在税收意义(fiscal significance)的相关活动在某种程度上视为受益人的相关活动。尽管不同国家行使一般国际税收管辖权(general international claims to tax)时也存在差异,但这些差异在各国对归属非居民受益

---

[167] 就居民信托"的"所得或"来自"居民信托的所得,可对非居民征税:Income Tax Act 1985(Can) s 212(1)(c)、(11)。s 108(5)将已归属信托所得重新定性为源于财产的所得(income from property),即受益人在信托中的权益。参见 Avery Jones et al., *Treatment of Trusts* Ⅰ,注释8、52 – 53。

人的经营所得行使税收管辖权时同样存在。

各国对归属非居民受益人的经营所得行使税收管辖权的差异概括如下。

总的来说,美国、英国、新西兰对非居民在其税务辖区内存在营业活动而取得的全球所得征税。这一规则也适用于非居民受益人归属的信托所得,而不论信托本身在哪一国设立、管理以及是哪一国的税收居民。

如果澳大利亚与非居民的居民国之间存在协定,那么澳大利亚对其通过设在澳大利亚的常设机构取得的全球经营所得征税。同样,在澳大利亚与非居民受益人居民国存在协定的情况下,通过澳大利亚境内的信托常设机构(trust PE)取得的归属非居民受益人的全球范围内经营所得也适用这一规则。

澳大利亚和(在合同所得的情况下)(in case of contract income)新西兰通常依据营业活动中特定所得的来源对非居民征税。这种做法同样适用于归属非居民受益人的信托所得。

美国和英国不会对非居民的境内经营所得[168]征税,除非非居民进行了境内贸易活动(trade)并且(在英国)取得的该所得和这一贸易活动有关联。相应地,当不存在境内贸易活动或者(在英国)不存在与贸易活动的必要联系时,这两个国家也不会对非居民受益人的信托当地经营所得征税。

一国对非居民受益人征税的基础方式(是净所得税基为基础适用累进税率的个人所得税,还是公司所得税)也同样反映了其如何直

---

[168] 在美国税法项下,指来源于美国的所得;在英国税法项下,指来源于英国的所得。参见注释934。

接对非居民征税,而在部分情形下信托同样可能作为非居民受益人的代表(representative)或者代理人(agent)承担相应的纳税义务。需要特别指出的是,英国向非居民公司受益人以所得税的基本税率[169]征税而非公司税的公司税率。就 2018 纳税年度至 2019 纳税年度而言,所得税的基本税率比公司税率高出 1%。[170]

3.2.2.2 外国税收抵免

与直接从事营业活动的非居民享受税收抵免的情形相似,澳大利亚和美国允许向非居民受益人[171]提供单边外国税收抵免,但须满足适用于受益人的一般条件(第 3.3.3 节)。如果本身是非居民信托,则英国允许向非居民受益人提供抵免,但须满足下列条件:(1)需要存在一个英国分支机构(信托层面);(2)不属于征税国的税收居民(受益人层面);(3)应税所得来源于该征税国。矛盾的是,英国立法并没有关于居民信托的税收抵免规定。新西兰不允许对非居民(无论是受益人还是其他人)适用单边外国税收抵免,但对居民受益人允许抵免。

在被调研国家内,如果允许直接从事营业活动的非居民获得外国税收抵免,那么也会对非居民受益人给予类似的处理,在其他方面则是给予与本国居民受益人类似的处理,但除了刚刚提到的关于英国居民信托中的非居民受益人的例外情况。

---

[169] 参见注释 164。
[170] 2018 纳税年度至 2019 纳税年度的基本税率为 20%,2017 年相应的公司税率为 19%[FA 2017 s 2;FA(No.2)2015(UK)s 7(1)]。公司税率将在 2020 年降至 17%[s 7(2),经 FA 2016 s 46 修订]。
[171] 此处提及的非美国居民应理解为不具备美国人身份(non-US person status)的居民。

3.2.2.3 潜在的不征税与双重征税

本节的前提是,一个潜在征税国将来源于信托的某一经营所得视为当期可归属非居民受益人的所得,并且认为该所得来源于其境内和/或归属其境内信托层面的应税存在。国际不征税是该国或者其他应当行使税收管辖权的国家都不行使税收管辖权导致的,国际双重征税是该国及其他国家对于同一所得积极行使有所重叠的税收管辖权而未提供相应税收减免导致的。在这两种情形中,最可能行使税收管辖权的其他国家包括委托人、信托本身、受益人的居民国以及根据不同来源规则征税的其他来源地国。

如果一个国家因为来源于本国的所得是通过一个境外的营业实体取得的,就克制行使税收管辖权而不对其征税,同时营业实体所在国因认为所得来源于前一个国家同样不征税,就有可能出现双重不征税的情形。这并不因信托的存在而受到影响,因此这里暂不讨论。除此之外,无意的不征税貌似不可能发生。

相比之下,双重征税更加突出且复杂。在来源地与来源地的冲突当中,信托这一形式无关紧要。在来源地与居民国的冲突当中,根据任何协定,来源地国都享有天然和实际的优先地位。对于一国——特别是来源地国来说,基于境外居民国征税给予单边的双重征税减免是很不常见的,但当外国纳税人是委托人[172]或者信托本

---

[172] 在英国、新西兰和(大多数情况下)澳大利亚,居民受益人可以就委托人的外国已征税款获得外国税收抵免;美国在其立法中考虑了有条件抵免[IRC s 901(b)(5)第2句],但从未颁布必要的财政规章。见第 A.4.2 节(注释 1066)。如果非居民受益人有获得抵免的资格,那么委托人被征收外国税这一事实与在居民受益人情形中同样重要。

身[173]时，这里提及的一些外国税收抵免规则可能会产生对非居民受益人有利的效果。在协定层面一个比较大的问题是缔约国一方对于缔约国另一方在协定适用过程中所作税法归属的承认问题（第8.3.10节）；由于本章讨论的是国际税收的国内法规则及各国国内法的相互影响问题，协定提供的税收减免在此不展开讨论。

每一被调研国家，对于直接获得经营所得的非居民与通过信托归属获得经营所得的非居民之间，在税务处理上存在较高的内在同一性。就一国国内的税务处理而言，双重征税的可能性不会因信托这一形式的存在而发生实质性改变（除非由于信托本身为英国居民而导致非居民的外国税收抵免被拒绝，这一情形并不常见）。信托关系及其税务处理的复杂程度是否会导致双重征税，主要取决于受益人、信托本身以及委托人居民国的出境税收制度。

3.2.3　不动产所得

在所有被调研国家，如果据以产生所得的不动产位于该国境内，非居民从土地或者比照土地处理的不动产上取得的租金及类似所得应在该国纳税。在澳大利亚[174]、英国[175]和新西兰[176]，这一所得都是以净所得税基（net basis by assessment）评税。在美国，如果所得与

---

[173]　关于外国居民税收抵免的一般条件，见第3.3.3节。第3.3.3节对信托本身和委托人的税收抵免进行了讨论；参见第6.1.3节表6.1。

[174]　澳大利亚的征税权采取的是一般管辖权规则［ITAA 1997ss 6 - 5(3)(a)，6 - 10(5)(a)］和普通法上的来源规则。净所得税基征税采取的是默认规则。

[175]　参见ITTOA第269条第1款（地域范围）、第264条［"英国不动产业务"（property business）的定义］、第271条（纳税义务人）。

[176]　参见ITA NZ s YD 4(7)（不动产所得的来源规则）；s BC 1(2)；s YA 1（"申报纳税人""非申报纳税人"的定义）。

本国存在实际联系,那么是以评定的净所得税基计税。[177] 而不存在实际联系的美国不动产所得,初步以30%固定税率对固定的或者可确定的所得按毛所得税基计税,[178] 但是非居民可以选择将所有此类所得视为存在实际联系。[179]

实际上,对于一个拥有不动产并获取所得的信托来说,无论其是哪一个国家的税收居民,对于当期归属非居民受益人的所得,各国都有着本质上相同的规则以及税基。[180] 在美国,由受益人作出是否存在"实际联系"的选择。[181] 评定和收取税款的机制(包括信托在其中的作用)都和适用于经营所得的机制相似。

与经营所得相比,这类所得实际上没有享受外国税收抵免的可能性,[182] 也不会产生来源地与来源地的冲突。每个被调研国家以实质(独立的)税率对本地不动产所得的净所得税基评定征税,不论是否有信托参与,国际不征税的可能性都非常小。不动产所得可能会产生来源地与居民国的国际双重征税,而双重征税减免取决于居民国对来源地国/不动产所在国已征税款的承认。在所有涉及信托的情形中,都可能出现由于居民国不同意来源地国对所得归属问题的认定,所以拒绝承认来源地已征税款或者拒绝提供减免,而这使得双

---

[177] See IRC ss 871(b), 882(a).

[178] See IRC s 861(a)(4)(租金和特许权使用费所得税的来源规则);ss 871(a),881(a)。

[179] See IRC ss 871(d),882(d).选择范围扩大到出售美国财产的资本利得。

[180] 税收管辖权和征税依据通常与第3.2.2节"经营所得"中所述的方式相同,但需参考不动产所得的来源规则或原则。与经营活动、分支机构或常设机构归属相关的概念上的困难不会在不动产所得中出现。

[181] See 26 CFR s 1.871-10(b)(1).

[182] 参见上一节关于外国税收抵免限制的说明。

重征税的问题更加复杂。居民国的出境税收制度以及相关协定减免的问题值得讨论。

3.2.4 DIR 所得

信托及其受益人的 DIR 所得的入境税收问题尤其复杂,因为它涉及两个本已错综复杂的法律规则的交叉——DIR 所得的入境税收以及信托所得的归属问题。本节基于附录(第 A.3 节)中更加详尽的国别调研,主要讨论了对归属非居民受益人的本地 DIR 所得征税的问题。它以独特视角对信托结构导致国际双重征税或不征税的情形进行了比较分析。如果在涉及应税存在时的税务处理不同,或者对实际上的净所得税基适用毛所得税基的税率(净所得税基与毛所得税基的议题)时出现问题,本节会对此提出一个解决方案。

这里讨论四个主要话题。

(1)从不涉及信托情形的 DIR 所得的一般入境税收规则开始讨论,这其间有许多明显的共同点。根据所涉国家和所得类别的不同,非居民的 DIR 所得通常以毛所得税基征税(通过最终预提方式)或者免税,但是如果非居民在来源地国有应税存在时,可能对 DIR 所得以净所得税基征税。

(2)信托所得的非居民受益人归属与入境税收的相互影响。考虑到英国仅关注客观上既得(非酌定的)权利,信托法对于某一 DIR 所得的分派和税法归属之间有很强的关联性。

(3)在涉及信托的情形下考量应税存在。确定方法是多样的:只有美国将信托的应税存在归属非居民受益人,通过这一方式来保持涉信托情形和非信托情形下税务处理的一致。

(4)研究了一系列净所得税基和毛所得税基的议题,由于受益人

第三章 受益人

归属规则和 DIR 入境税收规则之间特殊的相互影响，可能出现最终对实际的净所得税基适用毛所得税基税率征税的结果。

被调研国家的相关税收制度的简要对比见表 3.1。[183] 表中总结基于附录中的国别分析得出，并为本节的后续分析提供指引。

表 3.1 归属非居民受益人的 DIR 所得的征税

国家	项目	股息	利息	特许权使用费
澳大利亚	净所得税基（投资者）	相关的本地 PE	相关的本地 PE	协定 PE
	净所得税基（受益人）	—	—	如果存在归属，则为协定 PE
	毛所得税基	30% 非免税 0 免税	10% 0 某些类别	30%
	净所得税基适用毛所得税基规则的问题	通常存在		

---

[183] 表 3.1 中的缩写和简写如下。"净所得税基（投资者）"是指非信托情形下非居民投资者对特定相关类型所得以净所得税基纳税而不是以最终预提税的方式纳税。"净所得税基（受益人）"是指非居民受益人在受益人所得归属方面适用与净所得税基（投资者）相同的标准。这一标准以摘要方式列示于股息、利息或特许权使用费所得的独立标题下。更多详情见第 A.3 节。符号"—"表示不适用净所得税基征税。字体文本强调的是差异点。"毛所得税基"是指相关所得类别的毛所得税基税率。主要变量在各自的标题下表述。"净所得税基适用毛所得税基规则的问题"(net versus gross issues)是指将信托所得归属受益人是否会导致净所得税基适用毛所得税基规则的问题。这在第 3.2.4.4 节和第 A.3 节中的相应国家条目中进行了讨论。"最低毛所得税基"(gross basis as minimum)是指新西兰是否以及在何种情况下将其 NRWT 作为最低税，以毛所得税基 NRWT 或已进行归属的纳税人的评定净所得税基中较高者为税基从而计算出最终税收。

续表

国家	项目	股息	利息	特许权使用费
美国	净所得税基(投资者或受益人)	如果DIR所得与本地经营积极联系		
	毛所得税基	30%	30% 0 有价证券投资	30%
	净所得税基适用毛所得税基规则的问题	存在,如果DIR所得由美国信托产生并且没有相关的美国商业活动		
英国	净所得税基(投资者)	个人:相关的本地经营+分支机构/代理机构 公司:相关的本地常设机构		
	净所得税基(受益人)	—	—	—
	毛所得税基	0	20% 0 某些类别	20%
	净所得税基适用毛所得税基规则的问题	通常不存在		

续表

国家	项目	股息	利息	特许权使用费
新西兰	净所得税基(投资者)	—	本地经营及固定场所	产业特许权使用费(industrial royalties)(NRWT 作为最低税收)
	净所得税基(受益人)	—	本地经营及受益人的固定场所	产业特许权使用费(NRWT 作为最低税收)
	毛所得税基	30%未归集抵免;全额归集抵免;15%(通常被公司的抵免抵销)	15% 0[如果不存在关联关系,且借款人支付了特许发行人征收税(approved issuer levy)]	15%
	净所得税基适用毛所得税基规则的问题	如果受托人是居民,则通常存在		
	最低毛所得税基	—	如果净所得税基且发生在关联方之间 n/a	版权以外的特许权使用费

3.2.4.1 一般制度

一般来说,每一被调研国家都将非居民取得的当地 DIR 所得从评定净所得税基税收中排除,并对这类所得以毛所得税基征税,税率从 0 到 30%不等(适用协定),而类似所得项目的居民税收以及非居民积极经营所得的来源地税收通常适用净所得税基征税。股息适用的税率通常为 30%(美国、澳大利亚/新西兰:非免税/未归集抵免情形)、15%[新西兰:基于居民国抵销(offsetting)抵免的前提下的可选择的税率]或者0(英国、澳大利亚/新西兰:免税/全额归集抵免)。利息通常以30%(美国)、20%(英国)、15%(新西兰)、10%(澳大利亚),0税率适用于特殊类别的利息(美国、英国、澳大利亚)或者适用可以宽泛选择的规则(新西兰)。特许权使用费所得通常税率为30%(美国、澳大利亚)、20%(英国)、15%(新西兰)。当然,较高的税率会受到可适用协定的限制。

当非居民纳税人在一国拥有诸如以下应税存在时,则对非居民DIR所得以净所得税基征税,应税存在包括:相关的当地常设机构(PE)(澳大利亚,范围限于股息和利息;涉及协定情形下的特许权使用费[184]);相关的本地商业(美国);相关的本地分支机构或代理机构或一个相关的本地常设机构(local corporate PE)(英国);本地经营及固定场所(新西兰,范围限于利息)。例外情形为,新西兰将毛所得税基征税视为关联方利息及非版权特许权使用费的最低税,而通常情形应适用净所得税基评定征税。

3.2.4.2 受益人规则

非居民受益人所得归属规则往往根据不同所得项目类型,遵循信托法项下的分配。英国遵循信托法的规定,但仅限于当所得由信托取得时就属于受益人时的情形(排除了酌情指定)。澳大利亚、美国以及新西兰直接遵循信托法项下的所得分配(澳大利亚、[185]新西兰、美国

---

[184] 参见注释972。
[185] See ITAA 1936 s 128A(3). 这只适用于第3部分第11A部分的最终预提税规则,包括零税率的免税分配和其他一些作为"不应评定征税的非免税所得"(non-assessable non-exempt)的项目。由于澳大利亚不将信托常设机构的所得归属受益人,通常的第6类净所得税基评定不适用于特定来源的归属非居民受益人的DIR所得,所谓特定来源指的是第11A部分的类似来源地测试。第6部分剩余部分支持对非居民受益人归属的DIR所得征税的理论空间很小,不再深入讨论。

归属公式中的第一层除非酌情的情形)或者通过比例公式进行调整后(美国第一层信托酌情的情形及第二层),也承认酌情信托的受益人归属。当然,在这些方法中与信托法分配背离最远的税法规则是美国的公式法处理规则(formulary treatment)。在某些情形下,新西兰基于所得分配(指定)给受益人的顺序,适用不同的追及制度。

3.2.4.3 应税存在

非居民投资者的应税存在通常会导致对本地 DIR 所得以净所得税基征税,那么在涉及信托的情形下,如果所得归属非居民受益人,信托的应税存在是否会导致对本地 DIR 所得以净所得税基征税呢?美国给予了肯定的回答,并通过将信托的美国经营归属受益人来保持两种情况之间的同等税务处理。澳大利亚在与受益人居民国存在协定的情况下,通常就按信托常设机构的特许权使用费所得给予相同的处理。[186] 然而,澳大利亚与英国在一般情况下对此的答案是否定的,也就是对归属非居民受益人的 DIR 所得仅以毛所得税基征税。新西兰采取了不一样的方法,利息所得是唯一一个被排除在 NRWT 外的非居民所得类型,而它仅要求非居民纳税人有应税存在(当地固定场所)。利息与该场所之间不需要有特殊的联结因素。对于新西兰来源的利息所得,非居民纳税人存在一个本地的固定场所是以净所得税基纳税的充分且必要的条件,而不论信托本身有无本地存在。在这种情形下,澳大利亚、英国以及新西兰忽略信托应税存在的税收规则,并没有体现出任何特殊的政策基础,这些规则更有可能是历史的偶然。

毛所得税基与净所得税基征税,何者税负更重,主要取决于两者

---

[186] 根据 IntTAA 第 17A(4)条(见注释 972、973 及第 A.3.1.1 节的相应内容)。

税率的差别以及适用净所得税基时可扣除相应费用的范围,这需要在具体案例中进行具体分析。如果对直接取得 DIR 所得与通过信托获得类似所得的征税不同,那么就会产生税收筹划和避税的可能性。如果毛所得税基征税的税负更低,信托这一形式的引入就会造成税收筹划和避税的后果。对于轻率的投资人而言,这种不同也可能成为增加税收负担的陷阱。

3.2.4.4 对净所得税基适用毛所得税基税率

根据澳大利亚、美国以及新西兰的税法,在某些情形下,通过利用当地信托,可以在毛所得税基征税的情形下间接扣除本不可扣除的费用。不同国家的规则存在差异。一个共同的关注点是受益人根据信托法有权获得的数额(扣除信托层面的费用后)与依据税法计算受益人归属所得之间的关联,而后者将作为毛所得税基征税的计税依据。如果这一关联被利用,与非居民直接投资的税负相比,涉及信托情形下的税负将会有实质性的降低。与之相关的两个因素为:(1)以净所得税基(计税)而非毛所得税基;(2)(根据特定国家的税法)适用比净所得税基征税时更低的税率。转换为净所得税基征税并不是必然异常的,因为对 DIR 所得适用毛所得税基征税本身就是异常的,其合理性在于,在没有当地经营或者分支机构的情况下,计算与当地现金流相对应的净利润存在实际困难。信托从分配给特定受益人的收入中扣除费用之后的数额,作为受益人既定的或酌情有权取得的所得,这会在某种程度上为信托法解决前述困难。除此之外,将毛所得税基的较低税率适用于净所得税基所节约的税费也将会被认定为异常的不征税。

没有迹象表明这一毛所得税基—净所得税基的转变体现了有意

的政策导向。这更像是入境 DIR 所得征税和信托征税这两个独立的复杂系统的交互作用所导致的意外结果。

与其他被调研国家不同,英国的入境 DIR 所得税收和该国的受益人归属规则之间存在一系列结构性差别,从而没有导致类似情况出现。

3.2.4.5 潜在的不征税或双重征税

从来源地国的角度看,如果非居民直接投资所取得的当地 DIR 所得和将类似性质的所得归属非居民受益人的税务处理不相同,那么就使得非居民可以设法降低来源地国税收的税负。根据具体情况及来源地国的不同,纳税人可能会青睐适用毛所得税基征税规则,而非净所得税基征税规则,或者在净所得的基础上适用毛所得税基税率。来源地国需要关注这一问题,但是否会造成双重不征税取决于其他相关国家对于这一所得的归属及征税。当信托的参与降低了来源地国税负时,如果受益人的居民国仅以属地或者汇付制税基(remittance)为征税依据,通过免税法给予相关的国际双重征税减免或者不将这一所得归属其居民,那么则非常有可能造成国际不征税。受益人居民国如果不将所得归属本国居民,那么可能将这一所得归属其他个人或实体,如委托人或者信托。

同样,如果对非居民直接投资所取得的当地 DIR 所得与将类似性质的所得归属非居民受益人,适用不同的税收处理,也可能会产生双重征税的结果。但由于投资者能够选择其架构与投资使得这一问题不那么重要。

上述税负被降低的异常情况存在一种彻底的解决方案:在归属受益人的来源地 DIR 所得是适用净所得税基还是毛所得税基征税的问题上,将信托的应税存在归属非居民受益人,并且在适用毛所得税基征税的情况下,将信托层面的相关费用考虑在内。作为国内法下的产物,这一异常问题可以由来源地国单方面解决。

由于上述这些异常现象的存在,它们可以被纳税人加以利用,加之纳税人在其他国家也并未承担纳税义务,这将造成国际不征税或少于在一国单次征税的结果。

3.2.5 资本利得

澳大利亚、美国和英国均对于非居民取得的资本利得行使来源地税收管辖权,各国规则有所不同,但总体上都体现了 OECD 范本第13 条的逻辑。[187] 这就转向了另一个问题,即与资本利得有关的财产

---

[187] 澳大利亚:澳大利亚仅对来源于"澳大利亚应税财产"的资本利得向非居民征税(ITAA 1997 s 855 – 10),这里"澳大利亚应税财产"的主要类别是非居民在澳大利亚常设机构的资产,土地或者某些自然资源,以及价值超过 50% 的来源于澳大利亚土地或自然资源的实体中的非投资组合权益(non-portfolio interests)。一般来说,非最终资本利得预提税(non-final capital gains tax withholding)适用于非居民对澳大利亚土地或类似澳大利亚应税财产进行出售或授予期权的情形(TAA Au Sch 1 Sub-div 14 – D,适用于 2016 年起的收购交易)。美国:美国对非美国居民就与美国的商业存在积极联系的利得征税 [IRC ss 871 (b),882(a)],以及通过视为存在积极联系的来自美国不动产权益的利得征税(包括特定资源的权益),延伸至来自主要拥有美国不动产的控股公司的权益(s 897 及相关规则)。净所得税基税收以非最终预提的方式征收(s 1445)。英国:多年以来,英国仅就非居民取得的与英国非公司纳税人的分支机构或代理机构(TCGA s 10)相关联的资产利得或者公司在英国常设机构(s 10B)相关联的资产利得征税。现在,居民公司和非居民公司(s 2B)的"房产相关利得"(ATED-related gains)和个人(不论是公司还是自然人)因非居民处置英国房地产权益而产生的应税"NRCGT 利得"(ss 14D,188D)都需要缴纳资本利得税。2017 年秋季预算包含了扩大英国资本利得税基的提议,通过将适用于非居民的资本利得税和公司税的适用范围适当扩大,以涵盖所有类型的英国不动产和"富产"(property rich)实体的间接权益(译者注:所谓富产,指的是处置时,75% 或者以上的被处置资产的价值直接或间接来源于英国商业或住宅性质土地),从 2019 年 4 月起适用于非居民,见 HMRC、英国财政部:《对非居民就英国不动产的利得征税:咨询文件》(2017 年 11 月 22 日)。随后进行了咨询程序,并公布了立法草案和解释性说明,参见 HMRC:《就英国不动产收益征收资本利得税和公司税》(2018 年 7 月 6 日)。这些措施将使英国对资本利得的入境措施更接近于 OECD 范本第 13 条的征税范围。另见注释 51。

是否与非居民在征税国的常设机构或者类似存在相联系,或者这一财产是否为该国土地或者可以类比土地处理的财产。在纳税人不存在常设机构的情形下,英国所行使的税收管辖权仅及于英国住宅地相关(residential property)的资本利得。

在涉及信托的情形下,英国遵循国内税法的一般规则,不将资本利得归属非居民受益人。澳大利亚和美国适用与在国内法情形下实质上相同的受益人归属规则;每个国家就信托利得对非居民受益人征税均要求满足一定的来源标准,这一标准与适用于非居民直接取得资本利得的标准相同,同时还要求在信托层面进行信托利得与常设机构存在关联的(PE-association)测试。

澳大利亚的规则更进一步,原则上不征税,除非是来源于"澳大利亚应税财产"[188]的特定利得且满足一般信托规则项下对类似已归属一般所得征税的标准,即根据判例法,[189]所得来源于澳大利亚,而来源地通常依据相关财产的所在地[190]进行判定。但是在实践中,如

---

[188] 一个总括术语,指能够使非居民产生应税资本利得的财产(见 ITAA 1997 ss 855-10、855-15)。

[189] See Brabazon, *Trust Gains*,见注释35。这一异常规则可追溯到澳大利亚1986年首次颁布资本利得税规则时的政策考量,但是显然对其后果没有准确的认识。See Alan Blaike, *International Aspects of Capital Gains Tax*, 21 Taxation in Australia, p. 742 (1987). ATO已进行公开磋商,以期就此问题形成一致意见。在撰写本文时,ATO还未发表最终公开意见。

[190] See Brabazon, *Trust Gains*,见注释35, p. 163-164。满足一般法定要求的非居民资本利得征税通常也会满足判例法项下的来源要求,但也并非一定如此。最典型的例子是出售一家在澳大利亚拥有丰富土地(land-rich)的外国公司的股份所获得的利得,根据准来源(quasi-source)规则,这些股份符合"澳大利亚应税财产"的要求。而这些股份的所在地位于国外会导致不满足澳大利亚判例法项下的所得来源要求。更为合理的观点是,尽管股份的出售地可能会影响这一转让交易所产生的利润(profit)的来源认定,但这一因素仍不应对由此产生的资本利得的来源地产生实质影响。

果受益人是与澳大利亚签订了协定的国家/地区的税收居民,[191] 则不需要满足这一额外来源要求:协定中规定的主要来源规则将扩张澳大利亚的税收管辖权,使其能够涵盖根据该协定的资本利得税条款澳大利亚可以征税的所有类型利得。

如果固定信托(fixed trust)的主要财产不在澳大利亚资本利得税范围内,则存在一条单独的规则,其放宽了对受益人归属利得行使税收管辖权的要求。[192] 这使得设立在澳大利亚的投资信托可以避免因拥有澳大利亚常设机构而处于竞争劣势。

考虑到英国(第 A.1.1.2 节)、美国(第 A.1.2.2 节)、澳大利亚(第 A.1.3.2 节)归属规则的差异,信托利得的一般入境规则总结如下:

(1)英国在境内或者入境的情形下,不会将信托利得归属受益人,而是将信托利得归属信托本身,并且以资本利得最高税率征税。

(2)美国仅在信托进行资本分配的当年将资本利得归属受益人。归属遵循 DNI 第二层分配会计处理,因此会涉及受益人之间的公式分配。一旦资本利得确定地归属非居民受益人,就将产生税收管辖权,就像该资本利得是直接产生的,对受益人以净所得税基征税。

(3)澳大利亚根据其资本利得导流规则归属信托利得。归属首先依据受益人的特定权利进行,此处的归属是指反映信托法层面的

---

[191] 见注释910。IntTAA s 4, ITAA 1936 和 ITAA 1997 与 IntTAA s 4 及其实施协定相结合。通常,协定限制税收管辖权;作为例外,澳大利亚利用协定扩大了其一般来源规则。

[192] 对于通过固定信托归属非居民的利得不征税,前提是固定信托的资产至少90%不是"澳大利亚应税财产",而通过满足该条件的固定信托链条归属非居民的利得也同样不征税:ITAA 1997 s 855–40,原为768–H 分册,见 Brabazon, *Trust Gains*,注释35,p. 150–152, 156, 160。

分配并且不需要实际分配或者请求支付的现时权利就可以确认所得的归属。在特定权利缺位的情况下,归属受益人的所得与当时受益人在全部信托法所得中享有的现时权利的比例相一致,除非受托人行使酌情权将利得归属信托本身。如果意图使归属非居民受益人的利得具有可税性,其必须是在非居民直接取得该利得时就具有可税性,并且还必须可归属澳大利亚境内的来源。信托是代表受益人被征税,受益人就信托所支付的税款可以享受抵免。

对于发生在来源地国与居民国之间的双重征税,通常以居民国提供税收减免或者根据协定处理。在其他情况下,如果相关国家将同一信托层面的利得归属不同的纳税人,那么双重税收减免的问题就变得更加复杂。

如果来源地国(不论归属如何)对信托利得适用完全的净所得税基征税,信托形式的引入不会导致国际不征税。每一被调研国家实质上都是这么做的,除了澳大利亚额外的来源要求可能导致对澳大利亚应税财产的利得不征税。例如,如果受益人是未与澳大利亚签订协定国家的居民并且该国未将信托所得归属受益人或者在特定情况下不这么做(受益人的居民国可能将信托所得归属澳大利亚或第三国的居民信托本身)。这意味着特定情况下信托税收规则可能造成国际不征税的结果。

3.2.6 入境受益人规则总结

暂且不论受益人信托所得归属问题的差异(第3.1节),从上文五小节对于受益人入境税收规则方面的调查中发现,在被调研国家的大多数基本规则中,非居民直接取得的所得与非居民受益人归属的信托所得在税收处理方面存在很强的关联性。但同样也存在这样的关联缺位或者被消除的情形，这并不一定是出于清晰可辨的政策原因。

境外所得：被调研国家将在非居民受益人和归属受益人的境外所得之间引入的信托视为税收上的"安慰剂"（第3.2.1节），如果在非居民直接取得信托层面的所得不征税，那么这些国家则会承认存在导管情形，并且同样也不对其征税。

经营所得：归属非居民受益人的信托经营所得通常与直接取得经营所得的税基相同，尽管英国以个人基本税率而不是公司税率对非居民公司受益人征税（第3.2.2节）。这些规则几乎不会产生国际不征税。

一些基于来源地征税的国家允许非居民就其在其他国家已缴纳的税款享受双重税收减免。澳大利亚、美国和英国在与当地应税存在有关的所得的境外征税方面采取了这种做法。这些国家在类似处理的基础上向非居民受益人提供外国税收减免，但须遵守（正如预期）适用于非居民直接投资者和居民受益人取得境外已征税信托所得方面的限制。后者主要是出境税收规则的问题，详见第3.3.3节。

不动产所得：受益人不动产所得的入境征税问题（第3.2.3节）一般类似于经营所得的处理，但不会产生来源地国双重税收减免的复杂问题。

DIR 所得：DIR 所得（第3.2.4节）是国际相关性最弱、矛盾最大且最有可能出现税收异常的一类所得。

每个被调研国家中，表面上对入境 DIR 所得都以毛所得税基征税，但可能会因为当地应税存在而转变为以净所得税基征税。美国一贯将信托的应税存在归于非居民受益人，澳大利亚在有限的情形中对特许权使用费所得采取这样的做法。而在其他情形下,信托层面的应税存在不会导致对非居民受益人按净所得税基征税,即使在合伙企业或直接投资的情形下也是如此。国内法项下这两种情形下不同的税务处理(取决于适用税率和可扣除的费用范围),既可能是一个税务筹划/避税机会,而对轻率的纳税人来说又可能是一个陷阱。

某些情况下,在澳大利亚、美国和新西兰可以使用当地信托,扣除在毛所得税基征税时不可扣除的费用,各国的具体机制存在差异。与非居民直接投资相比,这种情形可能会产生明显的节税效果,特别是当毛所得税基税率明显低于净所得税基适用税率的时候。这种现象是否异常是一个复杂的问题,其中最重要的考量因素是税率差异。

资本利得:澳大利亚、美国和英国的信托层面的资本利得归属规则存在相当大的差异(第3.2.5节),但是,如果来源地国在其对非居民征税的通常范围内对信托利得实行完全净所得税基征税,则入境信托的引入不会导致国际不征税。每个被调研国家基本上都满足了这一条件,除了澳大利亚额外的来源要求所导致的来源于澳大利亚应税财产的利得不征税。双重征税的减免对于居民国而言是一个出境规则议题。

3.3　居民受益人出境税收

3.3.1　所得

每一个被调研国家都设置了受益人归属的一般原则(第3.1

节),以及相应地对居民受益人来源于境外的一般信托所得以净所得税基征税。

在澳大利亚,上述所得是按受益人在信托法项下的权利占信托法项下全部所得的比例进行归属的。[193] 在美国,归属根据 DNI 分配程序进行,对于对所得拥有固定所得权利的受益人根据信托法进行分配,其他情况则按上述比例分配。[194] 在新西兰,归属根据信托法项下的权利确定,但是如果信托就分配税而言是"外国的"或者"不遵从的"(non-complying),特别是酌情信托的情况下,前述的归属则会根据税法进行调整。[195] 上述国家中,导致当期归属的权利或受益可能同时代表了受益人的既得权利或酌情权益。在英国,归属遵循信托法项下的权利,并且仅限于信托所得产生时受益人享有的衡平法上的既得所有权权益。

新西兰的规则修改后,当期信托所得将首先基于信托法项下分配的性质进行确定。举个简单的例子,"外国的"或"不遵从的"酌情信托的新西兰受益人在当前年度取得境外所得时,当年的资本分配

---

[193] 存在一个特殊的出境归属规则(ITAA 1936 ss 96B,96C),即在 1993 年至 2010 年,针对封闭型(closely held)非居民信托的居民受益人实施的规则视为现时应得权利规则(deemed present entitlement rules)。这些规则在解释、适用和政策方面总是存在疑问,并且当信托是酌情信托时,在实践中是没有效力的(见 Burns & Krever,注释 112,p. 79 – 84,107 – 110)。根据税务委员会的建议,这些规则被废止:Board of Taxation, *Review of the Foreign Source Income Anti – Tax – Deferral Regime*:*A Report to the Assistant Treasurer and Minister for Competition Policy and Consumer Affairs*(2008 年 9 月),建议 1。对这些规则的司法考量证实了其复杂性{见 *Howard v. FCT* (No. 2) (2011) 86 ATR 753;这些考量在上诉庭中被回避了:*Howard v. FCT*(2012)206 FCR 329,343[51]}。

[194] 参见注释 841、842、843。

[195] ITA NZ s HC 16(2)(a)及相关条款,参见注释 895 及相关内容。

会首先被认为包含这一所得。这一机制没有在法律中清晰地表述出来。[196] 如果信托当期所得有多种来源或者受益人包括居民和非居民,该机制如何实施就变得复杂了,有时还会模糊不清。

结果就是,一般规则上,上述每个国家均按受益人通常的适用税率以净所得税基为基础对居民受益人评定征税。在境内情形下,根据澳大利亚[197]、英国[198]、新西兰的税法规定,信托本身也会负担纳税义务,但仅作为受益人的代理或代表纳税,且受益人可全额抵免这部分已缴税款。

3.3.2 资本利得

澳大利亚、美国、英国对其居民在全球范围内的资本利得征税。对于居民个人而言,资本利得通常比一般所得的征税更为优惠:澳大利亚对大多数的应税利得给予减让;[199]美国对长期资本利得提供税

---

[196] 依据修改后的规则,归属如何实施是隐晦的,只能是"事后诸葛亮",还需要考虑一整年的所得:Interpretation Statement IS 18/01 Taxation of trusts - Income Tax[8.112];IRD, Explanation of Taxation of Trusts(1989)1(5A)Tax Information Bulletin 1[13,20](1989年的解释涉及1988年版的法律,但通过税法重述产生的后续版本,在税务局的意见及实践意义上仍然是具有权威性的。该法律在2018年6月被IS 18/01 取代)。一个年度内在每次特定分配前不用明确获得的当年所得或利得是什么。但一旦知道该年度的分配结果,将会追溯调整该分配发生的顺序,并按照 ITA NZ s HC 16 规定的顺序对相关所得和利得进行税务处理。任何其他方法都是无法处理的。法律并没有规定当期不同类型所得的分配顺序,也没有规定如何在同时分配中进行相应的所得分派。在这种情况下,税务局似乎会接受受托人所定的分配[IS 18/01[8.121],IRD(1989)[13.9]],但这并不能解决如果上述讨论的所有相关分配都是信托法项下资本(trust-law capital)的模糊性。

[197] 仅限于受益人缺乏法律行为能力的情形,如处于婴儿期。

[198] 如果是境外所得,则只有居民信托负有英国税法的纳税义务。

[199] See ITAA 1997 Sub-divs 115 - A,115 - B. 相关资产必须至少持有一年。非居民不再有资格享受减让;2012年5月8日之前非居民取得的资产利得,减让按比例减少。

率减免;[200]英国资本利得税率一般低于相应个人纳税人的所得税税率。[201]在信托利得的归属问题上,上述国家的通常做法各不相同。

(1)澳大利亚允许基于信托法项下的酌情指定,将资本利得导流至指定的受益人(第 A.1.3.2 节)。

(2)美国在信托分配资本的当年对于利得的归属适用比例分配公式(第 A.1.2.2 节)。

(3)英国将信托视为不透明实体,直接对信托适用较高的资本利得税税率征税(第 A.1.1.2 节)。

各国对于境外利得的处理也存在差异,根据修正的来源规则,利得如果是直接由非居民信托取得或者通过非居民信托取得,那么该利得是不应税的。

在澳大利亚,居民信托取得的境外利得被归属居民受益人,这和纯国内情形下的处理是相同的,但是由非居民信托取得境外利得时的归属情况显然被"忽视"了。[202]除了在信托层面不征税,境外利得也不会被归属于任何受益人。相比在非居民信托中累积的外国所

---

[200] See IRC s 1(h).

[201] See TCGA s 4. 另参见 Loutzenhiser,注释 53,§32.7 提供了税制沿革简介以及税率与结构变化(参见 §40.1.2.2)。资本利得的累进征税与所得税的累进征税相协调。

[202] See ITAA 1997 s 855 – 10. Brabazon, Trust Gains, 注释35, 144, 151; TD 2017/23 Income tax: does the residency assumption in subsection 95(1) of the Income Tax Assessment Act 1936(ITAA 1936) apply for the purpose of section 855 – 10 of the Income Tax Assessment Act 1997(ITAA 1997), which disregards certain capital gains of a trust which is a foreign trust for CGT purposes? 该规则可以追溯至 1986 年开始征收资本利得税时。对于该规则没有显而易见的政策理由,这就产生了一个问题,即这是否代表了在立法程序中的一个疏忽。很难想象非居民信托拥有居民受益人与境外利得的情形会被忽视,但可以想象的是,资本利得的国际规则对于第6部分"净所得"定义产生的影响被忽视了。剩下的选择,即规则制定者有意对受益人根据 ITAA 1936 s 99B 的规定不征税或退税似乎是不合理的。

得,如果信托具有居民身份,那么对于(居民信托情形下)资本利得当期本应归属的居民受益人而言,税法项下肯定会有一个完全独立的条款被适用并据此对居民受益人征税。[203] 征税的基础是分配或视同分配的价值,并且不提供资本利得税的优惠,如资本利得税减让。

在美国,对于居民信托而言,境外利得与本地利得的处理是一致的,即利得会穿透税收居民信托被归属受益人处;对于非居民信托而言,因为 DNI 是根据信托的应税所得进行确定的,并且向非居民信托征税的规则是比照非居民个人的相关规则规定的,对此相关规则进行了技术性修正从而使得全球范围的利得可以通过非居民信托归属居民受益人,就如同信托是税收居民时那样。[204] 如此,便实现了两种情形下的同等对待。

在英国,将信托作为不透明实体的通常处理方式,将无法对源自非居民信托但最终流向居民受益人或交付给居民受益人的境外利得征税。为了填补这一空白,税法直接对居民受益人征税。[205] 广义上

---

[203] See ITAA 1936 s 99B. See also Brabazon, Trust Gains, 注释 35; TD 2017/24 Income tax: where an amount included in a beneficiary's assessable income under subsection 99B(1) of the Income Tax Assessment Act 1936 (ITAA 1936) had its origins in a capital gain from non-taxable Australian property of a foreign trust, can the beneficiary offset capital losses or a carry-forward net capital loss (capital loss offset) or access the CGT discount in relation to the amount?

[204] IRC s 643(a)(6), 修改了 s 643(a)(3) 中 DNI 的一般定义。以此防止修正规则就境外所得或利得给予信托非预期的分配扣除:ss 651(b) 第二句, 661(c)。

[205] 主要税收规则是 TCGA s 87。其第 88 条将征税适用范围扩大至信托被相关可适用协定认定为非居民的情形。

来说，非居民信托[206]归属受益人的资本利得应当与向受益人进行的资本支付（capital payments）[207]相匹配。如果受益人在所得归属当年是税收居民，则要缴纳英国税，其他情况则不需要。[208] 信托利得和资本支付不必在同一年内发生，两者可以按任何顺序发生。所得归属当年需要确认信托利得与资本支付是否匹配。如果信托利得与当期或以前的资本支付相匹配，那么在信托利得当年归属受益人；如果资本支付与当期或以前的信托利得相匹配，那么在资本支付当年归属受益人。相关规则及其法律效果在技术上是非常复杂的。[209] 匹配规则[210]对信托所得之外的利得（non-income gains）和分配进行了历史性重建。2008年相关立法进行了大范围修改，[211]所得的确认是在后进先出的基础上进行的。在有限的情形下，信托利得也可以通过一个未被征税的原始受益人追溯到后续的居民接收人（resident

---

[206] 相关条款中使用的术语是"settlement"（财产授予）。虽然通常 TCGA 中的"settlement"包括信托，但在财产授予制度中，该定义有更广泛的含义（ITTOIA s 620），相关概念（受托人，受益人）也相应扩展[TCGA s 97(7A) - (10)]。其结果是，这些规则超越了信托的讨论范围，涵盖了本书范围外的其他安排，但本书的讨论仅限于信托。

[207] "资本支付"的概念包括一系列直接和间接分配，其具有将价值从信托实体转移给受益人的效果[TCGA s97(1) - (5)]，包括转移实物资产，以及将信托资产授予受益人，反映了将消极信托排除在信托税收规则之外的征税界限。将所得分配排除则反映了资本利得税与所得税的差异。还有一些其他的定义和整合规则。

[208] See TCGA s 2(2). 但是受益人归属的利得无法抵减可弥补亏损：s 2(4)。

[209] See Chamberlain & Whitehouse, 注释 50, ch. 23; Loutzenhiser, 注释 53, §74.5.6。在某些方面，该规则与其他规则可能会有冲突或重叠，这些其他规则包括 TCGA s 86 的委托人征税规则和 ITA UK s731 海外资产转移规则中的受益人所得税规则。目前尚无解决这些冲突的优先征税条款和调整条款（通常是规定应遵循某一规则）。TCGA Sch4B 和 Sch4C 中也存在反避税规则，目的是针对 West v. Trennery [2005] STC 214；(2005) 76 TC 713 中提及的"flip-flop"方案。该案的发生早于立法，上议院认为这一方案并不奏效，因此并未打算解决这一问题或者通过立法解释予以修正。

[210] See TCGA s 87A.

[211] See FA 2008 s 9, Sch 7 cll 115 - 127. 现见 TCGA ss 87 - 97。

subsequent recipient)。[212]

本书采用的分类法区分了当期和非当期征税,以及当期和非当期归属(第1.3.4节)。英国的规定进行了上述两种区分。如果当期信托利得与当期或过去的分配相匹配,对受益人的归属和征税发生在与被归属利得相同的纳税年度(当期归属和征税)。如果以前年度的信托利得与当期的分配相匹配,信托利得发生的多年以后,信托层面的利得(其取得时英国无权征税)将以回溯的方式在该以后年度归属受益人并征税(非当期归属和征税)。

3.3.3 双重征税减免

每个被调研国家都采用抵免法作为其国际双重征税减免的主要方法。[213] 尽管被调研国家也就特定所得类别给予了公司纳税人大量的免税优惠,[214] 但本节只考虑外国税收抵免,因为这不仅是默认方法,而且也是涉及信托情形中最重要的方式。

各被调研国家均规定,如果居民受益人就受益人归属所得已承担外国税负,则可享受抵免。各国的规定既有相同之处也有不同之处,对于境外委托人征税的处理就是一个模糊领域。

(1)合格的境外征税:每一个被调研国家都认为,只有在外国对某一所得/利得的征税与本国的征税足够相似的情况下(视情况而

---

[212] See TCGA s 87K, FA 2018 s 35, Sch10. 参见注释82,增加了反避税措施的另一部分。

[213] 参见澳大利亚:ITAA 1997 Div 770;美国:IRC s 901;英国:TIOPA Part 2 ch. 1;新西兰:ITA NZ subpart LJ。

[214] 根据 An Act to provide for reconciliation pursuant to titles II and V of the concurrent resolution on the budget for fiscal year 2018, Pub. L 115 – 97, 131 Stat 2054 (Tax Cuts and Jobs Act of 2017)的相关修正,从2018年起,美国将实质的免税优惠扩张适用至公司纳税人。

定),才将其视为可抵免的税款。一般来说,对经营所得或资本利得的征税是适格的,信托的存在不影响对合格境外征税的判定。

(2)所得同一性:外国已纳税所得必须与本国纳税所得充分一致。被调研国家可以从它们自己的角度,将当期信托层面的所得或利得与当期归属居民受益人的相应所得或利得相匹配。英国比其他被调研国家更清晰地考虑到两个征税国可能对征税对象有不同的定义:抵免取决于两国的税收是否根据相同的所得或利得来计算。[215]在此语境下,识别问题是以实用主义的方式来处理的,所得的"来源"也不需要以同样的方式来将其概念化。[216]

(3)纳税人的同一性:澳大利亚和美国要求初步证实(prima facie)申请税收减免的本国纳税人已经承担或支付了境外税款。英

---

[215] See TIOPA s 9(1),(2). 与此相较,普利康姆控股有限公司诉国税局局长案{Bricom Holdings Ltd. v. IRC [1997] STC 1179}采用了限制性方法,否定了协定优惠待遇,理由是归属受控外国公司中的英国股东征税的所得与受控外国公司的所得缺乏同一性(该股东辩称,荷兰与英国的协定排除了英国对该股东就荷兰 CFC 取得营业利润的征税;上诉法院认为英国的征税对象是归属该股东的名义金额,而非 CFC 的实际利润)。

[216] See Anson v. IRC [2015] STC 1777; 17 ITLR 1007.本案根据协定的规定(涉及美国联邦税)及已有的单边税收减免州税法(合计马萨诸塞州税)作出判决,但其体现的原则似乎同样适用于现行单边立法。特拉华州的一家有限责任公司(LLC)(译者注:此处的有限责任公司为 Limited Liability Company,区别于中国法项下的有限责任公司)在马萨诸塞州开展经营活动。该 LLC 具有法律人格,但美国联邦税法与马萨诸塞州税法项下将其视为合伙企业处理。两者均对其 LLC 的成员(译者注:类似于中国法项下有限责任公司的股东)就其持有相应权益比例的经营所得征税。在确定英国居民成员是否有权就其所缴纳的美国联邦税收和马萨诸塞州税收享受抵免时,无须考虑英国税法将该所得的来源视为是 LLC 设立时在成员合同中的权益,或是 LLC 开展的经营活动。同样也无须考虑的是,这些成员对于 LLC 的资产或者所产生的经营所得不享有所有权,而仅依据其对 LLC 的权益比例就其利润享有合同权利。参见注释 114 关于英国税务海关总署处理英国已纳税所得和外国已纳税所得之间的同一性问题的"实用主义",诸如不同会计期间等事项在确定同一性时是无关紧要的。

国[217]和新西兰[218]则不需要纳税人具有同一性。澳大利亚和美国各自设置了针对信托的特殊规则,在附录(第 A.4 节)对此有进一步的讨论,这些规则实际上扩大了认定纳税人同一性的范围。

纳税人同一性的规则决定了受益人能否就信托或其委托人承担的外国税款享受税收抵免。对于那些没有制定纳税人同一性规则的国家(英国、新西兰),答案是可以享受抵免,抵免仅取决于所得的同一性等条件。在美国和澳大利亚,情况则复杂了很多。信托本身承担的税款在这两个国家通常是可以抵免的;在考虑后面会讨论的一些技术性因素后,委托人承担的税款在澳大利亚可能获得抵免,[219]但在美国是不可抵免的,尽管法规中允许这样的抵免。[220]

(4)本国与外国征税的联结点:从广义上讲,鉴于各国对居民和来源概念的不同,没有一个国家愿意因为其他国家过度征税而给予

---

[217] TIOPA s 9(1),(2)是指征税的经济对象,而非主体的同一性。与此相对比的是 s 63(5)关于公司税的间接税收抵免。

[218] ITA NZ s LJ2(1)同样给予新西兰纳税人"对境外来源所得部分所支付的境外所得税金额"的抵免,但没有规定该人必须同时是外国税的纳税人。税务局关于受益人是否有权获得与受益人所得相关的外国税收抵免的观点,同样侧重于是否已就该所得支付了外国税,而非由谁支付了外国税[IRD, *Explanation*, 注释196, (8.23) - (8.28); 未在 IS 18/01 中重复]。Craig Elliffe, *International and Cross - Border Taxation in New Zealand* (Thomson Reuters, 2015) §2.8.2(3)认为"一个股东从适用归集抵免制度的国家获得股息,就其获得的现金股利征税,仅对其所承担的税收享受抵免(NRWT),那么该股东无法就公司而非他们自己支付的税款获得抵免。这实际上强化了纳税人若想获得税收抵免税款需由其支付的观点"。显然,公司就其所得所缴纳的税款对于股东而言无法抵免,因为所得缺乏同一性。同样,对于外国股息预提税或股息净所得税基所征税款是可以抵免的,因为征税对象是股息,而股息在新西兰也是应纳税的。同时,相关税款必须已经支付。当然限制条件并未要求在这两个国家,纳税主体需要一致。

[219] 第 A.4.1 节中立法和议会的相关材料表明,该问题尚未被考虑,但外国委托人的征税可以满足这些法定标准。

[220] 参见 IRC s 901(b)(5)第二句(见第 A.4.2 节)。

抵免。各国都根据其他征税国与相关所得、纳税人的联系,以及外国税收管辖的基础,限制了本国对外国税收的承认。一些国家还限制了居民纳税人的税收抵免。这些规则在概念和结构上存在很大差异,对这些差异所导致后果的讨论见第3.3.1节。

英国还有一个差异之处,如果协定明确否定或肯定给予抵免,那么英国将不再适用单边抵免,即使适用协定抵免的优惠力度不如单边同等抵免。[221]

表3.2总结了本节关于受益人在其居民国就委托人、受益人或信托的合格外国税收获得外国税收抵免的一般性结论。

表3.2 外国税收抵免和居民受益人

受益人居民国	外国税征收对象		
	委托人	受益人	信托
澳大利亚	√	√	√
美国	×	√	√
英国	√	√	√
新西兰	√	√	√

根据外国征税联结点或者是其与本国征税联结点的比较来限制纳税人就外国税收获得抵免的规定,并不是特别针对信托的。目前的焦点是这些一般规则如何影响受益人出境税收。

(1)美国的外国税收抵免不取决于引发境外征税的所得来源,在任一年度抵免的额度为纳税人在美国的平均适用税率乘以外国来源

---

[221] See TIOPA s 11; Loutzenhiser, 注释53, §74.4.1.1。

(2)英国将适用税收抵免限制在征税国内"产生"(arising)的所得以及累积的任何应税利得计算的外国税收的范围[223]内。"产生"标准与相关所得来源地的认定并不完全一致,尽管通常情况下两者是一致的。因而,英国受益人不能就信托居民国对在第三国产生的信托所得所征税款而要求抵免。同样,受益人也不能就委托人居民国对其境外信托所得征收的税款要求抵免。

就信托所得当期应税的美国或英国居民受益人可以就信托或者委托人缴纳的外国税款申请税收抵免,[224]这些规则对抵免的限制没有超过受益人直接取得所得的情况。新西兰和澳大利亚规则的结构有所不同,需要更仔细地探讨。

(3)新西兰仅限于对非新西兰来源或被分摊到非新西兰来源的所得的外国税收予以抵免。[225]这与入境税收的来源标准正好相反。根据另一项独立的规定,如果新西兰纳税人因其在另一国的公民、居民身份或住所在另一国缴纳外国税款,则抵免仅限于受益人不属于上述任何一种情况时所支付的税款。[226]这一规定直接适用于受益

---

[222] See IRC s 904.

[223] See TIOPA s 9(1)(b);s 9(2)(b).同样,参见 s 9(3)(个人或专业服务"产生"规则)。

[224] 如前所述,美国就委托人所纳税款对受益人抵免的规定仍然无法操作。

[225] ITA NZ ss LJ 1(1),(2)(a),LJ 2(1),YA 1,"境外来源的金额"(foreign-sourced amouts)的定义,YD 4,YD 5. S LJ 1(1)中的评税所得从"境外来源的金额"被分为"部分"(segments),表明操作性规定[s LJ 2(1)]中所述"境外来源所得的部分"(segments of foreign-sourced income)(参见 s LJ 4)代表境外来源的金额,其定义与新西兰在 YD 子部分中的来源规则相反。

[226] See ITA NZ s LJ 2(4)。

人同时也是外国纳税人的情况,但如果外国税款是由新西兰纳税居民以外的人基于其税收居民身份等支付的,则不适用该规定。在居民受益人出境税收方面,受托人或委托人是以居民身份为基础支付税款的。这与英国的规则不同,英国拒绝对信托本身和委托人居民国就第三国所得所征税款给予抵免。

(4)对来源于征税国以外的所得基于居民身份征收的外国税收,澳大利亚拒绝对其提供抵免。这一机制的总体目的是,对于来源于澳大利亚的所得或者是第三国取得但澳大利亚有征税权的所得,防止其就在境外被征收的税款获得外国税收抵免。[227] 具体而言,"如果你是基于澳大利亚以外某国的居民身份就相关所得向该国缴纳税款……但相关所得来源于该国以外的国家",[228] 澳大利亚将拒绝给予外国税收抵免。这里提到的"你"指的是抵免的申请人。这就引出了一个问题:当澳大利亚受益人依赖"纳税人同一性延展"扩展规则申请就信托或委托人支付的税款抵免时,会发生什么情况?如果满足纳税人同一性扩展规则的要素,抵免申请人则可适用该扩展规则,"如同申请人已经缴纳"外国税款。[229] 这一推定与申请人支付税款

---

[227] See Explanatory Memorandum, Tax Laws Amendment (2007 Measures No. 4) Bill 2007(Cth) [1.57] - [1.59].

[228] See ITAA 1997 s 770 - 10(3). ATO 从除外角度解释该偶然因素。因此,如果该境外征税国的正当性是基于居民身份和来源地,澳大利亚不会否认抵免,即使澳大利亚视该所得系来源于澳大利亚的所得。See CR 2013/9 Income tax: foreign income tax offset: employee share scheme interests – ACE Insurance Ltd. and ACE Group [25]; CR 2014/19 Income tax: foreign income tax offset: Brazilian tax paid on employment income by Vale SA employees [25] - [28]. 尚不清楚如果该境外征税国认为其征税权同时基于居民身份和来源地,但是基于居民身份征税权的税负更重,s 770 - 10(3) 的规则是否适用以及如何适用。与此相比,新西兰的相关规定(注释 226)更为清晰。

[229] See ITAA 1997 s 770 - 130(1).

的事实有关,而非在哪一国纳税。如果澳大利亚以外的某国是基于信托或委托人的居民身份而不是受益人的居民身份征收税款,更合适的观点是拒绝税收抵免的规则标准并没有被满足。澳大利亚规则的结果与新西兰的情况相似,但新西兰的规定更加明晰。

各国所采取的方法具有明显差异。美国不关注征税国是基于居民身份还是来源地征税,而是依赖其一般抵免限制规则项下的特定概念和结构,防止给予过度的抵免。其他国家在本国的一般抵免规则之外额外进行了规定,主要涉及本国税收管辖权、境外征税、抵免申请人、双重征税的所得之间的征税联结与联系因素。英国对境外征税的依据并不关注,但将抵免限制在"产生于"境外另一国的所得上面。新西兰的规则最为细致,只允许对境外来源所得的税收抵免,并且该境外征税是根据抵免申请人的居民身份等以外的依据征收的。澳大利亚规则排除了特定情形境外征税的税收抵免,即该征税是基于纳税人在境外另一国的居民身份而对纳税人来源于境外另一国以外的所得征税。

新西兰和澳大利亚的规定提供了更好的视角,在排除或限制基于居民身份的外国税收抵免时,只关心本国纳税人的居民身份。也就是说,如果一个居民受益人就信托本身或者委托人的外国税收申请抵免,境外另一国是否以居民管辖权为基础向该实体或个人征税并不重要。这个结果很合理。信托所得只能通过信托传递至受益人,而信托所得如果没有委托人的委托也根本不会存在。由于国际税收允许在产生和转移所得方面位于上游的国家优先征税,受益人的居民国应该尊重这些上游国家的税收管辖权,包括信托或委托人的居民税。[230] 然而,在被调研国家的外国税收抵免立法相关的政策文件中,这个问题似乎并没有引起过多讨论,并且在起草过程中是否特意考虑过这一问题也尚不清楚。

抛开上述考虑事项不谈,讨论一个与此相关的议题可能会有所助益。如果居住在澳大利亚的美国公民获得源自美国的 DIR 所得,则美国的主要的征税权以公民身份为基础,在净所得税基的基础上适用个人所得税税率,且不受《1982 澳大利亚—美国协定》中分配规则的限制。[231] 澳大利亚允许其居民对在美国缴纳的来源于美国的 DIR 所得的税款实行税收抵免,但是不能超过协定项下的税率。[232] 美国也允许其公民对就相同所得在澳大利亚缴纳的税款申请税收抵免,但要先扣除澳大利亚允许的抵免额。[233] 这体现了税收管辖权(行使依据)的优先次序:来源地;税收居民;公民身份。

总的来说,至少在被调研的四个国家中,规定外国征税联结因素及其与主要国家征税联结因素的规则并未实质上限制居民受益人的外国税收抵免。这个结论也适用于信托或委托人在境外另一国被征税的情况。但是,也存在例外情况——如果拥有优先征税权的国家

---

[230] 在委托人可予抵免的外国税收的范围内——见前面关于美国和澳大利亚纳税人同一性规则的讨论。

[231] 参见《1982 年澳大利亚—美国协定》第 1 条第 3 款。

[232] 参见《1982 年澳大利亚—美国协定》第 22 条第 2 款。IT 2568 Income tax: tax treatment of US sourced dividend interest and royalty income derived by US citizens resident in Australia (withdrawn)持相同观点; cf IT 2568W – 撤回通知。撤回通知认为该规则是多余的,因为澳大利亚和美国于 2001 年签订的议定书对条约作了修订,尽管尚不清楚议定书在这一点上是否有实质性差异;该规则的撤回并不意味着对其正确性的质疑。

[233] 参见《1982 年澳大利亚—美国协定》第 22 条第 1 款(a)项、第 4 款。

是英国,且已税所得产生于境外征税国之外,通常该征税国就第三国所得基于居民管辖权对信托或委托人征税时,受益人无法享受(英国提供的)外国税收抵免。

3.3.4 往返情形

对于非居民信托取得的当地所得当期归属居民受益人的情形,每一个被调研国家都将其视为受益人的应税所得。

如果这一所得是非居民应当以净所得税基计税的所得,那么信托可能会代受益人承担中间纳税义务,受益人如同在国内情形下,可以就此享受税收抵免。

如果是非居民应当以毛所得税基缴税的所得,或由于接收方的非居民身份而被"无视"的所得(如非依据在征税国内有应税存在而对其以净所得税基计税的 DIR 所得),各国最终将这些所得视为居民受益人的应税所得,就像在国内情况下一样。英国的机制是最简单的。归属居民受益人排除了对信托所得的"无视"处理。[234] 在承认信托分配可以基于信托所得酌情分配的国家,该机制必然更加复杂。向非居民支付所得的付款人通常在支付时负有代扣代缴税款的义务。此时受益人在该所得中的权益可能不存在,或者付款人可能根本无从知晓。这可以通过抵免的方法解决,或者在合适的情况下,可以在居民受益人最终权益明确时,退还最初征收的预

---

[234] See ITA UK s 812;Chamberlain & Whitehouse,注释50,§10.56。该排除的规定同样还适用于未来可能受益的税收居民,见注释1032及相关内容。"无视"的效果通常是将非最终预提税转换为最终预提税,以否定非最终预提的处理。

提税。[235]

多层信托：多层信托的安排，可能会产生一些问题。一个居民信托的受益人可以是非居民信托。非居民信托可以直接或间接、或明或暗地充当一个载体，第一层信托产生的所得随后或以后可能会流回第一层信托所在国的居民手中。如果该国最初认为境外所得流向非居民受益人，或者如果该国对归属非居民受益人的本地所得征税较轻，则存在税基流失的风险。征税国可能无法获得充分的信息和披露是造成这种风险的一个主要因素。

弥补这一漏洞最有效的方法是，在离岸信托的所得分配给居民受益人时对其征税，被调研国家都有类似的措施（第五章）。这一措施的主要不足是纳税递延、易规避和缺乏信息披露的问题。因此，征税国可寻求确保归属作为原始受益人的离岸信托的所得当期由在岸信托完全缴税，除非征税国足以确信该所得的最终受益人是非居民。这是澳大利亚采用的方法。[236] 美国《海外账户税收合规法》(Foreign Account Tax Compliance Act, FATCA)中存在类似的做法，要求在支付给外国实体的美国来源DIR所得或其他固定或可确定的所得或处置能够产生此类所得的资产的过程中，征收完全的预提税，除非能够证明这一支付在税法项下不归属任何美国人，或有充分的报告制度

---

[235] 澳大利亚：TR 93/10 Income tax: whether a resident beneficiary of a non-resident trust estate is allowed a credit for Australian withholding tax; cf ITAA 1936 s 128A(3)。美国：See 26 CFR s 1.1441-1(b)(8); IRC ss 6401, 6402。在一些情况下，会退还或抵免至达预提税代扣缴人（IRC s 1464; 26 CFR s 1.1464-1）。新西兰：见 M. L. Brabazon, *Ariadne in the South: New Zealand International Taxation of Passive Trust Income*, 23 New Zealand Journal of Taxation Law and Policy 279 §5.4(2017)。

[236] 参见注释873。

能够识别此类美国人。[237] 这里的主要目的是防止美国人通过外国实体和账户不申报所得而逃避美国税收。

新西兰采取了一个有所不同但同样有效的方法：第一层信托的受托人作为受益人的代理人就受益人归属所得被征税。[238] 这包括第一层信托归属第二层信托的所得。作为第二层信托的所得，同样的所得项目被归属于它本身和/或其受益人。[239] 如果第二层信托也有信托作为其受益人，则该过程可以无限重复。第一层信托的受托人如果不希望以信托税率缴税（等同于个人最高税率），则必须查明最初归属第二层信托的所得的最终流向。这对所得归属链中任一信托的情形都适用。

此外，第一层信托的委托人可以被视为第二层信托的委托人，[240] 并被视为代理人就第二层信托的信托归属所得承担代为缴税的个人义务。[241]

出境委托人制度（第2.5节）为通过离岸信托取得的所得进行当

---

[237] FATCA 的全称是 Foreign Account Tax Compliance Act，该法是 Hiring Incentives to Restore Employment Act 的一部分，Pub. L 111－147, 124 Stat 97－117（2010）Title V Subtitle A（"HIRE Act"）。除此之外，新的预提税措施的实质性规定在 IRC ss 1471－1474。

[238] See ITA NZ s HC 32. 根据新西兰税法的术语，归属第二层信托的所得称为第一层信托的"受益人所得"。

[239] 参见第 A.1.4 节。归属第二层信托的第一层信托受益人所得成为与第二层信托相关的受托人和/或受益人所得，具体取决于第二层信托对于所得的受益与分配。根据 ITA NZ s HC 32，第一层信托受托人的义务延伸至第二层信托两类所得的税收，该所得构成第一层信托受益人的所得。

[240] See ITA NZ ss HC 27(4), HC 28(5)。

[241] See ITA NZ s HC 29(2)。对于委托人纳税义务的进一步讨论，见第2.5.3节和第4.2.4节。

期征税提供了新的路径。[242]

3.3.5 受益人出境规则总结

如果居民国对信托所得的某一所得项目的归属存在分歧,并且这些所得项目适用的征税或抵免规则不同,则可能出现相应的国际不征税或双重征税。对于不同国家征税带来的总体影响,需要将相关国家的税制对参与某一信托的各个潜在纳税人的影响汇总起来进行考虑。

所得的归属冲突可能发生在居民国和来源地国之间,或者两个居民国之间,或者居民国与既是居民国又是来源地国的国家之间。在一国将某一所得归属受益人时,另一国可能将同一笔所得归属受益人、信托本身或委托人,这就可能产生归属冲突。委托人归属问题已在第二章予以讨论。在根据征税国税法进行相关的委托人和受益人归属之后,信托归属问题将会影响剩余部分的信托所得和利得(第四章)。本章讨论了受益人居民国的受益人归属问题(第3.3.1节和第3.3.2节)。

受益人—受益人: 被调研国家采用了一系列有关出境受益人归属的方法。其中部分国家关注信托法层面的所有权方面的权利(英国:仅限所得)或信托法项下权利和当期酌情分配[澳大利亚:导流的资本利得(streamed capital gains);[243] 美国:仅限第一层所得;新西兰]。其他国家参考信托法分配的比例公式进行分配[澳大利亚;美

---

[242] 第一层信托或其居民委托人要么作为第二层信托委托人,要么就其所得负有纳税义务。

[243] 免税股息可以被导流,但不包括澳大利亚与新西兰之间的特殊跨塔斯曼(trans-Tasman imputation)安排(ITAA 1997 Div 220)。免税股息一般仅限于居民公司(ss 202-5, 202-20, 202-15)。

国:第二层所得和利得;英国:资本利得(有争议);新西兰:修订规则侧重于当期分配的时间顺序]。如果信托的受益人来自不同的国家,那么归属规则之间的差异可能会导致某一所得在不同的受益人居民国中归属多次或者未进行归属。如果信托所得项下的不同类型所得被征收了不同层面的来源地税收,这种差异加上相互冲突的受益人归属,适用相关居民国的外国税收抵免规则可能会导致某一项税款被抵免两次或未被抵免。这取决于在受益人的本国,某一信托层面的所得或利得在多大程度上被双重归属或不归属受益人。[244]

鉴于信托事务由私主体控制,不征税是一个比双重征税更严重的问题。

受益人—信托:双重征税是由信托居民国和受益人居民国之间归属冲突而产生的,在被调研国家,针对信托居民国将信托所得归属其本国居民造成归属冲突所产生的双重征税问题,通常是通过受益人居民国给予双重征税减免的方式解决的,但是英国对于源于第三国所得的信托拒绝提供税款抵免(第3.3.3节)。允许信托对其本身缴纳的税款进行抵免与将信托视为受益人获得信托所得的机制或来源是相符的,尽管人们可能会质疑,一个主要从事消极投资但不从事经营业务的信托结构是否真的创造了超过受托人和顾问管理费的价值。英国将信托视为传递信托投资产生的价值的手段而不是价值的

---

[244] 假设酌情的信托存在两个类别所得项目:源自美国的投资组合利息 100 美元,来源地国不征税;100 美元的其他所得,来源地国税率 15%。其受益人包括澳大利亚居民 B1 和新西兰居民 B2。假设新西兰的修订规则在此处不适用,受托人将投资组合利息分配给 B1,将其他所得分配给 B2。澳大利亚将上述两类所得的 50% 归属至 B1,对外国税收提供 50% 的抵免(7.5 美元),新西兰仅将其他所得归属至 B2,并提供外国税收抵免(15 美元)。15 美元的外国税收在澳大利亚和新西兰实质上产生了 22.5 美元的抵免效果。如果上述分配被撤销,那么抵免额度则仅为 B1 的 7.5 美元。

创造者,尽管所得"产生"测试可能过于严格,因为英国对在信托所在国从事积极经营但是销售所得来源于第三国的所得不给予税收抵免。在广义上,英国以外国家的观点可以直白地解释为,受益人本国默认了这样一个现实:信托国只是先下手为强攫取了流经其居民实体的所得。这一观点可能比协定更宽容。[245]

如果与受益人居民国相比,信托居民国采取了更加宽松的受益人归属立场,使得双方都将特定的当期信托所得归属另一方居民,特别是如果该所得逃避了大量来源地税收时,则可能会出现国际不征税。在被调研国家中,英国的受益人归属规则是最严格的。通常,避免利用这种差异的第一道防线是受益人居民国对分配进行征税的规则(第五章)。

受益人—委托人:在被调研国家,对于能否就外国委托人已缴税款给予居民受益人抵免这一问题几乎没有得到明确的考虑。美国对这一问题已有所考虑,国会精心制定了一项规则,但是实施该规则的必要措施迟迟未能制定。对其他被调研国家的外国税收抵免规则的分析表明,在大多数情况下他们会承认委托人的已缴税款是可能被抵免的。

如果受益人的居民国对委托人所得归属的观点比委托人居民国更宽松,则可能产生不征税情形。第二章入境委托人制度(第2.4节)对此进行了讨论。最常见的规制措施是受益人居民国有选择地限制或不适用其入境委托人归属规则。英国[246]和澳大利亚[247]的解

---

[245] 参见OECD范本第7条第1款、第21条、第24条第3款。
[246] 参见注释103。
[247] 参见注释104。

决方案似乎比美国[248]的方案更可取,美国规则为美国受益人取得外国来源信托所得而不在美国或其他国家征收实质性所得税留下了很大的操作空间。BEPS 行动计划 2 报告提出的反向错配修正规则(reverse hybrid mending rules)呼吁美国填补这一漏洞,而美国是否已经执行了行动计划的建议尚存争议。[249]

3.4 小结

本章首先确定了在不考虑委托人归属的情况下(第 3.1 节),对信托所得采取包容性和限制性受益人归属之间的主要区别。英国采用了限制性的受益人归属范式,它只适用于受益人享有假定的(priori)信托法权利的信托所得。该假定的信托法权利必须是财产权(proprietary)。这一要求与法律的历史沿革有关,但并没有反映任何特殊的税收政策。英国受益人归属规则不适用于信托层面的资本利得。其他被调研国家则采取了包容性的范式,根据这一范式,当期受益人归属的对象可以包括酌情分配的信托所得。美国对资本利得的归属处理同时体现了包容性和限制性。新西兰一般不对资本利得征税。

采用包容性范式的国家面临如下风险:如果酌情信托法分派的特定所得项目(包括所得分类和来源)承继其税法属性,税收后果可能会被人为操纵。这一风险在不同程度上被各国容忍或者被对冲

---

[248] 参见注释 102。
[249] 第 7.2.2 节(参见注释 442)再行讨论。

了。澳大利亚税法在很大程度上承认资本利得和免税股息的酌情分配,但其他情况则根据税法公式按比例分配税法层面的信托所得。对于根据信托条款归属固定权利的受益人所得,美国一般遵循信托法进行归属,其他情况则适用按比例的税法公式。新西兰通常根据所得项目的不同分别适用信托法相关规则,但在涉及特定国际因素的部分情况下改用税法规定的归属公式。

在采用限制性和包容性归属范式的国家之间,可能会出现归属差异。这种差异也可能在都采用包容性范式的国家之间产生,因为它们在具体归属规则上存在差异,包括受益人之间的归属差异。除此之外,当一国适用委托人归属规则时,也可能会产生归属差异。归属冲突既可能是积极冲突,即某一笔所得归属不同国家的不同个人或实体;也可能是消极冲突,即某一笔所得没有归属任何人。前者意味着双重征税;后者意味着至少在当期出现了国际不征税的情况。

采用限制性范式的国家必须考虑是否将对信托本身的征税与对受益人的征税作整合的考虑。如果对实体征税是最终的,那么基于各国的税率差别,一定程度内税负的高低差异可以被勉强容忍,这是英国对于资本利得的一般立场,英国对信托实体以资本利得最高税率征税。否则,国家必须对于信托给受益人的所得分配征收第二层税,因此也需确定这一模式应如何进行整合的考虑。这些问题会在第五章进一步进行讨论。

无论一国是采取包容性还是限制性受益人归属规则,累积在外国信托中的境外所得在当期都不能被征税,尽管它可能在之后的分配中流入居民受益人的手中。这样的所得已经超过对信托所得当期归属征税的范围了。如果要实现对这一类型的所得征税的目的,最有用的策略就是对信托的分配征收出境税收(第五章)。英国资本利得税的出境受益人规则可被视为信托层面利得的当期和非当期征税的混合体(第3.3.2节)。

  本章的第二个主要部分讨论了受益人归属所得的入境征税和导管情形的减免,第3.2.6节对此进行了总结。不同类型所得的一般入境税收存在相当大的差异。在涉及信托情形下,这种差异性,加之信托所得税收领域独立的和固有的概念复杂性,共同加剧了单个税制内或者与其他税制互动时出现异常的风险。

  非居民受益人和非居民投资者之间的内部同一性和同等待遇通常被认为是避免国际异常情况出现的必要条件。需要注意的是,在通过信托结构产生的所得被归属于非居民受益人的情况下,信托层面的商业结构(特别是信托的应税存在,对应于协定中的常设机构)是否归属非居民受益人。这一问题在 DIR 所得方面尤为突出(第3.2.4节)。在这一点上,美国内部的处理一致,但其他被调研国家的做法是不一致的。受益人归属的 DIR 所得,是适用净所得税基征税,且税率与通过信托层面应税存在所取得的经营所得税率相同(这将是一种合理的制度,并且通常可以避免双重征税或不征税的国际异常情况);还是适用毛所得税基征税(暂且不提协定的影响),且税率与没有应税存在的非居民取得这一所得时适用的税率相同。

  本章第三个主要部分讨论了受益人出境征税和往返情形,第3.3.5节总结了相关结论。居民国与居民国归属冲突被认为是这方面的主要问题。它们可能发生在受益人和另一受益人、信托本身或委托人的居民国之间。如果出现消极冲突,如没有一个国家将某一信托所得归属其居民,就会导致全球不征税,除非在来源地或对分配征收此类税收。如果要避免这些情况发生，各国需要考虑其归属规则对本国税基和其他已确定或未确定的国家税基的影响。这是BEPS行动计划混合错配的主题之一，将在第七章中进一步讨论。

受益人出境税收也引发了对受益人、信托本身或委托人的外国税收的双重税收减免问题。被调研国家通常在前两种情况下直接给予抵免，但要根据国内法确定适用一般抵免还是适用于信托的抵免。对于外国委托人税收的受益人抵免办法尚未完全阐明。美国在立法上规定了有限的抵免，但因为从未制定必要的规则，所以实际上仍没有对委托人外国税收给予抵免。其他被调研国家似乎允许这种抵免。

第四章 信　托

本章将信托作为应税主体予以讨论。第4.1节讨论了信托实体作为纳税人对信托归属所得承担纳税义务。第4.2节认为信托居民身份是有关国家对信托归属的全球所得征税的基本依据,该节研究了每个被调研国家将信托实体认定为税收居民的条件,并对这些条件之间的差异作出了解释。此外,委托人归属和信托居民身份之间在一定程度上是相辅相成的。第4.3节和第4.4节考虑了对信托归属所得的入境征税和出境征税制度,包括如何对信托参与人所缴纳的外国税款提供双重税收减免。第4.5节总结了上述发现以及相应的国际税影响。

4.1 信托实体和信托归属

对于任何当期不归属受益人和/或委托人的信托所得,且该所得并非纯粹以物为税基(impersonal basis)被征税(并非对所有类型的所得可行),如果一国希望对这部分所得征税,那么必须确定纳税义务应由哪个纳税人承担,并且若一国主张对信托归属所得征税,则需要求纳税人不仅是作为受益人或委托人的代理人被征税。每个被调研国都对此予以认可,并且明确了对该类所得负有纳税义务的主体。在美国,这个纳税人是信托本身[250];在其他国家,则是受托人。[251]在上述两种情况下,均假定纳税人以及税务机关可以直接或间接获取信托财产以履行纳税人的纳税义务,[252]信托财产将被用于支付税款。在每种情况下,纳税人的纳税义务均依赖受托人亲自实际履行,但是各国在受托人的个体责任是否以信托财产为限,以及如何实现这种限制的问题上存在差异。[253] 在这些将受托人作为纳税义务人

---

[250] 信托在美国税法项下属于"人"(person):IRC s 7701(a)(1)。根据 s 641,信托作为税法项下的人承担主要纳税义务。

[251] 澳大利亚:受托人被视为一个独立的集合实体:ITAA 1997 s 960-100(2)。信托本身也被视为一个实体[s 960-100(1)(f)];同时将信托和受托人看作实体的原因尚未明确。英国:受托人被看作名义上单独的人(notional single person),但是在其他情况下会有不同的认定结果:ITA UK s 474;TCGA s 69(1)。新西兰:受托人被视为名义上单独的人:ITA NZ s HC 2(2);参见 s Y A 5。

[252] 基于一般信托法规则,受托人在管理信托过程中有权使用信托财产履行信托义务,如果受托人以其自身财产履行信托义务,可获得相应的求偿权;受托人的信托债权人就受托人的求偿权可行使代位求偿权。See Octavo Investments Pty Ltd. v. Knight (1979) 144 CLR 360, 371; Levin v. Ikiua [2011] 1 NZLR 678, [53]; Trustee Act 1956 (NZ) s 38(2)。在美国,无担保的信托债权人的权利比其他国家更优越:参见 Nuncio D. Angelo, The Unsecured Creditor's Perilous Path to a Trust's Assets: Is a Safer, More Direct US - Style Route Available?, 84 Australian Law Journal 833(2010); NZLC R130 Recommendations 47, 48。澳大利亚以法定权利补充其一般法:ITAA 1936 s 254。

[253] 澳大利亚和美国限制受托人责任;英国和新西兰不限制。由于信托拥有为受托人所控制的所得,因此这一结论并不意外。澳大利亚:ITAA 1936 ss 99, 99A, 254。By s 254(1)(e),受托人须就其"保留或者应该保留的任何"信托财产承担纳税义务。美国:受托人应当承担以信托财产支付信托税款的义务,如果受托人违约则会引发自身的责任。受托人与作为税法上"人"的信托本身是不同的概念,但是均被纳入"受托人"的范围[IRC s 7701(a)(6)],因此如果他们未以信托财产支付税款则会引发自身责任[参见 s 6901(a)(1)(B);31 USC s 3713(b)]。英国和新西兰参见注释251。

的国家,某一信托的税务事项将与受托人的相应纳税义务加总,但与受托人的自身纳税义务分隔开来。[254]

从这个模式来看,指定的纳税人(也可称为**信托实体**),应代整个信托承担税收金钱给付义务。若特定信托所得没有归属受益人或委托人,信托实体仍需就该所得代表信托承担纳税义务,在税法上信托所得在这一情形中将**归属信托**整体。尽管本研究只涉及 4 个国家,但可以预见这些主张和结论将普遍适用于在税法上承认信托并对信托征税作出特别规定的国家。

4.2 信托居民身份

每个被调研国家主张的国际税收管辖权都有如下共同特点:[255] (1)税收居民应就其全球所得纳税。(2)税收居民有权通过外国税收抵免缓解双重税收。(3)非税收居民的所得仅基于来源地(标准)应税。(4)非税收居民的 DIR 所得应通过最终预提税的方式来征税,除非它与当地常设机构或相似的应税存在充分联系。(5)非税收居民的资本利得应按修正后且通常更有限的准来源地标准纳税。[256]

---

[254] 澳大利亚:ITAA 1936 s 254(1)(b),ITAA 1997 s 960 - 100(2)。英国和新西兰:见注释 251。

[255] 各国规定有所差异:美国将公民身份作为对全球所得征税的基础,英国通过在某些情形下允许采取汇付制标准以放宽居民征税,很多国家在特定情形下向公司纳税人提供免税而非抵免的方式以缓解双重税收。在更细节规则层面也存在许多不同之处。

[256] 从这个意义上来说,资本利得应当被征税。同样,各国规定存在差异。

每个国家都主张对归属信托的所得在全球范围内或者依据来源地标准征税,该征税方式与居民国/来源地国的二元区分标准完全一致。对信托征税需要一个在功能上能等同于自然人税收居民的标准。对这种联系(connection)的要求来源于国际范式(international paradigm),与信托实体被看成信托本身还是受托人无关。它也不必被称为"居民",尽管使用该术语很方便,也很惯常。[257]

因此,如果一个国家对归属于一个信托的全球范围所得征税,则意味着该国将信托视为税法上的居民;反之,如果仅根据所得来源对信托所得征税,则信托被视为税法上的非居民。[258]

各国在把信托认定为税收居民的意愿和所依据的标准上各不相同,他们的选择反映了多种因素考量:防止国际避税;满足提供信托服务的本国专业人士的商业利益;委托人税收规则的适用范围;国家对信托所起作用的认知。

4.2.1 澳大利亚

澳大利亚在认定信托是否为税收居民方面采取了适度扩大的做法。如果信托财产是税收居民(对于归属信托的所得)或信托是"资本利得税(CGT)项下的税收居民"(对于归属信托的资本利得),则适用对全球范围内所得征税的规则。[259] 在大多数情况下,如果信托

---

[257] 除非成文法进行了创造性规定,信托和非人(non-human)实体是没有"居民身份"的。如果一个信托被认定为纳税人,那么就有必要根据"居民"的概念来确定信托在全球范围内的纳税义务,但是这一概念必须通过税法予以规定。

[258] 这一术语在澳大利亚和英国较为常见,虽然在他们的成文法中一般指的是信托财产或者受托人的居民标准,并且将受托人结合作为一个实体,对于信托归属的所得承担纳税义务。

[259] 所得,参见 ITAA 1936 ss 99, 99A。资本利得,参见 ITAA 1997 ss 115 – 222, 855 – 10。

的任一受托人是澳大利亚税收居民，或者信托的管理和控制中心位于澳大利亚，那么该信托就符合澳大利亚税收居民的标准。[260] 如果信托是非税收居民，则一国对归属信托的所得项目的税收管辖权仅限于来源于澳大利亚的信托归属所得和可对非税收居民征税的资本利得，但对于非税收居民原本应通过最终预提税方式缴税的澳大利亚 DIR 所得，应按信托评税适用的税率缴税。[261] 这意味着至少在没有相关扣除的情况下税负更高。这个宽泛的居民测试早在澳大利亚还不存在有效的委托人归属规则的年代就已开始使用，也可视作保护国家税基的措施。[262] ATO 最近在认定澳大利亚公司的管理和控制中心方面取得了一些进展，即使表面上看这些公司的管理地位于国外。这表明，信托的居民身份可能不会像过去所认为的那样，通过雇用一位符合条件且可能存在关联关系的离岸受托人这种流于形式

---

[260] ITAA 1936 s 95(2) 定义了"居民信托财产"(resident trust estate); ITAA 1997 s 995-1 定义了"CGT 项下的税收居民"。CGT 项下对于单位信托(unit trust)的情形有不同定义。单位信托在 CGT 项下满足下列条件，则构成居民：在一年内，任一信托财产位于(situated)澳大利亚内或信托在澳大利亚进行经营；并且信托的主要管理和控制中心在澳大利亚或者澳大利亚居民对信托财产或所得拥有 50% 以上的受益权。其并未对单位信托的概念进行定义。

[261] See ITAA 1936 s 128B(3)(d), (e), cf s 128D. 如果澳大利亚与另一国签订了措辞恰当的协定，而该另一国向其居民(最有可能是信托或者委托人)就同一所得征税，则协定规则凌驾(override)于该规则之上。

[262] 这一定义始于 1979 年，那时澳大利亚还没有明确有效的出境委托人规则[参见注释 74 及与 ITAA 1936 s 102 和 Truesdale v. FCT (1970) 120 CLR 353 相关的条文]。为了在信托中累积外国所得而不缴纳澳大利亚税收，澳大利亚委托人不得不使用更不方便且风险更大的完全离岸受托人且不在澳大利亚内设置管理和控制中心。更通俗地说，管理和控制中心标准照搬了公司居民定义中的选择性要素[ITAA 1936 s 6(1), "居民"的定义]。

的手段就可以轻易规避。[263]

4.2.2 美国

美国在信托税收居民的认定方面采取了适度克制的做法。美国将信托视为"美国人"并对其全球所得征税的前提条件是,[264]美国法院"能够对信托的管理实施主要监督",并且美国人"有权主导信托的所有实质性决定"。[265] 这样的信托被称为境内信托(domestic trust);[266]其他信托则是"境外信托"。[267] 确保某一信托属于境外信托相对容易,如给予境外居民对一类重大决定的否决权,即使信托的所有其他联系(其所适用的法律、资产、管理部门和受益人)都在美国,这个信托也是境外信托。这个规则倾向于将信托认定为具有境外身份,使得那些以美国为基础的信托的相关方能明确该信托实际上是境外信托。[268] 居民信托地位可能被认为是更受欢迎的,因为它消除了特殊出境委托人税收的风险。[269]

如果实体层面的所得归属境外信托而不是信托的受益人(比如

---

[263] 比较 Bywater Investments Ltd. v. FCT (2016) 260 CLR 169 与 Esquire Nominees Ltd. v. FCT (1973) 129 CLR 177。

[264] "美国人"[IRC s 7701(a)(30)]是一个对于居民、公民、境内公司以及其他就全球所得应税的税法上的人的统称。

[265] See IRC s 7701(a)(30)(E).

[266] See 26 CFR s 301.7701-7(a)(2)."境内信托"并没有在现行法律中予以定义,而是通过境外信托的定义反向推知的。

[267] See IRC s 7701(a)(31).

[268] 参见 Bruce,注释25, 36-42; Carlyn S. McCaffrey, Ellen K. Harrison & Elyse G. Kirschner, *US Taxation of Foreign Trusts*, *Trusts with Non-US Grantors and Their US Beneficiaries*, 26 ACTEC Notes 159(2000)。

[269] 比较 IRC s 679 与 ss 673-677。如果信托是境外的,委托人是居民并且没有排除美国人作为受益人,那么国内规则下的非委托人信托根据 s 679 的规定成为委托人信托。

分配扣除之后),则可比照从未在美国境内出现过的非居民外国自然人(non-resident alien individual)的处理对该境外信托征税。[270]

4.2.3 英国

英国信托所适用的税收居民规则,总体效果既不是特别扩张也不是特别限缩,其结果容易被委托人或其他信托相关方控制。如果所有受托人自身都是英国居民,则信托实体是税收居民;如果所有受托人都是非税收居民,则该信托实体是非税收居民。鉴于此,如果专业的受托人在/通过英国分支机构提供受托服务,则该受托人应被视为税收居民。如果信托的受托人既有居民也有非居民,则只有在委托人(设立人)符合进一步条件时,受托人才可能整体被认定为税收居民。如果相关财产移转是在委托人死亡时发生的,如遗嘱信托,那么当委托人死亡时为英国税收居民或其住所地在英国的时候,该委托人满足前述条件。除此之外,如果财产发生移转时委托人是英国税收居民或住所地在英国,也符合上述条件。[271] 一般而言,不考虑委托人的移民并假定委托人的居民地与住所地一致,如果所有受托人都是离岸的,则由英国税收居民设立的信托仍被视为非税收居民;但如果至少有一个英国受托人,则该信托被视为税收居民;而由非税

---

[270] See IRC s 641(b). 如果境外信托所得与美国的贸易或商业活动(US trade or business)存在积极联系,该所得评税时以信托税率纳税[ss 1(e), 641(a)];其他固定的或者可确定的美国来源所得(包括 DIR 所得)以毛所得税基计税,税率适用假定非居民(s 871)的 30% 税率,除非通过特殊优惠(如投资组合免税)或者协定得以降低或免除。将境外信托视为不存在,目的是避免适用"曾出现在美国的非居民外国个人的特定规则"可能出现或导致的异常结果。参见 Bruce,注释 25、37-38。

[271] ITA UK s 476; TCGA s 69(2B), (2C); 参见 ITA UK s 835BA 及 TCGA s 69(2F)中的"视同居住条款",该条款由 FA (No. 2) 2017 s 29 增补并产生影响。在委托人在世的案例中,该人必须始终满足对"设立人"身份的要求。

收居民设立的信托,只要至少有一个外国受托人,就被视为非税收居民。[272]

英国对归属非税收居民信托的所得一般只按来源地标准征税,并且英国通常将对非税收居民信托的征税限制在 DIR 所得和其他"无视所得"项目,这与对非税收居民投资者的征税方式基本相同。[273] 除了已经按照来源地标准实际或名义上支付、扣除或预提的以外,英国不再征收其他税款,其仅当信托没有居民个人或居民公司作为实际或潜在居民受益人(个人或公司)时适用,可能的往返情况则是此项税收减免的例外。[274]

4.2.4 新西兰

新西兰以明显不同的方式确认信托居民身份。[275] 其对实体全球所得征税的主要标准是委托人(设立人)当期的居民身份。新西兰对下列归属信托的全球范围内所得(受托人所得)征税。

(1)委托人在相关年度的任何时候都是税收居民而不是过渡性税收居民(transitional resident),且在该年度内未死亡,并且符合以下情况之一:①委托人不是自然人;②委托人已作出对信托归属所得纳税的法定选择,该选择在有关年度内适用;③受托人在相关年度内为税收居民;④在 1987 年 12 月 17 日之后的某段时间内,某人向信托

---

[272] See Loutzenhiser, 注释 53, §69.9。

[273] See ITA UK s 811(1).

[274] See ITA UK s 812. 该条对于受益人有自己的定义,扩张涵盖至可能接收信托所得(包括已转换为信托本金的所得)或者从信托所得中受益的潜在酌情对象。这意味着,非居民累积信托或酌情信托反过来向英国进行投资时,应当排除英国居民的受益可能性。如果委托人意图通过英国信托投资使得外国与英国居民受益,应使用相区分的信托安排。

[275] 这一规则从 1988 年起生效。参见 Brabazon, *Trust Residence*, 注释 152, 对本节主题进行了更详细的说明。

第四章 信 托

移转了财产,而该人在财产移转时为税收居民或该段时间一直为税收居民。(2)身为税收居民的委托人在相关年度或之前死亡,而受托人在该年度为税收居民。[276]

为简便起见,我们将之称为**"设立人联结"**(settlor nexus)。新西兰税法没有将这些标准明确表述为判断信托或信托实体居民身份的必要条件,也根本没有明确定义信托税收居民身份这一概念。[277] 基于当期征税的目的,可以通过"设立人联结"这一功能性测试来确定信托的居民身份,尽管信托居民身份这个术语并没有明确的定义。对于满足联结测试的信托,通常对归属该信托的全球范围所得征税;而不满足联结测试的信托,则根据来源地标准征税。

在税收政策上,新西兰将信托视为委托人的经济代理人,[278] 除非信托所得当期授予受益人或分配给受益人。该税收政策或与之类似的政策,促使其他国家采用委托人归属规则及委托人税收规则,尤其是在出境情形下(委托人是税收居民,而信托不是税法意义上的税收居民),但新西兰坚持采用自己的方法,即对信托征税而不是对委托人征税。将税收居民委托人视为信托实体的代理人来承担代缴责

---

[276] 源自 ITA NZ s HC 25(2), s HC 25(4)对规则适用作出了限定, s HC 25(5)(a)与 ss HC 29 和 HC 33 作出了进一步限定;参见 Brabazon, *Trust Residence*,第3.2节。HC 33节特别允许委托人(设立人)选择由本人承担受托人所得税纳税义务。如果正在移民的委托人及时作出选择(s HC 31),那么可以避免新西兰受益人的后续信托分配的不利税收待遇。

[277] 最初的提案采用委托人居所作为全球范围内的信托所得征税的依据,那样实际上就是将委托人与新西兰之间的联结定性为信托居所,信托居所(trust residence)这一术语在规则设计的后期阶段被删除,但该规则的实质和意图仍得到保留。参见 Brabazon, *Trust Residence*,注释152。

[278] See Prebble, *NZ 1999 International*,注释158、399; Brabazon, *Trust Residence*,注释152。

任并赋予其向信托实体求偿的法定权利,就解决了受托人可能远在离岸以至于难以对其征税的问题。[279]

对于其他国家通过委托人归属所实现的目的,新西兰通过功能性测试确认信托居民身份也达到了同样的目的,这两种做法殊途同归。

新西兰侧重于委托人税收居民身份的做法比其他被调研国的信托居民身份规则更加客观且可操纵空间也更小。但是该做法也存在国际避税的空间,即外国委托人可以将外国资产(通常是在第三国)转移给新西兰受托人,而不会触发新西兰所得税的结果;并且如果委托人居民国不知悉该安排,或者没有制定委托人税收规则或根据信托税收居民身份对信托所得征税的规则,那么信托所得将免于在该国征税。这一结果并非来源于对该规则本身的操控,而是新西兰历来就薄弱的信息披露和报告规则,[280]加之新西兰规则与其他国家规

---

[279] See ITA NZ ss HC 29, HD 5(2), HD 12(2). 这意料之外地逆转了上述税收代理政策的方向。

[280] See Elliffe,注释218,§2.7.2(1);John Prebble, *The New Zealand Offshore Trust Regime*, International Financial Centre Review 134(2009);Brabazon, *Trust Residence*, 注释152,§3.6. 其招致了许多批评,尤其是在2016年"巴拿马报告"(Panama papers)(Mossack Fonseca,律师事务所的保密文件)发布后,See Michael Littlewood, *Using New Zealand as a Tax Haven:How Is It Done? Could It Be Stopped? Should It Be Stopped?*, SSRN (11 April 2016), http://ssrn.com/ abstract = 2761993;Mark J. Bennett, *Implications of the Panama Papers for the New Zealand Foreign Trusts Regime*, 21 New Zealand Association of Comparative Law Yearbook 27(2015). 新西兰政府作出回应,建议针对报告要求进行修改:John Shewan, *Government Inquiry into Foreign Trust Disclosure Rules*, New Zealand, Treasury (June 2016), www.treasury.govt.nz/publications/reviews-consultation/foreign-trust-disclosure-rules。

则之间差异所形成的税制错配所造成的。[281] 新西兰于 2017 年年初通过了加强报告制度相关规则的立法,[282] 这项立法已使外国委托人在新西兰设立信托的数量大幅减少。[283] 随后新西兰发布了回应 BEPS 行动计划报告的政策公告,表明了其意图扩大功能性信托税收居民身份测试和信托归属所得的范围,以针对由于在所得与受益人或委托人之间插入受托人而借此规避境外居民国征税的相关所得。[284]

然而,对信托归属所得按全球或按来源地征税的一般规则并不适用于新西兰来源的 DIR 所得。对于非税收居民取得的此类所得,适用非税收居民预提税规则,而不考虑"设立人联结"。如果受托人本身是税收居民,无论委托人是否是税收居民,该项所得应评定(assessment)征税。如果受托人本身是非居民,则应按最终或最低预提征税,如同由非税收居民所得一样,即使委托人是税收居民。非税收居民受托人享有与一般非税收居民相同的利息所得零税率预提或

---

[281] 具体而言,另一个国家不对其居民委托人或者由居民委托人设立的信托就未当期归属受益人的所得进行征税。另一国可以通过基于委托人居民身份进行信托归属(就像新西兰),或者通过出境委托人归属(就像澳大利亚、美国及英国)避免法律性国际避税。当委托人是上述 3 个国家的税收居民时,法律性避税源于委托人规则之间的漏洞。

[282] See Taxation (Business Tax, Exchange of Information, and Remedial Matters) Act 2017 (NZ). 当该立法完全生效时,未遵守于注册和报告义务的居民受托人将被征税,就如同信托是税收居民的情形[参见 ITA NZ s HC 26(1)(c)]。

[283] See Michael Littlewood, *Using New Zealand Trusts to Escape Other Countries' Taxes*, SSRN (13 July 2017), https://ssrn.com/abstract=3002172.

[284] 参见注释 443 以及第 7.2.2 节对 BEPS 行动计划 2 报告中建议 5.2 的讨论。

外国投资者的股息税收抵免。[285] 如果受托人具有混合居民身份(既有居民也有非居民),情况会更加复杂。[286]

4.3 入境税收制度

对于所得归属非居民信托的处理方法在前几节已经有所介绍,以下是一个总结:(1)澳大利亚根据来源标准评定征税,不对 DIR 所得适用最终预提税。(2)美国根据来源标准评定征税或适用最终预提税,类推适用从未入境的非税收居民外国人的处理。(3)英国根据来源标准评定征税或做最终预提,后者仅适用于信托没有实际或潜在英国受益人的情况。(4)新西兰根据来源标准对一般所得评定征税。对于 DIR 所得,如果受托人本人是税收居民,适用评定征税;如果受托人本人是非税收居民,即使信托通过了"设立人联结"测试,也按最终或最低预提税征收(视情况而定)。

---

[285] See Brabazon, *Ariadne*, 注释 235。ITA NZ subpart RF 规定了非居民预提规则。如果预提适用最低标准(关联方之间的利息以及版权以外的特许权使用费)并且预提数额低于评定的应税税额,则税款应通过评定予以确定。就受托人而言,适用信托税率。subpart LF 规定外国投资者税收抵免;特许发行人税收是基于 Stamp and Cheque Duties Act 1971 (NZ) Part 6B 或 the TAA NZ s 32M 产生的。

[286] 对于具有混合居民身份的受托人,表面上适用非居民预提税,但是对于利息所得适用特殊税率(s RF 12B),不适用特许发行人的零税率[s RF 12(1)(b)(4)]。参见 Brabazon, *Ariadne*, 注释 235, §5.1。受托人的混合居民身份,参见 Brabazon, *Trust Residence*, 注释 152, §3.5.3;相反的观点,参见 Alison Pavlovich, *Trustee Tax Residence in New Zealand: Is It Relevant and How Is It Determined?*, 21 New Zealand Journal of Taxation Law and Policy 317(2015)。

4.4 出境税收制度

在所有被调研国家中，对于居民信托归属所得所缴纳的外国所得税，可通过外国税收抵免的方式解决存在的双重征税的问题。在新西兰，如果通过了"设立人联结"的测试，出于外国税收抵免的目的，非居民受托人可被视为税收居民。[287] 在这些国家中，代表居民信托的实体如果已经缴纳了外国税，可以直接主张享有相应的抵免，抵免的方式与普通居民相同，也受到相同限制。[288]

被调研国家的一般外国税收抵免规则已在第3.3.3节受益人税收中有所讨论。在澳大利亚，澳大利亚以外的另一国根据居民标准向澳大利亚纳税人征税时，这些澳大利亚纳税人所能从澳大利亚得到的外国税收抵免仅限于就来源于该另一国的所得所征税款，不包括来源于该另一国之外的所得。[289] 在英国，用以计算纳税金额的所

---

[287] See ITA NZ s HC 25(6)(b); Elliffe, 注释218, §3.3.2(2)。这反映了设立人制度的逻辑。为得到正确结果必须仔细解读这一规定。s HC 25(6)中的"视为(deeming)居民"仅适用于"计算 s HC 25(2)中的受托人应税所得，而非其他任何目的"。sub-s(2)没有给予外国税收抵免，同样没有规定"应纳税所得额"的计算规则。显然，在根据 s HC 25(2)"评定所得"规则计算应税所得时，外国税收抵免可能被允许。对 s HC 25(6)以其他方式解读则没有实际意义。

[288] 澳大利亚：ITAA 1997 s 770-10（一般规则）；美国：IRC s 642(a)（采用 s 901中的一般规则）；英国：TIOPA Part 2, esp s 9（一般单边规则），协定情形下适用 s 11；新西兰：ITA NZ s LJ 2（一般规则）。

[289] ITAA 1997 s 770-10(3)规定："如果向其他国家纳税是因为(纳税人)具有该国的居民身份并且纳税所依据的所得来源于该国以外，那么对应的外国税则不能获得税收抵免。"这显然是针对抵免权利存疑的纳税人的规定。

得或利得必须产生或累积在外国征税国。[290] 在新西兰,如果外国对新西兰居民纳税人征税是基于其公民身份、居民身份、住所地,那么对于外国税收的抵免仅限于不具备这些特征时本应缴纳的外国税款。[291] 美国以一种不同的方式限制了其外国税收抵免。[292]

然而,某一其他国家将信托所得或利得归属委托人或受益人并向其征税的情形也有可能发生。根据特定事实以及该国自身的跨境信托税收规则,它可能基于纳税人居民身份或者来源标准向该纳税人征税。在这些情形下,一个信托是否有权在其居民国(或功能性居民国)获得外国税收抵免?在这个问题上几乎没有直接和权威的答案。

在对委托人征税的情形下,英国和新西兰的结论是肯定的,他们并不要求纳税人身份的同一性。相反,他们关注的重点在于外国征税国据以征税的所得项目或者计税依据与本国据以征税的所得之间的同一性。澳大利亚要求纳税人身份的同一性,但也有一个特殊规定,即如果外国税"已由另一实体依据外国所得税的相关法律规定进行了支付,则支付的数额"视为"你"已就澳大利亚应税金额(Australian-taxed amount)缴纳的外国税的金额。[293] 如果美国自身

---

[290] See TIOPA s 9(1), (2).

[291] See ITA NZ s LJ 2(4).

[292] See IRC s 904. 抵免并不取决于缴纳外国税的所得来源,但以纳税人平均美国税率(US tax rate)乘以他/她的外国来源所得为限。

[293] See ITAA 1997 s 770 – 130(2). 澳大利亚税法中的"实体"包含自然人、其他法人和纯粹税法上的实体:s 960 – 100。与适用于受益人(见注释106及相关条文)的 s 770 – 130(3)规定相比,sub-s(2)并不要求"应税金额"(taxed amount)因缴纳外国税而得以减少[对于向某外国认定的信托实体征收外国税,Section 770 – 130(2)提供了肯定且确定的结论,即使这一概念与澳大利亚信托实体的概念并不相同]。

在类似的纯粹国内情形中适用委托人归属规则,那么其在立法上拟就委托人的征税向受益人给予抵免,但是(如前述)给予这一抵免的财政规章从未被颁布;如果确有此情形,也可能有观点认为类似抵免对于美国信托同样适用。[294]

在对外国受益人征税的情形下,澳大利亚、英国和新西兰采用相同的规定和理由来支持信托实体享有的抵免,但是美国国税局认为信托不能就受益人缴纳的外国税享受抵免。[295]

澳大利亚和新西兰就境外委托人或境外受益人所缴纳的外国税在信托层面提供抵免,将会引发进一步的后果。根据两国对因境外居民身份或者类似标准所缴外国税[296]给予抵免的法定限制的措辞可知,这种法定限制仅适用于寻求抵免的纳税人同时也负担了外国税的情形。这意味着委托人或受益人就外国居民税所享受的抵免,减轻了澳大利亚或新西兰对信托施加的税收负担。从这一层面来说,外国征税国基于境外委托人或者受益人的境外居民身份的征税(权)将优先于澳大利亚或新西兰基于其境内居民身份对信托的征税(权)。英国的规定也体现了相似政策倾向,但前提是所得在另一国

---

[294] 美国就"901节允许范围内的"合格外国税向居民信托给予抵免,且限于税款没有"适当分配……给受益人"的部分[IRC s 642(a)]。信托不属于 s 901(b)(1)–(4)规定的税法上的人,s 901(b)(5)仅规定信托受益人的权利。该条款第二句就委托人税收提供抵免,受限于正文提及情形;参见注释1066、1067及相关内容。似乎有理由认为,允许对委托人税收进行抵免和相关限制同样适用于居民信托。对于信托归属和受益人归属所得制定不同规则并无意义。

[295] See IRS, Technical Advice Memorandum 9413005 (1994); cf Howard Zaritsky, Norman Lane and Robert T. Danforth, *Federal Income Taxation of Estates and Trusts* (Thomson/ Westlaw, electronic looseleaf) (at 27 December 2017) [2.11(3)]. 与之对比的是,当外国税由实体承担时,根据 IRC s 901(b)(5)给予美国受益人的抵免额度。

[296] 参见注释289、291。

(征税国)产生或利得在该国累积。美国规则并没有对另一国的居民税收与来源地税收进行实质区分。

表4.1总结了居民信托有权享有的外国税收抵免的一般情形。

表4.1 外国税收抵免和居民信托

信托居民国	外国纳税主体		
	委托人	受益人	信托
澳大利亚	√	√	√
美国	×	×	√
英国	√	√	√
新西兰	√	√	√

4.5 小结

本章首先阐述了需要一个实体来代表信托整体,并由这个实体对未归属委托人或受益人的信托所得承担相应纳税义务,这样的所得被认为归属信托本身。接着,在国际税收以居民国/来源地为管辖依据的前提下,本章确定了一个对信托归属的全球所得征税的标准,这一标准的依据是信托的税收居民身份。

此后,本章对于每一被调研国家的信托居民身份标准进行了考查,并且对导致各国规则不同的一系列因素进行了说明。这包括了一国委托人归属规则适用范围的扩张,以便可使信托税收居民规则与委托人归属规则互为补充。一国在某一方面税收管辖权的扩张往往伴随着另一方面税收管辖权的限缩。这在图4.1中有直观的展示。

第四章 信 托

```
    ↓ 委托人税收        ↓ 委托人归属
  ───────────        ───────────
  信托税收 ↑          信托居民身份 ↑
```

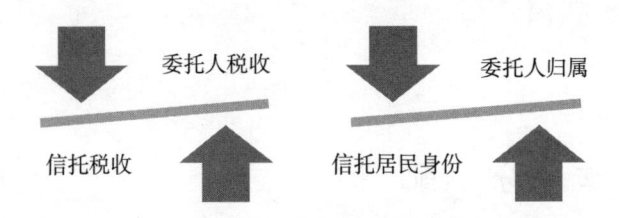

图 4.1 委托人规则和信托规则的相互作用

澳大利亚、美国和英国的信托税收居民制度对于居民与非居民的认定存在不同的偏好,相关参考因素有:受托人独立的税收居民身份、对信托的管理或司法管辖、委托人的既往居民身份(在英国的某些特定情形下)。在这些国家,信托的居民身份往往在不同程度上受到信托参与人的控制。新西兰的立场截然不同:新西兰对信托税收居民的认定主要取决于委托人的居民身份,税收居民标准被人为操纵的可能性较小。新西兰的信托居民身份认定规则与其他国家的(出境)委托人归属规则具有相同功能,但是仅在受益人归属规则无法适用时发挥作用。

本章结论同样表明了信托拥有双重居民身份的可能性,或者反过来,信托不构成任何国家税收居民的可能。特别是后者的情形,可能会使得信托在全球各国都不需要承担纳税义务,暂不考虑基于信托所得来源或者信托分配的征税问题。

本章也讨论了信托归属所得的入境和出境税收规则。在出境情形下,对于外国受益人或委托人税收,美国并不向居民信托提供单边双重税收抵免,但在其他被调研国家则可能提供相应抵免。必须提醒的是,这一点尚未得到权威性的确认,也没有引起这些国家的注意。

第五章 分 配

本章阐述了来自信托的所得在分配时的税收问题。第5.1节概括介绍了分配征税在国内和国际方面的功能。第5.2节阐述了澳大利亚、美国和新西兰如何对信托的分配征税,这三个国家处理这一问题的方式类似。第5.3节阐述了英国对分配征税的情况。第5.4节总结了本章的讨论。

5.1 概述

有两个因素主导着一个国家对信托分配征税的制度构建。一个是国内因素,另一个是国际因素。

国内层面考虑的因素为,是否以及如何增加或减轻信托归属所得的税负,主要是通过调整从信托取得分配的受益人的适用税率实现的。该问题的重要性取决于一个国家对相关所得的受益人归属是持包容性还是限制性的观点。如果一国对此的观点是限制性的,那么更广范围的信托所得应按信托税率征税,而且税负的整合(integration)诉求将更为强烈。这个问题的重要性也会受到信托税率和个人所得税最高税率之间关系的影响。如果信托税率等于或接近个人所得税最高税率,整合的效果则增加了处于较低一档适用税率(lower tax bracket)的受益人的税负。相反,在信托税率低于个人所得税率的情形下,信托提供了国内情形下税率套利的机会,除非在信托分配时再次征税;如果存在第二次征税时点,那么这一情形还会提供递延纳税的机会。这解释了各国为何普遍倾向于对信托适用较高的税率。倘若一国对此的观点是包容性的且对信托归属所得从高适用税率,也会选择不将信托分配作为征税环节,这一选择是基于自助(self-help)的假设,控制信托的人会确保适用较低税率的受益人所取得的信托所得在当期归属。这是澳大利亚、美国和新西兰在国内层面的一般立场,它具有简明的优势,即信托产生的所得仅在一个纳税环节被征税。

  国际层面考虑的因素是对一国税基的保护。不管国家对受益人归属的观点是包容性的还是限制性的,也无论它对信托归属所得征税的税率如何,国际因素都要纳入考虑范围。如果信托所得在取得的当年不归属至税收居民个人或实体,而是作为向居民受益人分配的资金来源,那么防止一国税基被侵蚀的唯一办法是对该分配征税,征收范围为(受益人)通过分配所取得的(未当期归属)所得。

  一方面,如果一个国家认为,应对当期归属至委托人、受益人或信托的所得征税并且对于该归属所得应按个人最高税率征税,那么除了保护国家税基的补充措施外,无须对信托的分配再行征税。另一方面,如果一个国家认为实体征税类似于一种税款征收机制,直至信托所得归属作为最终纳税人的受益人,则对该分配征税是将其国内和跨境信托税收规则整合处理的。

在这方面,澳大利亚、美国和新西兰的规则是高度概括的(第5.2节)。这些国家将分配税收作为国际措施的补充,并承认信托所得的累积最初可能超出其当期归属规则的适用范围,随后这部分累积又为向居民受益人的分配提供资金,对于该部分分配这些国家希望计入本国税基。

英国的处理方式存在根本上的不同(第5.3节),其将信托视为一类潜在的所得来源,分配是一般纳税环节而不是补充纳税环节。对分配征税是信托所得一般税务处理中的一环。英国的信托所得和分配税制是政策和概念的混合体,但两者未能很好地协调。在酌情分配方面尤其明显,这导致了英国就信托所得对实体征收较重的税、在国内层面归集抵免征税,以及跨境时选择性地"穿透"处理。[297] 除此之外,英国对居民受益人就源自境外信托的分配征收英国资本利得税,这可被视为补充性的跨境分配税收。

5.2 澳大利亚、美国和新西兰

澳大利亚、美国和新西兰对信托分配的征税方法大体类似。[298] 这些国家所采取的主流范式是将信托所得作为经济客体,仅在信托层面取得所得的当年征一次税,以当期归属至委托人、受益人或信托实体的所得为税基按其通常税率征税,或以信托层面归属的所得按

---

[297] 参见注释326。
[298] 主要的征税条款见 ITAA 1936 s 99B, IRC s 667 and ITA NZ ss HC 18, HC 19。

等于或接近最高个人所得税率征税。[299] 这就给非居民信托实体[300]留下了一种可能性,即非居民信托实体可能累积了当期未能归属至受益人(由于该项所得的受益对象未确定)或委托人(可能为非税收居民或在委托人征税范围外)的境外所得,因此所得只能归属至信托实体,但由于该信托实体的非税收居民属性,该所得无法被征税。如果不对信托的分配征税,那么主要范式则会在下列情形中被颠覆。

第一,非居民信托将未被征税或只是被以低税率征税的境外所得进行累积和资本化,并将相同金额免税分配给居民受益人。这一情形可以通过筹划来实现,如果不填补这一缺漏,则该情形必然可以通过筹划来实现,即便是没有具体的避税动机也可能导致这一结果。与这一担忧相呼应,上述3个国家的分配税收规则明显带有强烈的反避税意味。

第二,如果居民受益人在取得信托所得时就已经负担了外国税,那么其取得当期境外来源信托所得(可能附带了外国税收抵免)的分配,与类似受益人取得源自累积信托所得的分配相比,两者在税收处理上缺乏横向公平,除非对后者在分配时征税。如果在分配时征税,还需要确定是否以及如何承认先前该信托所得所负担的外国税。如果最初的信托所得来自受益人的居民国,但该信托所得被视为非税收居民的所得从而被课以较轻的税收,则会出现类似的问题。[301]

第三,如果信托所得在取得时未被征税或征税较轻,只是在分配

---

[299] 对信托适用高税率消除了此前由于对实体适用较低税率或在累进税率的情况下累积所得所获得的优势,同时也使第二个纳税环节没有必要了。

[300] 在新西兰,信托不满足设立人连结点,则属于功能性非居民。

[301] 例如,通过适用更低有效税率(相较于居民征税税率)的方式征收预提税,或者通过适用入境投资情形下的优惠制度征税。

时承担了实际税负,那么就是递延型的优惠,因为信托同时占用了与税款等额的资金。这些考量通过不同方式影响了澳大利亚、美国、新西兰的分配税收规则。

5.2.1 应税分配

澳大利亚明确将其信托分配税收规则的适用范围限制为居民受益人。美国和新西兰的税法没有相应的限制,但实践和政策重点也是居民纳税人,这两国对向非居民受益人的信托分配所得征税似乎并无兴趣。就美国而言,另一可适用的规则实际上排除了非居民受益人承担纳税义务的可能性。尽管在某些情况下,增值资产的分配可能触发在信托层面确认资本利得,并导致对资本利得征税的后果,但来自信托的资本分配一般不应税。[302]

美国一般仅对来自非税收居民或前(formerly)非税收居民信托的分配征税。[303] 新西兰[304] 一般仅对归属信托实体的历史所得的分配征税,征税的前提是该所得要么逃避了新西兰居民税收,要么包括

---

[302] 一个澳大利亚的例外是 CGT 事项 4(CGT event E4),这个复杂的规定大致上可以说是为了在分配给受益人时重新获取某些信托层面的税收优惠(tax preference)[参见 C. John Taylor, *The Movement of Tax Preferences through Trusts and the Causes of Tax Law Complexity*,36 Australian Tax Review 222(2007)],此处不再深入讨论。

[303] See IRC s 665(c)(A)[一小部分既存境内信托适用 s 665(c)(B)的规定]。

[304] 对于源自没有及时遵循最新新西兰税法项下义务规定的信托的信托分配也是应税的,但是如果信托后续履行税法项下义务,分配的税收后果将会取消[See IS 18/01 (8.33); IRD, *Explanation*, 注释 196, (4.80); Inland Revenue Department, Policy Advice Division, *Taxation (Annual Rates, GST, Trans-Tasman Imputation and Miscellaneous Provisions) Bill – Officials' Report to the Finance and Expenditure Committee on Submissions on the Bill* (2003), http://taxpolicy.ird.govt.nz/sites/default/files/2003-orargtimp.pdf 195; Inland Revenue Department, *Qualifying Trust Status: Section OB 1 of the Income Tax Act 1994*,16(1) Tax Information Bulletin 85, 85(2004)]。这只是一个合规性遵从手段而非实质性的征税主张。

第五章 分 配

由非居民受托人自身取得的新西兰 DIR 所得。[305] 这两类所得分别代表在取得当年归属至功能性非居民信托的外国来源所得,以及一种通常(但也不是全部)在新西兰按最终预提税征税的新西兰来源所得。在澳大利亚,尽管非税收居民和前非税收居民的信托分配被认为属于分配税收规则的主要适用范围,但澳大利亚没有类似的限制。[306]

每个国家都通过将分配与信托财产或所得联系起来的追及规则(tracing rule)来限制对分配征税。根据各国的规则,分配应该或者可以首先与当年的信托所得匹配,并按当期归属的规则进行处理。[307]

---

[305] 这是 ITA NZ ss HC 18, HC 19, HC 20 结合 ss HC 9 – HC 12, HC 15 与 HC 16 的规定所产生的广泛影响。

[306] See Traknew Holdings Pty Ltd. *v.* FCT (1991) 21 ATR 1478, 1492 (Hill J.); Explanatory Memorandum, Income Tax Assessment Amendment Bill (No. 5) 1978 (Cth) p. 17. 然而,这一规则也可以适用于一小部分的纯国内情形,如当信托分配反映的是信托累积的但未经评定的所得(无论是何原因没有评定)。

[307] 美国:美国适用(调整后的)美国税法原则对信托账户进行历史重建(historical reconstruction),将分配与本年度之前税法上的未分配信托所得以先进先出法进行匹配(IRC s 667)。See Carlyn S. McCaffrey & Elyse G. Kirschner, *Learning to Live with the New Foreign Nongrantor Trust Rules*: *The Rise of the International Trust*, 32 Vanderbilt Journal of Transnational Law 613(1999). See also Zaritsky, Lane & Danforth, 注释 295 (at 18 January 2018), §6.06; Bruce, 注释 25、75 – 91。

新西兰:新西兰同样适用历史重建方法,但需要满足一定的条件。分配由税法和信托法原则组合而成的诸多因素共同决定。资本利得税的普遍缺失同样在追及规则以及相关的税收规则适用范围中有所体现。历史信托所得在利得之前进行匹配。如果自现行信托税收规则实施开始,信托从来没有居民委托人,那么征税范围仅及于归属至信托实体的历史信托所得(广义上说,即累积所得)所进行的分配[ITA NZ ss HC 15(4), HC 18]。如果信托在其存续期间内的某一段时间曾经存在过居民委托人[居民委托人已移民(移出);非居民委托人移民(移入),非居民委托人设立的信托后续存在额外的居民委托人],并且受托人、受益人、委托人均未选择对信托归属的全球所得承担纳税义务,以至于信托延续成为功能上的居民(视情况而定)[ss HC 10(1)(ab), HC 26(1)(c), HC 30, HC 33],征税范围同样及于由信托利得组成的分配[ss HC 15(2), HC 19],关于其他条件,见 ss HC 15(6)、(7), HC 16(5) – (8)。

5.2.2 双重税收减免

3个国家均认为,当信托分配本身被征收外国税时,受益人可能有资格获得外国税收抵免。[308]但是,在如何对实体层面的所得或资本利得进行税务处理上,各国存在很大区别。美国根据其以外国税收抵免规则为模板制定的特殊规则,承认信托或信托委托人先前缴纳的外国税收。如果信托返程投资回到美国,则对先前缴纳的美国税收给予抵免。[309]考虑到对分配征税的补充性功能,这种做法原则上是正确的。澳大利亚信托分配的征税范围排除了代表当期归属的已经负担了澳大利亚税的信托层面所得项目的分配,(在大多数情况下)也排除了归属至居民委托人的所得。但是,对于所得或资本利得先前缴纳的澳大利亚预提税或外国税,既没有明确的税收减免也没有外国税收抵免,实际结果类似于(税前)扣除(deduction)所达到的税收减免效果。[310]新西兰既不承认已缴纳的外国税也不承认先前缴纳的新西兰税,即使是通过(税前)扣除的方式。外国税收抵免不允许适用于抵免实体层面所缴纳的税收,且追及规则对其实际缴纳

澳大利亚:澳大利亚追及规则的实施是从一个相反的角度进行的。分配初步(prima facie)是应税的[ITAA 1936 s 99B(1), cf s 99 C],除非分配明显代表的是征税范围之外的所得项目。"代表"的概念并未被定义,应该是允许信托法项下的追及[s 99B(2)]。信托层面的所得项目如果已经承担了澳大利亚对受益人、信托实体或委托人在当期基础上的征税,则通常被排除在分配税征税范围之外[s 99B(2)(c),(d),(e)]。信托本金也被排除在外,前提是其不归属居民应税项目,如累计所得或利得[s 99B(2)(a)]。信托层面的所得项目如果由居民取得也不应税,则排除在分配税征税范围之外[s 99B(2)(b)]。

〔308〕 各国的一般规则都规定了抵免。新西兰明确将适格的外国税限制在与该国非居民预提税类似的范围内(ITA NZ s LJ 6),也许因为 s HC 16(2)中的"视为由以下构成"(treated as consisting)条款为潜在税收的抵免提供了可能。

〔309〕 参见注释307中美国来源的部分。

〔310〕 分配仅能"代表"信托税后的部分。参见注释307中澳大利亚来源的部分。

第五章 分 配

的税款的扣除也未作规定。[311] 对分配征税的反避税属性或许可以解释澳大利亚和新西兰对此的强硬立场。

澳大利亚通过一条单列的规则规定,当受益人收到的分配所得是以前年度境外来源的信托归属所得,且该信托所得在归属时该受益人是非居民,但该信托在当时已经缴纳了澳大利亚税收,对此可在扣除相应调整项目(如被允许的外国税收抵免)后,申请退还已缴纳的澳大利亚税。[312] 前述假设中,信托实体在取得应税所得时必须是澳大利亚居民。这一退税实际上是将信托的最终征税转化为适用于起初尚未明确外国受益人时的非最终预提税。相应的税务处理从出境改为导管。如果所得来源地国与澳大利亚有协定,但是受益人所属国与澳大利亚没有协定,则该规则将允许信托成为择协避税

---

[311] See ITA NZ s LJ 6. 这被认为是一个简略的但现成的反递延措施。See Consultative Committee on International Tax Reform New Zealand, International Tax Reform, Full Imputation, Part 2 – Report of the Consultative Committee (Ministers of Finance and Revenue, 30 June 1988)〔6.11.9〕,〔6.13.4〕。

[312] See ITAA 1936 s 99D. 本节要求受托人已接受评定并就特定年度税法项下的信托所得缴纳税款,并且在当年受托人根据信托契约的规定,从信托财产的(信托法下)所得中支付一定金额至受益人(受益人在该年度为非税收居民)。被分配的数额必须可归属"澳大利亚境外来源所得"并且在计算受托人应税所得时被"考虑在内"。这个将分配追及至具体所得的方法并没有进一步详述。这并不涉及受益人的当期分配(见 s 101)或者其他现时权利,这规定在 ss 98 和 98A 中:在这种情况下,s 99D 中的机制是多余的。s 99 或 s 99A 中的信托归属和征税应该予以考虑,这被同期外部证据所证实。s 99D 被认为是对于 s 99B 中对居民受益人分配所得征税的对应部分。两者均由 Income Tax Assessment Amendment Act 1979(Cth) s 16 插入。根据解释性备忘录,Income Tax Assessment Amendment Bill (No.5) 1978 (Cth) p.17:"当非居民受益人收到的所得来源于居民信托财产中外国来源的累积所得,并且受托人已就此(累计所得)缴纳澳大利亚税,那么应当退还该所得对应的税款。一个相应的修订旨在保证对于居民受益人收到的来源于或代表非居民信托财产累积的外国来源所得(受托人未对该所得缴纳澳大利亚税),如果这部分所得在该信托财产是居民信托财产的情况下是应税的,那么也将在收到分配年度被纳入受益人的应评税所得。"

(treaty shopping)[313]的工具,除非协定规则(第8.4节)或具有优先地位的反避税原则禁止这一行为。

5.2.3 返付利息

美国[314]和澳大利亚[315]都对递延纳税的税款加算利息。澳大利亚将这项处理限制在代表所得的一部分金额上——笼统地讲,这部分所得在列举国家中除了预提税或根据特定减让税基被征税外并未负有纳税义务。[316] 新西兰原本打算加征利息,但后来选择了更简单的解决方案:如果信托在某一时间曾经存在居民委托人,则适用45%的特别税率。[317]

---

[313] 假设一名澳大利亚居民从S国取得信托所得。这一所得被累积起来,澳大利亚根据ITAA 1936 s 99A将所得归属信托并征税。根据澳大利亚—S国的协定,S国一般不对该所得征税(如经营所得)或者存在税率限制。在之后的一年中,信托将所得分配给X国的居民受益人,X国与S国没有协定,受益人可以基于澳大利亚 ITAA 1936 s 99A获得全额退税。

[314] See IRC s 668. 美国规则被认为是矫揉造作的、复杂的、武断的(Ascher,注释42、154),虽然很严格但也是可以避免的(McCaffrey & Kirschner,注释307、657)。

[315] See ITAA 1936 s 102AAM.

[316] 参见ITAA 1936 s 102AAE中对于"列举国家信托财产"(listed country trust estate)的定义,以及s 324通过s 102AAB对于"负有纳税义务"(subject to tax)的定义。如脚注121中所述,列举国家为加拿大、法国、德国、日本、新西兰、英国和美国(ITR 1936 reg 152C, Sch 10, via ITAA 1936 ss 320 and 102AAB),这些国家被认为在与澳大利亚相当的基础上征税(Burns & Krever,注释112、45)。

[317] See ITA NZ s HC 19(2), s BF 1(b)(特别所得税纳税义务), s HC 34, Sch 1 Part A cl 4(特别税率). New Zealand, International Tax Reform, Full Imputation, Part 2 – Report of the Consultative Committee,注释311(以特别税率替换拟议利息)。与ss HC 10, HC 11及HC 12相比,出现了偶尔居民(sometime-resident)委托人的条件,该特别税率比个人最高税率(33%)高出12%。

5.3 英国

5.3.1 所得

英国将信托所得归属信托的情形比其他被调研国家更常见。英国对信托归属所得征税,是与对信托分配征税或对有最终受益的累积信托所得征税作整合处理的。如果该项所得用于支付受益人有权享有的年金(annuity),则对该信托应按基础税率(目前为20%)征税。[318] 之后年金将单独作为受益人的所得类型应税,并且适用基础税率的预提税,但这对居民受益人而言并非最终预提税。[319] 如果该项所得是可以酌情累积的或支付的,则信托按最高税率纳税,[320] 并将相应的税款贷计(credited to)"税池"(tax pool)。对受益人的酌情分配应作为受益人的所得应税,但只有在这些分配被认定具有所得属性时才如此处理。[321] 如果受益人为税收居民,可以就税池中对应税款的抵免进行反计还原(gross up)。[322] 就向居民受益人进行的酌情分配而言,税池是一种特殊税收归集(imputation)制

---

[318] ITA UK s 11; cf s 479. 如果新的非自然人的默认税率表开始施行,则会转为新默认基础税率(见注释164)。

[319] ITTOIA Part 5 ch. 7; ITA UK ss 848, 899(3)(a)(iv), (4)(b)(ii), 901. Cf Chamberlain and Whitehouse, 注释50, §8.29。

[320] ITA UK s 479. 目前该节的税率相当于个人最高税率。

[321] ITTOIA Part 5 ch. 7. "每年支付"(annual payment)的概念是指所得,判例法中对此有更详尽的阐释。

[322] ITA UK Part 9 ch. 7 规定了税池和相关条款。如有必要,受托人必须支付补充税以防止税池出现赤字。

度。鉴于信托的高税率,对于不适用最高税率档次的受益人很容易获得退税。

对于信托所得的年金分配或者反映了分配接收方对信托所得具有既得但非所有权权利的分配,受益人收到的分配具备所得的性质。否则,有必要对特定分配本身的所得性质进行确认。[323] 这并不意味着可追及或直接来自资本化(capitalized)信托所得的分配具有所得性质。一次性(one-off)分配可能具有资本性质,尽管该分配的资金源于已经资本化的信托累积所得,在这种情况下对于该分配不征收所得税。对资本分配是否征收资本利得税取决于信托是否有未匹配(unacquitted)的资本利得(第5.3.5节)。对于源自信托累积所得的酌情分配,是可能逃避这两种税收的。

5.3.2 入境制度

从居民信托获得年金所得的非居民受益人,被视为从居民信托获得无视所得:[324] 20%的预提税为最终税。

根据英国税法规定,对于从居民信托获得酌情分配的非居民受益人存在类似的处理;其所得同样为无视所得,[325] 该受益人不需要再缴纳任何税款,也没有税收抵免,尽管该分配的金额被借计(debits to)税池。这意味着英国总体上征税的税率最高,但法律规定被法律

---

[323] ITA UK s 493;见 Loutzenhiser,注释53,§29.3.3.1,§29.3.4;Stanley v. IRC [1944] KB 255;Stevenson v. Wishart [1987] 1 WLR 1204。

[324] ITA UK ss 813, 826(c). 根据 ITTOIA Part 5 ch. 7,受益人应对年金及具有所得性质的收益酌情分配缴税,但如果受益人为非税收居民,二者则满足无视所得的条件。

[325] 参见注释324。

外优惠措施(extra-statutory concession)所改善[326](译者注:法律外优惠措施,是指对法律的放宽理解,或税务局建议作出的对纳税人有利的法律解释),分配将通过一个公式追及原始信托所得(underlying trust income)。如果某项原始所得由非居民信托取得而未纳税或从轻纳税,或者如果英国与受益人所属居民国有协定,那么受益人可以对直接取得所得方式计算的理论上的税款和信托实体实际缴纳的税款进行比较,就二者之间的差额要求退税。该优惠措施很可能会影响英国来源的 DIR 信托所得(如果直接取得,该项规定为零税率或限于先前的预提税/视同预提税或协定限制的预提税),可适用协定中措辞恰当的"其他所得"条款中的源于英国的"其他所得",或者境外来源的信托所得(对非居民不征税)。不存在仅仅基于税率累进的减免类的税收优惠(如果某一非居民本来只需按比信托税率低的税率征税)。[327]

该项优惠措施也适用于非居民信托的非税收居民受益人取得来源于英国的所得。

该项优惠措施所达到的效果是适用透明处理的准归属范式而非通常实体归属的范式,但仅限于原生信托所得基于受益人居民身份可获得的减免。在这种情况下,就归属信托的所得所征税款不再是

---

[326] HMRC, Extra-statutory Concession ESC B18: Payments out of discretionary trusts; HMRC, Statement of Practice SP 3/86 (1986, last revised 2005). 实践声明(statement of practice)中指的是"穿透"的处理。法律外优惠措施之内容指的是被取代(superseded)的相应立法。该优惠措施是附条件的,条件包括受托人提供充分信息和进行税款支付,以及时间限制。在其他国家,包括适用普通法的法域,适用法律外优惠措施可能是违宪的,但在英国这样的优惠措施长期存在。

[327] Loutzenhiser,注释 53,§29.3.4 指出,"税务局是否应当更频繁地'穿透'是个有趣的问题"。

最终税,而是类似于非最终预提税。在信托所得来源于境外的情形下,该项优惠措施将税法认定的入境情形转换为导管处理。

大体而言,对于该项优惠措施所适用的所得,该项优惠措施倾向于将非居民酌情受益人的处理融入非居民占有权益(interest-in-possession)信托受益人的处理中(译者注:占有权益信托是指信托必须把产生的净所得完全分配给受益人的信托类型)。

5.3.3 出境制度

居民受益人可以就具有所得性质的分配——无论是以年金的形式还是以酌情指定的形式——按照通常采用的处理外国税的方法,申请外国税收抵免。原始信托所得不得享受外国税收抵免。如果进行该项分配的信托是税收居民,并且已经主张了外国税收抵免,则该项抵免在向受益人分配时就被洗脱(wash out)。[328] 其结果相当于通过扣除达到了税收减免的效果——当然,除非该项分配基于其属性不是所得而是资本从而逃避了英国税收。

5.3.4 导管及往返情形

从居民信托获得酌情分配所得的非居民受益人,可以受益于上文所述的法律外优惠措施。如果信托能够从协定中获益,将导致择协避税的可能性,本书第8.4节对此有所讨论。

该项优惠措施还允许从非居民信托获得酌情分配的居民受益人就原始信托所得实际缴纳的英国税申请抵免。在这种情况下,实体层面纳税的终局性也不复存在,非居民酌情信托的居民受益人的税

---

[328] 参见注释322;ITA UK s 496。

务处理等同于居民酌情信托中居民受益人的处理。[329]

5.3.5 资本利得

英国不对受益人取得的信托层面当期资本利得征税,但对居民受益人就其从非居民信托中获取的资本分配征税,前提是这项分配源于当期或者以前期间产生的信托利得,[330]且该项利得逃避了英国税。[331]这一规则具有补充作用,以回应将资本利得归属信托本身的一般规则所固有的国际税层面限制。特别是,如果该项利得是在英国征税年度之前(取得),则与澳大利亚、美国和新西兰对信托分配的征税在功能上有相似之处。这种相似之处突出表现为,如果获得信托利得年度比信托分配提前一个完整纳税年度以上,则会对递延纳税加征利息。[332]

英国将信托资本利得归属于信托实体的一般做法,意味着其可以对居民信托来自全球范围的资本利得征税。

5.4 小结

本章确定了对分配征税的两大功能。首先,分配征税作为一项

---

[329] 该项优惠措施与税池的机制当然存在许多不同,但是两者都试图为信托归属所得的先前实体层面缴纳的英国税提供抵免。

[330] 参见 TCGA ss 87(非居民信托), 88(协定非居民信托)。分配是否源自信托利得由税法上的会计规则决定(s 87A)。根据 s 86(注释137)的规定,当期归属居民委托人的信托利得不参与这一计算。

[331] 参见 TCGA s 87(5A),其效果在于防止对 NRCGT 利得的双重征税。但根据居民委托人征税的配套措施(注释137 以及相应内容),英国分支机构或代理机构的资本利得并没有被明确排除征税,非居民信托对该利得仍应缴税。这个忽略并非不正常,也许其假定没有非居民信托可以获得这样的利得。

[332] See TCGA s 91.

补充的国际税措施是必要的,它可以捕获征税国以前年度未归属至居民个人、实体或者未向非居民全额征税的境外信托层面的所得。其次,分配征税可以作为一国信托规则中不可或缺的第二个征税环节。

对信托归属所得采取包容性受益人归属规则并对信托归属所得适用高税率征税,有利于形成一种仅限于补充性国际功能的独立分配征税机制。从澳大利亚、美国和新西兰的做法可以推断,采用这种做法的国家直接或间接地将征税权限制在从非居民或前非居民信托接收所得的居民受益人的范围,也仅限于对分配可追及——或尚未证明不可追及——由于这一非居民身份而没有被该国实质征税的信托所得。这些做法还可能增加税负,以抵消税收递延带来的减税效果。原则上,这些做法应该通过抵免承认对信托所得先前征收的税。但是,人们发现,双重税收减免的实际做法是多变的。有观点认为,也许是因为分配征税具有反避税的味道。以国际为焦点的分配征税规则通常是复杂的,一种强有力的反规避措施可能打击面过于宽泛;一种避免过于宽泛的措施又可能容易被规避。税制设计的挑战是巨大的,并且存在难以避免的异常情况。对于绝大多数信托所得来说,规定单一征税环节的相应优势在于其较简单。

或者,一国可能采纳两阶段征税作为其信托税收规则的标准,并与它认为可以采取的任何合适的整合征税规则相结合,以避免国内经济性双重征税。这在跨境背景下产生了不同的复杂性和困难。几乎所有跨境情形中都容易出现经济性双重征税,因为原始信托所得并不等同于被视为一项单独所得项目的分配。英国的法律外优惠措施强调了这些结果是不可取的,该项优惠措施在一系列境内、导管和往返情形下与非当期受益人归属的范式叠加适用。更普遍地说，如果分配只是根据分配的性质而不是根据经济上支持分配的信托层面的资产或所得被征税，不将向税收居民受益人的分配视为所得，则原始境外所得可能逃避征税；相反，境外对原始所得的征税将不能被抵免。

由于各国可以采用单阶段征税法并辅之以国际分配征税规则，或两阶段征税法，所以任何国际信托征税的一般原则都必须适应这两类结构的要求。

第六章 国际信托

本章将作为本书第一部分和第二部分之间的桥梁。本书第一部分重点讨论并比较了被调研国家国内法的国际税制,第二部分则关注各国国内法在涉及协定和不涉及协定情形下的相互影响。本章的桥梁作用将通过如下方式实现:讨论被调研国家关于信托相关所得的税制之间的相互影响,从而更概括地确认双重征税与双重不征税在跨境情形中是如何产生的。第 6.1 节将引用相关国家的国际信托税制,概括前述章节的重点结论。第 6.2 节和第 6.3 节将分别指明相互影响的特定类型,包括双重征税和不征税。第 6.4 节考虑税收政策的结构性问题:如果信托是作为代理人而被征税的,那它是为了谁而被征税的?第 6.5 节将总结本章内容。

6.1 国际信托税制

前述章节讨论了被调研国家的信托税制,围绕作为归属对象和征税对象的纳税人(委托人、受益人或信托),以及征税的经济客体(信托所得或分配)展开。本节将从征税国关于整体安排和经济活动的入境(来源地)或出境(居民身份)角度出发,再次阐释这些主要结论。本节首先对国内情形下适用的一般归属和税收规则进行概述,随后将讨论在入境或导管情形(当可归属纳税人为非税收居民时)以及出境或往返情形(当可归属纳税人为税收居民但存在其他涉外因素时)下,这些税制是如何变化或被补充的。本节还将讨论不同国家对信托居民身份的不同观点。

6.1.1 国内一般税收

被调研国家的国内一般信托税制大致概括如下:[333]

(1)美国[334]和英国[335]拥有相对有力的委托人归属规则,当委托人未完全放弃任何潜在归复权(reversion)、实际收益或(美国规则下)对信托的潜在控制时,信托所得被当期归属委托人并由其纳税。英国规则为委托人和信托或完税所得接收方之间规定了补偿和调整机制。澳大利亚的同类规则在实践中是一纸空文,[336]但从税收设计和政策的角度来看,该规则采用了一种值得注意的手段:无须就受影响的(相关)所得向委托人征税,而是按照本应适用于委托人的税率向信托实体征税——这可与新西兰委托人规则(第4.2.4节)进行类比。

---

[333] 关于信托所得,详见第2.3节(委托人)、第3.1节(受益人)以及第4.1节(信托);关于分配,详见第5.3.1节(英国)。

[334] See IRC ss 673 – 677 (subpart E).

[335] 参见 ITTOIA Part 5 ch. 5 (ss 619 – 648),财产授予制度。

[336] 通过促使一个没有关联关系的人委托少量财产"设立"信托,ITAA 1935 s 102 的规定就可以被规避,这也是实践中的普遍做法。ITAA 1935 s 102 中没有关于委托人的实质定义,参见 Truesdale v. FCT (1970) 120 CLR 353。与美国和英国的规则相比,澳大利亚的其他标准(归复权和赠与人幼年子女的受益权)也很简陋。

(2) 新西兰[337]、(不考虑委托人归属规则的) 美国[338]以及澳大利亚[339]将当期信托所得归属根据信托契约有权收取信托所得的受益人,或者归属信托所得的当期分配对象,无论信托所得是否已经实际支付。任何其他当期信托所得将被归属信托整体,并适用最高个人税率或相近税率。后续分配免征所得税。

(3) 在不适用委托人归属规则的情形下,英国将当期信托所得归属受益人,前提是该受益人在信托所得产生时,对其拥有不可剥夺的既得利益。[340] 其他信托所得被归属信托本身,并适用最高税率(用于支付年金的信托所得除外,其适用特殊处理)。酌情分配作为单独的所得类别被征税,但前提是其被确认为对受益人而言具有所得性质。这些所得在被反计还原时可以从基于信托缴纳的税款所贷记的税池金额中得到抵免,这被作为针对酌情分配的特别税收归集制度。[341]

(4) 澳大利亚和美国将资本利得税和所得税作整合处理。[342] 英国将资本利得税单独归属信托,并适用最高资本利得税率;(就资本利得而言)英国没有国内委托人或受益人归属规则。新西兰不对资本利得征税。[343] 尽管在部分情况下,增值资产的分配可能引发信托

---

[337] See ITA NZ ss HC 6, HC 17.
[338] See IRC ss 652, 662.
[339] See ITAA 1936 ss 97, 98A, 100; ITAA 1997 ss 115–215, Sub-div 207–B.
[340] 见注释819。
[341] 见第5.3.1节。
[342] 澳大利亚不遗余力地为将信托利得当期归属受益人提供便利(见 ITAA 1997 Sub-div 115–C, ITAA 1936 s 102UX; cf Brabazon, *Trust Gains*, 注释35);美国的立场更加具有规范性,并且可能导致对受益人或对信托的归属。
[343] 少部分规定将特定的利得视为税法意义上的所得,无论它们是否具有资本性质(ITA NZ subpart CB)。此处不予赘述。

层面的资本利得确认及相应的税收后果,但信托的资本分配通常不会因此应税。[344]

6.1.2 入境导管情形

这些一般性原则几乎未作修改,就被适用于入境和导管情形——可归属纳税人是非居民纳税人。[345]

(1)当美国的委托人规则将导致信托所得归属非美国人时,美国将不予适用该规则,但仍留有少数可能被用于税收筹划的例外情形。[346] 大体而言,当英国的委托人规则导致境外所得归属非税收居民时,英国也不适用委托人规则。[347] 澳大利亚一般规则采用类似(一般规则的)做法,但也规定,当委托人是非税收居民时,DIR所得将会从入境预提税转为净所得税基评税。[348]

(2)非居民受益人根据来源地标准被征税。如果一国像4个被调研国家一样,对受益人归属所得保留了所得的来源与性质,[349] 则其对归属于非居民受益人且源于境外的信托所得无权征税,信托被视为国际化导管。

(3)针对受益人归属的DIR所得,所适用的最终预提税规则与无视入境投资所得规则是不一致的。在被调研国家中,只有美国明

---

[344] 见注释302及相关内容。

[345] 关于信托所得,参见第2.4节(委托人)、第3.2节(受益人)以及第4.3节(信托);关于分配,参见第5.3.2节和第5.3.4节(英国)。

[346] See IRC s 672(f). 见注释102。外国委托人可以通过寻求律师帮助起草信托授予协议的方式适用例外规定,确保实现美国委托人归属规则项下的利益(Bruce,注释25,p.117 –128)。

[347] See ITTOIA s 648(2); cf s 577(2).

[348] See ITAA 1936 s 102(3); cf s 128(B)(3)(e)(注释104)。

[349] 相反,加拿大就居民信托"的"(of)所得或"来自"(from)居民信托的所得,可对非居民(受益人)征税:Income Tax Act 1985(Can)s 212(1)(c), (11)。见注释167。

确且一致地将位于来源地国(东道国)的信托层面的应税存在归属非居民受益人,该受益人被归属的相应信托所得适用净所得税基评税。[350]

(4)对非居民信托就信托归属所得的征税与非居民个人大致相同。[351] 当适用净额评估时,信托按照信托税率被评估并被征税。

(5)英国信托向非居民受益人进行的酌情分配将借记税池金额,但不会对受益人产生相应的抵免。受益人无须承担额外的税负。[352] 制定法的总体结果是受托人按照最高税率承担最终税负,法律外优惠措施改善了这一结果。[353] 这一优惠措施适用了准分配范式,并且最有可能影响源于英国的 DIR 所得和境外所得,其将分配追及原始信托所得,并根据受益人的居民身份提供税收减免。

(6)澳大利亚有一项不常见的规则,其规定对于居民信托归属的境外所得所征税款可以退税,前提是这些所得随后被追及向非居民受益人作出的分配。[354] 这将信托初步出境最终征税转换为非最终预提税,并且最终对受益人适用了免税的导管税务处理。

6.1.3 出境往返情形

在出境和往返情形中,对一般原则的修改要更广泛些。[355]

---

[350] 见表 3.1 及第 3.2.4 节、第 3.2.6 节及第 3.4 节的相关讨论。
[351] 此类情形在新西兰存在例外。尽管包含居民受托人但没有委托人(设立人)联结的信托通常被视为功能上的非居民,对于归属信托的新西兰 DIR 所得将适用净税基评税,而非适用(适用于非居民的)非居民预提税规则。参见 Brabazonm, Ariadne,注释 235。
[352] 支付给非居民受益人的年金适用基础税率缴纳最终预提税,而对于年金分配来源的信托原始所得,信托也按照该税率被征税。
[353] See ESC B18; cf SP 3/86.
[354] 参见 ITAA 1936 s 99D,见注释 312 及相关内容。
[355] 关于信托所得,详见第 2.5 节(委托人)、第 3.3 节(受益人)、第 4.4 节(信托);关于分配,详见第 5.2 节(澳大利亚、美国、新西兰)和第 5.3.3 节以及第 5.3.4 节(英国)。

(1)居民受益人就全球所得纳税,包括当期归属受益人的信托所得。

(2)澳大利亚[356]和美国[357]各自规定了委托人征税的特别出境规则,根据这些规则,非居民信托的所得在税法上可归属现行(currently)居民委托人。这些规则体现了反避税和税基保护的政策。这些规则的适用标准很宽泛,但也不是没有例外。英国也针对资本利得规定了出境规则,该规则导致信托资本利得归属居民委托人,[358]英国还有适用于委托人的所得出境规则;[359]后者不是针对信托的特殊规则,故此处不予赘述。

(3)为完善国内的资本利得征税方法,英国对收取资本分配的居民受益人征税,前提是该分配可以与非居民信托的信托层面利得相匹配,[360]当期或过去利得能与当期或过去分配相匹配。[361]

(4)居民信托如可预期的那样就其全球信托归属所得纳税。[362]

(5)信托所得归属的居民纳税人可以获得单边双重征税减免,该减免通过对该所得已缴外国税提供抵免实现。当外国税的承担主体

---

[356] ITAA 1936 Part Ⅲ Div 6AAA Sub-div D,通常简称 Div 6AAA 或转让人信托规则(the transferor trust rules)。

[357] See IRC s 679.该规则要求美国受益人已经实际存在或者尚未被信托契约排除存在的可能性。

[358] See TCGA s 86.

[359] ITA UK Part 13 ch. 2 (ss 714 – 751)的海外资产转移规则。

[360] See TCGA ss 87, 88.

[361] 如果当期利得与当期或过去分配相匹配,则向受益人的视同资本利得分配类似于信托利得的当期归属。如果过去利得与当期分配相匹配,则相当于对信托分配的征税。详见第5.3.5节。

[362] 例外的情形:当受托人均是非居民时,新西兰对于信托归属的新西兰 DIR 所得与非居民直接获取同类所得时的征税方式相同,即使信托符合设立人联结并且在其他方面按照税收居民的方式进行税务处理。见注释 351;Brabazonm,*Ariadne*,注释 235。

是同一纳税人或信托时,获得减免的权利相对清晰,但在其他情况下较为复杂。[363] 表6.1概括了这些规则。

(6)就信托分配纳税的居民受益人可能就分配本身缴纳的外国税主张一般双重征税减免。只有美国对可追及原始所得的外国税收提供外国税收抵免。

(7)如上一节最后两点所述,英国和澳大利亚对信托归属的境外所得的出境征税在某些情形下,可以转换为对收取相应信托分配的受益人的导管处理。

表6.1 信托所得的外国税收双重征税抵免

纳税人/居民身份		对……征收的外国税		
		委托人	受益人	信托
委托人 (第2.5节)	澳大利亚	*	*	*
	美国	√	×	√
	英国	√	√	√
受益人 (第3.3.3节)	澳大利亚	√	√	√
	美国	×	√	√
	英国	√	√	√
	新西兰			
信托 (第4.4节)	澳大利亚	√	√	√
	美国	×	×	√

---

[363] 关于这一问题的讨论,详见第2.5节、第3.3.3节以及第4.4节。

续表

纳税人/居民身份		对……征收的外国税		
		委托人	受益人	信托
信托 (第4.4节)	英国	√	√	√
	新西兰	√	√	√

表中"＊"表示澳大利亚的出境委托人税收规则包含独有的减免规则。根据所得的类别和境外征税国是否为清单中的国家(列举国家),境外的完税所得可能被排除在委托人归属(所得)之外,或者外国税可能从归属委托人的数额中扣除。[364] 与外国税收抵免相比,减免的效果可能更强也可能更轻。

6.1.4 信托居民身份

被调研国家关于信托居民身份最普遍适用的标准,[365] 详见表6.2 的总结。

表6.2 信托居民身份标准

国家	信托居民身份标准
澳大利亚	任一受托人为税收居民,或中心管理和控制地
美国	满足控制测试(美国人有权控制信托的所有实质性决策)与法院测试(美国法院实施主要监督)
英国	①所有受托人均为税收居民或者通过英国分支机构进行活动;②任一受托人满足活动测试并且委托人在财产移转至信托时为税收居民或住所位于英国
新西兰	设立人联结

美国和英国标准以及较低程度的澳大利亚标准赋予委托人和信托实际控制人相当大的酌情权,以决定信托是否在这些国家中构成

---

[364] See ITAA 1936 s 102AAU(1)(c)(viii),(d)(注释120).
[365] 详见第4.2节。

税收居民。新西兰规则遵循不同的设计逻辑和税收政策,对于其他国家通过税收居民身份实现的(政策目标),新西兰则通过委托人归属实现,不同之处在于新西兰模式不会受到受益人归属的限制。相比于其他被调研国家的信托税收居民身份规则,新西兰的信托税收居民身份规则更不容易被操纵,尽管后者便利了非居民委托人在新西兰设立(非新西兰税收居民)信托。

6.2 双重征税

显然,各国对信托的征税权会发生重叠。本部分将借鉴上一节的总结和前几章的分析,找出不同国家信托税收规则相互影响过程中可能导致国际双重征税的因素。本部分的目的在于促进对双重征税和双重不征税的结构性思考,而不仅仅局限于被调研国家之间的双重征税和双重不征税。基于此,本部分不考虑协定的影响。

信托所得的双重征税可能以下列多种方式出现。

(1)来源地国与居民国:同一笔所得可能被来源地国和信托、委托人或受益人的居民国征税。两国可能就所得的归属达成合意,均向同一纳税人征税,也可能存在分歧,此时就会出现来源地国与居民国归属冲突。适当的双重征税减免通常依托居民国根据其外国税收抵免规则或其他双重征税减免措施承认来源地国的征税(可能是针对另一纳税人的征税)。在协定情形下,适当的双重征税减免还取决于来源地国在适用相关协定时是否承认信托、委托人或受益人为协定项下的人,是否是缔约国另一方的税收居民、是否获取相关所得项目并(视情况而定)是否是该所得的受益所有人(详见第八章)。

(2)来源地国与来源地国冲突:信托所得本身的来源地冲突可能导致双重征税。[366]

(3)居民国与居民国归属冲突:双重征税可能产生于委托人、受益人和信托本身的居民国之间的归属冲突。如果两个或两个以上的这类国家都将同一笔信托所得归属自己的税收居民,则存在居民征税权的重叠。要想解决这一冲突,一个或一个以上的这类国家应当将征税的优先权让与另一个国家,如允许外国税收抵免或者对被另一国征税的所得给予免税。这可能是单边做法,如在一国的外国税收抵免规则或是特殊的出境征税规则中予以规定。目前,协定减免的适用范围较为有限(详见第8.3.13节)。尽管已有所发展,但明确这类征税权优先层级的国际原则尚未形成。

(4)双重居民身份:双重征税可能产生于税收居民身份的冲突(双重性),尤其是信托实体的居民身份。不同税制关于信托居民身份的判定标准存在显著差异。

这些问题都必然或潜在地涉及信托的居民身份议题。

一国对当期信托所得征税,而另一国对信托分配征税时也可能产生国际经济性双重征税。在某些情况下,这类似于公司和股东所得的双重征税,但信托带来了额外的复杂性。

(1)洗脱:如果信托居民国将已经在来源地纳税的境外所得归属信托,则信托获得的双重征税减免可能在随后向信托居民国的受益

---

[366] 如果信托的居民国根据信托的居民身份重新定性当期归属受益人的信托所得的来源地(如加拿大),而不是像4个被调研国家那样保留在当期受益人归属下的实体层面所得的来源地特征,那么原始来源地国和信托所在地国都将作为来源地国主张征税权。

人进行应税分配时产生洗脱的效果。[367]

(2)双层评税(aassessment):一国可按来源地标准或居民身份就信托所得向信托(或可能是委托人)征税,并适用较高的实质性税率,同时受益人所在国可能单独对相应的分配征税,其结果是经济性双重征税。双重征税减免取决于受益人所在国单方面允许对原始信托所得先前已缴纳外国税(如果有的话)的认可(第5.2.2节和第5.3.3节)。协定通常不提供减免(第8.4节)。

(3)预提加评税:如果分配由信托所在国或居民国(来源地国)以及受益人所在国(居民国)进行征税,也可能产生双重征税。这是一个简单的来源地国与居民国双重征税的例子,双重征税会影响分配本身作为来源于信托的所得。在此情形下,双重征税减免在概念上很简单,也不太可能带来实践问题。

对于信托参与人而言(尽管并非总是如此),国际双重征税的风险通常是显而易见的。因此,自助是避免双重征税最有效的办法,无论是在设计信托时提前规划,还是谨慎挑选和调整信托的投资、受托人或受益人。如前文所述,信托居民身份可以在不同程度上被操纵。自助的可行性证明了双重征税作为国际税收政策问题的重要性。然而,有些人会因为碰巧、不幸或意外事件而面临双重征税。在出于非税收原因而更倾向于使用信托形式的情况下,信托背景下的双重征税也一定程度上限制了跨境投资和跨境人员流动。

---

[367] 在向英国受益人进行所得性质的分配时,信托层面的外国税收抵免实际上被洗脱了(第5.3.3节),只有当分配本身被征税时才会出现这个问题。

6.3 不征税

如果特定安排或系列行为在可能合理行使征税主张的国家中找到征税漏洞,则信托相关所得也可以在国际层面逃避征税。可以通过厘清各国国内税法之间的几类国际关联,以此帮助弥补征税漏洞。

无居民身份的信托(homeless trust): 如果所得在信托中累积,并且没有国家对该信托的全球所得征税,也没有国家将信托所得归属本国居民受益人或委托人,那么所得将逃避当期征税(除了纯粹以来源地为依据的征税)。这种设想下,所有国家都将所得归属信托,但没有国家主张信托是其税收居民——信托在税收意义上是无居民身份的信托。[368] 这与双重居民身份相反。考虑到信托居民身份规则的性质和多样性,在信托情形下,这类消极冲突似乎比个人或公司更有可能且更容易设计。

消极归属冲突: 如果合理地根据居民身份征税的国家都将相关

---

[368] 信托可以通过多种方式实现税法意义上的无居民身份(第4.2节)。例如,信托受托人均为美国受托人(因此是英国非居民),但将某类重要决策的否决权保留给非美国个人(因此是美国非居民)。否决权持有者可能是委托人,或者是拥有其他称谓的人,如保护人(protector)或指定人(appointor),或没有特定称谓的人。这一信托一般也不是澳大利亚的居民:如果仅仅只有否决权而没有其他权利,即使否决权属于澳大利亚税收居民,信托也无法在澳大利亚构成中心管理和控制。又如,信托可能同时有英国和非英国(但不是澳大利亚)委托人,并且最初是由非英国委托人设立的:信托将属于英国的非居民。信托还可能是美国非居民(这很容易实现,如通过要求提供非美受托人作出重大决策的协议)。除此之外,委托人的新西兰税收居民身份可以满足该国的设立人联结,除非他或她在向信托移转财产时是非居民,并且移民后未做 s HC 33 下的选择(委托人可以选择作为受托人的代理人承担纳税义务)。

所得归属不同的个人或实体,(被归属的)每个人或实体都并非该国居民,那么信托所得也可以逃避当期征税(除了纯粹基于来源地的征税)。这可以被视为是居民国与居民国的消极归属冲突,在这种情况下,信托起到了反向混合的(reverse hybrid)作用。[369]

如果来源地国征税很轻或者不征税,这些漏洞就会加剧——这种情况不仅限于避税天堂。即使在没有协定减免的情况下,许多国家对非居民的境内消极投资所得的征税仍然轻于其他形式的所得,并且其可能对某些消极所得适用零税率或者近乎于零的税率。相关例子(以及非居民信托无法享受入境税收优惠时的例外)在前文有所提及。

分配征税漏洞: 如果所得被归属无居民身份信托或者信托居民国将所得归属具有其他国家居民身份的受益人或委托人,则唯一的潜在征税环节是信托向受益人的分配。如果受益人的居民国没有将特定信托的分配视为受益人的所得,并且该分配来自信托的未税或轻税所得,则受益人(收到的这一分配)将实现全球不征税或低于单一税。

过度税收减免: 如果两个国家都被说服为对方的征税提供双重征税减免,就会导致不征税。这种情况在一定程度上具有投机性。[370] 发生这种情况的可能性是因为国内双重征税减免规则未能

---

[369] 反向混合问题将在第7.2.2节展开讨论(特别参见注释437)。

[370] 在 Bayfine 案中,主张根据协定和英国单边外国税收抵免享受双重减免并未成功获得支持。上诉法院对纳税人主张单边减免的判决结论是,由于协定要求美国为其纳税人(英国纳税人的母公司)提供双重征税减免,这暗示了英国制定法的单边减免规则不予适用;Bayfine UK Ltd. v. HMRC [2011] STC 717; (2011) 13 ITLR 747 [66], [67]。主张协定减免也未能获得支持(参见注释718)。本案的论述可能无法简单转换至其他国家的税法,但类似的司法上不情愿提供套利便利是可以预期的。

厘清其他国家可能对信托所得主张征税权的多种依据,即应由委托人、受益人或信托的居民国征税,还是来源地国征税,以及不同类型征税权之间的优先次序。如果一国依据另一国可能征税的潜在假设提供减免,而没有将这一假设的发生作为减免的条件,并且另一国事实上并没有征税时,则会导致不征税。

下列情景可能有助于使讨论更加具体。

(1)美国委托人向新西兰受托人移转财产,所依据的条款充分排除了归复或控制,以避免信托被定性为美国一般委托人规则下的委托人信托,并且完全排除了因存在美国受益人而适用美国出境委托人规则的可能。来源于低税或无税税务辖区的所得在信托中累积。从美国的角度看,该信托是境外信托。从新西兰的角度看,设立人联结并未得到满足,因此两个国家都不会对累积的信托所得征税。

(2)离岸委托人将财产移转给既存信托的新西兰受托人,而该信托是名义委托人设立的。委托人随后移民至澳大利亚,该信托由此满足澳大利亚出境委托人规则的其中一个例外。来源于低税或无税税务辖区的所得随后在信托中累积。假设委托人失去其原有税收居民身份,基于当期税收居民身份的委托人规则(如英国财产授予制度或将海外资产转移规则)将不再适用。如果该信托由新西兰的受托人实际管理或控制,则澳大利亚将其视为非居民。从新西兰的角度看,设立人联结并未得到满足。这两个国家以及委托人的前居民国都不会对累积的信托所得征税。

(3)离岸委托人将财产移转给新西兰受托人,委托人随后移民至新西兰但并没有作出 s HC 33 中关于就信托归属所得承担个人纳税义务的选择。在不考虑澳大利亚的情况下,这一情形的结果与前一个情形类似。

（4）新西兰的委托人将财产移转给受托人,其中一些受托人是英国的税收居民,而另一些受托人是美国的税收居民。英国受托人所拥有的决策权阻碍信托构成美国的税收居民;受托人的混合居民身份和委托人的非英国居民身份阻碍信托构成英国的税收居民。信托投资回新西兰,并仅获得利息所得,该所得在信托中累积。根据受托人的非新西兰居民身份以及借款人所涉及的特许发行人征收税（approved issuer levy）（译者注:该税是新西兰对于非居民在新西兰取得利息所得所征收的）,利息所得适用零税率。尽管设立人联结点得到满足,但新西兰对此置之不理,其只关注受托人的非居民身份。

（5）在前述任一情况的后续中,假设信托拥有英国受益人,并且信托居民国（如果有）不对居民信托的分配征税。在一段时间后,信托进行少量的大型临时资本分配,该分配不满足英国对年金支付的要求。信托尚未实现任何资本利得。在英国,这些分配不被确认为所得,英国不对此征税。

（6）新西兰委托人将财产移转给澳大利亚受托人。信托是可撤销的,并因此构成美国意义上的外国委托人信托。[371] 信托从另一个国家取得的所得税负较轻或未被征税,这些所得被当期分配给美国受益人。新西兰和澳大利亚都将所得归属受益人,且这些受益人是非居民。[372] 这两个国家都承认所得仍保留原始的境外来源,并不主

---

[371] IRC s 672(f)(2)(A)(i),阻止了 s 673 的适用。
[372] 如果所得是累积的,则两个国家都会将其归属信托,并且会主张征税权:澳大利亚是根据信托财产的居民身份[ITAA 1936 ss 95(2), 99A];新西兰则是基于设立人联结[ITA NZ s HC 25(2)],继而将委托人视为享有求偿权的法定代理人从而行使附加征税权[ss HC 29(2), HD 5(2), HD 12(2)]。

张征税权。美国将所得归属非居民委托人,并将信托向美国受益人的分配视为赠与。

所有这些情况的不征税完全是由各国国内法的相互影响导致的。协定通过限制的方式协调国家间征税权,但不会填补不征税漏洞。如果各国希望消除前文所述的投机性不征税后果,则必须首先对国内税法的征税权采取纠正措施。

新西兰关于信托居民身份的认定较为特殊,因此这里可以补充一种在涉及协定时与之密切相关的情形:有观点认为,对于与新西兰没有其他联系且不满足设立人联结的信托,其新西兰受托人的个人居民身份足以获得协定利益,该利益针对来源于与新西兰签订协定(根据OECD范本制定,并且不包含透明实体条款)的国家的信托归属所得。[373] 更合理的观点是,在居民身份遵循OECD范本定义的情况下,这一论断是不合理的。[374] 然而,如果协定只是简单遵循国内法定义税收居民身份,则这种观点更具有说服力。

上述情景所依据的法律是4个被调研国家的法律,这4个国家都拥有高度发达的税制和信托征税规则。如果信托的其中一个参与

---

[373] See John Prebble, *Accumulation Trusts and Double Tax Conventions*, British Tax Review 69(2001); John Prebble, *Trusts and Double Taxation Agreements*, 2 eJournal of Tax Research 192(2004); John Prebble, *Trusts and Tax Treaties*, 8 International Tax Planning Association Journal 75(2008). 关于透明实体条款,详见第8章。

[374] See Jeremy Beckham & Craig Elliffe, *The Inconvenient Problem with New Zealand's Foreign Trust Regime*, 66(No.6) Bulletin for International Taxation(2012). 以协定原理为基础反驳点,这种反驳本身令人信服;也与作者将设立人联结作为功能性信托居民身份的分析相符(Brabazon, *Trust Residence*, 注释152)。ATO对该论点持否定态度:TR 2005/14 *Income tax: Application of the Australia/New Zealand Double Tax Agreement to New Zealand Resident Trustees of New Zealand Foreign Trusts*。关于信托的协定居民身份,详见第8.2.2节。

人所在国对信托不太熟悉,或者没有采取措施保护其税基(如通过出境委托人规则或将分配穿透至信托的原始所得),可能会出现更广泛的不征税结果。

这里的讨论建立在充分的信息披露以及税务机关拥有所有相关信息的前提下。一个或多个国家的合法税法漏洞可能会导致或加剧另一个国家的逃税现象。事实上存在但违法的不征税不属于本书的讨论范围。这并非不相关,但属于一个独立的问题。加强国际信息交流和国内报告规则,关闭合法避税的渠道,这都是 BEPS 行动计划的目标,但其能在多大程度上避免国际信托情形下的非法避税,仍有待观察。

6.4 信托作为代理

本节考虑的是一个结构性问题,该问题影响到如何根据受益人或委托人的居民身份来看待信托本身的征税及其居民身份。

法人和税法实体可能会纳税,但承担税负的只有个人。对信托实体就信托所得征税的做法,提供了不必追查最终自然人纳税人,甚至不必确定该个人身份的征税方法,但除非进行其他调整,否则该方法忽略了该个人在税法上的重要特征(居民身份、应税能力等)。如果税收是最终的,那么信托将作为代理人纳税——为谁代理? 答案必然是委托人或受益人抑或二者的结合。如果是这样的话,他们的居民身份需要在多大程度上被纳入考量,信托居民身份的判定标准与最终税负的关系如何,不同国家的征税权之间的优先次序是什么?

在试图正确分配税负的同时,各国还关心保护本国税基不受国际化侵蚀。这一因素也可能影响信托居民身份的概念,以及对居民或非居民信托所主张的征税权,并可能混淆原本具有逻辑的推论。

为便于讨论,对居民国征税和来源地征税的分析可以分为两部分:一是对信托的境外来源所得征税的主张;二是对非居民信托的境内来源所得征税的主张。

居民信托:在对居民信托征税的情形下,有几个一般因素可能会被认为是与代理问题、最终税负发生以及征税权优先次序相关的指示性因素。

(1)被调研国家关于信托居民身份的认定标准(第4.2节)并不统一。除新西兰以外,均依据受托人的税收居民身份以及与管理、行政或司法监督有关的其他因素判定,当受托人包含多国税收居民时,英国规则还要求考虑委托人的历史居民身份。这些标准很模糊,然而在新西兰,信托作为委托人的代理人被征税这一点似乎相当明确。

(2)美国与英国的大量境内委托人归属规则表明两国已将其认为信托作为委托人代表的情形法典化,因此信托(在一般情形下)应被视为代表了受益人的利益。

(3)累积信托所得的最终受益的不确定性阻碍了对最终受益人的准确归属,但不影响对委托人的识别,委托人的目的是享受信托的服务。除了依据委托人居民身份认定信托居民身份(如新西兰)的情形,对累积所得适用信托归属是因为信托被视为所得流向的受益人的代理人。

（4）税率（目前[375]通常为最高个人税率或接近最高个人税率，当信托层面的所得用以支付年金时，英国存在例外规定）的设置实现了在实体层面征税的最大化，并使第二个征税环节不再必要，除非是为了给予减免。这个因素是模糊的。

（5）分配征税规则（第五章）进一步揭示了这一点。英国根据税池条款或通过法律外优惠措施向受益人的分配提供税收减免，这意味着信托先前已经作为受益人的代理人而被征税。[376] 可能有人说，信托并非作为代理人被征税，而是被视为未明确的最终纳税人的扣缴代理人（withholding agent）。英国的规定在某些方面区分了居民受益人和非居民受益人。澳大利亚依据先前对信托就境外来源所得的征税，在信托对非居民受益人进行分配时退税，[377]这意味着信托被视为当时未明确的受益人的代理人或扣缴（义务）人被征税。

非居民信托： 从对非居民信托的处理可以得出的推论更为有限。当居民受益人获得来自非居民信托的分配，并且该分配可以追及信托已在本国纳税的原始所得，澳大利亚、美国和英国分别以不同方法在不同程度上[378]避免对这一分配征税或提供双重征税减免。这暗示了，就来自征税国的先前所得而言，信托被视为受益人的代表人。美国对于已缴外国税存在类似的规定。[379] 新西兰是唯一拒绝承认实体层面征税优先的国家。

信托是被视为委托人还是受益人的代理人，这个问题或许没有

---

[375] 每个被调研国家都曾经对信托归属所得适用较低税率或累进税率。
[376] 参见第5.3.1节、第5.3.2节以及第5.3.4节；ESC B18；SP 3/86。
[377] See ITAA 1936 s 99D（见注释312）。
[378] 参见第5.2.2节以及第5.3.4节。
[379] 参见第5.2.2节以及第5.3.3节。

完整的答案,但现有情况表明,澳大利亚、美国和英国将信托视为受益人的代理人,新西兰将信托视为委托人的代理人。在前述3个国家中,信托居民身份规则并不试图反映受益人的居民身份。这表明信托所得和财产最终受益的不确定性,是归属问题的根源所在(一旦排除了委托人归属之后)。澳大利亚(在出境情形下)、美国和英国也都规定了完善的委托人征税规则;新西兰追求类似的委托人征税目标,但其是通过在国内或出境情形下适用功能性信托居民身份规则和最高税率征税来实现这一目标的。

6.5 小结

从某一征税国的角度看,信托居民身份决定了对当期未归属委托人或受益人的境外来源信托所得的征税权。它还将影响该国是否以及如何对信托向居民受益人作出的分配进行征税。国际双重征税可能产生于来源地国和居民国之间传统的征税权重叠、居民国和居民国的归属冲突、信托双重居民身份或两国分别对信托所得和分配征税(第6.2节)。不征税可能产生于当信托在税法上不存在居民身份时的消极冲突、当信托是反向混合体时的消极归属冲突、外国信托分配征税漏洞或过度税收减免(第6.3节)。在信托归属所得的居民国征税方面,可以通过将信托作为未确定的推定居民受益人的代理人征税,或是像新西兰那样将信托作为居民委托人的代理人进行征税,从中获得关于征税主张的政策启示(第6.4节)。

在明确这些结果的性质和原因后,接下来需要改善这些不正常或有问题的结果。本文目前的分析试图了解各国国内法的相互影响所引发的问题,并为制定解决方法奠定基础。双重不征税本质上是各国税法存在重叠漏洞的结果。因此,任何补救措施都必须依托预防性设计和各国国内税法的协同设计。双重征税可以单方面予以解决,但在多数情况下通过协定解决更为便利。这些问题将在第二部分予以讨论。

第二部分　全球税收

第七章 国际税收

本章将各国国内税法中关于信托所得的国际税收规则之间的相互影响(interaction)作为国际税收秩序的一部分,并在 OECD 和 G20 通过 BEPS 行动计划提出的反对税收套利合作措施的背景下进行考虑。

第 7.1 节介绍了国际税收秩序、反对税收套利以及 OECD 在信托方面的相关工作。这些内容既涉及协定的作用,也涉及各国国内税法之间的相互影响,第 7.1 节中关于协定的内容也是对第 8 章的介绍。第 7.2 节介绍了国内法与 BEPS 行动计划的相互影响,在前述章节的分析基础上,该节指出了在信托中容易因错配而导致出现双重征税或不征税的特定情形,也考虑到了 BEPS 行动计划中的建议在各国国内法中生效后的适用问题。第 7.3 节对关于信托的税收管辖权(trust-related taxing claims)、不同税收管辖权之间行使的先后顺序及其相互影响进行了概述,并提出了一种合作模式以防止通过信托进行税收套利、协调各国的税收主权,以及对各国跨境信托税制之间的相互影响和国际税收规范的分析结果。本节内容对于第 8 章中协定问题的讨论也很重要。

7.1 国际税收秩序

前述章节已经对各国国内法中关于信托所得跨境税收规则的设计与相互影响进行了分析,但这些规则仅仅是国际税收秩序的一部分。由3000多个税收协定组成的国际税收网络调整了各国的优先征税权,在致力于消除双重征税的同时也避免出现无意的双重不征税现象。近年来,OECD也建议各国采取行动来协调国内税收规则以避免双重不征税,但无论是在概念上还是征管中,消除双重征税和防止双重不征税的目标都还未实现。

7.1.1 税收协定

20世纪20年代,国际联盟的工作奠定了现代协定网络的基础。关于所得的避免双边征税协定在19世纪已经出现,但当时各国的税率相对较低,协定数量很少,因而影响有限。第一次世界大战期间,所得税率提高,双重征税逐渐成为国际贸易和商业发展的一大阻碍。国际联盟通过其金融委员会和之后的财政委员会就此问题展开了广泛的研究和磋商,在结合经济分析、各国现有实践及税务机关管理人员意见的基础上,[380] 委员会产出了一系列工作成果,包括协定范本

---

[380] See Richard J. Vann, *Writing Tax Treaty History*, Sydney Law School Research Paper No. 10/19, SSRN(24 March 2011), https://ssrn.com/abstract=17886036; John F. Avery Jones et al., *The Origins of Concepts and Expressions Used in the OECD Model and their Adoption by States*, 60 British Tax Review 695(2006).

和大量相关文献。[381] 来源地税收管辖权与居民税收管辖权的主要区别以及国际税收的总体架构不仅体现在协定中,而且也体现在大多数国家的国内税法中,反映出国际联盟20世纪20年代对工作成果所达成的共识。[382]

第二次世界大战以后,国际联盟在国际税收方面的工作最终[383]由欧洲经济合作组织及其继任组织OECD接手。1963年,OECD发布了第一个附有注释的协定范本草案,[384] 1977年正式通过。[385] 1992年以后,OECD范本及其注释不断进行修正并以动态变化的形式公布。[386]

事实上,绝大多数的所得税协定均以OECD范本为基础,且表现为双边形式,其他范本通常是基于OECD范本制定的。1980年以后,联合国也发布了适用于发达国家和发展中国家之间的协定范本,

---

[381] 国际联盟的关键文件保存在网络资料库,OECD et al., *History of Tax Treaties Database*, www.taxtreatieshistory.org(2017年12月20日访问)。

[382] "自该开拓性工作以后,我们今天所知道的税收原则体系逐渐形成:居民税收管辖权、常设机构原则、对来源地税收管辖权的限制、针对双重征税的抵免和免税的方法等。"[Hugh J. Ault, *Some Reflections on the OECD and the Sources of International Tax Principles*, 70 Tax Notes International 1195(2013).] Sunita Jogarajan 在 *Double Taxation and the League of Nations*(Cambridge University Press, 2018)一书中认为,国际联盟的工作已经比较深入。

[383] 一开始,联合国提出愿接管国际联盟在国际税收方面的工作,并于1946年至1954年通过其财政委员会参与相关活动。

[384] See OECD, *Draft Convention for the Avoidance of Double Taxation with Respect to Taxes on Income and Capital*(1963);OECD, *Commentaries on the Draft Convention*(1963).

[385] See OECD, *Model Convention for the Avoidance of Double Taxation with Respect to Taxes on Income and on Capital*(1977);OECD, *Commentary on the Model Double Taxation Convention on Income and Capital*(1977).

[386] 参见注释3。

该范本的现行版本以及附属注释于2017年制定（译者注：联合国范本已更新至2021年版）。[387] 1976年，美国发布了谈判和起草本国双边协定的范本。[388] 之后该范本不断更新，现行版本于2016年制定。[389] 在2016年美国范本的适用解释发布之前，通常适用2006年版本的注释。[390] 联合国与美国的范本均以OECD范本为基础，并依据各自的立场与政策考量作出调整。

以OECD范本为基础的协定均以消除双重征税和防止逃税为目标，[391] 但实现这一目标的方式不同。这些协定大多通过限制缔约方依据各自国内法而享有的税收管辖权来解决双重征税问题，并通过一系列分配规则达成税收管辖权划分共识，要求居民国遵守协定的免税与抵免规定以避免法律性双重征税。[392] 被用来应对逃税漏税行为的措施有信息交换，以及近来采用的行政协助方式（可能包括税款征收）。为防止协定成为避税工具，协定中可能同时包含限制其自身的适用和解释的规定，以防止双重不征税现象发生，但是协定本身

---

[387] See United Nations, *United Nations Model Double Taxation Convention between Developed and Developing Countries* 2017 (UN, 2018). 2017年的修订工作直到2018年才完成。

[388] 参见注释6，Rosenbloom and Langbein，关于首个美国范本和之前的协定政策。

[389] See United States Model Income Tax Convention (2016).

[390] United States Model Technical Explanation Accompanying the United States Model Income Tax Convention of November 15, 2006.

[391] 1963年及1977年版本的OECD范本名称中提及消除双重征税。1992年采用了简称，因为该协定同样适用于防止逃税漏税和非歧视问题（1992年增加OECD注释的介绍第16段）。许多国家在双边协定的标题和/或序言中提及消除双重征税和防止逃税的目标。

[392] 法律性双重征税发生在"一个以上的国家有权对同一纳税人的同一所得征税"时：OECD第23条的注释第1段。将协定扩大适用于纯粹法律性双重征税之外的其他问题将在第8.1节、第8.3.2节、第8.3.9节和第8.3.13节中作进一步论述。

并不是税收管辖权的来源。[393] 对于协定与国内税法衔接空白导致的双重不征税,协定的作用有限,这些漏洞更多依赖国内立法来弥补。

7.1.2　国内税法的协调

通过协调国内税法以防止双重不征税及其他合法避税的做法仍有争议。

各国在通过单边抵免或[如果适用已征税测试(subject-to-tax)]免税措施消除双重征税时,通常会将外国税收情况考虑在内。在确定CFC规则以及其他境外所得的反递延规则或离岸投资制度的适用范围或实施情况时,也会考虑外国税收。具体而言,出境委托人规则对外国税收的发生可能敏感(sensitive)也可能不敏感。在这些规则敏感的情况下,他们可能会被概念性地解释为反递延和/或反避税规则,取决于这些规则如何规定及其背后所蕴含的税收政策(第2.5节)。在所有这些情况下,税收政策重点仍然是本国税基及其保护。

一些OECD项目已经更进一步,致力于寻求国家间的合作以打击这类国际避税和不征税,这样的避税与节税显然不能以一国(或者说那些试图防止这些情况发生的国家)的税收为代价。1998年关于有害税收竞争的报告论证了以合作为基础的必要性(包括有关国内税法的建议),并将利他的拒绝相应扣除或征收预提税列为下一步研

---

[393]　See Klaus Vogel & Alexander Rust, *Introduction in Ekkehart Reimer and Alexander Rust eds.*, Klaus Vogel on Double Taxation Conventions (Wolters Kluwer, 4th edn., 2015) m. no. 54; GE Capital Finance Pty Ltd. *v.* FCT (2007) 159 FCR 473; 9 ITLR 1083; Chevron Australia Holdings Pty Ltd. *v.* FCT (No.4) (2015) 102 ATR 13, 40-44 (Robertson J.). 但如果一国国内法采纳或吸收了协定的类似条款,则该协定条款可能具有间接扩大一国征税权的效果,至少在澳大利亚是如此; Tech Mahindra Ltd. *v.* FCT (2015) 101 ATR 755; 18 ITLR 239; 见注释910。

究内容。[394] 最近,2012 年关于混合错配的报告[395]与 BEPS 行动计划更为相关,虽然 BEPS 行动计划主要关注跨国企业的企业所得税,但其提出的建议也可能影响作为混合实体的信托或涉及信托的交易的国内税收处理。第八章将对 BEPS 行动计划中可能影响协定项下信托所得处理的其他措施作进一步分析。

7.1.3 部分主题及主要时间线

过去 20 年,对信托税制影响最大的国际文件有 1999 年 OECD《合伙企业报告》[396]、2012 年《混合错配报告》以及 BEPS 行动计划 2 报告与 BEPS 行动计划 6 报告的相关文件。主要的里程碑如图 7.1 所示。

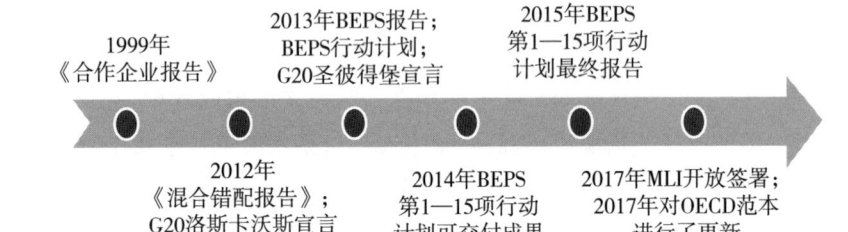

时间线节点:
- 1999年《合作企业报告》
- 2012年《混合错配报告》;G20洛斯卡沃斯宣言
- 2013年BEPS报告;BEPS行动计划;G20圣彼得堡宣言
- 2014年BEPS第1—15项行动计划可交付成果
- 2015年BEPS第1—15项行动计划最终报告
- 2017年MLI开放签署;2017年对OECD范本进行了更新

图 7.1　BEPS 与 OECD 的主要时间线

---

[394] See OECD, *Harmful Tax Competition: An Emerging Global Issue* (OECD, 1998). 报告关注避税天堂和优惠税制。该报告对国内实体法与避免成为避税天堂方面提出建议,主要侧重于 CFC、FIF 及其等效规则、参股免税(participation exemption)的资格(建议 1、建议 2 和建议 3)。也就是说,尽管这些建议以切实的国际合作为实施前提,但仍然是与被建议修改其税法的国家本身的税基侵蚀问题相关。报告的第五部分提出了仍需进一步研究的问题。

[395] OECD, *Hybrid Mismatch Arrangements: Tax Policy and Compliance Issues* (2012).

[396] OECD, *The Application of the OECD Model Tax Convention to Partnerships* (OECD, 1999) (Partnership Report).

7.1.4 《合伙企业报告》

《合伙企业报告》由 OECD 财政事务委员会于 1993 年设立的一个工作组编写,主要研究 OECD 范本对合伙企业、信托和其他非公司实体的适用问题。尽管 OECD 财政事务委员会认识到"报告中的许多原则也可适用于其他非法人实体",并表明"根据本报告审查协定范本对其他实体适用情况"的意图,但该报告的内容仅直接涉及合伙企业。[397]

该报告的后续工作侧重于公众持有/组合投资实体,如集合投资工具[398]、不动产投资信托(Real Estate Investment Trusts,REITs)[399],这些实体在某些国家也被归入信托领域;BEPS 行动计划也提出了一些未尽事宜的处理,其中包括信托问题。然而,对捐赠信托或信托本身的类似研究目前仍处于空白状态。

不同国家对合伙企业的性质认定存在差异,可能将其认定为透明实体或税收实体,这将导致(所得)归属冲突,《合伙企业报告》主要处理由此产生的协定解释与适用争议。此外,该报告同样涉及合伙人与合伙企业之间的交易以及合伙企业权益份额相关交易能否适用协定的冲突问题。尽管该报告认识到各国对如何正确适用协定存在很大分歧,但它只建议对 OECD 范本作一处修改,剩余部分则设法通过对注释进行修订来保证一致性。[400] 虽然根据报告建议对 OECD

---

[397] See Partnership Report [1].

[398] See OECD, *The Granting of Treaty Benefits with Respect to the Income of Collective Investment Vehicles* (2010) (*CIVs Report*).

[399] See OECD, *Tax Treaty Issues Related to REITs* (2008).

[400] 在 OECD 范本中增设了第 23A(4)项[在来源国认为税收协定禁止或限制了来源国征税权的情况下,排除了根据第 23A(1)项居民国应该给予的税收豁免],并对第 1 条、第 3 条、第 4 条、第 5 条、第 15 条、第 23 条的范本注释进行了修改(《合伙企业报告》,附件 1)。

范本及其注释进行的修改已于 2000 年实施,但其本身仍然具有重要意义,这是由于报告讨论了税收政策和原则、对冲突观点的处理以及运用各种支持和反对的观点来分析不同情境下的处理,这可以作为一个框架来分析 OECD 范本应当具有的适用效果。

7.1.5 BEPS 行动计划

21 世纪初,OECD 和 G20 的 BEPS 行动计划基于公众舆论、国际政治意愿和税收政策分析的协调一致而产生。[401]

2007 年到 2008 年的金融危机以后,数篇关于知名跨国企业缴纳极低税款的报道在金融媒体和大众媒体上出现。[402] 2012 年,在洛斯卡沃斯(Los Cabos)举行的 G20 峰会强调"需要防止税基侵蚀和利润转移",并承诺"密切关注 OECD 在这一领域开展的工作"。[403] OECD 将此前独立的几个工作领域归拢,意图开展一项以解决税基侵蚀和利润转移问题为核心的重点项目。

2013 年 2 月,OECD 发布首份 BEPS 报告。该报告认为 BEPS 对所有国家的税收收入、税收主权和税收公平都是一个严重问题,需要通过整体和协调的国际行动来应对。[404] 该报告中指出,(BEPS 行动计划的)主要压力来自国际混合错配、套利以及反避税措施的有效性

---

[401] See Hugh J. Ault, Wolfgang Schön and Stephen E. Shay, *Base Erosion and Profit Shifting: A Roadmap for Reform*, 68 Bulletin for International Taxation 275(2014).

[402] See citations and commentary ibid and by Yariv Brauner, *What the BEPS?* 16 Florida Tax Review 55, 57-58(2014); Pascal Saint-Amans and Raffaele Russo, *What the BEPS Are We Talking About?* OECD(8 April 2013), www.oecd.org/ctp/what-the-beps-are-we-talking-about.htm. BEPS 报告本身也承认了新闻报道、公众舆论和非政府组织带来的压力,参见注释 404,第 1 章和相关内容。

[403] See G20 Leaders Declaration (Los Cabos, 19 June 2012), www.g20.utoronto.ca/2012/2012-0619-loscabos.html [48].

[404] See OECD, *Addressing Base Erosion and Profit Shifting* (2013).

等领域。2013 年 7 月,BEPS 行动计划出台,该计划包括 15 项针对 BEPS 采取的"行动"。[405] 行动计划 2 旨在消除混合错配安排的影响,行动计划 6 旨在避免协定滥用,并与针对混合实体的工作相协调。行动计划 15 旨在开发一个多边公约(Multilateral Instrument),用于推动双边协定的修订以将其他行动计划的建议措施纳入其中。2013 年 9 月,G20 圣彼得堡峰会批准了该行动计划,并将其作为 G20 与 OECD 的联合行动。[406]

2014 年,OECD 就 BEPS 行动计划发布"2014 年成果"(2014 deliverable)中期报告,包括行动计划 2、行动计划 6 及行动计划 15。[407] 2015 年 10 月,OECD 发布最终行动计划报告,[408] BEPS 行动计划仍在继续。MLI 谈判于 2016 年年底结束,2017 年 6 月 7 日,68 个国家签署了 MLI。[409] OECD 理事会于 2017 年 11 月 21 日批准通过了 2017 年对 OECD 范本及其注释的修订,并于 2017 年12 月发布

---

[405]　See OECD, *Action Plan on Base Erosion and Profit Shifting* (2013).

[406]　See G20 Leaders Declaration (St Petersburg, 6 September 2013), www. g20. utoronto. ca/2013/ 2013 - 0906 - declaration. html [50].

[407]　See Accessible via OECD/G20 BEPS Project, *BEPS 2014 Deliverables* (2014), www. oecd. org/ctp/beps - 2014 - deliverables. htm.

[408]　See Accessible via OECD/G20 BEPS Project, *BEPS 2015 Final Reports* (2015), www. oecd. org/tax/beps - 2015 - final-reports. htm. The G20 endorsed the package the following month: G20 Leaders Communiqué (Antalya, 16 November 2015, www. g20. utoronto. ca/2015/151116 - communique. html) [15]. See also OECD/G20 BEPS Project, *Explanatory Statement* 2015,见注释 2。

[409]　MLI 于 2016 年 11 月 24 日通过,2016 年 12 月 31 日开放供签署,2017 年 6 月 7 日首次签署(2018 年 7 月 1 日生效)。该公约的签署国包括澳大利亚、英国和新西兰。美国并未在该公约上签字,因该公约中的大部分内容源于美国协定范本与惯例,美国签订的协定中已经包含了相应条款。Philip Baker, *The Multilateral Convention to Implement Tax Treaty Related Measures to Prevent Base Erosion and Profit Shifting*, British Tax Review 281 (2017) 将该公约描述为 BEPS 行动计划"初始阶段的结束"(end of the beginning)。

了最终版本。[410]

BEPS 行动计划的成功很可能增加私人拥有的集团（privately owned group）在高税负地区开展营业而需承担的来源地税收,从而使包括信托在内的透明实体作为跨境商业模式更有吸引力。[411]

7.1.6 国际税收的一致性

有激进观点认为,国际税制是虚构的。[412] 同样有反驳观点认为,这种制度不仅存在,而且有明确的根本原则,国际税制体现在协定和国内法中,并构成条约法和习惯国际法的重要部分。[413] 后一种观点认为存在单一征税原则,即"跨境交易所得只需纳税一次（有且仅有一次）"。[414] 单一征税的概念立足于所征税款是否达到与居民税收相同的处理,并非征税国的数量。一国征税可能少于单一征税,两国征税可能超过也可能不超过单一征税。单一税率是根据受益原则确定的,来源地国享有积极经营所得的优先征税权,居民国享有个人消极投资所得的优先征税权。[415] 为防止征税不足,如果享有优先征税权的税务辖区放弃征税,那么另一税务辖区可能（甚至有必要）

---

[410] OECD,见注释3。

[411] See Robert Gordon, *Increasing Use of Tax – Transparent Entities by Private Groups Due to BEPS*, 19 The Tax Specialist 136（2016）.

[412] See H. David Rosenbloom, *The David R. Tillinghast Lecture: International Tax Arbitrage and the International Tax System*, 53 Tax Law Review 137（2000）.

[413] 在 Reuven S. Avi – Yonah, *International Tax as International Law: An Analysis of the International Tax Regime*（Cambridge University Press, 2007）一文中有详细阐述。

[414] See Reuven S. Avi – Yonah, *Commentary on Rosenbloom, International Tax Arbitrage and the "International Tax System"*, 53 Tax Law Review 167（2000）.

[415] 暂且不论特定纳税人和特定所得可能取得的优惠待遇,不应存在通过特殊国际架构或交易去避免某一国家的实质性征税的可能,理解这一基本观点无须采用具体的单一税的量化标准。

行使剩余征税权。[416]

国际税制存在与否及其秩序或制度的争论,最终变成了一种语义学交锋,但其在现实中并无问题:具有相似性质的协定构成了庞大的税收体系;许多国家处理国际税收问题的国内法具有相似性质;各国在制定税法时通常也会遵守这些制度规则,否则将承受不利后果[417]——致力于支持当地产业,套利其他国家规则的避税天堂除外。真正的问题在于国际税收秩序规范下明显的制度规则的性质和内容。通过考察税收套利与国际税收一致性的关系可了解这一问题的实质。

国际税收秩序的一致性在于,各国在制定本国国际税收规则或政策时都会在一定程度上考虑他国在此情形下将如何征税。[418] 如果来源地国征税,居民国可能会放弃征税;如果居民国将征税,来源地国可能会放弃征税或以较低税率征税。一些限制征税规则(如免税或外国税收抵免)需要明确依据他国的征税情况而适用,因而也要考虑他国行为不同于其预期的可能性。另一些对征税进行限制的规则则不然,很难判定其是否包含对外国征税情况的预期或是存在其他考虑。[419] 如果预期——特别是未明示的预期——没有得到满足,

---

[416] See Reuven S. Avi‐Yonah, *International Taxation of Electronic Commerce*, 52 Tax Law Review 507, p.517(1997).

[417] See Paraphrasing H. David Rosenbloom, *Cross‐Border Arbitrage: The Good, the Bad and the Ugly*, 85 Taxes 115, p.115 (2007).

[418] See Charles I. Kingston, *The Coherence of International Taxation*, 81 Columbia Law Review 1151, p.1153(1981).

[419] 如果来源地国对某项所得适用免税或低税政策,或者居民国对某类境外所得普遍给予免税或者适用特殊出境归属规则,且并不考虑外国税的征收情况,就会产生这个问题。

国际税收秩序的一致性就会被破坏。如果纳税人能够设计出一种方案,利用所涉潜在征税国的税收管辖权的限制规则或漏洞,那么与国内或国际投资的替代方案相比,纳税人就可能在符合一国或多国预期的情况下实现总体节税。纳税人利用各国税制差异(通常是解决同一税收问题的不同做法)获得好处,这就是国际税收套利。[420]

如果只注重法律的表面规定而不考虑法律应当如何,那么所有防止因国内法相互影响而产生的税收套利与无意的双重不征税的原则都存在一个固有缺陷,即无法在国家之间得到执行,除非征税国的现行法已有明确规定。[421] 但如果关注的是法律应当如何或可能为何,那么问题的关键将变为"套利是有害的吗"或者"是否应当避免双重不征税以及在何种情形下应当避免双重不征税"。

在涉及协定的情形中,这些规范性问题将得到大体肯定性的答案。[422] 协定一般以解决双重征税问题且不产生不征税为目的,除非缔约方对特定的纳税人或所得确实有此意图,也没有必要考虑缔约国国内税制之外的其他因素,因为在考虑适用协定之前一国税制的影响也会十分明显。BEPS 行动计划带来的变化增加了基于协定进行税收套利的难度。

在不涉及协定的情形中,这些规范性问题更受争议。OECD 关于混合错配安排(指"利用了两个或多个国家对同一金融工具、实体和交易的税收处理存在差异的安排")的工作成果中的观点值得称

---

[420] 参见 Rosenbloom,注释412,第142页。

[421] 参见 Rosenbloom,注释417,第115页。

[422] 参见 Rosenbloom,注释417,第117页。"在协定中作出让步的国家应根据他国发生的情况进行调整。"

赞。[423] 混合错配相当于跨境税收套利，[424] 可以将其形容为一种将会影响税收结果的机制。对于混合错配可能导致的消极后果，《混合错配报告》列出了五个政策性议题，其一，将所有相关方作为一个整体来看，其纳税总额减少。虽然往往很难判定哪个国家的税收利益遭受损失，但这些国家整体的税收收入明显下降。[425]

其他四个议题与扭曲竞争、影响经济效率、缺少透明度以及纳税人在取得资本性和劳动所得之间的税收公平问题有关。[426] 该报告在当时得出的初步结论是：混合错配安排表面上遵守两国法律，但在两国都未被征税，此种结果并非出于任何国家的本意且会产生严重的政策问题。双重征税造成的扭曲所产生的影响，同样也会在无意双重不征税中出现。[427]

《混合错配报告》的工作任务已经由 BEPS 行动计划接手，其政策结论也被 BEPS 行动计划 2 报告采纳。[428] 尽管一些曾经的怀疑论者现在已经接受了国际社会有必要采取合作行动来打击税收套利的观点，[429] 但《混合错配报告》中的政策分析还有争议。[430] 本书以

---

[423] See OECD, *Hybrids Report*, 注释 395, [3]。

[424] See Reinout de Boer and Otto Marres, *BEPS Action 2: Neutralizing the Effects of Hybrid Mismatch Arrangements*, 43 Intertax 14, p.14 (2015).

[425] See OECD, *Hybrids Report*, 注释 395, [23]。

[426] See OECD, *Hybrids Report*, 注释 395, [24]-[27]；同见 Ault, *Some Reflections*, 注释 382; Brauner, 注释 402。

[427] See OECD, *Hybrids Report*, 注释 395, [28]。

[428] See OECD/G20 BEPS Project, *Neutralising the Effects of Hybrid Mismatch Arrangements*, Action 2: 2015 Final Report (2015) [2].

[429] See H. David Rosenbloom, Noam Noked & Mohamed S. Helal, *The Unruly World of Tax: A Proposal for an International Tax Cooperation Forum*, 15 Florida Tax Review 57 (2014).

[430] de Boer 以及 Marres 提出了反对意见，注释 424, 37-39。

OECD 采纳的观点为基础展开论述,即税收套利是有害的,各国应采取应对策略。

7.2 国内法与 BEPS 行动计划的互相影响

7.2.1 基于信托的错配与税收套利

前述章节已经梳理了信托征税独有的特征,这些特征表明信托不同于其他实体,并可能产生双重征税或双重不征税。[431]

(1)委托人归属:一些国家将捐赠信托的所得归属委托人,而将信托和受益人排除在外,各国所依据的标准各不相同。在出境情形中,这些国家会通过设置不同的(通常是更为广泛的)标准来进行这种归属。实体层面所得的境外征税与委托人征税之间的关系因国而异,且通常并不明确。公司或合伙企业中没有类似于信托委托人的角色。

(2)差别透明:许多国家同时将信托视为不透明的和透明的,因此信托对于部分所得而言是透明体,对其他所得而言是不透明体。对于信托所得应归属信托本身还是归属受益人,各国有不同的标准,主要区别之一在于该国是否承认对当期所得的酌情指定。

(3)所得项目分派(item allocation):特定所得项目在受益人之间或受益人与信托之间分派的规则因国而异。

(4)实体分类:适用一国信托税收规则的实体可能没有囊括所有

---

[431] 此部分内容以另一种方式体现在 M. L. Brabazon, *BEPS Action* 2: *Trusts as Hybrid Entities*, British Tax Review 211(2018)对主要分析的介绍中。

类型的信托,也可能包括一些非信托实体。信托税务处理的边界因国而异。信托可能在一国被视为税法项下的信托,而在另一国被视为其他类型的实体(公司、合伙企业或仅为代理机构),尤其是商业信托和集合投资信托的分类因税务辖区而异。[432]

(5)内部一致性:各个税务辖区的国际税收规则并不总是保持适用的一致性或者在透明范式下归属信托所得的受益人和(形式上)处于信托地位的直接投资者之间维持对等处理。

(6)信托居民身份:信托居民身份的标准因国而异。一个信托可能同时被多个税务辖区视为居民,也可能不被任何税务辖区认定为居民。税法上无居民身份的信托给避税与递延纳税提供了机会。[433]

(7)分配征税:受益人居民国对跨境信托分配的征税规则极有可能导致双重征税(如果实体层面所得当期征税的税负很重并且受益人居民国对分配征税时不承认信托层面的当期税收)或不征税(如果当期征税的税负较轻,且该项分配不被视为所得)。信托实体在信托居民国适用的税率可能等同于个人最高税率而非公司税率,因此不宜将信托类比公司。

7.2.1.1 归属冲突

上述前4点中任一点的差异——委托人归属、差别透明、所得项目分派与实体分类——都可能导致当期实体层面所得中同一所得项

---

[432] 信托实体的分类问题在概念上与其他类型实体(如合伙)的税法分类问题有相似之处,即对于其所得是按透明还是不透明处理。

[433] 参见第1.4节。如果一家公司无税收居民身份也会产生类似后果,但在涉及信托情形中这一问题受到的关注较少。

目的归属冲突。尽管很难说哪个国家的税收收入遭受损失或者该安排的目的是为逃避某个特定国家的征税，刻意进行这类错配以达成双重不征税的行为仍属于前述为税收套利而作出的混合错配安排。未实现上面第5点中所述的内部一致性可能会导致类似过度征税或征税不足，这并不一定涉及错配，且可以更容易和在特定国家的避税联系起来。

7.2.1.2 居民身份冲突

就上述第6点（信托居民身份）而言，如果信托被认定为两个国家的税收居民，则会出现居民身份的错配或冲突。如果信托不符合与之相关联国家的税收居民标准，则他们之间不一定存在错配或冲突。前一节提到的归属冲突中，所得被某一主体拥有这毫无疑问，而分歧在于判定谁拥有这一所得，以及相应的居民纳税义务。与其不同的是，此时（信托不符合所有与之相关联的国家的居民身份标准）的问题在于信托是否拥有居民国。这并不是说各国都将信托认定为其他国家的居民，而是都对"本国是否为信托居民国？"的问题持否定回答。即使传说中的永久环球旅行者（fabled perpetual globetrotter）数量稀少，但没有一个原则规定某个人必须为某国居民——但是我们在信托中应当如何处理这一问题？

这种情况利用了各国税制中重叠的漏洞。可以说，这种情况不属于文义（语义）上的税收套利或混合错配安排，因为各国对信托的税务处理不一定有差异，但这不能回答政策争议问题。《混合错配报告》中提出的针对税收套利的政策目标同样适用于无居民国信托的累积所得,前提是来源地国对该所得未征税或轻征税,[434]并且委托人和受益人居民国未将该所得归属本国委托人或受益人。无税收居民身份的信托意味着尽管信托相关的经济联系实际存在、活动真实有效发生,但通过分散这些联结因素(委托人居民国、受托人居民国、控制中心/有效管理所在地国、决策者居民国、适用的法律、进行司法监督的辖区),信托能够不被任何国家视为税收居民。错配是全球性的而不是双边的,信托不会碰巧成为无税收居民身份的信托,或者说这种情况一般是信托经济策略的重要部分。

此种安排中唯一可被认定为居民税收收入减损的国家是委托人与受益人居民国(如果在收益分配前能够确定)。根据受托人居民国、受托人活动地国或者是信托的管理辖区等标准来确定信托所得的个人所有者的居民身份,似乎过于牵强。这些标准只能为委托人或者受益人居民身份认定提供粗略的和现成的预测。

7.2.1.3 分配征税

上述最后一点(分配征税)涉及信托层面所得当期征税与源自信托的分配征税的关系。这是两个不同的征税问题,[435]但仍可能存在错配问题,因为对信托所得相对较重的当期征税没有考虑其后可能的分配税,而分配税也没有确认被分配的价值是如何在信托中累积的,以及其可能已承担的税负。规避分配征税的税收策略与税收套利在某些因素上是相似的,但只会影响受益人居民国的税收收入。

7.2.2 BEPS 行动计划 2 与国内法

本节将分析 BEPS 行动计划 2 及其对涉及信托所得的国内税法

---

[434] 相较于可能适用于居民的名义单一税收。
[435] 参见注释 420。

的影响。[436] BEPS 行动计划 2 报告为消除混合错配安排的影响提出了一系列建议。总体而言,这些安排是利用不同国家对实体或金融工具的税务处理差异来实现双重不征税。该报告第一部分是关于国内法相互影响中产生的双重不征税问题,该部分中对于相关安排的考量也包括信托。概括而言,通过信托实现双重不征税最主要的方式是,在对信托本身就信托所得完全征税的国家,将原本应归属信托本身的信托所得归属受益人或委托人;而在对受益人或委托人完全征税的国家,将原本应归属受益人或委托人的信托所得归属信托本身。用报告的术语来说,这是一种反向混合。[437] 税法上无居民身份的信托也存在同样的问题。在没有全额来源地征税(如可能适用于当地常设机构或其他应税存在的所得)的情况下,关注重点始终是(各相关国家)居民税收管辖权之间重叠的漏洞。

BEPS 行动计划 2 报告中的两项建议值得特别关注:关于离岸投资机制的建议 5.1 和关于实体居民身份与限制对实体透明认定的建议 5.2。建议 5.3 强调加强信息收集和交换,这对信托具有重要意义,但没有对实体税收规则提出修改建议。其他建议也仅在部分涉

---

[436] 本节借鉴了作者对 BEPS 行动计划 2 报告第一部分关于信托制度的分析,Brabazon, *Trust as Hybrid Entities*, 注释 431。该报告中的术语详细且复杂。本节并未对报告术语进行全面分析,而是总结了该报告中对本书主题有重要意义的内容。上述文章中有对该报告内容及其术语的详细介绍。

[437] 在涉及信托的情形中,一个实体具有差别透明是常见的情形,反向混合这一概念需要依据特定所得及其税法归属来判断,而不是依据实体本身是否透明或是否被视为特殊税务辖区的独立(separate)纳税人。广义而言,如果特定所得没有在实体居民国归属实体且无法依据其他信托参与人居民法律归属其他参与人,则针对该特定所得实体可能被认定为反向混合。

及信托的情形下可以适用,[438] 但对信托所得征税的影响有限,所以在此不再赘述。

7.2.2.1 出境委托人归属

BEPS 行动计划 2 报告中的建议 5.1 规定的离岸投资机制要求将投资人的应计所得(accrued income)当期归入该投资人的全额(fully)应税所得。如果一国将委托人视为"投资者",并将实现委托人的捐赠目的作为充分理由,在税法项下将所得视为为实现委托人的利益而积累,一般委托人归属与出境委托人归属规则将会产生同样的效果。这就是第二章中讨论的委托人制度,但仍需符合各国不同的限制因素和条件。

BEPS 行动计划 2 报告中的建议 5.1 要求各国制定或修订离岸投资机制以防止对反向混合的支付产生"D/NI 结果"(扣除/不计入,Deduction/Non-inclusion)。大体而言,D/NI 是指付款人支付的款项可扣除,并且这一支付也不计入收款人或其投资者的全额应税所得中。在涉及信托的情形中,如果信托所得不计入信托、受益人或委托人的应税所得,就很容易实现税收套利,这并不需要与付款人有共同利益或合作。如果要在涉及信托时实现消除混合错配安排的影响,则无须考虑(支付)是否可扣除都应适用建议 5.1。有人认为可以增加其他可比原则,在不适当的情形下放弃 D/NI

---

[438] 根据建议 3、建议 4 和建议 6,在特定情形中可以拒绝对支付人支付款项的扣除。这一点在下书中进行了讨论:Brabazon, *Trusts as Hybrids Entities*,注释 431。第 7.3.5 节简要提及了此问题。

要求。[439]

委托人归属和征税是各国打击信托税收套利的一项重要策略。这是由于累积的信托所得去向不确定将导致受益人归属无法实施,信托本身可能设立在避税天堂、信托无税收居民国,或者受益人居民国和信托居民国均认为某一信托所得不是由其居民取得;来源地征税受到限制或者不征税,且来源地国并不具备知晓或者获得居民国征税情况的条件。委托人居民国具有保护本国税基的利益诉求,此种利益可以合理扩展到全球税基的共同保护。在委托人在世或存续期间,在委托人居民国进行委托人归属是能够缓解信托型税收套利的有效手段。

当然,委托人归属的一些负面因素也应纳入考虑:委托人更高的税收遵从成本;相应的管理成本;以及需要避免过度和不适当的双重征税,特别是现在是税收居民的人曾经对外国信托进行资本化或者本国信托取得外国所得,且并非出于避税目的时。最后一个因素在设计委托人归属规则的时候尤其需要考虑,当与存在委托人征税规则的国家谈判协定时也需要考虑这些因素。

新西兰设立人规则通过不同的途径实现了 BEPS 行动计划 2 报告中的建议 5.1 中提及的大部分目标。一般而言,该规则会直接将累积信托所得归属拥有居民委托人的信托。但这一规则没有解决受益人居民国可能会不同意新西兰将特定信托所得归属其居民的问题,这种可能性很小但会使委托人承担更大的税收遵从成本。

---

[439] See Brabazon, *Trusts as Hybrids Entities*, p. 224 - 226. BEPS 行动计划 2 报告的重点在于支付以及交易相对方的处理,这关注了跨国企业及其关联实体的问题,但这些套利并不一定在涉及信托的情形中奏效。

7.2.2.2 信托居民身份与限制透明度

BEPS 行动计划 2 报告中的建议 5.2 涉及限制反向混合实体透明度的问题，在这种情况下，该实体的所得在实体及实现所得的参与人层面并未被全额征税。广义上说，BEPS 行动计划 2 报告中的建议 5.2 对此类实体实行设立地管辖权（establishment jurisdiction）——实体设立地国或基于一定联结因素可将其视为居民的国家——将该实体视为税收居民并对其所得（通常来源地是另一国）征税，否则那些对投资人的应计所得应全额征税但却没有将该所得归属这些投资人的国家将使得这些所得完全脱离全球税收网络。之所以需要设立地管辖权的概念，是因为在一国被视为完全税收透明的实体在该国不能被视为税收居民或纳税人[440]——不同于差别透明实体，其本身具有税收居民身份并且同时存在税收透明和不透明的特性。界定这一概念（信托居民身份）所面临的挑战与界定公司居民身份或在涉及协定的情形中界定常设机构存在共性。（建议 5.2 适用的）一个条件是该实体及其投资者必须同处于一个控制集团（control group），但该条件在捐赠型、封闭型和无税收居民身份的信托中略显多余。[441]

虽然本建议是针对居民身份问题起草的，但它实际上涉及特定实体所得的可税性（taxability）问题。在涉及信托的情形中，该建议的实施要考虑三个潜在方面，其中一个或多个方面都会对特定情形

---

[440] 为有效实现其目的，BEPS 行动计划 2 报告中的"设立地管辖权"概念需要进一步完善。参见 Brabazon, *Trusts as Hybrids Entities*, 注释 431, 第 220~223 页。

[441] 在前两种情形中，受托人应该知道其受益人，由受益人归属引发的错配会导致受益人逃避征税（并非主体性质导致，如慈善机构或养老基金），而这种错配不太可能是偶然发生的。在第三种情形中，信托也不太可能在偶然情况下无税收居民国，或者不太可能在其经济战略中忽略无税收居民国这一事实。

产生影响。第一方面,如果信托所得归属非居民受益人可能导致逃避任一国家的居民税收管辖,则应在信托所在国取消受益人归属而代之以信托归属。第二方面,如果信托所得归属非居民委托人可能导致逃避任一国家的居民税收管辖,则应取消信托所在国的委托人归属。[442] 第三方面,就信托归属所得而言,将原本无居民身份的信托视为税收居民。图7.2、图7.3 和图7.4 从信托居民国或设立地

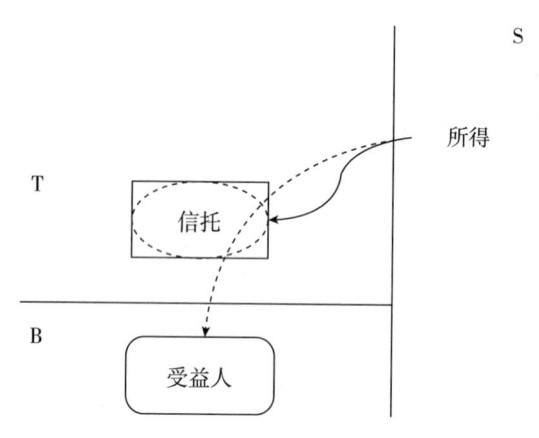

图 7.2 受益人归属模式的取消(建议 5.2)

资料来源:上述材料最初见于由汤姆森路透有限公司(Thomson Reuters Limited)出版的马克·布拉巴松的著作《BEPS 行动计划 2:作为混合实体的信托》,载《英国税法评论》(2018 年) [*BEPS Action 2*: *Trusts as Hybrid*, *Entities* British Tax Review 211(2018)],第227 ~ 228 页,现已与出版商汤姆森路透(专业)英国有限公司[Thomson Reuters (Professional) UK Limited]和贡献者达成复制协议,原文见 www. westlaw. com。

---

[442] 当依据 IRC 第 672 条(f)款第(2)项信托所得归属非居民委托人,但委托人所在国可能并没有相应的归属规则时,可能发生这样的情况。这一规定是重要的国际税收筹划工具。如前文所述(注释102 及相关内容),一外国委托人信托的境外所得可能不被其他任何国家征收居民税,其能够将信托所得转移给美国受益人且免予被征美国所得税。如此一来,税收的流失并不会影响除美国之外的其他国家。

国(T)的角度对上述问题进行了阐述。建议 5.2 实施前的所得归属用灰色虚线表示;根据建议 5.2 实施的所得归属用实线表示。信托参与人的居民国 B 和 G 并不将所得归属其居民。然而,如果当期信托所得与受益人分配(该分配在受益人所在国视为应税的)有明确对应关系,那么 BEPS 行动计划就没有实施的空间,也没有必要再对信托征税。如果受益人所在国对受益人归属采取了限缩(narrow)的观点,从而对分配进行广泛征税,并且应税分配会产生将特定当期信托所得指定给受益人的效果,就有可能出现上述不需要适用 BEPS 行动计划建议的情况。

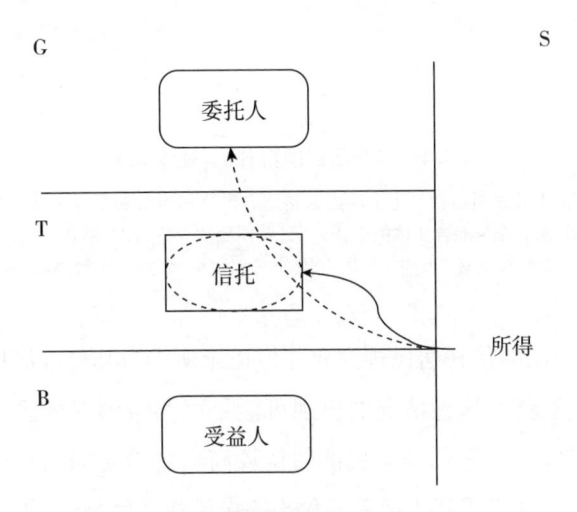

图 7.3 委托人归属模式的取消(建议 5.2)

资料来源:上述材料最初见于由汤姆森路透有限公司出版的马克·布拉巴松的著作《BEPS 行动计划 2:作为混合实体的信托》,载《英国税法评论》(2018 年),第 227~228 页,现已与出版商汤姆森路透(专业)英国有限公司和贡献者达成复制协议,原文见 www.westlaw.com。

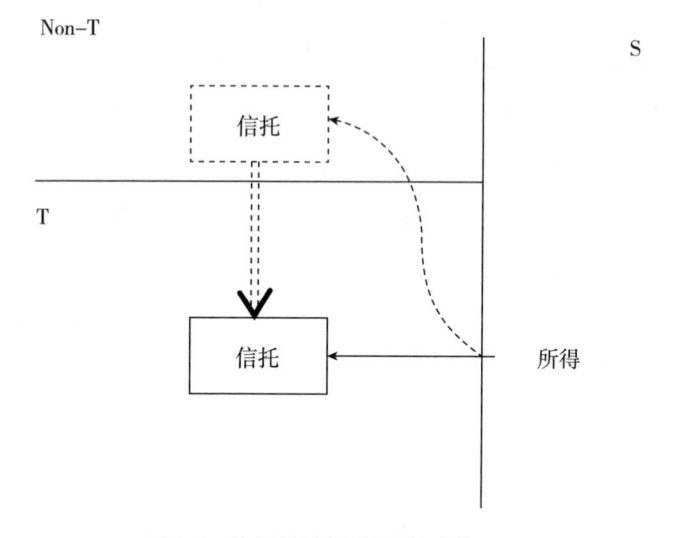

图 7.4　信托居民国再分配(建议 5.2)

资料来源：上述材料最初见于由汤姆森路透有限公司出版的马克·布拉巴松的著作《BEPS 行动计划 2：作为混合实体的信托》，载《英国税法评论》(2018 年)，第 227~228 页，现已与出版商汤姆森路透(专业)英国有限公司和贡献者达成复制协议，原文见 www.westlaw.com。

如果一国的信托居民规则允许信托无须成为其税收居民即可在其境内实质运营，这种情况的出现可能是因为该国对外国信托的认定门槛较低(或认定信托居民的门槛较高)，或者是因为该国遵循新西兰的做法，基于委托人居民身份来确定信托居民身份(第 4.2 节)，此时上述第三方面的理由最为充分，效果最为明显。

新西兰政府于 2017 年 7 月宣布将落实建议 5.2，并根据本国情况作出相应调整，包括当信托引入居民受托人会导致委托人或者受益人的不征税时,对该信托来源于外国的所得征税。[443] 这一政策已经成为两党的共识,即使是 2017 年 9 月大选导致政党更迭,这一政策的效力也不因此减损。[444]

很明显,BEPS 行动计划 2 报告并非基于信托征税问题的推动。该报告所讨论的混合错配相关建议可能适用于信托的,将在第 7.3 节进行概括性总结,该建议考虑了信托相关税收管辖权的相互影响。

7.3 综合分析

7.3.1 概述

如果各国能够独立或合作打击信托税制漏洞和错配现象,情况会是怎样? 本节提出了一个针对信托税的国内法设计建议,以期确定税收管辖权重叠在何处可能导致无意的双重征税,税收管辖权缺漏重叠在何处可能导致无意双重不征税,以及如何通过合作或单边保护措施避免这些问题。为此,本节综合分析了本章(第 7.2.1 节)

---

[443] See New Zealand, Cabinet paper: BEPS – Addressing Hybrid Mismatch Arrangements (http://taxpolicy. ird. govt. nz/publications/2017 – other-beps/19 – cabinet-paper-hybrids,2017 年 7 月 13 日访问); See also Minister of Finance, Bill English, Minister of Revenue, Michael Woodhouse, *Addressing Hybrid Mismatch Arrangements*: *A Government Discussion Document* (IRD, September, 2016) [7.28], [7.29]; Inland Revenue Department, *Base Erosion and Profit Shifting – A Summary of the Key Policy Decisions* (2017) http:// taxpolicy. ird. govt. nz/sites/default/files/2017 – other-beps-decisions. pdf (at 27 December 2017) p.7.

[444] 建议 5.2 于 2019 年 4 月开始实施。在编写本书时尚未出现这一方面的立法。第一阶段的反 BEPS 立法[2018 年《应对税基侵蚀和利润转移法》(新西兰)] [Taxation Neutralising Baw Erosion and Profit Shifting Act 2018(NZ)]并未解决这一问题。

所述的潜在信托错配问题、BEPS 针对混合错配的行动,以及先前章节中相关国家处理信托税问题的经验及结论。

避免无意双重征税的同时避免无意全球不征税的目标在信托跨境税收等复杂领域是一个极大的挑战。这主要是因为信托易变的性质,不同国家的信托税理论及规定不同,在税法项下确定特定信托所得的所有人存在困难。各国一般会主张较为广泛的税收管辖权以应对避税行为,这一举措将不可避免地导致税收管辖权重叠。同时,除非主动采取行动来弥合缺漏,否则税收管辖权重叠缺漏问题也将一直存在。这意味着同一国家的某些征税权优先于其他征税权。

(信托所得)最终所有人的居民国税收管辖权与所得的来源地税收管辖权具有很强的税收政策基础。一国不会轻易放弃这些税收管辖权,除非税收协定规定另一国具有优先税收管辖权,或为了其居民能够根据协定享有互惠待遇而作出让步。此外,如果一国主张一项更具有实质性的税收管辖权,则那些利益关系较小且仅为防止 BEPS 的国际合作目标而主张的税收管辖权应该退居其后。在这两种极端的情况之间,征税国存在一系列出于自我保护的征税主张:最终所有人可能无法确定,但此人大概率是该国希望通过居民税收管辖权进行征税的人,并将采取措施以防止递延纳税、逃税或避税。这样涉及的范围太广,且各国对此种征税主张作出妥协的意愿因国而异,因事而异。但是原则上可以说与其清晰明确的优先征税权相比,各国更倾向于放弃此类征税主张。同时,此类征税主张中的某些主张与优先征税权形成了(较其他同类主张)更密切或有力的配合。

第七章 国际税收

这意味着税收管辖权存在优先顺序,[445]一个较强的征税主张不会让位于一个较弱的征税主张。但是,如果一个潜在的较强征税主张没有被提出,或所有较强的征税主张都被规避,较弱征税主张的行使将有助于实现防止无意不征税的目标。避免双重征税意味着,如果确实存在税收管辖权重叠,一个较弱的征税主张一般需要让步。这并不是说一个或许仅为保护本国税基而具有较弱征税主张的国家有法律义务作出让步——各国享有税收主权——但一国基于与他国之间的往来,考虑到本国经济利益、政策和预期,会倾向于在协定和大部分情况下的单边措施中放弃较弱的税收管辖权。

税收管辖权优先顺序的原则必须符合国际税收秩序的税收逻辑、征管实践以及国际关系的实际情况。非税法定产权(non-tax legal title)的问题不应在这种情况下占主导地位,因为征税的主要目标是经济和社会。[446]

协定被证明是构建税收管辖权顺序的一种有用但不全面的工具。协定已经在各国具有共识且便于一国确认在另一国相应税务处理的情形下发挥了消除重叠征税权的作用。

除了税收管辖权优先顺序之外,还需要保持税收规则的内在一

---

[445] 惠勒(Wheeler)在 *The Missing Keystone of Income Tax Treaties* 一书的第4.7.1节中承认了这种优先顺序的重要性,见注释39。

[446] 信托、委托人和受益人归属的国际优先级设置需要考虑一系列因素。惠勒对该问题的处理比本书的提议更重视法律上的所有权,特别是在委托人税收方面。但是,这与一般委托人归属规则的历史和目的不一致,至少在美国和英国是如此(第2.2节)。税制的横向公平和经济效率取决于它的经济社会运行背景。完全依据法律事实(legal fact)来运行的税制不符合它原本的目的。[Prebble, *Income Taxation*, 注释38; John Prebble, *Philosophical and Design Problems That Arise from the Ectopic Nature of Income Tax Law and Their Impact on the Taxation of International Trade and Investment*, 13 Chinese Yearbook of International Law and Affairs 111(1995)] Prebble, *Ectopia*, 注释38。

致性，例如，如果将信托所得归属受益人或透明实体中其他参与人，那么也应一致地将信托的应税存在归属信托的受益人或者归属透明实体的其他参与人，并在避免无税收居民身份和双重信托居民身份方面采取一致可行的方法。

对信托所得的税收管辖权类别如表7.1所示，第7.3.2节将对此作进一步论述。税收管辖权的属性是指示性而非严格的，总共可以分为四类：来源地税收管辖权，通常被认为具有最强的优先性；一般税收管辖权的境外效力，通常反映优先征税主张，但不如来源地税收管辖权那样强烈；特别的出境税收制度中以居民为基础的管辖权，通常具有防御性并可能体现出反避税或反递延纳税的考虑；其他不属于上述类别的反税基侵蚀和利润转移措施。分类中征税主张的强度在逐步减弱，但存在限制性条件，即一国在没有获得令人满意的保证和确信不属于避税的情况下可能不愿放弃出于反避税目的的税收管辖权或事实上拒绝作出让步。个案中特定的主张顺序并不意味着优先权顺序。在某些情况下，征税要求可能并不存在冲突，因此也就不存在优先顺序问题；在另一些情况下，恰当的优先顺序也会存在争议。

表7.1 税收管辖权概述

项目		税收管辖权	领域/BEPS 行动计划2	地位
来源地税收管辖权（入境）	1	来源地	—	优先
	2	应税存在	内在一致性	优先
	3	信托作为来源	—	优先

续表

项目		税收管辖权	领域/BEPS 行动计划 2	地位
一般税收管辖权的境外效力	4	委托人	委托人归属	优先
	5	受益人	差别透明(参见分配);所得项目分配;实体的分类;委托人归属	优先
	6	信托实体	(同上)	自我保护/优先
特别的出境税收制度	7	受益人	CFC;FIF;建议 5.1	自我保护
	8	委托人	委托人归属;建议 5.1	自我保护
	9	信托实体	信托居民;建议 5.2	合作
其他反税基侵蚀和利润转移的措施	10	拒绝扣除	建议 4;建议 3 和建议 6	合作/自我保护

7.3.2 来源地税收管辖权

针对非居民的来源地税收管辖权[447]事实上是排在第一位的,因为通常是来源地国首先对跨境所得征税,除非来源地国根据协定放弃了这一管辖权。

(1)**来源地**:征税国可以基于所得存在本国来源而享有征税权。DIR 所得和由创收资产所在地征税的所得(如从不动产或土地中获取所得和相应的资本利得)通常属于这种情况。一些国家还会基于

---

[447] 参见第 2.4 节(委托人)、第 3.2 节(受益人)和第 4.3 节(信托)。

所得来源对销售收入征税,而不要求有应税存在。

除非与位于来源地国的应税存在相关,否则来源地国对DIR所得通常按毛所得税基征税。某些类别的DIR所得可能比由居民取得时的税负更轻,甚至存在零税率或接近零税率的情况。根据BEPS行动计划2报告的术语,以这种方式征税的所得并不"包含在一般所得中"。[448] 来源地国是否将某一主体认定为外国可归属纳税人视情况而定,如信托是否为其税收居民、是否存在协定优惠等情况。被调研国家通常规定DIR信托所得可归属某一特定受益人。[449]

其他类型所得(如租金或销售收入,后者按来源地征税且不需要应税存在时)通常按净额征税,并可能在来源地国归属特定的非居民受益人或委托人。对资本利得一般按净额征税,且通常会受到OECD范本中资本利得条款中对来源地征税的限制。[450]

(2)**应税存在**:对与非居民纳税人当地应税存在有联系的所得行使来源地税收管辖权时,通常适用净所得税基。这一点在对与当地经营活动有联系的销售收入和资本利得征税时最为明显,也包括一些其他类型的所得,如(与当地经营)存在联系的DIR所得。还可能包括源于第三国且已经在来源地国缴税的所得,东道国可能会也可能不会对其提供单边减免。如果东道国将所得归属非居民受益人而没有将信托层面的应税存在归属非居民受益人,可能会出现违背内部一致性的情况;对DIR所得的征税可能恢复为对没有应税存在的

---

[448] 参见BEPS行动计划2报告建议12。
[449] 参见第3.2.4节的相关论述。
[450] 同时应注意英国对资本利得适用的境内/入境规则仅适用于信托(第3.2.5节和第A.1.1.2节),以及澳大利亚对跨境资本利得征税的特别设计(第3.2.5节;Brabazon, *Trust Gains*,注释35)。对于后者,澳大利亚需要承担代价。

非居民征税时适用的税基和税率。[451] 除非通过其他的错配方式来逃避居民税收,否则这一问题只与东道国有关。

(3) **信托作为来源**:在某些情况中,信托本身可能就是所得来源。

如果一国将源于居民信托的分配视为税法所得(这通常出现在一国采用限制性范式对信托所得进行受益人归属的情况中),则该国会对非居民受益人的分配所得以来源地为基础征税。这意味着一个双层税收机制,比如在英国,信托分配被认为具有所得性质,而并不仅仅代表已经归属占有权益(interest-in-possession)受益人的信托所得的传递(delievery)。当一国既基于所得来源对信托所得征税,又对受益人随后的分配征税时,如果不调整该国对分配的征税权,即使不考虑受益人居民国的征税,也将会产生严重的经济性双重征税。根据英国成文法规定会产生这样的效果,但很多成文法上的处理都被法律外优惠措施规则架空,该规则对于部分原始信托所得适用了透明的准归属范式(优先于通常实体范式)。[452]

一国也可以在受益人不是本国居民时,将居民信托的受益人归属所得视为有本地来源,加拿大采取了这一做法。[453]

至少在居民受益人和非居民受益人的处理相同时,来源地国被视为享有优先的税收管辖权。

7.3.3 一般税收管辖权的出境适用

当一国适用于纯境内情形的一般税收规则,与税收居民就全球

---

[451] 参见第3.2.4节、第3.2.6节和GE Capital Finance Pty Ltd. v. FCT (2007) 159 FCR 473; 9 ITLR 1083。

[452] 参见第5.3.2节和第5.3.4节中与ESC B18和SP 3/86相关的内容。

[453] 参见第3.2.1节和注释167。

所得纳税的一般性前提相结合时,就具有了出境影响。信托的境外所得可能根据上述一般税收规则归属居民委托人、受益人或信托而被征税。

（1）**一般委托人征税的出境适用**。一般委托人征税的出境适用可参照美国和英国的税制。在这两个国家,一般委托人归属规则优先于并取代对受益人或信托的归属。这反映了这样一种观点,即信托财产和赋予信托的其他经济价值即使由委托人所让渡,基于对其经济收益(economic yield)征税的目的,依然应被视为属于委托人,这种征税设计反映了初始居民税收管辖权的最高优先级。[454] 除此之外,这两个国家之间的现行协定颠倒(reversed)了优先顺序。[455] 还应注意的是,英国的委托人征税还伴有求偿权(indemnity),即允许委托人将根据委托人的居民身份确定和按照委托人税率计算的税负转移给信托承担,或者转移给(在某些情况下)收到委托人归属所得的受益人承担。更重要的是,如果一国没有对委托人行使任何税收管辖权或将其委托人归属劣后于受益人归属,那么不能认为该国将这种征税权视为具有第一顺序的优先征税权。[456]

优先征税权问题隐含体现在是否对归属委托人的信托所得所负担的境外征税提供双重征税减免当中,特别是在该外国税是对信托或受益人征税时。美国和英国均通过其外国税收抵免规则来处理这

---

[454] 参见第2.1节、第2.2节和第2.3节。

[455] 《2001年英国—美国协定》第24条,要求受益人居民国对同一信托中委托人的居民税收予以抵免(译者注:协定原文规定委托人居民国应就同一信托中受益人的居民税收给予抵免,此处为作者笔误)。这一条款进一步考虑到了第8.3.13节提到的居民国与居民国归属冲突。

[456] 对比新西兰的委托人规则(第2.5.3节),该规则将受益人归属放在首位。

一问题,但是具体规定有所不同:

①美国允许对信托或委托人的境外税收进行抵免,但没有规定委托人可以用受益人的已缴税款进行抵免。[457]

②英国的单边外国税收抵免规则对纳税人身份是否一致不作要求,只要两国均"依据"同一项所得或利得"计算"征税即可,不需要满足严格的所得同一性条件,但要求所得需要在征税国内产生或积累。[458] 这样看来,对信托、受益人或委托人的征税都是可用来抵免的。

对同一笔所得,如果一国适用委托人归属而另一国适用受益人归属,那么两国税收管辖权的优先级需要由两国国内法和可适用的协定来共同回答并保持一致。然而,两国选择哪种管辖权应该优先并不重要,重要的是两国选择的一致性。

如果一般委托人归属规则适用于非居民委托人的境外所得,那么这一所得不会被征税:信托将仅仅被视为导管。如果受益人归属和信托归属也被取代,[459] 且委托人所在国在相同事实情况下不存在相应的委托人归属规则,则会产生双重不征税的结果(除了来源地征税之外)。相反,如果委托人所在国对委托人征税而受益人或信托所在国将同一所得归属其本国居民,除非其中一国给予免税或抵免,否则将导致双重征税。因此,本书建议采取以下应对措施:就境外信托所得不对非居民委托人适用委托人归属(第2.4节),并且通过单边

---

[457] 参见第2.5.1节,注释119和IRC s 901(b)(1)–(4)。

[458] 参见第2.5.2.3节、第3.3.3节和TIOPA s 9(1),(2)。

[459] 就像IRC第672条第(f)款第(2)项保留了美国将境外所得归属于境外委托人的权力。

措施或协定,对居民受益人或居民信托根据(委托人所在国)一般委托人归属规则承担的境外税收提供减免(参见第3.3.3节、第3.4节和第4.4节)。

(2)**一般受益人征税的出境适用**。这是采用受益人归属广义范式(wide paradigm)的国家(澳大利亚、美国、新西兰)对信托所得当期征税的主流范式,这对采用狭义范式的国家也很重要。除非存在协定的税收减免措施,否则归属冲突会导致国际双重征税;信托被作为反向混合实体的情况下,消极归属冲突(第6.3节)会导致双重不征税。同样重要的是,如果协定一方并不认为主体所得应由其征税,那么协定不会限制协定另一方的征税。[460]

采用狭义受益人归属范式的国家通常会将居民受益人源自居民和非居民信托中的分配所得视为税法所得。但无论一国在境内情况中采取何种观点,不论其采用广义或狭义的受益人归属范式,重要的是非居民信托或原非居民信托向居民受益人的分配,如果来源于迄今为止在任何国家都逃避了实质征税的信托所得,则这一分配应被认定为受益人的所得。[461] 否则,信托所得将有可能流回本国而无须受益人所在国对此确认与征税。除此之外,如果信托所得当期已经被实质性征税,被确认的分配收益又在没有考虑先前征税的情况下被完全征税,那么将导致经济性双重征税。上述分析强调了这样一种观点:一国对分配行使居民管辖权征税需要在信托层面同时确认所得和(先前)征税,这些内容对出境受益人归属同样重要。

---

[460] 这已经被OECD范本的透明实体条款规避,详见第八章。
[461] 英国认为,分配必须在作为接收方的受益人处具有所得的特征才能被视为受益人税法上的所得,因此不会导致这一问题。

（3）**一般信托征税的出境适用**。根据一国的一般信托税收规则将信托所得归属信托本身,如果上述规则中存在委托人归属,则这一归属模式劣后于委托人和受益人归属。特别是在采用广义的受益人归属范式时,信托归属仅适用于那些无法在透明归属中被恰当处理的所得项目。因此这只是一个后备选项。在澳大利亚和美国,居民信托被视为未经确定且推定的居民受益人的代理被征税;在新西兰,则被视为居民委托人的代理被征税(第6.4节)。英国居民信托的实体征税,即使在法律上是最终税,但因为分配时通过税池制度或法律外优惠措施进行调整,也使其与受益人的非最终预提税类似。[462]

这些特征表明,在跨境情形中,所得归属信托的税收管辖权弱于归属至委托人或受益人的税收管辖权。除此之外,如果一国将特定所得归属信托但另一国将同一笔所得归属委托人或受益人,说明前一国已经决定不采用委托人归属或者受益人归属。由于另一国采取了不同的所得归属范式,所以将所得归属信托的国家(前一国)需要一些合理理由延缓行使税收管辖权。还有一个关于"第一口"(first bite)的观点:信托所得最初是由信托取得的,从实践角度看,信托所在国对该所得的征税可能先于受益人或委托人所在国的征税。在处理透明实体与其参与人之间关于居民国与居民国归属冲突的少数协定争议案例中,虽然所涉协定中处理透明实体的条款通常规定实体征税具有优先性,但实际上一些案例认为实体征税具有优先级,而另

---

[462] 参见第6.4节,注释376。

一些认为参与人税收更优先。[463]

7.3.4 特别出境机制

在一国居民与境外所得有间接或潜在利益联系,并且根据该国的一般国内税法规则可能无法将这一所得归属该居民时,该国可能会采用特别的出境归属规则来保护本国税基,以避免递延纳税或避税现象。这一问题在信托中尤为明显,因为受托人可以决定最终受益,而这一决定可以推迟很长一段时间,在此期间原始信托所得可以在信托内部完成资本化或转换形式,因此很难识别为以后的受益提供经济支持的早期所得的性质。另外,当委托人所在国的一般信托税规则导致归属异常的情况发生时,特别出境规则,尤其是出境委托人归属规则,同样具有合理性。在国内情形中,所得可以被充分征税,因此即使从政策角度来说所得并未被归属完全"正确"的人,归属异常也不会产生实质影响;但当所得源于境外,同时根据一般信托税规则归属的"错误"纳税人是非居民,而"正确"纳税人(特别出境规则中的适用主体)是居民时归属异常会变得非常严重。[464] 后一种情况类似于优先税收管辖权,尽管在其没有被并入(在境内情形中同样适用的)一般国内法规则时,其他国家可能不愿意承认这一点。

(1)**出境受益人归属**:当期信托所得的出境受益人归属可以通过多种方式尝试或实现,如 CFC 规则[465] 和 FIF 规则,但这不属于本书

---

[463] 《2001 年英国—美国协定》第 24 条;《2009 年澳大利亚—新西兰协定》第 23 条第 3 款,对比 Explanatory Memorandum, International Tax Agreements Amendment Bill (No. 2) 2009 (Cth) [2.318] – [2.322],下文将通过协定避免因居民税收管辖权冲突而导致的双重征税问题作进一步论述(第 8.3.13 节)。

[464] 例如,可以参见英国议会对海外资产转移规则的最初说明(注释 130)。

[465] 最明显的是,通过信托持有外国公司的权益,而该公司的收入却不被认定是信托所得。

讨论的内容。对于通过具体信托规则尝试进行出境受益人归属,除了能通过广泛的受益人归属规则以一种较为明确和简单的方式实现之外,还没有发现任何能够规制酌情信托受益人的方法。BEPS 行动计划 2 建议 5.1 是这一思路的体现,但通过特定信托出境归属规则实现这一目的是否比 CFC 规则和 FIF 规则更便利仍然存疑。[466]

出境受益人归属规则也可能适用于信托收益分配,该分配被定性为税法所得。特别是受益人所在国因为对当期信托所得适用广泛的受益人归属范式且对信托按较高税率征税从而不对境内信托分配征税时,对分配征税是一项必要的国际税收补充措施,因其能够对居民取得的信托分配(广义来说)征税,而分配所涉的境外信托层面所得先前在受益人所在国未被征税(第五章)。这种征税方式具有真正意义上抵消税收套利收益的能力,尽管并不完美。除非所得最初产生于一个零税或低税的税务辖区,否则这种方式将趋于复杂化,并且具有产生经济性双重征税的明确趋势。各国对原始所得所负担的外国税收的双重征税减免的态度各不相同。[467]

(2)**出境委托人归属**:委托人归属规则是防止居民所得递延纳税、避税和逃税(否则这一所得将在低税率税务辖区的信托中累积同时避免受益人归属)的重要手段。特别出境委托人规则可能被视为一种税基保护措施,其基础是信托的价值以及其所得最终会回到委

---

[466] 参见第 3.3.1 节。澳大利对于封闭型境外信托的出境受益人归属规则(视同现时权利规则规定在 ITAA 1936 ss 96B,96C)于 2010 年被废止,及其 FIF 规则(参见注释 193)。政府建议用境外累积基金(foreign accumulation fund rules)规则代替 FIF 规则,目的在于涵盖信托中的权益 [See M. L. Brabazon, *Tolerating Deferral*:*Australia's Proposed Foreign Accumulation Fund Rules*,39 Australian Tax Review 205(2010)]。然而,因该替换规则设计不当,该提案被废止。

[467] 参见第 5.2.2 节和第 5.3.3 节。

托人所在国的某人手中的概率推断,这种推断并没有在成文法中表述,但是可以在其他一些地方体现。[468] 如前所述,[469] 这些措施也可能被视为优先征税主张的体现但其并未包含在一般归属规则中。

BEPS 行动计划 2 报告中的建议 5.1 主张适用离岸投资制度,其中可能包括委托人归属规则。如果按照第 7.2.2.1 节中建议的方式实施,委托人所在国会就未归属信托或受益人所在国且完全征税的信托所得进行归属并征税。在被调研的国家中,出境委托人归属机制通常不以这种方式构建;在一些方面该机制的适用范围更广,但在另一些方面(特别是考虑到其他国家的相应税收处理)适用又更窄。

出境委托人规则不可避免地存在双重征税的风险,特别是在另一国基于一般受益人归属规则对同一笔所得或其支持的相应分配征税时。被调研国家之间就是否承认境外税收方面存在相当大的差异。前面已经提到了美国和英国的立场。[470] 澳大利亚采用了一种不同方式,其转让人信托规则中包含了自己的减让规定。这一减让取决于包括所得类别在内的相关事实以及另一国(征税国)是否属于澳大利亚列举的 7 个"列举"国家之一,已在境外缴税的所得可能会被排除在归属机制之外(比税收抵免更有利),或者已在境外缴纳的税款可能会从归属的所得中扣除(不如抵免有利);这些规则对外国纳税人身份不作要求。[471]

(3)**出境信托归属**:如果一个信托不被任何国家认定为居民,信

---

[468] 参见第 2.5.1 节(澳大利亚、美国),注释 112 及相关论述。
[469] 参见注释 464 及相关论述。
[470] 参见注释 457、458 及相关论述。
[471] 参见第 2.5.2 节,注释 120 和 ITAA 1936 s 102AAU。

托归属所得将不会基于居民税收管辖权被征税。这是关于无税收居民身份信托的问题(第6.3节),这导致了在没有减损任何国家的税收的同时,实现了全球避税。BEPS行动计划2报告中的建议5.2提出了一项合作策略(第7.2.2.2节)。该建议在信托背景下的实质是,对于可能规避完全净所得税基征税的信托所得,与该信托具有某种类似居民身份联系但该联系又达不到通常对居民身份要求的国家,应将该信托视为其居民,将该信托所得归属信托并对其征税。[472]

打击基于信托居民身份套利的方式有很多。迄今为止,最可行的是委托人归属规则(但其不能涵盖所有情况,并且在委托人去世后不具有可操作性)以及分配征税规则(难以监管、常常被规避、无法规制未汇出的累积收益)。上述合作规则是BEPS行动计划2的主要贡献之一。

7.3.5 其他反税基侵蚀和利润转移的措施

BEPS行动计划2中提出的其他措施通过拒绝原本可以获得的扣除来应对利用信托进行的错配。BEPS行动计划2报告中的建议4是一项合作措施,该措施主要关注串通(witting)或者关联的向信托支付所得的支付人,而在支付人所在税务辖区允许该支付的相关扣除。该报告中的建议3和建议6的适用范围也有限。这些内容与本书主题相去甚远,因而不再赘述。[473]

7.3.6 小结

本节(第7.3节)的概述针对基于信托的税收套利提出了合作预

---

[472] 如前所述(第7.2.2.2节),该建议中要求错配的当事方应为同一控制集团的成员,这一要求在捐赠、封闭型或无居民身份信托中略显多余。

[473] 关于此问题的进一步分析可参见Brabazon, *Trusts as Hybrids Entities* 一书,注释431。

防措施。在各个层面上,都应当考虑一国是否具有适当的规则来防止无意的双重不征税,该规则是否与该国税制的其他部分相兼容,并在考虑了其他国家潜在征税主张的性质和相对优先顺序之后,该规则能否避免无意的双重征税。

概述仅为指引而非解决方案。一国是否存在类似规则?如果没有,其是否应在考虑本国税制原则以及本国与全球税基侵蚀的风险的基础上,设立相关规则?现行规则或拟议规则能否协调一致地适用于信托所得?该项规则是否足以保护一国行使来源地税收管辖权的优先利益,或保护一国直接或间接对其居民所得(这一所得是为实现居民目的或由居民受益)进行征税的权利?这项规则是否足以保护一国税基免受信托套利的侵蚀?这项规则是否足以为应对全球税收套利提供合作支持?当另一国对同一笔所得或原始所得提出征税要求时,基于对各国间的国际关系及征税主张,以及保持国际税收秩序和国内税制完整性的考虑,单边措施或协定规则能否协调重叠的征税主张?在平衡征税主张的过程中,与理论上的最优解决方案相比,各国达成一个合理且稳健可行的解决方案及优先顺序可能更重要。协定或许有助于这一目标的实现。

本书的建议比 BEPS 行动计划 2 报告中的建议的规范性更弱,后者是国际对话的产物,暗含参与国之间在某种程度上的同意和共识,其力求在国家税收主权、各国信托相关税制的相互影响,以及希望各国对有害税收套利采取应对措施的国际税收规范之间取得平衡。

第八章 协 定

本章结合对混合和透明实体取得/通过或来自这些实体的所得征税的最新动态,讨论了协定对信托取得/通过信托取得/源自信托取得的所得的国际税收方面的影响。[474] 通过这种讨论,本章试图确定在涉及协定的情形下,双重征税(法律上的或经济上的)在多大程度上得到了或者可以得到有效的减免,以及协定在多大程度上会被利用以产生无意的不征税。

第8.1节概述了透明实体条款(transparent entity clause)发展的历史和产生的政策背景,以及在2017年OECD范本增加的有关条款。第8.2节讨论协定适用的先决问题以及信托为协定之目的成为税收居民的资格问题。第8.3节作为本章的主要内容,讨论协定对

---

[474] See M. L. Brabazon, *Application of Treaties to Fiscally Transparent Entities*, in Richard Vann ed. ,Global Tax Treaty Commentaries IBFD, IBFD, last updated 2018. 作者在《全球协定注释》(*Global Tax Treaty Commentaries*)中对相应更宽泛主题进行了分析,本章将重点放在信托这个更具体的问题上,并特别参考被调研国家的法律和缔结的协定进行分析。因此,本章的处理范围也相应限缩,在此基础上注重细节讨论。《全球协定注释》在涉及透明实体的问题上讨论更为广泛。

信托所得归属信托本身、委托人或受益人的当期税收的影响。本节在 OECD 范本透明实体条款的基础上进行分析,特别考虑了透明实体条款与委托人归属制度的相互作用及信托差异透明度问题。本节同时也考虑了信托常设机构及商业结构的归属,信托所得的受益所有权,公司参股股息(participation dividend)的承认等特殊信托问题。最后,本节讨论了居民国协定减免及迄今为止未解决的居民与居民归属冲突的问题。第 8.4 节讨论了分配作为来源于信托的所得对其进行的征税在协定项下可能受到的影响,包括对于跨境分配给予的单边税收减免导致协定滥用与无意的不征税的可能性。第 8.5 节概括了本章的主要结论。

本章的较多内容涉及透明实体条款、保留条款及 2017 年 OECD 范本新增的双重税收减免条款中居民获得税收减免权利的附加限制(parenthetical qualification),新增条款的内容见表 8.1。[475]

表 8.1 OECD 范本(2017)第 1 条第 2 款、第 3 款,第 23 条的补充

第 1 条 2. 在本协定中,按照缔约国任何一方的税法视为完全透明或部分透明的实体或安排,其取得或通过其取得的所得应视为缔约国一方居民取得的所得,但仅以该缔约国一方在税收上将该所得作为其居民取得的所得为限。 3. 本协定不应影响缔约国一方对其居民征税,但根据第 7 条第 3 款、第 9 条第 2 款、第 19 条、第 20 条、第 23[A][B]条、第 24 条、第 25 条、第 28 条的规定所给予的优惠待遇除外。 第 23 条 A 款(1)、(2)项,第 23 条 B 款(1)项 ……[仅由于该所得也被认定为缔约国另一方居民取得的所得(或者仅由于该财产也是由缔约国另一方居民所拥有的财产,而按照本协定规定允许缔约国另一方征税的情况除外)]……

---

[475] 分别为第 1 条第 2 款,第 1 条第 3 款,第 23A 条第 1 款、第 2 款及第 23B 条第 1 款的补充。方括号中的文字仅出现在第 23A 条第 1 款和第 23B 条第 1 款关于对资本征税的条款中。

8.1 历史和背景

国际税收涉及各征税国的国内法律、各纳税人的身份和可能适用的协定条款之间的相互影响。一国可能将自己视作某一取得所得的个人或实体的居民国（R），或者所得的来源地国（S）。信托层面的所得可能归属信托本身或者归属作为委托人或受益人的信托参与人，该所得被认为是由信托取得或通过信托取得。如果信托在税法上被视为不透明，其分配的信托所得可能被认为是来源于信托并作为受益人的所得被征税。

图 8.1 展示了可能存在的来源地国—居民国关系，及相应的可能存在的来源地国与居民国之间的协定。在 8 个可能存在的相关协定中，有 7 个协定与当期信托所得相关，还有一个协定与分配所得相关。[476]

---

[476] S1 和 S2 与第 7.3.2 节的情形 1 和情形 2 相对应。作为 S2 准居民的常设机构可适用的 S1 – S2 协定在此处未予考虑。然而，居民国与 S2 之间的协定中的非歧视条款可能要求 S2 就 S1 的征税给予与本国居民相同的双重税收减免：OECD 范本第 24 条第 3 款；参见 OECD 范本第 23 条注释第 10 段，第 24 条注释第 67～72 段。OECD 范本第 23 条注释第 11 段还考虑到对于并非双方居民拥有的常设机构的税收问题，主管当局可依据 S1 – S2 协定第 25 条第 3 款进入相互协商程序。根据欧盟法，情况更加复杂，设立自由（freedom of establishment）要求成员国对另一成员国居民的本地常设机构提供不低于东道国本国居民的待遇 [See Marjaana Helminen, *EU Tax Law – Direct Taxation – 2017*（Online Books IBFD, 2017） § 2.1.3.4, § 2.2.5.2.1; Compagnie de Saint - Gobain, Zweigniederlassung Deutschland *v.* Finanzamt Aachen – Innenstadt（Case 307 – 97）（1999）ECR I – 6181]。

如果将 S1 和 S2 合并的话，可能的来源地国—居民国协定的数量将会减少为 3 个。

3 组居民国—居民国关系及相关协定见图 8.2。[477]

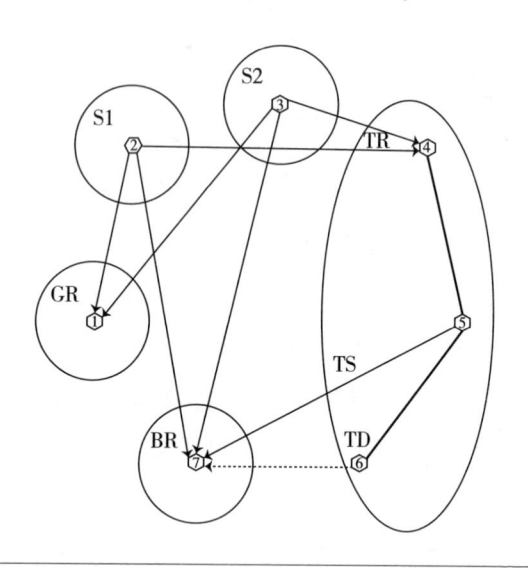

注：
① 委托人居民国(GR)
② 信托所得优先征税来源地国(S1)
③ 常设机构或相似来源地国(S2)
④ 信托居民国(TR)
⑤ 信托作为当期所得的来源地国(TS)
⑥ 信托作为分配所得的来源地国(TD)
⑦ 受益人居民国(BR)
实线箭头表示对信托所得可适用的来源地国—居民国协定，
虚线箭头表示对分配可适用的来源地国—居民国协定

图 8.1　来源地国—居民国协定

---

[477]　不考虑委托人，可能的 S-R 协定的数量为 6 个(或 4 个)，而可能的 R-R 的数量为 1 个。

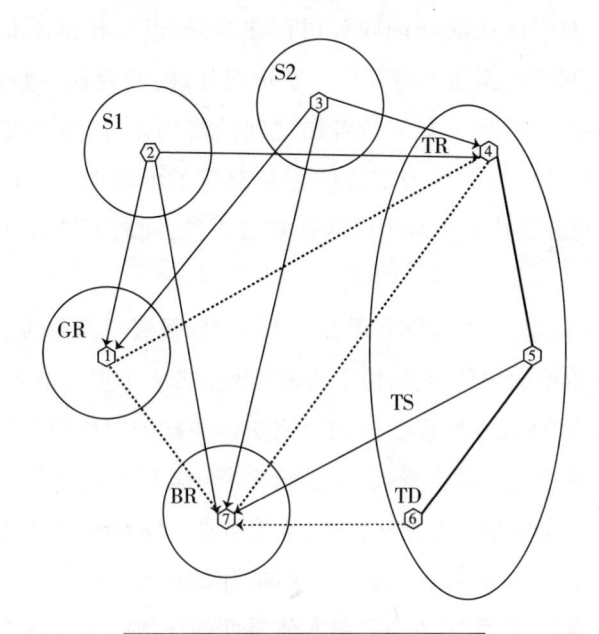

第八章 协定

注：
① 委托人居民国（GR）
② 信托所得优先征税来源地国（S1）
③ 常设机构或相似来源地国（S2）
④ 信托居民国（TR）
⑤ 信托作为当期所得的来源地国（TS）
⑥ 信托作为分配来源地国（TD）
⑦ 受益人居民国（BR）

图 8.2 居民国—居民国协定

信托相关所得的税收政策与制度选择关乎受益人或其他参与人与产生所得的经济活动之间介入的实体，在协定语境下也是如此。[478]

---

[478] 基于协定项下对于非公司实体的政策与历史的一般考量，见 Brabazon, *Treaties and Transparent Entities*，注释 474，§1.1（政策），§1.2（历史）。

税法项下对于信托的处理同公司存在差异,但信托也不是完全透明的。被调研国家通常将其作差别透明处理,或者在一些情形下,将他们的所得归属委托人。各国之间的规则差异,尤其是关于归属问题的差异,为混合型实体的存在制造了可能性。在这些情形下,协定的恰当功能是避免或减轻双重征税,同时不造成无意的不征税。[479]

近 30 年来,透明实体和混合实体在国际投资与商业活动中扮演着越来越重要的角色,它给协定的国际体系带来了重大挑战,这导致 2017 年 OECD 范本增设了一项透明实体条款予以应对。[480] OECD 当前路径在很大程度上受到 20 世纪后半叶美国协定政策的发展方向的影响。美国协定对合伙企业、信托和遗产(estate)适用不完全居民理论(partial residence theory)。1996 年的透明实体条款取代了不完全居民条款,透明实体条款将实体层面的任何所得都认定为税收居民的所得,因此可以享受被缔约国税法承认的本国居民所得所能够享受的协定待遇。[481] 通过这一精巧的设计,协定待遇与居民国对某一所得的税法归属紧密相连。

1999 年 OECD《合伙企业报告》的一般原则与透明实体条款产

---

[479] 见第 7.1.6 节;Brabazon,*Treaties and Transparent Entities*,注释 474,§1.1(政策)。BEPS 行动计划,*Preventing the Granting of Treaty Benefits in Inappropriate Circumstances*,*Action 6*:*2015 Final Report*(2015),重申了协定不应成为无意的不征税的工具;同见 OECD 范本序言(2017 年更新)。

[480] See Brabazon,*Treaties and Transparent Entities*,注释 474,§1.2。

[481] 1996 年 US 范本第 4 条第 1 款(d)项;2006 年 US 范本第 1 条第 6 款。在 1996 年 US 范本中,这一条款被规定在税收居民条款中,这反映出了本条款是从早期的不完全居民概念中发展而来的。2006 年,该条款在没有改变措辞的情况下改变了其在 US 范本中的位置,这表明一种正确的看法,即该条款确实涉及更广泛的协定适用问题。OECD 范本中透明实体条款的表述与 1996 年 US 范本中的条款几乎没有差别。

生的效果相似——在必要时来源地国应当承认居民国对于某一所得的归属,同时在满足协定其他条件的情况下,给予协定待遇,但是来源地国无须调整本国对所得归属和协定资格的认定。[482] 表 8.2 总结了《合伙企业报告》一般原则的实施。[483]

表8.2 《合伙企业报告》的一般原则

案例	S	E	R	协定
1	T	T	T	S-R
2	N	T	T	S-R
3	T	N	N	S-E
4	N	N	N	S-E
5	T	N	T	S-R,S-E 的较低者
6	N	N	T	S-R,S-E 的较低者
7	T	T	N	无
8	N	T	N	无

资料来源:转载自荷兰国际文献财税局于 2018 年出版的理查德·范恩等著《全球税收协定注释》,马克·布拉巴松《税收透明体的协定适用》[M. L. Brabazon, *The Application of Tax Treaties to Fiscally Transparent Entities*, in Richard Vann ed., *Global Tax Treaty Commentaries IBFD* (IBFD online,2018)]。这一表格最初由悉尼大学法学院的理查德·范恩制作,作为其协定教学材料的一部分。本书用 E(entity) 替代了 P(partnership),并经其同意后转载。

---

[482] 《合伙企业报告》[52],[53],[56],[57];OECD 范本第 1 条注释[6.3]-[6.6],第 4 条注释[8.8]。

[483] 缩写如下:S 是来源地国。E 为合伙企业居民国或设立国(如果合伙企业被认为是透明体而因此不应纳税,就不能说它具有税收居民身份)。R 是合伙人居民国。T 意味着相关国家就某一所得将合伙企业视为透明体并将该所得归属合伙人。N 意味着相关国家就某一所得将合伙企业视为非透明体并将该所得归属合伙企业这一实体。"协定"一栏意味着根据有关国家的透明/非透明制度对某一所得进行归属后,应适用的协定。"S-R,S-E 的较低者"意味着 S 通过遵守限制条件更苛刻的协定来同时遵守这两个协定。

这一推演在表 8.3 中再次出现,关于一国是否将某一实体认定为不透明并将相关的实体层面的所得归属该实体("e"),抑或将这一所得归属其参与人("p")。[484] 该表格只考虑了一种类型的参与方,但也仅是不同的方式对同一分析思路的审视。

表 8.3 《合伙企业报告》的一般原则(归属)

案例	S	E	R	协定
1	T/p	T/p	T/p	S-R
2	N/e	T/p	T/p	S-R
3	T/p	N/e	N/e	S-E
4	N/e	N/e	N/e	S-E
5	T/p	N/e	T/p	S-R,S-E 的较低者
6	N/e	N/e	T/p	S-R,S-E 的较低者
7	T/p	T/p	N/e	无
8	N/e	T/p	N/e	无

资料来源:修改自荷兰国际文献财税局于 2018 年出版的理查德·范恩等著《全球税收协定注释》,马克·布拉巴松《税收透明体的协定适用》。

基于合伙企业报告的基本原则构想的双重税收减免,超出了就同一所得向同一纳税人征税的纯粹法律性双重征税的范围,同时它还考虑到了来源地国和居民国将同一所得归属不同纳税人并分别向纳税人征税的协定减免问题。

第二个原则是对第一个原则的限定,即协定不能限制一国对其

---

[484] See Kees Van Raad, *Recognition of Foreign Enterprises as Taxable Entities*: *General Report*, 73a Cahiers de droit fiscal international 19(1988); Richard L. Doernberg & Kees van Raad, *Hybrid Entities and the US Model Income Tax Treaty*, Tax Notes International 745(1999).

第八章 协 定

本国居民的征税,这里暂时不考虑明确限制居民国征税权的条款,如关于免税/抵免的双重税收减免条款。[485] 这与一直作为美国协定政策一部分的保留条款相似:不论是实体或是合伙人在来源地国以及居民国被认定为本国居民,对于缔约国另一方归属其居民所得所征税款,来源地国以及居民国并无提供协定减免的义务。

尽管《合伙企业报告》及相应的 OECD 注释中都没有提及美国的规则,但《合伙企业报告》的确受到了美国透明实体条款和保留条款及相关的美国规则草案[486]的启发,[487]并在其条文中反映了相应条款的逻辑。

除了一个有限的例外,[488]《合伙企业报告》并没有建议对 OECD 范本进行修改,而只是建议修改注释。尽管报告中的原则被参与国广泛执行,但参与国与代表并没有对此达成一致同意,仍有许多国家持保留意见,报告对此记录了重要的少数意见和保留。在 2017 年 OECD 范本修订前,并非所有国家都认为这些原则是对协定范本的正确解释。一个较有影响的学术观点认为应采用自主(autonomous)解释和上下文解释确定 OECD 范本中分配规则(distributive rules)中相关术语的意思,但是关于协定适用资格的判定不能适用上述解释

---

[485] 《合伙企业报告》[127];OECD 范本第 1 条注释[6.1](2000)。

[486] See 62 Fed Reg 35673 (26 June 1997);26 CFR s 1.894 - 1T. 对于临时的拟定规则的历史、政策和实施以及他们与制定法以及美国协定的相互影响,参见 Carol Doran Klein & Diane L. Renfroe, *Section 894*: *Payments to Flow - Through Entities*, 26 Tax Management International Journal 547(1997)。

[487] Danon, *Qualification of Entities*, 注释 12,194;Jacques Sasseville, *OECD Releases Report on Application of Model Treaty to Partnerships*, Tax Notes International 623 (16 August 1999),承认《合伙企业报告》的原则与 1997 年 6 月美国规则草案的结论相近。

[488] 参见 OECD 范本第 23A 条第 4 款的新增,于 2000 年开始实施。

方式。[489]

2015年,BEPS行动计划2报告再次审视了《合伙企业报告》中的原则,并建议OECD范本增设透明实体条款,[490]BEPS行动计划6建议增加保留条款以及对双重征税抵免条款进行概念性修改。[491]这些措施在MLI[492]中以及2017年修订的联合国范本[493]中有相应体现。

透明实体条款与其他绝大多数BEPS的措施都有所不同:毋庸置疑,该条款主要关注无意的不征税问题,但与此同时也意图避免双重征税。这将通过两个方面来实现这一目标:完善《合伙企业报告》,将其原则从注释中的争议观点上升至范本中的明确规定;并将这些原则扩展到合伙企业以外的实体(包括)信托。[494]

上文已经提及,《合伙企业报告》认真考虑过其原则可以同样适用于其他非公司实体,并表明将展开进一步工作使OECD范本可以

---

[489] 参见Danon, *Qualification of Entities*, 注释12; Danon, *Swiss International Trust Taxation*, 注释10,296-362; Danon, *Conflicts of Attribution*, 注释11。

[490] BEPS行动计划2报告建议14,现为OECD范本第1条第2款(2017年更新)。

[491] BEPS行动计划6报告[63],[64],现为OECD范本第1条第3款,并修改了第23A条第1、2款、第23B条第1款(2017年更新)。

[492] MLI第3条第1款——透明实体;第11条(或第3条第3款)——居民国征税权的保留;第3条第2款——第3条第1款规定的居民国双重征税减免(参见第5条第6款)。

[493] 联合国范本第1条(2)、(3),以及第23A条及第23B条的附加修正。

[494] 参见BEPS行动计划2报告[435]。OECD范本中的透明实体条款确认了《合伙企业报告》中的相应结论:OECD范本第1条注释[4]、[5](2017年更新),[26.5]、[26.6](BEPS行动计划2报告)。这表明《合伙企业报告》本身对于后BEPS时代OECD范本的解释能够起到一定作用,并与未采用新条款但已生效的协定持续相关。

第八章　协　定

适用于这些实体。[495] 除了集合投资工具[496]和养老基金[497]外,这一工作还没有最终完成。一些大陆法系国家对英美法系国家的信托以及基于信托的税务筹划持怀疑态度,也许是原因之一。而事实在于,不论是否有节税动机,信托都将继续存在,从而表明这一项工作还需继续。OECD 范本增设透明实体条款意味着这一任务不能再被拖延。

8.2　协定适用

适用协定的正文条款(operative provisions)的先决问题在于,确认哪些人和哪些类型所得能够享受协定待遇。[498] 根据传统的主要标准,一方或双方缔约国的税收居民有权享受协定待遇。[499] 就信托

---

[495]　参见第7.1.4节,注释397。

[496]　See OECD,*CIVs Report*,注释398。与《合伙企业报告》不同,对于集合投资工具,OECD 更倾向于信托层面才有资格享受协定待遇,必要时通过参考持有人(participants)的居民身份或法定身份(status)适用完整性规则(integrity rules)予以保障。这反映出对于一个公众型实体(widely held entity)的所得直接采取透明法的方式确定是否有资格享受协定利益是不切实际的。该假设前提是,信托层面的协定利益通过透明税务处理或居民国国内法项下的其他处理措施穿透至持有人。

[497]　参见 OECD 范本第18条注释[69]及相关条款,于2005年新增。根据 BEPS 行动计划6,互认养老基金(基于缔约国的认定)同样按照协定居民对待:BEPS 行动计划6报告[12]、[13];OECD,*Treaty Residence of pension Funds:Public Discussion Draft*(2016);OECD 范本第3条(1)(i)项,第4条第1款(2017年更新)。

[498]　参见 Brabazon,*Treaties and Transparent Entities*,注释474,§3。

[499]　OECD 范本第1条第1款(2017年更新),原第1条:"本协定适用于缔约国一方或同时为缔约国双方的居民。"特定条款能否在一般规则的适用范围外予以非常规的实施与信托几乎无关,因此暂且不论。也有相反观点认为,"人的范围"标准应当在分配规则和其他实体条款中予以确定,参见 Dhruv Sanghavi,*Resolving Structural Issues in Income Tax Treaties*(Ph. D. diss,Maastricht,2018)。

归属所得而言,无须特意考虑受益人或委托人是否满足协定中关于"人"或"居民"的标准,但要求信托本身(包括以信托身份行事的受托人)满足相应的居民身份标准。

8.2.1 协定中的"人"

OECD 范本非穷尽性地将"人"定义为包括"个人、公司以及其他团体"。[500] OECD 范本对"人"的定义没有提及信托,但 US 范本[501]以及一些美国以外的国家缔结的双边协定[502]明确将信托包含在"人"的范围内。对于在国内法中规定了居民信托的国家,将信托(包括以信托名义行事且共同承担信托纳税义务的受托人)认定为某类"人"不存在障碍;[503]将本地来源所得归属非居民信托的来源地国也是如此。然而,可以想象的是,一国也可能不将某一信托认定为协

---

[500] 参见 OECD 范本第 3 条第 1 款(a)项,联合国范本的定义与之相似。

[501] 参见 2016 年 US 范本第 3 条第 1 款(a)项。类似的规定已列入范本多年[例如,1977 年 US 范本第 3 条第 1 款(a)项],但是早期美国协定并没有相关规定,例如 1945 年英美协定和 1953 年澳美协定中没有关于"人的范围"的条款,没有"人"的定义,也没有提及信托。

[502] 除美国外,加拿大积极支持这一做法。澳大利亚和新西兰已在它们之间的协定中将信托认定为"人"[《2009 年澳大利亚—新西兰协定》第 3 条第 1 款(j)项],这两个国家与美国、加拿大的协定中也纳入了这项规定。但是澳大利亚和新西兰并没有将其视为协定缔结的一般性实践。

[503] 参见 Avery Jones et al., *Treatment of Trusts* II,注释 9,65 - 66;相关术语(信托)似乎是"人"的概念中未定义的部分而非属于"其他团体",参见 Avery Jones et al., *Origins*,注释 381,699 - 700. US. 美国判例法支持这样一种观点,即使没有特别规定,信托也属于协定上的"人",至少当美国在适用协定时是这样:Maximov v. United States, 373 US 49 (1963), 53. Ana Paula Dourado et al., *Article 3*, in Ekkehart Reimer and Alexander Rust eds., Klaus Vogel on Double Taxation Conventions (Wolters Kluwer, 4th edn., 2015) m. no. 33, 作出了总结:信托(缴纳公司税的信托除外)是其他团体;这一分析在普通法国家是不容易被接受的。

定意义上的"人",[504]这种情况下,两个国家在国内层面上,可能对某个信托是否在税法上被认定为"人"存在差异。两个国家可能对于是信托还是受托人应作为承担信托纳税义务的"人",也存在不同看法。也许可以这样推断,协定其中一方缔约国将某一实体认定为纳税人时,该实体就成为协定中的"人";如此的话,如果缔约方任何一方将信托(或其受托人)认定为应税主体(taxable subject)时,信托是协定中的"人"。如果受托人的信托税务与他们自己的非信托税务分开处理,那么当他们以信托实体的身份行事时,更应该将他们认定为作为信托实体的单独的"人"。[505] 当然,也存在相反的观点。[506]

如果协定的一方缔约国将信托(包括其受托人)认定为应税主体,那么最好更明确地承认信托是协定上的"人"。

8.2.2 协定居民

OECD 范本主要将缔约国一方的居民定义为,根据一国法律,"由于住所、居所、管理机构所在地,或者其他类似性质的标准而在该缔约国负有纳税义务的人"。[507] 第二句明确排除"仅因取得来源于该缔约国的所得或拥有位于该缔约国的财产而在该缔约国负有纳税义务的人"。

这一定义可分为两个主要部分:该人必须根据该国的法律负有纳税义务,并且这一义务必须基于特定类型的联系而产生。

---

[504] 该国可能会无视某一信托并仅考虑其委托人或受益人是协定上的"人"。或者,其可能会完全否认信托关系而仅承认受托人本身的权利。

[505] See Beckham & Elliffe,注释 374,§5.1;TR 2005/14.

[506] See Prebble,*Trusts and DTAs*,注释 373,194–195.

[507] OECD 范本第 4 条第 1 款。相关国家的政府实体和互认养老基金(2017 年更新)也包含在内。

纳税义务:在一个特定税务辖区内始终被认定为透明的实体,在该税务辖区不会被征税。该实体因此不负有纳税义务,也不满足协定居民的要求。[508] 这包括基于税务会计目的被确认的实体(且有义务根据成员的税收特征代为纳税)。[509]

对于差别透明的信托,如果对信托归属所得(所得归属其本身而非某一受益人)完全应税(fully taxable),那么它负有纳税义务。在某一年度是否存在这样的所得并不重要:纳税义务是一个实体的特征,并不是实体所得的特征。如果根据居民条款所提及的标准,差别透明的信托在某个国家对信托归属的所得负有完全纳税义务,那么它应被视为该国居民。纯粹作为一个实体来考虑,这种信托可被同时认定为透明和不透明,因为就特定所得而言,信托就其属性可能被透明或者不透明的方式予以处理。

若存在与居民身份同等的税收管辖联结度,那么适用被调研国家一般信托规则的信托,在相关协定情形下负有纳税义务。

---

[508] See Roland Ismer & Katharina Riemer, *Article 4*, in Ekkehart Reimer and Alexander Rust eds., Klaus Vogel on Double Taxation Conventions (Wolters Kluwer, 4th edn., 2015) m. no. 35; Danon, *Swiss International Trust Taxation*, 注释 10, 284 – 286; OECD Comm Art 4 [8.13] (2017 Update), previously [8.8]. 相反的观点,参见 Michael Lang, *Taxation of Income in the Hands of Different Taxpayers from the Viewpoint of Tax Treaty Law*, 55 Bulletin for International Fiscal Documentation 597, 598 (2001); Klaus Vogel, *Klaus Vogel on Double Taxation Conventions: A Commentary to the OECD –, UN –, and US Model Conventions for the Avoidance of Double Taxation on Income and Capital*, with Particular Reference to German Treaty Practice (Kluwer, 3rd edn., 1997) 95 n 25. 可能难以区分一个本身有纳税义务但被给予免税待遇或其实际纳税义务被减免的实体,以及一个根本没有纳税义务的实体,但为了明确"纳税义务"的概念,这种区分是必要的,否则"纳税义务"在第 4 条第 1 款中就会含义不明,甚至是多余的。将第 4 条第 1 款在属地税制中适用的困难是现实存在的,但该情形是特殊的。

[509] 参见《合伙企业报告》[40]。

在某些情况下,新西兰的信托税收规则相较其他国家更进了一步,规定可以由受托人、委托人或受益人选择支付信托归属所得的相应所得税,其效果等同于缴纳适格信托所得的全球税收。[510] 这一选择同样对分配所得的税收产生影响,并(在一些情况下)影响作出选择的人是否可以从信托获得退还税款。[511] 广义上来说,这一选择使信托可以避免在外国委托人移民国内(immigrate)或者居民委托人移民国外(emigrate)的情形下本来会对受益人征收的分配税。[512] 但是,这也带来了许多理论上的挑战,其中之一就是信托本身是否负有纳税义务。至少在委托人被视为受托人的代理人时负有纳税义务,此时委托人拥有法定求偿权,即使受托人无法被直接评税,但其实应该认为信托是通过所谓的"代理人"从而负有纳税义务的。[513]

居民身份联结点:第二个主要部分要求纳税义务存在"住所、居所、管理机构所在地,或者其他类似性质的标准"等联结点,该联结点是使其在该国负有实际或潜在全面纳税义务的法律特征。[514] 若一

---

[510] See ITA NZ ss HC 33; cf s HC 29(5). 关于委托人的选择,参见 Brabazon, *Trust Residence*, 注释 152、353、366 – 372; 第 2.5.3 节。

[511] 向信托移转财产后移民新西兰(immigrate to New Zealand post-settlement)的委托人在作出选择后,被视为受托人的代理人并有权获得税款退还,即使他不直接应税:ITA NZ s HC 29(2),(5); 参见 ss HD 5(2), HD 12(2); Brabazon, *Trust Residence*, 353, 366 – 368; 第 2.5.3 节作出选择的受托人是否可以诉诸信托资产留待信托一般性法律解决,包括信托契约的条款。作出选择的受益人似乎留待他们自己决定(are left to their own devices)。

[512] See Prebble, *NZ 1988 International*, 注释 158、71; Prebble, *NZ 1999 International*, 注释 158、402、403。

[513] 这是一个必然结论,即在这种情况下,新西兰不向委托人征税而向信托征税。See Brabazon, *Trust Residence*, 注释 152、366 – 372。

[514] Crown Forest Industries Ltd. v. Canada [1995] 2 SCR 802; David A. Ward et al., *A Resident of a Contracting State for Tax Treaty Purposes: A Case Comment on Crown Forest Industries*, 44 Canadian Tax Journal 409(1996).

国的征税权是基于居民身份/来源标准的种类划分,那么全面纳税义务则意味着应当对信托归属的全球所得纳税。因此,相关的联结点为使得信托对信托归属全球所得承担潜在纳税义务的联结点。通常,它们与规定信托居民身份的国内法标准相对应:在澳大利亚,以信托财产的居民身份(residence of the trust estate)为准;[515] 在美国,以"境内信托"的美国人身份为准(US person status of a domestic trust);[516] 在英国,以受托人(作为名义上单独的人)的居民身份为准。[517] 这些概念与居民税收的一般规则或(澳大利亚)起同样作用的专门信托规则相结合。[518] 新西兰对信托居民身份并没有特殊界定,但是其将受托人视为名义上单独的人[519]进行征税,其征税所参考的标准在功能上等同于信托居民身份的标准。[520]

协定居民身份分析取决于是否存在法律上的联结因素(legal connecting factors),而非一国国内税法的认定,尽管认定(某一主体)具有一国国内税法上的居民身份清楚表明该国认为其国内法标准与协定居民身份标准相似。被调研国家的认定因素包括受托人的税收居民身份因素的组合(任一或全部):专业(professional)受托人的常设机构所在地、拥有重大控制权或否决权的人的居民国、信托的管理和控制中心、委托人的居民国(历史的或当前的)以及主要司法监

---

[515] 参见 ITAA 1936 s 95(2);或在资本利得的情形下,指"CGT 目的的居民信托"(ITAA 1997 s 995 – 1)。

[516] See IRC s 7701(a)(30)(E); cf s 7701(a)(31) [外国信托(foreign trust)]; 26 CFR US § 301.7701 – 7(a)(2)。

[517] See ITA UK s 474; TCGA s 69。

[518] See ITAA 1936 ss 99,99A; ITAA 1997 s 855 – 10。

[519] See ITA NZ ss HC 25,HC 26; Brabazon,*Trust Residence*,注释 152。

[520] See ITA NZ ss HC 2,HC 24。

第八章　协　定

管国。

信托可能与个人一样拥有实际管理场所，但信托（或被视为受托人集合的税法实体）是否拥有住所或居所，是税法必须解决的问题。无论如何，不难得出结论，即上面提及的因素与管理地相对应，或与住所、居所、管理地的性质相似。

居民身份认定的其他方式：一些国家会偏离范本对协定居民的一般定义。澳大利亚的协定中经常使用一国国内税法的居民身份标准作为该国协定居民身份的检验标准："如果一人为 X 国税收之目的而被视为 X 国居民"，那么该人是 X 国的协定居民。[521] 如果有关国家使用居民身份（无论是针对信托还是针对信托实体）来描述导致全球纳税义务的一系列联结点，那么这一方法对信托来说足够有效了。

新西兰经常利用国内法的规定在其协定中定义居民，[522] 尽管国内法回避了信托居民的概念，即使当所有受托人都是居民时，也可能将信托视为功能上的非居民，反之亦然。如果必须考虑受托人的个

---

[521]　参见《2003 年澳大利亚—英国协定》第 4 条第 1 款。还有一些条款具有类似的一般效果，如《1982 年澳大利亚—美国协定》第 4 条第 1 款；《1983 年新西兰—英国协定》第 4 条第 1 款；《2009 年澳大利亚—新西兰协定》第 4 条第 1 款，条文与此类似（根据缔约国一方法律，作为该国的居民应承担纳税义务的任何人），但是和 OECD 范本一样增加了第二句，排除了仅依据所得来源地被征税的人。TR 2005/14 认为如果一个信托虽然拥有新西兰受托人，但是因为其委托人是非居民，而仅对来源于新西兰的所得负有纳税义务，那么该信托并非新西兰的协定居民。各个协定项下的居民标准存在差异。

[522]　Beckham & Elliffe，注释 374，§3 确定了新西兰协定中存在四种主要类型的居民条款：(1) 遵循 OECD 范本第 4 条第 1 款的规定；(2) 遵循 OECD 范本的规定但是省略了第二句话；(3) 仅参照国内法中居民的概念，如《1983 年新西兰—英国协定》；(4) 参照国内法但是增加了 OECD 范本的规定的第二句话。

人税收居民身份(这似乎是新西兰公认的观点[523]),那么信托在不承担完全纳税义务时也可能被视为协定上的居民,或者在承担完全纳税义务时被视为非居民。[524] 或者也可以认为,新西兰的税收居民定义中没有信托或信托实体,因此信托不具备成为信托居民的能力。这些做法都是非常规的。从政策角度看,常规的做法是将信托归属所得负有全球纳税义务的认定标准(结合参考委托人的居民身份)作为信托的协定居民身份标准。就新西兰税法而言,这一合理做法能否被强加在协定中作为新西兰居民的标准(信托或信托实体),值得怀疑。

因此,根据国内法界定居民身份的新西兰协定有择协避税的空间,除非有其他条款或原则将其适用效果予以抵消。这一问题最有可能在缔约国另一方作为来源地国征税时产生。然而,如果新西兰在其国内法中明确将信托的居民标准或将受托人作为名义上单独的人的居民标准,作为信托全球纳税义务的认定标准,那么前述异常情况可以得到避免。

一些早期的美国协定和其他国家的一小部分协定仍然包含不完

---

[523] Beckham & Elliffe,注释374,§3;如果根据国内法,新西兰受托人应被视为居民,那么就新西兰税收目的,信托符合《1983年新西兰—英国协定》项下居民的定义,这是一个少有争议的观点。基于此,一个拥有新西兰受托人的信托实体在《1983年新西兰—英国协定》项下被认定为新西兰居民,尽管该信托累积了英国来源的所得但由于委托人的非居民身份而无须缴纳新西兰税收。

[524] 如果协定包含OECD范本第二句话,则可能可以避免异常协定居民(而不是异常非居民)出现的可能。这是TR2005/14中的观点,新西兰早期签订的协定(如《2009年澳大利亚—新西兰协定》)中包含这句话。此外,需要注意到第二句话的功能以及其对于属地税制(territorial basis)国家的适用难度:见Beckham & Elliffe,注释374,§4.2。

全居民条款。[525] 这些条款通常会产生与透明实体条款相似的结果，但每一协定以及相应的条款都需要单独考虑。对这些条款本书不再进行深入分析。

本节的总体结论是，一个国家的信托协定居民标准应当与对信托归属所得负有完全纳税义务的标准保持一致，要求纳税义务范围与同类纳税人(不考虑其居民国)一致。在一个通常以居民身份/来源地标准为征税标准的国家，完全纳税义务意味着针对全球信托归属所得所承担的纳税义务。[526]

8.2.3 双重居民

由于有关信托居民身份认定的国内法规则的不同，可能产生信托双重居民的问题(第4.2节和第6.1.4节)。在2017年OECD范本修改之前，OECD范本通过实际管理机构所在地的加比规则解决非自然人的人的双重居民身份，2017年OECD范本将这一方法抛弃，取而代之的是，主管机关应尽力通过相互协商解决这一问题，同时非自然人的人只有在主管当局之间达成协议的情况下才有权享受协定待遇。[527] 协定实际的适用情况是多样的，各国倾向各有不同，有些国家甚至更进一步地区分了公司和其他非自然人的人，OECD注释也承认一些国家可能更倾向于"实际管理机构所在地"的传统实

---

[525] 例如，《1982年澳大利亚—美国协定》第4条第1款；《1980年加拿大—美国协定》第5条第1款。这些条款和1977年US范本以及《合伙企业报告》中[43]-[46]的措辞有所不同。《合伙企业报告》认为这种做法不足以证明有必要开展进一步的工作。

[526] 很难确定OECD范本第4条应如何全面适用于适用属地税制的国家。在缔约国根本没有所得税制度、部分或全部居民按汇付制征税、临时居民按照修正的属地税制规则征税的情况下，也会出现类似困难。当前分析不考虑这些问题。

[527] 参见OECD范本第4条第3款。现有规则遵循BEPS行动计划6报告[43]-[48]的建议，仅讨论了公司双重居民。

践来解决问题。[528] 许多国家的信托税收规则都不会将信托认定为自然人或公司。在双重居民规则项下,信托实体的受托人在信托的身份下没有自己的人格;这些受托人与信托一样,应作为非自然人、非公司的"人"。[529] 当信托具有双重居民身份时,是否有权就其信托归属所得享受协定待遇也因此取决于主管当局达成的相互协商协议(如果其适用的相关协定与当前版本的 OECD 范本相同的话)。

8.2.4 反滥用限制

根据 BEPS 行动计划 6 报告的建议,2017 年 OECD 范本通过加入利益限制条款[530]和主要目的测试条款[531]强化了 OECD 范本及其注释中反协定滥用措施,根据该范本建议,协定中应当至少纳入一个条款,或者同时纳入两个条款。[532] MLI 采取了相似路径,要求各国将其中一个或者同时将两个条款作为最低标准执行。[533] 至本文撰写之时,绝大多数国家打算只适用主要目的测试。这些措施对信托的影响与对其他实体的影响是相似的。

利益限制规则对于信托而言最具特殊影响。该规则一直是美国

---

[528] 参见 OECD 范本第 4 条注释[24.5](2017 年更新)。

[529] See Beckham & Elliffe,注释 374,§5.1;TR 2005/14;contrà,Prebble,*Trusts and DTAs*,注释 373,194-195。

[530] 参见 OECD 范本第 29 条第 1-7 款(2017 年更新)。

[531] 参见 OECD 范本第 29 条第 9 款(2017 年更新)。"如果可以合理地认定……获取协定待遇是任何安排或交易的主要目的之一",那么根据主要目的测试,该安排或交易将无法享受协定待遇,除非证明给予这一协定待遇"符合有关协定条款的目的和宗旨"。

[532] 参见 BEPS 行动计划 6 报告[19]、[22]。相关评论,见 Luc de Broe & Joris Luts,*BEPS Action 6:Tax Treaty Abuse*,43 Intertax 122,128-134(2015)。

[533] 参见 MLI 第 7 条。

协定实践的一部分,OECD 范本的规则与美国规则高度相似。[534] 如果 OECD 利益限制条款予以适用,除非信托通过所有权/税基侵蚀测试、[535]衍生利益(derivative benefits)测试[536]、积极经营测试[537]或者获得了有关国家主管当局有利的酌情决定,否则信托通常无法就信托归属所得享受协定待遇(暂且不论上市信托以及特殊类型的信托,如养老基金和公益信托)。[538] 酌情信托就信托归属所得能否享受协定待遇方面面临特殊的困境,除非它能证明全体潜在受益人和/或同等受益人都属于合格的人,[539]或者除非其获得了有关主管当局的有利酌情决定,否则无法享受协定待遇。

---

[534] 关于最新版本的相关考量,见 Rita Julien, Petra Koch & Rita Szudoczky, *What Has Changed in the Limitation on Benefits Clause of the 2016 US Model?*: *Technical Modifications, Policy Considerations and Comparisons with Base Erosion and Profit Shifting Action* 6, 45 Intertax 12 (2017)。另见 Alexander Rust, *Article 1*, in Ekkehart Reimer and Alexander Rust eds., Klaus Vogel on Double Taxation Conventions (Wolters Kluwer, 4th edn., 2015) m. no. 63-92。

[535] 参见 OECD 范本第 29 条第 2 款(e/f)项注释[43]-[54](2017 年更新)。第 29 条第 1-7 款中利益限制条款的草案放置在注释当中:见更新后 OECD 范本第 29 条的脚注。对比 2016 年 US 范本第 22 条第 2 款(e)项;2006 年 US 范本第 22 条第 2 款(f)项; MLI 第 7 条第 9 款(e)项。

[536] 参见 OECD 范本第 29 条第 4 款的注释[82]-[91](2017 年更新),对比 2016 年 US 范本第 22 条第 4 款;MLI 第 7 条第 11 款。

[537] 参见 OECD 范本第 29 条第 3 款注释[68]-[81](2017 年更新),对比 2016 年 US 范本第 22 条第 3 款;MLI 第 7 条第 10 款。

[538] 参见 OECD 范本第 29 条第 5、6 款注释[101]-[112](2017 年更新),对比 2016 年 US 范本第 22 条第 6 款;2006 年 US 范本第 22 条第 4 款;MLI 第 7 条第 12 款。

[539] 参见 OECD 范本第 29 条注释[48](2017 年更新)。

8.3 信托所得

信托情形下协定适用的最大问题是：来源地国或居民国是否认为当期信托所得有资格享受协定待遇。这将在 OECD 范本中透明实体条款[540]以及 MLI 的同等条款[541]中予以考量。

第 8.3.1 节分析了可能导致信托所得双重征税的原因，并以对不同归属冲突情形的研究为基础搭建了本节剩余部分的框架。第 8.3.2 节简要总结了透明实体条款的功能和效果。第 8.3.3 节讨论税收透明的含义以及 OECD 注释与相应美国规则的潜在重要意义，尤其是美国的"是否分配"（whether or not distributed）标准。第 8.3.4 节介绍了透明实体条款在信托所得方面的适用，并讨论了当该所得涉及一个或一个以上来源地国与信托、受益人或委托人居民国的协定情形。第 8.3.5 节描述了保留条款对适用透明实体条款的所得产生的效果。

第 8.3.6 节讨论了透明实体条款对差别透明信托的识别。第 8.3.7 节讨论委托人归属与透明实体条款之间的相互影响，以及委托人归属是否可以使（所得）在来源地国根据分配规则享受协定待遇或在委托人居民国适用双重税收减免条款。这些问题没有明确的答案。可以得出的结论是，如果拟定协定的任何一方缔约国实施委托人归属规则，双方都应当积极考虑他们是否希望在分配征税权时考

---

[540] 参见 OECD 范本第 1 条第 2 款（见表 8.1，注释 475）。
[541] 参见 MLI 第 3 条第 1 款。其文本表述和 OECD 范本第 1 条第 2 款实质性相似。

虑该规则下的归属,并应在协定谈签中解决这一问题。第8.3.8节考虑了根据被调研国家的不同规则将信托归属受益人或委托人是否可以使信托满足税收透明实体的要求,并对受益人或委托人归属所得适用透明实体条款处理。本节对现行税法和协定的考虑与前几节对差别透明和委托人作用的讨论存在关联。第8.3.9节考虑了在授予协定利益时参考另一国国内税法的重要意义,包括在混合实体情形中衍生协定权利的问题,在这些情形中缔约国将不同的人视为相关纳税人。

接下来四节,讨论了协定分配规则是怎么适用于信托所得的,但首先要求这一信托所得根据透明实体条款可被认定为缔约国一方居民的所得。第8.3.10节讨论了信托所得的归属和信托层面企业、营业或常设机构的归属之间是否以及如何达到合适的关联（correlation）。第8.3.11节讨论了在信托所得归属信托本身、受益人或委托人的不同情形下,受益所有人概念有关的条款和透明实体条款之间的相互影响,并提出了一项协定项下的规则用以规制。第8.3.12节讨论了通过拥有公司型受托人或受益人的信托获得股息时,公司间股息减征或零税率的协定待遇的实施。第8.3.13节考虑了双重税收减免条款如何适用于满足透明实体条款标准的信托所得,目前对来源地国与居民国双重征税减免的限制以及为居民国与居民国双重征税减免而已经采取的双边策略,并为此提出了协定项下可能的规则应对。

8.3.1 双重征税

缔约国双方根据其国内法将相同的信托所得归属同一纳税人时可能会产生该所得的双重征税:一国行使来源地国税收管辖权,认为信托所得主要来源于其境内或者属于其境内的应税存在,[542]另一国则认为纳税人是其税收居民并行使居民税收管辖权;或者,两国都认为纳税人是其税收居民,抑或都以所得来源为基础征税。在上述的组合中,纳税人可能是信托、受益人或者委托人。在这些情形中,两个国家就同一所得向同一纳税人在当期征税,[543]属于法律性双重征税。

信托双重居民的问题可以通过加比规则或者相互协商程序解决(前面已经提及)。但是有可能出现双重来源地,尤其是当一信托居民国(trust country)重新定性所得来源时。[544] 这样的双重来源地征税无法(通过上述方式)消除双重征税,但是可以通过在受益人居民国和每一来源地国之间的协定提供一定程度的减免措施。是否可以完全消除(full relief)双重征税取决于两个来源地国适用协定后的税率和征税的税基与居民国适用协定前的税负相比是否有所减少。[545]

---

[542] 一些国家的税法将当地来源(根据其境内来源地规则)以及存在当地应税存在的联结作为对非居民征税的单独依据,而另外一些国家将后者包含在国内来源地规则中。为了进行比较分析,两者均构成征税国的所得来源联结点。

[543] 参见OECD范本引言注释[1],第23条注释[1]、[3]。

[544] 例如,加拿大:见注释167,加拿大和原始(original)来源地国都将特定信托所得归属非居民纳税人,则非居民纳税人可能负担这两个国家的来源地国税收。依据受益人居民国和这两个国家之间签订的协定或者受益人居民国的国内税法的单边措施均可能提供税收减免。是否能消除双重征税取决于减免措施的具体规定和方法以及适用的税率。加拿大不仅重新定性所得来源,还重新定性所得本身,并对非居民受益人的所得以毛所得税基征收最终预提税。对此,加拿大的协定实践利用"其他收入"条款解决了该问题,其谈签的协定通常遵循OECD范本但允许对归属非居民受益人的信托所得以15%税率而非通常的25%税率征收来源地税收[例如,《1980年澳大利亚—加拿大协定》第21条第3款,适用于加拿大居民信托;*Income Tax Act 1985*(Can)s 212(1)(c)、(11)]。

[545] 原始来源地国和信托所在国的来源地税收总负担可能超过受益人居民国的居民税收。即使居民国对其他两国的税收给予单边或协定减免措施,也不会超出来源地已经征收的税收。

这样的来源地国与来源地国冲突相对来说并不常见。对同一纳税人,一国基于所得来源征税而另一国基于居民身份征税所造成的双重征税更为常见,这同样也适用于涉及信托的情形,不过该情形下并没有引发另外的难题。

信托所得双重征税同样可能出现在不同国家将同一所得归属不同纳税人的情形:各国国内税法的差异导致了归属冲突。可能出现几种征税视角的组合:一国纯粹基于所得来源征税而另一国纯粹基于居民身份征税;两国都只是居民国;或者一国或两个国家既是居民国又是来源地国。[546] 根据这些国家的税法,还可能存在不同的所得归属纳税人配对,最常见的是:信托与受益人;信托与委托人;委托人与受益人;受益人1和受益人2。如果由上述其中一种情况导致双重征税,则属于经济型双重征税,因为虽然所得与纳税时间相同,但是纳税人是不同的。[547] 这些情况都涉及归属冲突,是8.3节主要关注的内容。

8.3.2 透明实体条款

OECD 范本的透明实体条款解决了前面提及的大部分(但并非全部)归属冲突。它意味着协定对信托和其他非公司实体的承认并将他们纳入现有协定框架,这是经历漫漫征程后的最终成果(第8.1节)。

---

[546] 理论上这两个国家均可能将所得归属不同的纳税人征收来源地税收,但是这似乎偏离太多,没有分析的必要。一个来源地国+居民国的征税权通常等同于居民国征税权,但是在协定情形下潜在来源地国征税权的存在变得重要,尤其是考虑到2017年OECD范本对第23条的修改以及 MLI 第3条第2款、第5条第6款(选择C)的修改。见第8.3.13节。

[547] 参见 OECD 范本第23条注释[2]。

协定所选的方法是基于分配税权之目的承认居民国对实体所得的归属,同时不对各国税法中的所得归属规则与协定资格判定产生影响。如果来源地国同时也是居民国,其居民征税权会由协定相应的保留条款予以保留。因此,为了使适用这一条款的实体的某一当期所得能够得到与所得来源地国签订的协定的保护,缔约国另一方有必要将这一所得归属其税收居民,但是来源地国是否将这一所得归属缔约国另一方居民并不重要。[548] 这消除了无意的不征税的潜在成因,即如果来源地国认为其将某一所得归属缔约国另一方居民时可以产生协定保护,尽管该缔约国另一方没有将这一所得归属其居民,仍然可以向来源地国主张协定待遇,即使缔约国另一方对该所得不征税或不将这一所得视为潜在应税。与之相反,如果来源地国给予协定待遇的前提是其根据本国税法将所得归属缔约国另一方税收居民,那么双重征税减免条款的适用将会出现障碍,而透明实体条款消除了这一障碍。

如果缔约国任意一方将某一实体的当期所得归属该实体的成员,则产生了透明实体的问题。但有项限制条件,即某些归属制度可能会被忽略,因为根据这些制度进行归属的所得,不属于协定适用范围也因此无法适用透明实体条款,或者因为这些归属是名义上的,因此已归属所得并非实体所得。[549] OECD范本对这一概念的解释在某些方面不同于美国财政部法规中阐述的美国协定中的

---

[548] 见表8.2、表8.3。

[549] See Brabazon, *Treaties and Transparent Entities*, 注释474, §2.1. See also Angelo Nikolakakis et al., *Some Reflections on the Proposed Revisions to the OECD Model and Commentaries, and on the Multilateral Instrument, with Respect to Fiscally Transparent Entities*, 71 Bulletin for International Taxation 475 (2017).

相应概念。第 8.3.3 节中的解释特别提及了信托。第 8.3.4 节论述的是这一条款的一般适用规则,其基本思路是,抛弃不必要的复杂理论(doctrinal complexity),根据居民国法律确认信托所得的当期归属。

8.3.3 税收透明

透明实体条款仅适用于在缔约国任一方"被视为完全透明或部分透明"的实体的所得。这一概念并没有在 OECD 范本或 US 范本的条文中进行定义,但是 OECD 注释和美国财政规章中对其进行了说明,不同规定的说明之间存在异同。

OECD 注释认为根据缔约国一方的税法,该实体或安排被视为透明实体,该实体或安排的所得(或部分所得)不在该实体或安排层面征税,但是应当在该实体或安排有权益关系的人的层面征税。[550]

这一基本立场符合透明实体条款的结构与功能。就 OECD 范本角度而言,即使不考虑 OECD 注释的地位,其同样也是对透明实体概念的合理解释。OECD 注释接着阐述了这一基本立场,在根据权益持有人个人(税法上的)属性与具体情况确定税额时,"通常"满足税收透明的认定,这也是《合伙企业报告》用于确定是合伙企业抑或其合伙人承担纳税义务的标准。[551] OECD 注释进一步说明:"所得的性质、来源及确认时点,从税收角度而言,不因其通过实体或安排取得而受到影响。"[552]

---

[550] 参见 OECD 范本第 1 条注释[9](2017 年更新),[26.10](BEPS 行动计划 2 报告)。

[551] 参见《合伙企业报告》[40]。

[552] 参见 OECD 范本第 1 条注释[9](2017 年更新)(emphasis added)。

美国财政规章根据实体所在国法律或者权益持有人所在国法律认定实体是否为透明实体,对于其该实体的所得,相关国家的法律要求权益持有人在当期基础(current basis)上单独考虑所持有的各自对应份额的实体所取得的所得,无论该所得是否分配至权益持有人,并且对权益持有人取得的所得的性质与来源的认定应与实体直接从所得来源处取得保持一致。[553]

OECD 注释没有包括"无论是否分配"标准。

此时存在一个先决问题,即对 OECD 范本以及美国以外的双边协定进行解释时,可能会涉及对美国财政规章的运用。OECD 注释通常被认为能够帮助协定缔约方解释基于 OECD 范本缔结的协定,[554]而美国财政规章是美国财政部长作出的法律指南(legal direction),仅对美国法院产生拘束力。[555] 这两者存在实质上的区别,而且目前还不清楚财政规章能否在美国以外的国家作为外部解

---

[553] See 26 CFR s 1.894-1(d)(3)(ii)(A),(iii)(A)(emphasis added).根据这些规定,未单独确认的所得也会得出相同的结果,前提是单独确认和未单独确认之间的差异对权益持有人的纳税义务没有影响,并且仍然满足"无论是否分配"的条件。

[554] See John F. Avery Jones, *Treaty Interpretation*, in Richard Vann ed. , Global Tax Treaty Commentaries IBFD (IBFD, last updated 2018) § 3.10 - § 3.12;Vogel & Rust,注释 393,m. no. 98-106; Hugh J. Ault,*The Role of the OECD Commentaries in the Interpretation of Tax Treaties*, 22 Intertax 144 (1994); Klaus Vogel, *The Influence of the OECD Commentaries on Treaty Interpretation*, 54 Bulletin for International Fiscal Documentation 612 (2000); Monica Erasmus - Koen & Sjoerd Douma, *Legal Status of the OECD Commentaries - In Search of the Holy Grail of International Tax Law*, 61 Bulletin for International Taxation 339 (2007); Thiel *v.* FCT (1990) 171 CLR 338。

[555] CIR v. South Texas Lumber Co, 333 US 496 (1948),501:除非不合理且明显与税收制定法(revenue statutes)不一致,否则财政规章应当保持有效。

释性证据加以考虑。[556] 这些国家的法院可能反对这种本国未采用的法律文件在解释本国协定时发挥重要作用。还存在一种历史因素的考量。尽管美国协定的实践在《合伙企业报告》原则的形成过程中扮演重要角色,且这些原则现已经被 OECD 范本中的透明实体条款和保留条款所吸纳,但当前版本的美国财政规章与《合伙企业报告》发布时的财政规章草案仍有所不同。[557] OECD 范本起草时借鉴了 US 范本,但没有任何迹象表明 OECD 意图或同意遵循美国财政规章的解释。[558]

另一个先决问题关乎 OECD 注释中提及的在实体中"拥有权益的人"(persons who have an interest in)。这一概念并未对应透明实体条款规定的任一特定要件,更合适的理解是,只要相关国家的税法认为足以将实体层面的所得视为其居民的所得,就可以满足在实体中"拥有权益"的要求。举例而言,在酌情信托的情形中,如果一国将

---

[556] See *Vienna Convention on the Law of Treaties*, opened for signature 23 May 1969, 1155 UNTS 331 (entered into force 27 January 1980) Arts 31,32; Avery Jones, 注释 554, §2.2.7, §3.4.5, §3.5, §5.2.2. 美国财政规章不属于《维也纳条约法公约》第31条条约之解释项下允许参考的任何类别,如与全体当事国间因缔结条约所订与条约有关之任何协定;一个以上当事国因缔结条约所订并经其他当事国接受为条约有关文书之任何文书;嗣后协定。如果第32条的适用条件能够满足,缔约一方的单边文书(unilateral instrument)在理论上可被接受,但作用有限。如 Avery Jones 所述(注释 554,§3.5.1.4)"单边文书可以用作解释的补充资料,但需谨慎,因为不确定对方是否同意。如果对方不同意,它就无法起到帮助解释的作用"。

[557] See 62 Fed Reg 35673 (26 June 1997); 26 CFR s 1.894-1T; Klein & Renfroe, 注释 486。现行财政规章与 1997 年财政规章草案在许多方面有所不同,包括 26 CFR s 1.894-1(d)(5) 信托有关的案例 4 和案例 5[见 Peter Blessing, *Final Section 894(c)(2) Regulations*, 29 Tax Management International Journal 499(2000)]。

[558] 反映这种意愿的最典型体现似乎是在《合伙企业报告》发布时的新闻稿中对 1997 年美国财政规章草案的间接引用(Sasseville, 注释 487)。

某一信托层面的所得归属其居民受益人,那么仍可适用透明实体条款,对于该居民受益人对信托财产是否享有一般或特定的所有人权益(proprietary interest)并不重要。[559] 美国财政规章并不建议采取相反做法,并承认委托人可以根据税法归属满足条件。[560]

8.3.3.1 性质、来源及时点

一方面,对于所得性质和来源,美国财政规章的要求是强制性的,而OECD注释的要求是说明性的;它们在协定文本中没有提及。没有明显的政策理由要区分居民实体参与人归属所得的当期完全征税与同样的参与人的同一所得(保留实体层面的来源和性质)的当期完全征税。[561] 保留性质与来源是常见的,但并非透明信托征税的必要条件(如加拿大的案例)[562]。它们有利于税收透明的认定并有助于确定受益人归属所得是否与实体所得保持必要的一致,但不应将其视为适用透明实体条款的前提。比较可取的方法是将注释中对这些概念的提及视为常见的被用来确认所得的同一性的说明性特征。如果不符合,就应该灵活应用保留性质与来源的标准。[563]

注释特别提及的另一方面是纳税时点(timing)的一致性,其含义并未得到解释;这是表述上刻意留白以允许灵活解释。不能仅因不同国家适用的税务会计方法或者纳税期间不同而认为纳税时点不一致。可能存在技术性问题——一国可能需要确定是在预期另一个

---

[559] See Gartside v. IRC [1968] AC 553. 是否可以说此类受益人"在"(in)信托中非信托"下"拥有权益是一个貌似形而上学的单独的问题,见注释14。

[560] See 26 CFR s 1.894−1(d)(5) Example 4.

[561] See Nikolakakis et al. , 注释549, BTR 321−322。

[562] 参见注释167、544。

[563] See Nikolakakis et al. , 注释549, BTR 321−322。

国家会征税的情况下给予减免,还是现在征税以后再进行调整——但纳税期间通常应该足够接近以便找到切实可行的解决办法。[564]当受益人居民国以汇付制为基础征税,可能会出现纳税时点错配,但该问题不限于信托所得,因此需要更普遍性的方式加以解决。

8.3.3.2 "无论是否分配"

美国财政规章中疑问最多的部分是"无论是否分配"这一测试要求。美国财政规章在对当期税收进行确认以外的地方加入该测试的意义没有予以解释。该测试可以追溯至2000年颁布的美国财政规章最终版本,在更早之前的美国财政规章草案中并未出现。[565]该测试在现行美国财政规章的很多示例中都有所体现,其中两个示例与信托有关。本文将围绕这些示例研究该测试的含义和作用,并得出结论:该测试并非OECD范本中透明实体条款的构成要件。

首先假设一种情况:一个(被美国税法承认的)委托人信托设立在与美国不存在协定关系的国家,该信托的委托人是与美国存在协定关系的国家的居民。[566] 委托人所在国存在委托人归属规则,信托所得"无论是否分配"给委托人,都被视为(与信托所得)具有相同来源、性质和纳税时点的委托人所得。根据与委托人所在国签订的协

---

[564] 有人提出,对于时点一致性的认定可以进一步放宽:Nikolakakis et al., BTR 320-321,其中一些作者的观点。这意味着,该条款的适用可以扩展至信托或其他实体的分配与原始的实体层面所得存在充分联系,从而可以确定两者具有一致性的情形,以克服以其他方式无法避免的双重征税。如果这样的话,就需要追及规则和调整规则,而透明实体条款中不涉及这些规则。如果有关国家意图这样做,他们可以根据来源地国对原始(underlying)信托所得的征税情况,在对分配所得征税时提供减免(第8.4节)。

[565] See 65 Fed Reg 40993 (3 July 2000);对比 62 Fed Reg 35673 (26 June 1997)。又见 Blessing,注释557;Klein & Renfroe,注释486。

[566] See 26 CFR s 1.894-1(d)(5) Example 4.

定,美国承认该信托是透明实体。本案例的关键是,委托人归属被认为是该实体税收透明的基础。"无论是否分配"这一要素在这里不是特别重要——难以想象委托人归属规则是以分配为认定标准的方式进行设计的。

第二个例子标题是"复杂信托的处理"。[567] 在美国的法律术语中,简单信托是一种非委托人信托,根据信托条款规定,该信托在本年度内必须分配除可扣除的慈善捐赠以外的所有当期所得,并且在该年度不分配其他金额(如资本)。[568] 当期分配所得的义务已经足够确定所得的归属:是否通过行使酌情权从一类受益人中选择所得的接收人,或者是否实际进行了分配,都无关紧要。简单信托的税法所得一般归属受益人。[569] 复杂信托就是除此之外的非委托人信托。[570] 在对当期被要求分配的所得进行簿记后,信托所得其他部分的归属依据"适时支付或贷记或要求的分配"(properly paid or credited or required)进行。[571] 可以看到,尽管美国税法用语经常提到分配和分配扣除,但制定法中没有提到将分配作为归属标准。

第二个关于信托的例子与第一个案例的事实大致相同,但有两处修改:(1)虽然美国承认信托所得的委托人归属,但是委托人所在国不承认;(2)委托人(推定也是受益人)收到了酌情分配的当期信托所得,根据其居民国法律,该所得保留原始性质和来源并归属该委

---

[567] See 26 CFR s 1.894 – 1(d)(5) Example 5.

[568] See IRC s 651(a).

[569] 取决于要求分配的数额或可分配净所得中的较低者:IRC ss 651(a),652(a)。

[570] See IRC s 661(a).美国税法典并没有使用"简单信托"和"复杂信托"这两个术语,但在财政规章中已经广泛适用并被普遍理解。

[571] 参见 IRC s 661(a);对比 s 662。

托人——受益人。但该委托人居民国法律并未要求委托人——受益人"在当期的基础上考虑信托的所得,无论是否在该年度向其进行分配"。这个例子只是通过重复财政规章规则文字得出结论,即否定了税收透明处理,但没有试图解释受益人"无论是否在当期分配"的所得究竟意味着什么,特别是在该所得保留了来源和性质的情况下。

对复杂信托和"无论是否分配"规则的解释可能可以在美国预提税规章中找到,该规章规定了支付人作为扣缴义务代理的义务,以及简单信托和复杂信托的区别。一般而言,美国税法典要求进行预提扣缴,如果任何人"控制、接收、托管、处置或支付"非美国人(包括外国信托)所获得的来源于美国的固定或可确定的所得(fixed or determinable income),并且这些所得并非"实际联系所得"(effectively connected)。[572] 对于付款人来说,首先,确认收款人。其次,付款人需要确认收款人是否是美国人,比如境内信托或遗产的收款人。如果收款人是美国人,就不需要进行预提。最后,如果收款人不是美国人,付款人必须设法确定所得的受益所有人(也是收款人,但是不一定是第一步确定的直接收款人)是否是美国人,或者所得是否直接或间接支付给了与美国国税局签订了预提扣缴协议的适格中介。如果不是,付款人必须进行预提扣缴。这个过程是由一系列假设和文书要求推动的。如果没有任何收款人为外国人的证据,付款人最初可以假设直接收款人是美国人,但是若存在这一指向,则应反过来推定

---

[572] See IRC ss 1441(a),1442(a),26 CFR s 1.1441 – 5. 与外国信托有关的预提规章的主要文本的描述及其适用主要遵循 Lilo A. Hester, Michael G. Pfeifer & Joseph S. Henderson, *US Withholding and Foreign Trusts*, 43(8) Tax Management Memorandum 139 (2002)。

收款人为外国人。就预提扣缴义务而言,外国复杂信托被视为所得的受益所有人,需要对其扣缴预提税。而外国简单信托则被视为透明体,需要其他证明文件来判断所得的受益所有人。[573] 如果不能阐明所得的受益所有权,那就推定受益所有人是外国人。

在预提扣缴程序结束时,相较受益人或其他纳税人应承担的实际纳税义务,可能存在预提过多或预提不足的情况。预提不足时可以通过对受益人进行评税处理;[574] 如果相对于实际纳税义务存在超额预提,纳税人则可以申请抵免或退税。[575] 在这一点上,相关纳税人的权利义务而不是扣缴义务人的义务将起决定作用。如果情况如前所述,则仅凭这一事实,就不宜将协定项下的实体权利建立在预提税财政规章(对复杂信托和简单信托)的区别规定上。

前面提到的第二个信托示例的修改版本也说明了依据简单信任和复杂信任进行区别对待是不合适的。假设委托人已经死亡,信托是酌情信托,它将其所得分配给澳大利亚受益人,这样在澳大利亚,信托来源于美国的所得被归属受益人。根据澳大利亚税法,所得的性质和来源保持不变。那"无论是否分配"测试的结果又如何呢?在澳大利亚,归属取决于对信托的信托法所得享有的现时权利,税法所得在此基础上增减。[576] 澳大利亚制定法认为,受托人行使酌定权归属所得的受益人视为享有现时权利,以获得"支付给受益人或者用于

---

[573] 如果信托在与美国国税局的协议中约定由其承担预提扣缴义务,那么这一程序由信托主导,而非向信托支付的付款人。

[574] See Central de Gas de Chihuahua SA v. CIR, 102 TC 515 (1994)。

[575] See 26 CFR s 1.1441-1(b)(8);IRC ss 6401,6402。在某些情况下,扣缴义务人可以得到退税或抵免(IRC s 1464;26 CFR s 1.1464-1)。

[576] See ITAA 1936 s 97(1)(a)。

受益人利益"的金额为限。[577] 只要受托人已决定指定或(通常是这样表述的)将一定数额、比例或类别的信托所得完全分配给某一特定受益人,并且该项指定在所得年度结束前不可撤销就足够了:无论分配是否实际发生或多久发生,受益人都享有现时权利。[578] 另一项对分配征税的单行法律规定在此情形下不再适用,因为对当期归属的征税排除了该规则的适用。[579] 基于这些事实,美国的透明度条件应该已经满足。

接下来考虑改变一个事实——受益人是新西兰居民。新西兰的(归属)结果是一样的:信托来源于美国的所得归属受益人,并且所得的特征和来源保持不变。受益人归属一般基于特定信托所得在所得所涉年度绝对归属受益人的利益,或在所得年度或随后的6个月内向受益人进行的支付,这使得所得在信托取得该所得的年度被视为受益人所得。[580] 如果相关信托所得在所得年度内不可撤销地进行了指定,则指定部分可能独立于支付部分。无论采用当期归属的哪一种方式,新西兰对分配征税的单独规定都不再适用。分配无疑是

---

[577] See ITAA 1936 s 101. 这确保了酌情指定和非酌情指定的权利处于同等地位。它还确保随后的分配不会超出现时权利范围,因为如果某项权利已通过支付得到满足,则该权利将不复存在。另见1979年生效的第95A(1)条,该条证实了已支付的权利部分与未支付的权利部分应适用相同的征税规则,这是通过将受益人的现时权利(根据 s 101 或其他规则)视为在支付后或者用于受益人的利益后仍然存在,从而厘清了先前的模糊之处。

[578] See Re Vestey's Settlement [1951] Ch. 209;IRC (NZ) v. Ward (1969) 1 ATR 287; Chianti Pty Ltd. v. Leume Pty Ltd. (2007) 35 WAR 488;Fischer v. Nemeske Pty Ltd. (2016) 257 CLR 615.

[579] See ITAA 1936 s 99B(2)(c).

[580] See ITA NZ s HC 6(1),(1B),(3).

存在的,[581]但这一分配并不应税。[582] 当期归属(征税)排除了对分配的征税。

最后,假设澳大利亚或新西兰限缩其规则,要求将实际的当期分配作为酌情指定所得归属的条件。[583] 对此,没有任何合理的政策依据可以认为,如此进行受益人所得归属与这些国家的现行规则相比会更不受认可,然而如果归属是基于(实际)分配进行的,那么将产生不予归属的结果。

判断信托及其他实体税收透明抑或不透明的唯一合理依据是实体参与人所在国家对于实体层面所得是否存在当期归属,而非分配是否在当期归属的标准中发挥作用。美国依据当期信托所得的酌情指定和推定或实际分配进行受益人归属。[584] "无论是否分配"标准不应被承认为 OECD 范本中透明实体条款的要件。或者,如果坚持这样做的话,则应将其解读为仅反映基于当期归属的征税以及独立于当期归属的征税之间的区别。[585]

8.3.3.3 隐含的限制?

最后一个问题是,透明实体条款的范围是否受到隐含的限制,这种限制或许是作为税收透明概念的一个方面,透明实体条款不适用

---

[581] See ITA NZ s HC 14.

[582] See ITA NZ s HC 15(2)(a),(4)(a).

[583] 举例来说,ITAA 1936 s 100AA 是一项不予将所得归属受益人的完整性措施(integrity measure),根据该规则,当免税实体作为受益人时,如果受托人在相应所得年度结束后的两个月内并未书面通知该受益人就信托所得享有的现时权利,那么该受益人无法现时享有该权利对应的信托所得,同时该规则还规定"如果受托人向该免税实体支付了现时权利对应的金额,那么将视为该受托人在支付时向免税实体进行了书面通知"。

[584] See CIR v. Stearns,65 F. 2d 371 (1933),373; Lynchburg Trust & Savings Bank v. CIR,68 F. 2d 356 (4th Cir. 1934),359.

[585] Nikolakakis et al.,注释 549,BTR 317、320 得出了相似的结论。

于未被界定的归属制度的原因在于这些归属制度并不属于透明实体条款预期的适用范围。显而易见的是,起草透明实体条款时考虑到了合伙企业、信托(至少在一般信托规则下)和适用打钩规则实体的所得,但相关所得适用其他(可能具有明确的出境或反避税性质)归属制度的实体呢?考虑到OECD注释指出,受控外国公司立法"并不违反协定的规定",最可能排除适用透明实体条款的便是受控外国公司规则,因为这些规则根本不在透明实体条款的考虑范围之内。[586] 其他离岸投资制度,包括一些委托人归属规则,也可能出现类似的问题。第8.3.7节和第8.3.8.2节更详细地讨论了该问题。[587]

8.3.3.4 小结

总结第8.3.3节中得出的结论,透明实体条款和税收透明度的概念应以一种不受非必要限制的方式进行解释,但是最好以明确的措辞,明确该条款在特殊归属制度和离岸投资制度方面应如何适用。

8.3.4 透明实体条款在信托所得方面的适用

在其一般适用中,透明实体条款规定了一个三步走的过程。第一步是适用协定的国家根据其国内法确定由实体或通过实体取得的所得。第二步是要确定缔约双方是否认定该实体是透明实体。为此,该国需要分别考察两国税法。如果有国家认定该实体是透明的,

---

[586] OECD范本第1条注释[81](2017年更新),以前是[23]。引用的立场可以追溯到2008年。2017年OECD范本规定了保留条款,这一条款以前没有出现在范本中,在原来第1条第三段的注释中也没有提到。OECD范本及范本注释在提到CFC税制时没有提及透明实体条款。上述引用立场没有解决来源地国协定利益的问题或双重税收减免条款可能适用的问题,特别是如果CFC税制被认为是保留条款的适用结果时。

[587] See Brabazon, *Treaties and Transparent Entities*, 注释474, §2.1.3, §2.2.4.

第三步则需要确定一国在多大程度上将所得(如果有的话)视为其居民的所得。不管哪一国法律在前一步作出肯定回答,该国都会考察本国和缔约对方国家的税法。但在第三步应当适用的唯一法律是该实体或实体参与人居民国的法律。[588]

在信托情形下应用这些原则,并假设适用的归属规则使信托符合税收透明的认定,则在透明实体条款的标准下存在以下情形。

(1) 不透明/透明:来源地国(S)将信托的部分或全部所得归属信托本身,但受益人(B)或委托人(G)的居民国将该信托实体视为透明实体(步骤2),并将其部分或全部所得归属其本国居民(步骤3)。根据 S-B 之间的协定,受益人归属的信托所得被视为 B 国的居民所得。有些情况需要被考虑,例如,如果 S 国适用限制性的受益人归属规则仅承认既得权利,而 B 国适用宽泛的受益人归属规则承认酌情指定的所得归属。根据 S-G 之间的协定,委托人归属的信托所得被视为属于 G 国的居民。

其结果是,根据所得的性质和所适用协定中分配规则的其他条件,[589]来源地国可能被剥夺或被限制其对信托有关所得的征税权(如果该所得根据情况在受益人或委托人居民国被归属受益人或委托人),而受益人或委托人的居民国(如果两国都与来源地国之间存在协定,那么两者都)可能有义务按照双重征税减免条款给予抵免或免税。[590]

如果 B 国将某信托所得归属其居民受益人,G 国将同一信托所

---

[588] See Brabazon, *Treaties and Transparent Entities*, 注释474, §2.2.1.
[589] 例如在第8.3.10节、第8.3.11节与第8.3.12节中所述。
[590] 参见第8.3.13节。

得归属其居民委托人,并且 S 国与这两个国家之间都缔结了协定,则 S 国应就同一所得遵守多个协定的限制;在这种情况下,尽管每个居民国只适用其自己的一个或多个协定,但 S 国对该所得的征税实际上受到更严格的[591]所适用协定项下的限制。[592] 同样,如果信托的居民国(T)像 B 国或者 G 国将信托所得归属自己的居民受益人或居民委托人一样,将同一信托所得归属自己的居民,那么尽管 S 国和 T 国都不认定就有关信托所得而言信托实体是透明的,透明实体条款在适用该协定方面并不发挥任何作用,S 国也须遵守 S-T 协定。

(2)透明/不透明:虽然 S 国认定信托是透明实体,并将其部分或全部所得归属非居民委托人[593]或受益人(步骤2),但 T 国将同样的所得归属信托(步骤3)。根据 S-T 之间的协定,这种所得被视为属于 T 国的居民。因此,即使 S 国将 T 国信托的应税累积所得归属非居民委托人,该笔所得仍应被视为 T 国居民的所得。同样,如果 S 国采用包容性受益人归属规则,将某一特定所得视为经酌情指定的非居民受益人的所得,而 T 国采用限制性做法,将相同的所得归属信

---

[591] 一国应该遵守每一个协定。对比表格 8.2 以及表 8.3、案例 5 以及案例 6。

[592] 如果各个协定的分配规则不一致,在三方情况中可能会产生意料之外的结果。因此,如果根据 S 国与实体居民国签订的协定,S 国享有征税权(因为该国认定 S 国境内存在服务型常设机构),但在与参与人居民国签订的协定中,S 国不享有征税权(后者不承认 S 国境内的服务型常设机构),那么 S 国就不能征税;其他国家是否可以征税取决于其他国家与 S 之间的协定以及两个居民国之间的任何单独的协定。See Dhruv Sanghavi, *BEPS Hybrid Entities Proposal*: *A Slippery Slope*, *Especially for Developing Countries*, 85 Tax Notes International 357(2017)。Sanghavi 特别关注的案例是根据居民国法律允许一个实体通过选择成为透明实体的情形,以及该选择对最终来源地国税基的影响。他假想的情形并不取决于该实体的性质,而是该实体在实体参与人居民国的透明度。

[593] 来源地国委托人归属发生在以下情形:当美国的所得根据 IRC s 672(f)(2)的规定归属可撤销信托的非美国委托人,或英国的所得根据财产授予制度归属非居民委托人(见 ITTOIA ss 577 and 648;注释 103)。

托,在这种情况下,该所得仍应被视为属于 T 国居民。

每一种情形的结果都是,尽管 S 国应向受益人或委托人征税,但是根据 S－T 协定,S 国可能没有征税权或者征税权被限制,T 国应给予双重税收减免。如果 S 国与 B 国或 G 国之间同样存在协定,并且 B 国和 G 国将信托所得归属本国居民,则 S 国必须遵守每一个可适用的协定;但如前所述,每个居民国只适用其本国自己的协定。

(3)透明/差别透明:S 国将信托视为透明实体,并将其部分或全部所得归属非居民委托人或受益人(步骤 2);B 国将此类所得归属其居民受益人,并根据 S－B 协定将其视为 B 国居民的所得;或 G 国将此类所得归属其居民委托人,并根据 S－G 协定将其视为 G 国居民的所得。当然,在 S 国与另一个国家就是否归属本国居民的问题上达成一致时,没有任何困难。如果两国都认为就同一信托所得而言,信托是透明实体,但在归属问题上存在分歧,那么结果就会更加复杂。

如果 S 国将信托所得归属非居民受益人,而 G 国将同一所得归属其居民委托人,则适用 S－G 协定中的相关条款。同样,如果 S 国将信托所得归属非居民委托人,[594] B 国将同一所得归属其居民受益人,则适用 S－B 协定中的条款。还可以设想这样一种情况,即不同受益人所在的不同国家之间存在归属冲突。如果适用一个以上的协定,这些情况还可能导致双重协定义务。

8.3.5 保留条款

透明实体条款本身并不规定协定利益的授予,而是管理和限制

---

[594] 参见注释 593。

第八章 协 定

协定分配规则的适用,并通过这些条款来管理和约束协定的双重税收减免条款。协定分配规则以及透明实体条款的适用,进一步受到保留条款的限制。[595] OECD 范本中的保留条款是基于美国(范本中)的保留条款设计的。[596] 保留条款适用的一般效果是,来源地国对本国居民的征税权不受限制,除非有专门限制居民税收管辖权的规定。[597]

下列 3 个信托相关案例,根据透明实体条款和分配规则,使来源地国(S)的征税权被"保留":[598](1)信托是来源地国的居民,就相关所得在该国被视为不透明体。尽管受益人居民国(B)或委托人居民国(G)可能将同一信托所得归属其本国居民,但 S–B 协定和 S–G 协定(视具体情况决定应该适用的协定)中的保留条款仍然适用。(2)来源地国将所得归属其本国居民受益人或居民委托人。尽管信托居民国(T)可以将同一信托所得归属信托,但 S–T 协定中的保留条款

---

[595] 参见 OECD 范本第 1 条第 3 款(见表 8.1)。MLI 第 11 条第 1 款具有类似效果。如果 MLI 第 3 条第 1 款规定的透明实体条款可以适用,但缔约国对第 11 条作出了保留,则第 3 条第 3 款提供一个相应的保留条款:"在任何情况下,本款规定('透明实体条款')都不应被理解为影响缔约管辖区一方对其居民征税的权利。"

[596] 2006 年及 2016 年 US 范本第 1 条第 4 款、第 5 款;之前在 US 范本中位于第 1 条第 3 款、第 4 款。美国的这一条款涉及面更广,适用于公民税收(citizenship taxation),并在美国公民放弃美国国籍后的一段时间持续适用。

[597] 所列的"但书规定"是,根据协定的设想,居民国可能被要求向其本国居民提供协定待遇,如作出相应调整或提供双重征税减免。参见 OECD 范本第 1 条注释第 19 段(2017 年更新)。MLI 第 11 条第 1 款规定了类似的除外情形。MLI 第 3 条第 3 款(注释 595)没有提到这些除外情形。这种"但书规定"是限制居民税收管辖权所必要的针对性措施,而且第 3 条第 3 款也应理解为隐含这样的限制。或者根据第 3 条第 3 款的上下文,也可以解释为居民税收管辖权(在一定情况下)被排除。

[598] 关于非信托情形的类似分析,参见 Brabazon, *Treaties and Transparent Entities*, 注释 474, § 2.2.2。

仍然适用。(3)来源地国将相关所得归属其本国居民受益人或委托人。[599] 尽管其他的委托人或受益人居民国可能将同一所得归属其本国居民,但来源地国 S 与该国的协定中的保留条款仍然适用。

其结果是,如果来源地国也是居民国之一,则来源地国不会对信托与信托参与人,或多个信托参与人之间的居民国与居民国归属冲突引起的双重征税提供减免。

保留条款的原则被批评为没有原则,至少在《合伙企业报告》中是这样,因为它在没有正当理由的情况下恢复了来源地国归属规则的适用。[600] 作为对这种批评的回应,也许 OECD 只是主张适用居民国的国内归属规则,但是在保留条款适用时该居民国同时也是来源地国。协定分配规则旨在平衡来源地国和居民国的征税权。保留原则防止一个居民国的规则取代另一个居民国的规则。居民国与居民国(包括其中一个居民国同时也是来源地国)归属冲突问题和解决方法是另外一个问题,放在居民国双重征税减免的部分讨论更合适(第8.3.13 节)。

8.3.6 差别透明

在对信托适用透明实体条款方面,有两个突出的问题:本节中考

---

[599] 参见 Danon 在 *Swiss International Trust Taxation* 一书的第 305~307 页(注释10)以及 *Qualification of Entities* 一书的第 197~198 页(注释12)中给出的例子。信托从其委托人居民国获得特许权使用费所得;一位终身受益人(a life tenant beneficiary)是其他国家的居民。两国都将信托视为透明体,但 SG 国(加拿大或美国)将所得归属委托人,而 B 国(瑞士)将所得归属受益人。来源地国不提供协定减免,所以会产生完全的双重征税,除非居民国对来源地国征税提供协定减免。

[600] Danon, *Qualification of Entities*, 注释 12, 198: "事实上, OECD 的规则导致这一结果的唯一原因——来源地 + 居住国的征税在注释 599 中提到的例子中不受限制"——恰恰是因为,在没有任何合理理据的情况下,它突然隐含地应用了来源地国的国内法归属规则,从而导致所得被分配给其居民。

虑的差别透明,[601] 以及第 8.3.7 节中考虑的委托人作用问题。随后,第 8.3.8 节再次考察了被调研国家的受益人和委托人归属规则产生税收透明的可能性以及透明实体条款适用的问题。

OECD 透明实体条款中提到的不完全(partial)透明包含了信托的差别透明。它反映了美国相应条款的逐项(item-by-item)处理方法及其从合伙企业、信托和遗产的不完全居民条款的历史演变。对于来源地国根据协定的分配规则对某一所得的征税,缔约国另一方的居民能否享受协定待遇取决于该居民与该所得之间是否存在特定优先联结(particular primary connection)。尽管这些联结在不同条款中表述不同,但透明实体条款对它们一视同仁:[602] 如果在任一国家看来,该实体是透明实体,那么这种联系就建立起来了。在协定层面,只要缔约国一方税法将所得归属其居民,该实体的所得就被视为该国居民的所得,且仅以这部分所得为限。

差别透明在概念上相对简单。它在透明实体条款中的作用是将协定的适用以及协定利益的授予主要集中在作为征税对象的所得上,而不是作为纳税主体的纳税人上,但须满足该所得与适格协定项下居民之间的居民国归属联结(residence-country attribution nexus)的要求。[603] 在实践中,与之相关的最大困难是确定信托实体层面的所得与受益人或委托人居民国归属其居民的所得之间的同一性

---

[601] See Brabazon, *Treaties and Transparent Entities*, 注释 474, §2.1.4。

[602] 参见 OECD 范本第 1 条注释[8]、[12](2017 年更新),[26.9]、[26.13](BEPS 行动计划 2 报告);Brabazon, *Treaties and Transparent Entities*, 注释 474, §4.2。

[603] 比较协定分配规则特定所得或资本但不将它们与特定纳税人联系起来的主张[Hugh J. Ault, *Issues Relating to the Identification and Characteristics of a Taxpayer*, 56 Bulletin for International Fiscal Documentation 263, 267 (2002); Danon, *Conflicts of Attribution*, 注释 11、211]。

问题。

8.3.7 委托人的作用

本节考虑了委托人在税收方面的作用。[604] 出于一系列原因,一国税法可将委托人视为信托所得所有人的适当人选,这些原因包括:委托人归复权或者事实上的经济利益和(或)对信托财产保留的影响或控制,或仅仅是由于信托的赠与本质——信托是委托人个人目的和委托授权的体现,直至信托财产完全授予特定受益人,信托的使命才得以完成。如果居民委托人提供的资产可以在离岸信托中产生信托所得,并且不在当期归属居民纳税人,一国则会担心由此产生的逃避税或递延纳税对本国税基的侵蚀。在这种情况下,有这样一种风险,即信托所得或由其转换的其他资产并没有被征税或者享受了税收递延的利益,这些所得或资产基于委托人的利益隐秘地回流本国或者被加以利用。

特定的委托人规则可能作为一国税法一般规则的组成部分进行适用,或者也可能仅在出境情形中适用。即使在被调研国家当中,一般委托人规则和出境委托人规则的设计和政策考量都存在相当大的差异。在协定背景下,特别是在透明实体条款的背景下,有必要考虑委托人规则与协定规则之间将会产生怎样的相互影响。从保留条款中可以清楚看出,OECD 范本的分配规则无意限制委托人所在国对委托人归属和征税的规定,但仍存在其他问题:(1)委托人所在国的委托人归属规则是否旨在影响协定中的分配规则在来源地国的适用;(2)对于委托人所在国归属其居民的某一信托所得,协定将该所

---

[604] 参见 Brabazon, *Treaties and Transparent Entities*, 注释474, §1.1.2.2(税制设计和政策选择), §2.1.3(离岸投资制度和税收透明), §2.2.4(税收透明的确认)。

得的征税权分配给来源地国是否旨在影响双重征税减免条款在委托人所在国的适用。[605]

可以参考委托人规则与涉及透明实体条款的协定之间的相互影响,或者参考委托人所在国是否将信托视为税收透明来拟定这些问题的框架。尚未可知后一种方法是否会对前者有所补充。

这些问题没有单一或明确的答案。一方面,透明实体条款的历史和背景表明,某些形式的委托人归属——特别是美国的委托人归属——旨在将一个实体认定为税收透明,并就该规则适用范围内的实体所得,提供该所得的居民国归属。另一方面,一些国家将其委托人归属规则视为反避税规则,特别是那些仅在出境情形下适用的规则,因此这些国家可能不愿其基于反避税规则进行的征税受到协定双重税收减免条款的影响;有些国家可能认为其出境委托人规则类似于受控外国公司规则,[606] 因此与透明实体条款根本无关。[607] 然而,值得一提的是,即使在 2017 年 OECD 范本更新之后,OECD 范本及其注释也没有将国内特殊反避税规则(SAAR)凌驾于协定之上。[608] 如果各国希望实现这样的效果,更好的做法[609]是在协定谈

---

[605] 请记住保留条款明确表示不会影响(纳税人)根据 OECD 范本第 23 条享有的双重税收减免。

[606] 参见第 8.3.8.2 节(特别是注释 635 和相应文本)中讨论的澳大利亚转让人信托(transferor trust)和 CFC 规则。

[607] 参见 OECD 范本第 1 条注释第 81 段(2017 年更新版)提到的 CFC 规则——虽然必须承认本段并未提及透明实体条款。

[608] 参见 OECD 范本第 1 条注释[68]-[75](2017 年更新版);de Broe and Luts,注释 532。

[609] OECD 范本第 1 条注释[72](2017 年更新版)所设想的。

判时及协定中明确解决这一问题。[610]

除了上述问题之外,还有必要考虑的技术问题是具体规则是否将信托所得归属委托人。如果认为委托人规则归属的名义所得与信托所得不同,尽管它可以依照信托所得计算,甚至可能在数额上相同,但就委托人归属的所得而言,这不符合透明实体的标准,也无法适用透明实体条款。这使委托人所在国可以通过其国内法行使简单有效的单边否决权。[611] 这种否决权不仅排除了其作为居民国本应给予的协定双重征税减免,[612] 而且也排除了所得通过委托人归属在来源地国获得协定待遇的可能性。相比于一般委托人归属规则,这种策略对于明确的出境(委托人归属)制度更具吸引力。

但是还是可以得出一个明确的结论:如果拟议协定的任何一方实行委托人归属规则,两国都应积极考量是否希望在根据协定分配征税权时考虑到该规则下的归属,并应在谈签中处理这一问题。

8.3.8 透明归属分析

本节讨论的问题是,对于各个被调研国而言,将信托所得归属其本国的受益人或委托人,能否使该信托在税收上透明,并产生如下效果:根据透明实体条款,信托所得"就缔约国征税而言,被视为该国居民的所得"。受益人归属和委托人归属将分开讨论。唯一确凿的结

---

[610] 正如后面讨论的一些澳大利亚缔结的协定中所做的那样[注释641及相关内容;《2003年澳大利亚—英国协定》第1条(d)款、(e)款;《2015年澳大利亚—德国协定》第23条第3款,议定书第7条第1款(c)项]。

[611] 英国似乎在此基础上制定了一些规则:Baker, *Finance Act Notes*,注释37,提及对海外资产转移规则的修订。CFC 的情形,见 Bricom Holdings Ltd. *v.* IRC [1997] STC 1179。

[612] 参见注释722和关于英国协定实践的相应文本,其具有恢复双重税收减免条款下协定待遇的效果。

论是,每条归属规则都需要进行单独分析。在此基础上,研究发现,受益人归属通常(但并非必然)是税收透明的依据。委托人归属的结果变数更大。似乎一般委托人归属规则更有可能作为税收透明的依据,而具有明确反避税目的的特殊出境规则则不太可能如此。

8.3.8.1 受益人归属

本节将通过考察被调研国家的受益人归属来研究这一问题(第3.1节)。本书不认为受益人归属是 CFC 或 FIF 税制的一个方面。在 CFC 或 FIF 规则之外,离岸归属制度中信托受益人通常不是重点。[613] 如前所述(第8.3.4节),本节的重点是根据居民国的法律确定的受益人归属,而不区分受益人基于既定权利归属的所得与当期酌情指定(以及可能的后续分配)归属的所得。

英国:英国对信托所得的受益人归属规则直接遵循其信托法的规定。税法项下占有权益(interest-in-possession)信托受益人被视为已归属信托所得的所有人。

新西兰:新西兰受益人归属在其税法中有明确规定:"由一个信托的受托人……取得的所得……要么是受托人的所得……要么是受益人的所得。"[614] 尽管新西兰的归属规则包括一些成文法上的修改,但主要还是以信托的概念为基础。

澳大利亚:澳大利亚的立场不那么明显,但可得出同样的结论。根据来源地国和居民国标准,受益人的应评税所得(或代表特定受益人的受托人的应评税所得)包括"信托财产的(税法)净所得份额",

---

[613] 一个历史上的例外是澳大利亚 ITAA 1936 第96B条、第96C条规定的拟制现时权利(deemed presententitlment)规则,见注释193、466。

[614] See ITA NZ s HC 5(1).

该份额与受益人"现时有权"享有的"信托财产的(信托法)所得份额"成比例对应。[615] 归属于受益人的信托所得与信托取得的所得的税法性质相同。[616] 当受益人归属规则适用的情况下,税法将信托视作一种导管。[617] 特别归属制度——资本利得[618]和免税股息[619]的导流规则——也没有偏离这一立场。

美国:美国也有明确的规则。通过复杂的可分配净所得处理,信托层面的所得与归属受益人的所得相对应。美国法律要求各种"金额"的计算要依据信托法的事实和税法规则,并将它们计入受益人的毛所得(gross income)中。[620] 信托有相应的分配扣除。[621] 所得的性质同时在信托和受益人层面保留。[622] 尽管从法律条款的文义来看可能不明显,但是通过对这些条款的历史沿革和设计可以看出:这些条款适用了信托的导管理论。[623]

英国——资本利得的出境征税:英国资本利得的出境受益人归属制度存在更大的难题。[624] 如果居民受益人已经收到或者曾经收到过资本支付,其数额可以与信托中至今尚未匹配的利得相匹配,那么这一应税利得被视为非居民信托的居民受益人所得。某一年度的

---

[615] See ITAA 1936 s 97(1)(a); cf s 98. 参见注释849,同见注释850。
[616] See Charles *v*. FCT (1954) 90 CLR 598.
[617] See FCT *v*. Bamford (2010) 240 CLR 481,502 [21].
[618] See ITAA 1997 Sub-div 115 – C.
[619] See ITAA 1997 Sub-div 207 – B.
[620] See IRC ss 652(a),662(a).
[621] See IRC ss 651,661.
[622] See IRC ss 652(b),661(b),662(b). 这个问题根据第651条不会出现。
[623] 参见注释831、832。
[624] 参见TCGA ss 87,88;见第3.3.2节、注释205及相关内容。澳大利亚和美国资本利得出境税收制度没有提出相似的问题。

信托利得可能会与后一年的支付相匹配,反之亦然。规定的会计处理在"后进先出"的基础上,以年度为单位汇总利得和支付。[625] 虽然可以通过对比例分配作出会计假设,在信托利得和受益人视同利得之间进行关联,但法律的文义并不要求这样做,而且这种联系似乎过于脆弱,无法得出某一信托利得在某种程度上被视为特定受益人利得的结论,这不仅仅是因为这两个事项之间可能间隔很多年。即使同一年内的单一利得和单一分配可能存在事实联系,但英国在进行受益人归属以及信托居民国在确认信托的原始利得时,纳税时点也并不必然相同。因此更合理的观点是,归属受益人的利得并非特定信托层面的利得。[626]

在每个被调研国家,将某一信托所得追及受益人的过程可能需要考虑信托在取得所得时发生的支出。受益人的信托法权利通常是在扣除此类支出后确定的。相应的税法归属通常也是在净所得的基础上进行的。每个国家的归属机制有所不同,但一般允许向特定受益人追及特定信托所得项目,无论是从整体上还是在可量化的范围内。[627]

因此,每个被调研国家的受益人归属都可以得出这样的结论,即某一信托所得在(受益人)归属范围内被视为受益人的所得,但英国资本利得的出境受益人归属除外。从这些调研结果推断,预计其他国家信托税制下的受益人归属将在大多数情况下(但不是全部)与新

---

[625] See TCGA s 87A.

[626] 参见注释651及相关内容。

[627] 参见第3.1.3.2节及第3.2.4.4节。枢密院在 Syme v. Commissioner of Taxation(Vic) (1914) 18 CLR 519,525 中将来源于信托层面的所得与扣除了信托层面其他支出的受益人归属净所得之间的关联描述为"纯粹簿记"(mere bookkeeping)。

的透明实体条款相兼容。

8.3.8.2 委托人归属

本节将通过考察美国、澳大利亚和英国的一般和出境委托人归属规则,对委托人进行与上节相同的归属分析。

美国:美国的规则是清晰且明确的。满足一般或特殊出境归属规则的委托人被视为拥有信托或信托的相关部分。[628] 这种信托往往被"无视"或者被视为完全透明,收入和支出在毛所得的基础上归属委托人。

澳大利亚:在适用澳大利亚的出境转让人信托规则时,"信托财产的名义可归属所得"[629] 被包括在居民委托人的应评税所得中,一般来说该所得等同于"信托财产的可归属所得"。[630] 非居民信托的"可归属所得"(attributable income)被定义为"信托财产的净所得"(或该净所得的子集)——这与通常会在信托及其受益人之间进行归属的税法信托所得是相同的概念。[631] 在任何一种情况下,首先需要按照规定减去已经在澳大利亚或其他国家[632]纳入信托或其他纳税人税基中的所得,然后再减去信托或受益人为上一步中的所得而缴

---

[628] See IRC ss 673,674,675,676,677,679(第2.3.1节和第2.5.1节).

[629] See ITAA 1936 s 102AAZD(第2.5.1节).如果委托人只在一年中的部分时间为澳大利亚居民,则将按比例缩减。

[630] 第二个概念在委托人使用非标准所得年度时也可适用,在这种情况下,通过比例计算的方式与年度相匹配。"名义"可归属所得与委托人所得年度匹配。

[631] ITAA 1936 s 102AAU(1)(a),(b); cf s 102AAB ["净所得"(net income)].如果信托是属于列举国家的信托,则归属的是信托财产净所得的子集:在计算名义可归属净所得时仅考虑"适格的法律外优惠措施所得"(eligible designated concession income),其他的所有所得为豁免所得。关于可归属所得的概括分析,见 Burns & Krever,注释 44~48、112。

[632] See ITAA 1936 s 102AAU(1)(c).

第八章 协　定

纳的澳大利亚或外国税款。[633] 最后一步相当于通过扣除的方式进行双重征税减免。其结果是，没有（在第一步中）被完全扣除的信托层面的所得以税后金额被确认。尽管立法非常复杂，但是信托层面的所得有可能直接通过信托追及委托人。[634] 法律的文义和政策与这种归属制度也是一致的。基于这些因素进行分析能够得出该问题的明确回答，即转让人信托规则将非居民信托所得视为居民委托人的所得（以非居民信托将信托所得归属居民委托人的范围为限）。

除此之外，转让人信托规则与澳大利亚的 CFC 规则密切相关。两者都起源于同一个反递延纳税立法，[635] 并且转让人信托规则借鉴了 CFC 规则的几个概念和特点。CFC 规则本身包含通过澳大利亚委托人设立的外国信托追及 CFC 所得的规定，[636] 可以说，这是一种小型委托人（mini-transferor）信托制度，这一制度仅通过归属信托所得便达到了确认公司所得的目的。这也表明，至少从 ATO 的角度来看，很可能认为这两个离岸投资制度与协定之间的关系是类似的。ATO 也可能认为这两种制度都有反避税规则的性质，因此不属于协定一般规则的适用范围，[637] 其结果就是，就委托人归属所得，转让人信托规则的适用不会使信托被视为透明体。这一观点也很可能为澳

---

[633] See ITAA 1936 s 102AAU(1)(d)。

[634] 根据 s 102AAZD，如果委托人并非在整个所得年度一直为澳大利亚居民，或者由于会计期间不匹配因而需要分摊，则归属委托人的总额将按比例减少。这意味着可归属所得项下的每个所得项目也将相应减少。

[635] See Taxation Laws Amendment (Foreign Income) Act 1990(Cth) ss 18,49. 更多关于转让人信托规则和 CFC 规则关系的考量，见 Burns & Krever，注释112，第 3 章。

[636] 核心条款是 ITAA 1936 ss 347 and 348。

[637] See the Commissioner's argument in Russell v. FCT (2009) 74 ATR 466,492-494. 尽管本案不涉及 CFC 规则和转让人信托规则，但本案广泛的论据将其囊括在内。

大利亚法院所接受,[638]尽管特殊反避税规则通常无法凌驾于协定

---

[638] Russell v. FCT (2011) 190 FCR 449；13 ITLR 538 涉及澳大利亚的个人劳务所得规则,根据该规则,公司基于自然人(居民或非居民)的个人劳务中取得的所得可归属该自然人(也就相应地不归属公司)。(本案中)这一所得来自澳大利亚自然人纳税人提供的劳务,该纳税人碰巧也是澳大利亚居民,但该所得被支付给在澳大利亚没有常设机构的新西兰居民关联公司。纳税人主张,根据《1995 年澳大利亚—新西兰协定》中的商业利润条款,该所得应当被免于征税。根据 Re A Oyj Abp (2002) 4 ITLR 1009 以及协定只涉及法律性双重征税的主张[Russell v. FCT (2009) 74 ATR 466],洛根(Logan)法官认为协定并未阻止将所得归属该纳税人。纳税人在这个问题上的上诉没有被支持,但这是由于一些其他原因:Russell v. FCT (2011) 190 FCR 449；13 ITLR 538。道塞特(Dowsett)法官(全院其他成员也同意他的观点)在第 37 段论证道,由于澳大利亚的立法将个人劳务所得排除在公司的应税所得之外,该所得不属于公司利润的一部分,因此,对该所得征税未包含在对该新西兰公司利润的评税所得中。这(正如 Richard Vann 在 ITLR 注释中提到的)和 Bricom Holdings Ltd. v. IRC [1997] STC 1179 中关于英国 CFC 规则的说理类似。法官随后还提到个人劳务所得规则的反避税目的,以证实这项结论:这样的结果并不奇怪。(1977 年 ITAA 中的个人劳务所得归属制度)第 2-42 部分显然是一项反避税措施。Ancath 公司所谓的利润实际上可以归拉赛尔(Russell)先生的努力。没有理由相信,在签订(国际)协定时,议会打算让在澳大利亚赚取个人劳务所得的澳大利亚居民,仅仅通过利用一家新西兰公司,就能够避免 2-42 部分的适用……在这种情况下,没有必要考虑 OECD 的材料、国外案例以及学术评论。

法院对这一所得适用澳大利亚归属规则将难以与透明实体条款保持一致,除非该规则的反避税性质被视为否认实体税收透明的依据。Russell v. FCT 所涉的协定没有包含类似的条款。另外,在 Thiel v. FCT (1990) 171 CLR 338 中,法院太过草率地忽视了 OECD 和其他国际材料的关联,并毫无道理地摒弃了协定解释的常规方法。Russell 案的决定似乎是正确的,但判决中的说理可能会受到质疑。

还可能注意到的是,一项一般保留条款或起到相同作用的协定解释原则也会保留澳大利亚对拉塞尔先生的征税权,暂且不论他是否应该从其公司缴纳的新西兰税款中获得抵免的问题(这一点没有争议)。

Russell 案的事实情况和涉及歌手查尔斯·阿兹纳沃尔(Charles Aznavour)的法国案例有相似之处:Conseil d"État, 28 March 2008, No. 271366 Rec Lebon(Aznavour); Tax Treaty Case Law IBFD;同见 Wheeler, Missing Keystone, 注释 39,§ 5.2.1。1989 年,瑞士居民阿兹纳沃尔在法国举办了一场音乐会。他的出场费支付给了一家关联的英国推广公司。法国国内法将这种情况下表演者的费用归属表演者个人。法国和瑞士的协定允许对阿兹纳沃尔征税。阿兹纳沃尔辩称,英国公司在法国没有常设机构,而该项所得属于协定中商业利润条款的适用范围,因此根据法国和英国的协定法国的征税权被排除,但他的主张没有得到支持。最高行政法院认为通过法国国内法确定应税事件和纳税人的理由足够充分。

第八章 协　定

之上。[639]

澳大利亚缔结的许多协定,通过明确规定反避税规则的地位,并且在大多数情况下指明 CFC 制度和转让人信托规则具有反避税性质,从而避免了这一困境。主要有以下两种方法。第一种是规定协定中的"非歧视"条款不适用于"旨在防止避税和逃税"的国内法。[640]由于限定了非歧视条款的适用范围,所以不影响透明实体条款和分配规则的日常适用。

第二种方法更宽泛,如澳大利亚与英国和德国签订的协定中规定,协定中的任何内容都不应限制(英国)或者阻止(德国)适用这些

像 Russell v. FCT 和 Aznavour 案中所考虑的个人劳务归属规则有鲜明的反避税特征。和 Russell 案不同,Aznavour 案只涉及来源地国的征税权。如果来源地国和推广公司居民国之间存在以 OECD 范本(2017 年更新版)为基础签订的协定,那么类似情况发生时将会产生一系列问题,包括法国的归属规则是否属于透明实体条款的范围,以及法国仅根据国内法对所得进行定性(未受透明实体条款的影响)是否排除了个人的个人劳务所得和公司的经营所得之间的同一性。

[639] 参见 OECD 范本第 1 条注释[68]-[75](2017 年更新);de Broe and Luts,注释 532。

[640] 参见《2006 年澳大利亚—挪威协定》第 24 条第 6 款(a)项、第 7 款(b)项;《2006 年澳大利亚—芬兰协定》第 23 条第 5 款(a)项、第 6 款(b)项;《1999 年澳大利亚—南非协定》(2008 年通过议定书修改)第 23A 条第 5 款(a)项、第 6 款(b)项;《2009 年澳大利亚—新西兰协定》第 24 条第 5 款(a)项、第 6 款(b)项;《2010 年澳大利亚—土耳其协定》第 24 条第 6 款(a)项、第 7 款(b)项。《1982 年澳大利亚—美国协定》第 23 条第 2 款(c)项有不同的措辞。它将反避税规则排除在非歧视条款之外。转让人信托规则直到 1991 年才颁布。《2001 年澳大利亚—美国协定议定书》替换了第 11 条(利息)和第 16 条(利益限制)的规定,规定反避税规则不受这些条款适用的影响。反避税规则没有列明或定义。《1991 年澳大利亚—印度协定》(后被 2011 年议定书修改)以及《2010 年澳大利亚—智利协定》第 24 条第 6 款(a)项,都提及了反避税规则,但是没有指明具体规则。

条款。[641] 这里比较一下加拿大的协定实践是有助于分析的,其在特别保留条款的适用范围上更进一步。在协定的谈签中,加拿大一直争取将其 CFC 规则作为保留条款的适用对象,但是在其缔结的诸多协定中,保留条款还延伸至涉及合伙或者信托相关的居民征税,而没有仅限于反递延或者反避税条款。[642]

与一般保留条款不同,这些特别保留条款不受双重征税减免条款和其他指向居民国的同类条款适用的影响。由此产生了问题:根据双重征税减免条款可以在委托人居民国享受的减免是否会被排除在外,因为该减免将限制和阻止特别保留条款的适用。[643] 另外一个问题是,如果某一归属制度兼容透明实体条款下的税收透明,但同时也导致了免除居民国协定义务的特别保留条款的适用,是否也隐含地排除了对来源地国给予的协定利益享受?[644]

当然,如果采用一种更基本的观点,认为协定或其透明实体条款

---

[641] 参见《2003 年澳大利亚—英国协定》第 1 条(d)款、(e)款;《2015 年澳大利亚—德国协定》第 23 条 3 款,议定书(7)(1)(c)。澳大利亚根据 ITAA 1936 s 102AAU(1)(c)的规定,单方面从税基中扣除当期支付给列举国家居民并在该国纳税的金额,从而减轻了这些条款对转让人信托规则的实际影响。英国的协定中也包含非歧视限制[《2003 年澳大利亚—英国协定》第 25 条 6 款(a)项;对比《2008 年澳大利亚—日本协定》第 23 条第 7 款,议定书(21)]。

[642] 例如,《1980 年澳大利亚—加拿大协定》第 26A 条(被 2002 年议定书修改):本协定的任何规定均不得解释为阻止加拿大对加拿大居民就该居民拥有权益的合伙企业、信托或受控外国公司的相应所得征税。在涉及信托的情况下,加拿大保留条款保留了对受益人和委托人的国内征税权。对于仅指向加拿大 CFC 规则的更加限缩的特别保留条款的举例,见《1980 年巴巴多斯—加拿大协定》第 30 条第 2 款。

[643] 在 CFC 背景下,Canada – Israel Development Ltd. v. Minister of National Revenue [1985] 2 CTC 2460 给出了一个肯定的答案。

[644] 如果 DIR 所得或经营所得来源于一个既不是委托人居民国也不是信托居民国的国家,并且信托在该国没有相关常设机构,那么来源地国给予的协定待遇的议题可能变得十分重要。委托人居民国和来源地国之间的协定项下将产生该问题。

没有考虑反避税规则的适用,因此不承认根据反避税规则作出的归属可以作为税收透明的依据,就不会产生上述这些问题。也可以作出一种解释性的阐述:对反避税规则明确但有限的提及实际上支持了这样一种观点,即此类规则在其他方面能够产生协定利益,尽管这可能和澳大利亚协定谈签者的想法相反。

澳大利亚与新西兰、德国的协定中已经包含了透明实体条款,这些条款显然可适用于信托。然而,没有任何迹象表明在与新西兰的协定中考虑了透明实体条款和转让人信托规则之间相互作用的可能。[645] 相比之下,如前所述,与德国签订的协定中保留了转让人信托规则作为反避税规则。每一个协定最终都需要单独地考虑。[646] 一些既有协定需要在 MLI 项下纳入透明实体条款,这取决于在 MLI 项下进行的选择。[647] 如果是这样,就有必要考虑转让人信托规则是否以及如何与这些协定相互影响。

[645] 参见 Explanatory Memorandum, International Tax Agreements Amendment Bill (No.2)2009 (Cth),特别是对第 1 条第 2 款、第 23 条第 3 款、第 24 条第 5 款、第 6 款的解释;参见注释 640。

[646] 《1982 年澳大利亚—美国协定》(2001 年签订的议定书进行了修改)中提出了更复杂的解释问题。包括第 4 条第 1 款中关于合伙、信托和遗产的不完全居民条款,以及防止国内反避税规则的效力被特定条款排除的条款:见第 11 条第 4 款(b)项(利息条款),第 16 条第 7 款(利益限制条款),第 23 条第 2 款(c)项(非歧视条款)。

[647] See www.oecd.org/tax/treaties/mli-database-matrix-options-and-reservations.htm. 澳大利亚没有对 MLI 第 3(1)条提出保留,除了通过第 3(5)(d)条保留少数现有的具体条款,包括《2008 年澳大利亚—日本协定》第 4(5)条(《澳大利亚,签署时的保留和通知清单状态》,载 OECD 网站 2017 年 6 月 7 日,www.oecd.org/tax/treaties/beps-mli-position-australia.pdf)。根据其他国家的保留,澳大利亚将在 MLI 覆盖的现有协定中纳入一系列透明实体条款。英国没有对 MLI 第 3(1)条作出保留,《2003 年澳大利亚—英国协定》是根据第 3(1)条纳入了新透明实体条款的协定之一。《2015 年澳大利亚—德国协定》实际上是后 BEPS 时代签订的,它已经包含了透明实体条款(第 1 条第 2 款)。它没有被任何一方认定为 MLI 所涵盖的协定。

无论是通过司法裁决、立法还是通过未来可能签订的协定,澳大利亚都需要弄清楚这样的反避税规则和/或转让人信托规则能否依据澳大利亚委托人归属而将信托定性为透明实体并获得协定利益。归属委托人的所得和信托取得的所得是否为同一所得是这个问题的其中一个方面。

英国:在英国的财产授予立法中,第1条规则涉及可能的归复权和留存权益,第2条规则涉及本应归属委托人的幼年子女或为了幼年子女的利益而适用的所得,为税收之目的,满足上述两条规则之一的信托取得的所得应且仅应被视为"委托人所得"。[648] 如果委托人是英国居民,根据新的透明实体条款,这些因素将指向肯定的结论,即相关信托所得为英国税收之目的,被视为英国居民委托人的所得。

财产授予立法中的第3条和第4条规则涉及资本支付,比如来自信托或者关联公司法人的贷款。[649] 如果在同一年或随后10年中的任何一年,当且仅当支付金额"属于根据该法规定(委托人)可取得的所得金额"时,这一金额被视为委托人的所得。实体所得和被归属所得之间的关系具有会计上的关联。虽然对所得追及是可能的,但是该规则并没有要求这样做。实体所得并不一定只属于委托人。这些考虑因素表明,就这些规则所涉及的归属所得而言,答案是否定的。

《2001年英国—美国协定》中有一条由英国提出美国予以接受的换文,就透明实体条款[650]特别规定:在(例外情况下)适用本款时,

---

[648] See ITTOIA ss 624(1),629(1).见第2.3.2节。

[649] See ITTOIA ss 633,641.

[650] 参见《2001年英国—美国协定》第1条第8款,该条款实际上遵循了1996年US范本中第4条第1款(d)项的规定。

第八章 协 定

英国应将某人取得的所得、利润、利得视为属于本款适用范围,前提是英国依据下列规定就这一所得、利润、利得向另一人征税:(1)1988年《所得与公司税法》(Income and Corporation Taxes Act 1988)的第660A节或第739节;(2)TCGA的第77节或第86节。[651]

上述引用的条款分别体现了财产授予立法的第1条规则[652]、海外资产转移规则,[653]关于居民信托资本利得的委托人归属规则(后来被废除),以及适用于非居民信托资本利得的出境委托人归属制度。"例外"一词,似乎暗示着这样一种观点:除了协定的这一补充规定,英国不会认为根据这些条款归属其居民委托人的所得和利得属于透明实体条款调整的范畴,尽管另一种解释认为英国税法改变了所得的性质。无论如何,显然应该将两国的委托人规则都包括在内。

被引用的四个条款使用了截然不同的措辞。第一个条款与现行规则基本一致,它规定了排他的委托人归属。第二个条款规定,若境外的人的所得与委托人存在必要联系,那么该所得被视为委托人的所得。第三个和第四个条款规定,归属委托人的金额应与在实体层面计算的金额相等。[654] 2007年,《英国所得税法》改写了海外资产转移规则。其措辞不同于与之相对应但已被废除的第739条[655],新措辞并没有对实体所得和归属所得规定更明确的对应关系。尽管如此,似乎有人担心国内的征税权可能会被协定凌驾,所以于2013年

---

[651] 参见《2001年英国—美国协定》第1条第8款。

[652] 参见现行 ITTOIA s 624。财产授予制度的第二个和第三个规则于2001年存在,但是没有被引用。

[653] 参见现行 ITA UK ss 720,722。

[654] TCGA s 77(现已废除)也规定相应的信托所得不应归属信托。第86节包含了一个就利得对信托本身征税的例外规定(见第2.5.2.2节)。

[655] See ITA UK ss 721,729(原始版本)。

再次对该规则的措辞进行了修改,修改后的条文沿用至今,以下部分将对此进行讨论。对立法历史和协定的讨论强调了将透明实体条款适用于委托人归属条款在解释上可能涉及的复杂性。

海外资产转移规则(第2.5.2.1节)使用了不同的措辞,按照现行规定,其有意将归属居民的名义所得与外国的人的相应所得区分开来,以防止出现协定的适用(像在居民取得外国所得时)。[656] 这产生了一个更微妙的问题。英国承认实体层面的所得,并基于此将同等数额的所得归属其居民,但认为这并非同一所得。假设该所得项目来源于一个国家/地区,该国家/地区将其归属信托实体,该实体并非这两个国家中的任何一个国家的居民。那么哪一法律能够决定实体层面的所得与英国居民归属的所得是否相同?答案似乎是作为居民国的英国法被用以决定所得归属(第8.3.4节中描述的透明实体条款适用的第3步),以及被归属所得是否与"由或通过"实体取得的所得相同(第1步)。[657] 这意味着,信托参与人的居民国可以通过明确否认实体层面的所得与归属其居民的所得之间的同一性,单边

---

[656] 参见 Baker, *Finance Act Notes*, 注释37、409:提及 FA 2013 年对海外资产转移规则的修订:"还应明确的是,征税是基于名义上的所得归属,而不是非居民的实际所得;这一改变的目的是打消任何关于双重征税协定凌驾(本国)征税权的顾虑。"

[657] 可以考虑两种可能性。同一性是由适用协定的国家的法律决定的,这也是第一步适用的法律。如果信托参与人居民国适用该协定,适用的法律是相同的。如果来源地国(同时也是居民国)适用协定,并将所得归属其本国居民,问题就不会出现,因为保留条款排除了协定待遇的给予。如果来源地国不将所得归属其居民,就需要考虑同一性的问题,在这样做的时候,要考虑信托参与人居民国归属其居民的是哪一所得。所以,一种可能性是来源地国需要参考另一国(居民国)法律并发现该国法律不承认同一性。

另一种可能性是通过协定自主解释确定同一性。但是,如果一个信托参与人居民国在其国内法中已经对同一性的问题有了明确的规定,它似乎不太可能接受协定中的规定。如果协定的自主解释不能被信托参与人居民国接受,它也不应被来源地国考虑接受。

阻止透明实体条款适用于一国归属制度范围内的所得。因此，除非协定优于国内法适用，且出于协定目的承认所得的同一性，否则英国委托人不能就依据海外资产转移规则进行归属的所得，在英国或者国外根据透明实体条款申请协定减免。

如果归属标准同时符合财产授予立法和海外资产转移规则，则后者将被排除适用。[658] 这意味着，根据财产授予立法而获得的协定利益不会因为这种重叠而丧失。

资本利得的出境委托人归属规则（第2.5.2.2节）对"等同于"实体层面资本利得净值的数额进行归属，归属居民委托人的资本利得也来源于这一净利得。[659] 这一措辞与海外资产转移规则具有同类效果。[660]

对委托人归属规则的这一研究表明，相比受益人归属规则，委托人归属规则会出现一系列更多变的适用结果。必须考虑一个特定的委托人归属规则能否在任意一个缔约国产生透明实体和（或）协定后果，以及经由该特定规则归属居民委托人的所得是否和实体的所得具有同一性的问题。这两个问题可能不是同一个问题，只能通过对相关规则及其适用进行分析从而得出结论。尽管如此，可以合理推测，相较于侧重非居民信托的居民委托人的特殊出境规则而言，在国内和国际情况下适用的一般委托人归属规则更有可能支持适用新的透明实体条款。具体而言，出境委托人规则（比一般委托人规则）与

---

[658] See ITA UK ss 721(3C), 728(2A)（注释135）。如果适用《2001年英国—美国协定》，基于第1条第8款的规定，是否规定海外资产转移规则将被财产授予制度排除适用，不会对透明实体条款的适用产生影响。

[659] See TCGA s 86(4).

[660] 见注释141、147；对比 CG 38345 (at 27 December 2017)。

CFC规则有更多的共同之处,也更有可能被认为具有国际反避税的性质。与一般规则相比,特殊出境规则更有可能否定信托所得的同一性并排除协定的适用。

8.3.9　承认混合实体税收透明的后果

协定承认税收透明的一个后果是,来源地国必须对缔约国另一方的税制有所了解,正如《合伙企业报告》中的原则适用于合伙所得的情形。另一个后果是,根据居民身份和纳税情况(taxability)享受协定待遇的人,可能与通过协定减轻了来源地国税收的纳税人不是同一个人。因此,来源地国必须做好准备,对其认为不是纳税人的主体或其代表进行调查并采取行动。这种主体同一性的缺乏毫无疑问是透明实体条款的结构导致的,因此不应妨碍对衍生协定权利的主张。[661] 为避免不便,各国应建立维护此类权利的程序,但没有专门程序也不应排除对这些权利合法有效的主张。如果来源地国据以征税的事实及权利符合协定规定,那么同样也可支持在居民国申请双重征税减免的权利。这些立场最好在OECD注释中加以阐述。

8.3.10　经营结构归属

所得归属并非信托所得享受协定待遇;或使得适用于直接投资的协定条款得以适用而需要满足的唯一条件。在信托所得的某一项目(item)或份额(share)根据透明实体条款被确认为缔约国居民的所得之后,下一步是考虑协定的分配规则如何适用于该所得。每一个分配规则都规定了自己的实质性标准和适用结果。这里采用的方

---

[661] 协定应采"有效解释"(ut res magis valeat quam pereat),即以能让其有效,而非无效的方法进行解释。See Brabazon, *Treaties and Transparent Entities*, 474, §2.2.3. 这个问题不是信托所特有的。

第八章 协定

法是关注与信托所得相关的特殊问题。本节讨论将信托层面的经营结构(business structure)归属受益人或委托人的问题。[662] 第8.3.11节讨论与受益所有权相关的问题,第8.3.12节讨论企业参股股息(corporate participation dividends)的处理。

OECD 范本的部分分配规则依据所得与通过设立在缔约国一方的常设机构在该国开展的经营活动之间是否存在联系,确认征税权的分配。一般而言,如果建立了这一联系,来源地国/东道国可以根据营业利润条款(business profits article)[663]对有关所得或利润征税,居民国有义务通过免税或抵免给予相应的双重征税减免,这是双重税收减免条款运作的常规模式。但如果所得与常设机构不存在联系,来源地国的征税权可能会被协定否认[664]或受到协定限制。[665]

不同条款对经营活动、常设机构和相关协定居民之间所需的联系存在不同要求。营业利润条款本身指向的是居民国企业的利润和通过当地常设机构在来源地国/东道国进行营业活动的联系;[666]其

---

[662] See Brabazon, *Treaties and Transparent Entities*, §4.3.

[663] OECD 范本第7条第1款(营业利润)、第10条第4款(股息)、第11条第4款(利息)、第12条第3款(特许权使用费)、第13条第2款(不动产的资本利得)、第21条第2款(来自第三国不动产以外的其他所得)。

[664] OECD 范本第7条第1款(营业利润)、第12条第1款(特许权使用费)、第13条第5款(在来源地国不征税的资本利得)、第21条第1款(其他所得)。联合国范本(第12条第1款、第2款,第21条第3款)和大量双边协定允许对非常设机构的特许权使用费所得行使有限的来源地国税收管辖权,对非常设机构的其他所得行使一般的来源地国税收管辖权。加拿大的协定实践允许对加拿大信托所得行使有限的来源税收管辖权(注释544、744)。拒绝或者限制对 DIR 所得行使来源地国税收管辖权的受益所有人的适用条件将单独在下面进行考虑。

[665] 参见 OECD 范本第10条第1款,第11条第1款;参见注释664。

[666] 参见 OECD 范本第7条第1款;对比第13条第5款。

他条款要求协定居民受益所有人[667]或所得接受人[668]通过当地常设机构在来源地国/东道国进行经营活动。从政策的角度来看,似乎相对清楚的是,根据透明实体条款将所得归属受益人或委托人时,应同时归属相关经营活动和常设机构,以便取得一致的结果。信托或其他透明实体的介入不应排除或限制来源地国税收管辖权。

通过对2017年更新后的OECD范本进行目的解释后可以得到这一结论,但由于OECD范本及其注释的文本都没有对此作出明确规定,更好的办法是直接解决这个问题。这需要考虑,如何才能路径最佳、效果最好地解决此问题。本书考虑了两种方法:一种是基于澳大利亚和新西兰协定实践中的信托常设机构条款,另一种是基于对"缔约国一方企业"这一定义的修改。本书认为后一种方法更可取。

8.3.10.1 信托常设机构条款

在1996年US范本纳入透明实体条款的12年前,澳大利亚就开始关注与受益人居民国签订的协定中的营业利润条款可能会阻止其对可归属信托层面澳大利亚常设机构的受益人归属的营业所得征税。理由是,虽然信托所得的性质会传递给受益人,但信托不是受益人的事业(undertaking)或代理,受益人通常不通过信托常设机构进

---

[667] 参见OECD范本第10条第4款、第11条第4款、第12条第3款。如果符合营业利润条件的所得同时也属于另一个分配规则的适用范围,营业利润条款根据第7条第4款从一开始就不再适用,但如果DIR所得与东道国有所需的来源和常设机构联系,根据第10条第4款、第11条第4款或第12条第3款中的回溯规则(throwback rule)将重新适用第7条的规则。

[668] 参见OECD范本第21条第2款。

第八章　协定

行经营。[669]

澳大利亚在否认上述理由有效性的同时[670]颁布了一项凌驾于现有协定之上的法律作为回应,其措辞似乎受到了美国将本地信托的营业(business)归属外国受益人的成文法规定的启发。[671] 一名受益人,直接或通过一个或多个中间(interposed)信托财产,现时享有(presently entitled)来源于受托人通过设立在澳大利亚的常设机构进行营业获取的信托财产所得的份额,将被视为通过澳大利亚常设机构在澳大利亚进行营业,而受益人的所得份额将被视为归属该常设机构。[672]

澳大利亚随后缔结的协定一直都包括信托常设机构条款,一般规定在营业利润条款中。通常的措辞与《2003年澳大利亚—英国协定》中相应条款的规定一致:(1)缔约国一方居民直接或通过一个或多个中间信托财产,受益性享有信托财产受托人在缔约国另一方经

---

[669] See J. R. Sharp, *Tindal, and All That...*, 18 Taxation in Australia 1038(1984). 作者基于《1982年澳大利亚—美国协定》第7条通过举例展开论述:一位美国单位(信托)持有人(unit-holder),其自身的营业在美国构成企业但不存在澳大利亚常设机构。行政上诉法庭后来关于《1953年澳大利亚—美国协定》的一项判决承认,在澳大利亚的信托营业不是美国受益人自身美国营业的一部分,尽管信托营业所得被指定(appointed)给了这一受益人:AAT Case 6103 (1990) 21 ATR 3594 [10]。这一点是双方的共同立场,而且下列观点似乎已被接受:信托必须拥有的澳大利亚常设机构不构成受益人的常设机构。法庭最终基于不同于上述观点且存疑的理由驳回了一项豁免的主张,即营业利润条款不涉及消极取得的"工业或商业利润",并且在没有明确相反规定的情况下,可以推断基本的来源地征税的协定规则应予适用。

[670] See Explanatory Memorandum, Income Tax (International Agreements) Amendment Bill 1984 (Cth), note on cl 3; Commonwealth, Parliamentary Debates, House of Representatives, 13 September 1984,1286 (John Dawkins, Minister for Finance). 两者都提到了对受益人的"分配",但从上下文中可以清楚地看出其旨在强调现时权利和随之而来的当期归属;不管是否进行了分配,仅仅这些就能够产生税收归属的效果,税收归属才是讨论的重点。

[671] 注释669中Sharp指出IRC s 875(2)是一个解决方案。

[672] IntTAA s 3(11),由 *Income Tax (International Agreements) Amendment Act* 1984 (Cth) s 3增补,并在1984年10月19日生效。

营的企业的营业利润的权益份额,但为税收之目的信托财产被视为公司的情形除外;(2)根据本协定第5条的规定,如果该企业被视为是受托人在该另一国设立的常设机构,受托人的营业应被视为该居民通过设在另一国的常设机构在该另一国的营业,该居民享有的营业利润份额应归属该常设机构。[673]

该协定的这一措辞在随后期间保持了相对稳定,其他大多数国家似乎也不反对接纳澳大利亚的政策。

贸易信托(trading trust)在新西兰和澳大利亚都很重要。从1995年与澳大利亚缔结的协定开始,新西兰在其协定政策中采纳了信托常设机构条款[674]最初措辞与澳大利亚相同。但在2002年发生了转变,随后的大多数新西兰常设机构条款取决于受益人是否"受益性所有"(beneficially own)信托常设机构所得的份额,而不是他或她是否"受益性享有"(beneficially entitled)获得该部分[675]但这两种表述不应被认为具有不同的含义。[676] 新西兰最近的一些协定还将"企业营业利润的份额"(a share of the business profits of an enterprise)的措辞改为"企业经营活

---

[673]《2003年澳大利亚—英国协定》与第7条有关的第3条(b)款。《1982年澳大利亚—美国协定》第7条第9款(通过2001年议定书修改)提及包含信托在内的税收透明实体。一些协定有单向(unidirectional)条款,只适用于受益人是另一个国家的居民,并且信托常设机构在澳大利亚的情况(如《2015年澳大利亚—德国协定》第7条第7款)。

[674] See Graham Hunt, *New Zealand's Evolving Approach to Tax Treaties*, 14 *New Zealand Journal of Taxation Law and Policy* 131, 160 – 161(2008)。

[675] 最早使用新措辞的协定似乎是《2002年新西兰—南非协定》第7条第6款,后来新西兰与其他14个国家签订的协定都采用了新的措辞。

[676] 协定措辞还有其他不同之处,这似乎表明了一种风格上的改变或希望与OECD范本使用的语言保持一致。在Hunt的一篇讨论全面的评论文章中(见注释674),没有提到这一变化。《2009年澳大利亚—新西兰协定》第7条第7款使用了新西兰方面的措辞"受益所有",但随后的澳大利亚协定使用了"受益享有"的措辞。

第八章 协　定

动的利润份额"(a share of the profits of a business of an enterprise)。[677]

信托常设机构条款与透明实体条款一样,可以适用于并非缔约国居民或者并非在缔约国设立(不包括营业常设机构)的信托的所得。

该条款的适用方式是将信托企业和信托营业归属受益人,并将受益人享有的"营业利润"(business profits)和"经营活动的利润"(profits of business)份额归属常设机构,以便来源地国根据营业利润条款行使来源地征税权。也许有人会怀疑,"营业利润"的提法是否足够宽泛以包括(与常设机构存在联系的)DIR所得(这类DIR所得对于直接投资者来说,将会因为其与投资者拥有的常设机构存在联系而被来源地国征税[678]),以及与常设机构动产有关的资本利得。[679] 其中一个问题是,"营业利润"是指利润的性质,还是仅仅指利润与营业的关系。采取广义的解释将避免对与常设机构相关的所得,因其类别不同而被不合理地区分。另一种措辞——"经营活动的利润",更容易以这种方式解释。

另一个问题是受益权利(beneficial entitlement)或受益所有权(beneficial ownership)的含义。受益权利可被解释为既存的信托法权利,或包括通过行使酌情权进行指定而产生的权利;[680]其还可能

---

[677]《2008年新西兰和美国议定书》以及随后的7个协定中使用了新的措辞,包括:《2009年澳大利亚—新西兰协定》第7条第7款。

[678] 参见OECD范本第10条第4款,第11条第4款,第12条第3款;对比第7条第4款。

[679] 参见OECD范本注释第13条第2款。

[680] "受益权利"这一表述不是衡平法或信托法的技术性概念。它可以被解释为对特定信托财产或其孳息拥有衡平法上的所有权权益(proprietary interest),或者更广泛地被解释为包括对已指定给受益人的特定所得拥有的衡平法权利。从税收的角度来看,在纳税年度终了之前无论(何种性质的)该权利是否通过支付得到了满足并在技术性灭失(technically extinguished),实际上都是无关紧要的(cf ITAA 1936 s 101)。

指税法归属,或在 DIR 条款中使用的受益所有权概念。历史上,许多澳大利亚协定都提到受益权利,而 OECD 范本中则提及了受益所有权。[681] 一种关于受益所有权的主流观点将这一概念等同于税法归属,但要排除代理机构(agent)、名义持有人(nominee)和类似安排。[682] 信托常设机构条款是从澳大利亚税法的视角设计的。受益权利本身并不是澳大利亚信托税收规则中含有的要素,但可以合理地推断信托常设机构条款提及受益权的概念意指受益人的税法归属。受益权不太可能是一个纯粹的信托法概念,因为这将需要一个单独的归属原则进行配套,从而会对现有的税法原则造成重叠。应该认为其旨在进行税法层面的归属。[683] 尽管信托常设机构条款主要适用于营业所得,但新西兰最近协定的措辞表明,在 DIR 条款中使用受益所有权这一概念也是有意为之。

如果协定包括信托常设机构条款和透明实体条款,则有必要确定常设机构条款中的受益权或受益所有权的概念是根据来源地国税法还是受益人居民国税法确定的。如果根据 MLI 的规定,在协定中增加透明实体条款,则在现存协定下可能会出现这种情况。[684] 如果信托常设机构条款是根据来源地国归属规则适用的,则还存在另一

---

[681] 例如,《1986 年澳大利亚—奥地利协定》第 10 条第 1 款、第 11 条第 1 款、第 12 条第 1 款;对比第 7 条第 9 款。

[682] 参见第 8.3.11 节以及 Brabazon, *Treaties and Transparent Entities*,注释 474,§4.4。

[683] 参见 Avery Jones et al., *Origins*,注释 381、747、324,认为澳大利亚为此目的在其协定中使用"有受益权的",以便将信托所得归属酌情受益人。

[684] OECD 认为,信托常设机构条款属于一种整体性措施,不会被 MLI 透明实体条款取代,但可以与 MLI 中的透明实体条款共存(see OECD/G20 BEPS Project, *Explanatory Statement to the Multilateral Convention to Implement Tax Treaty Related Measures to Prevent Base Erosion and Profit Shifting* (2016) [45])。

个问题,即它是否可以就受益人居民国未归属受益人的所得给予协定权利,以及因此不适用透明实体条款。

综上所述,虽然信托常设机构条款在多数情况下的适用是顺畅的,但仍存在一些解释性问题,其适用范围仅限于信托并且在某些方面存在不确定性,也不容易与透明实体条款整合适用。

8.3.10.2 企业归属

明确将透明实体条款与"缔约国一方企业"这一概念及其营业联系起来是更好的处理方法。[685] 这在美国协定实践中也有体现,1996年 US 范本扩大了缔约国一方企业的定义,使其包括:缔约国一方居民通过在该缔约国一方被视为税收透明的实体经营的企业。[686]

有一个很好的例子可以说明"由……经营"(carried on by)一词仅指居民国将所得认为是本国居民的所得,至少在澳大利亚和美国的协定判例中是这样。[687] 关于受益的解释有些微妙,可能会过于依赖特定国家的立法史,因此更好的方法是明确地对这一问题进行处理,如 OECD 范本中对"企业"(enterprise)定义的增补:[688] 按照第 1

---

[685] 参见 Brabazon, *Treaties and Transparent Entities*,注释 474,§4.3.4。

[686] 参见 1996 年、2006 年和 2016 年 US 范本第 3 条第 1 款(c)项,US 范本中的定义类似于 OECD 范本第 3 条第 1 款(d)项规定。

[687] Thiel *v.* FCT (1990) 171 CLR 338 判例认为类似的词语仅是关联性表达。这似乎也是美国协定起草者们想要的:see IRS, General Counsel Memorandum 39361 (20 Jan. 1982), (1985) 27 Tax Notes 1034,1036 (cf IRS, Revenue Ruling 85-60, 1985-1 CB 187), discussed by Sanford H. Goldberg and Saul M. Shajnfeld, *Attribution of a Trust's permanent Establishment to its Beneficiaries*, 34 Canadian Tax Journal 661(1986),体现了 IRC s 875 的逻辑。

[688] 参见 OECD 范本第 3 条第 1 款(d)项。Brabazon 所著的 *Treaties and Transparent Entities* 一书中(注释474,第 4.3.4 节)中的建议直接涉及透明实体条款。最后 17 个单词("该居民应被认为从事该企业的营业活动")与 DIR 条款中的常设机构传统规定一致,指向所得的受益所有人而不是开展营业活动的企业(对比第 7 条第 1 款)。

条第 2 款的规定,所得被确认为该缔约国一方居民所得的企业。在这种情况下,该居民应被认为从事该企业的营业活动。

从协定的角度,如果信托常设机构和营业未与相应的信托所得一同进行归属,行使来源地国税收管辖权会缺少正当性。这将导致征税权在来源地国和居民国之间被不合理分配。还可能导致来源地国征税多于或少于应征税款,这具体取决于税率、双重征税减免的依据以及受益人或委托人在居民国的税收情况。

8.3.11 受益所有权

本节将考虑当信托所得归属信托、受益人或委托人时,受益所有权概念和透明实体条款之间的相互影响。[689] 缔约国另一方居民享有 DIR 所得的受益所有权是对来源地国征税权进行限制或排除的一个条件。[690] 受益所有权的概念没有通行的定义。关于这一问题的文献浩如烟海,但其含义没有达成国际共识。

在曼德尔·林格勒(Meindl - Ringler)[691]观点的基础上,本书认为,更可取的观点是将特定所得的受益所有权等同于就该特定所得对居民国应承担的纳税义务,不包括代理和名义代持(nomineeship)安排,也可能不包括代理公司安排(forwarding company arrangement)。如果根据实际情况,可以适用透明实体条款将某一所得归属缔约国一方居民,那么这通常也满足了受益所有权的积极要件。两项测试都取决于由居民国税法确定的税法归属。有许多学者支持这一观点,

---

[689] 参见 Brabazon, *Treaties and Transparent Entities*, 注释 474, §4.4。

[690] 参见 OECD 范本第 10 条第 2 款、第 11 条第 2 款、第 12 条第 1 款。

[691] See Angelika Meindl - Ringler, *Beneficial Ownership in International Tax Law*, Wolters Kluwer, 2016。

即根据透明实体条款将 DIR 所得归属缔约国另一方居民时,可以适用协定,但排除来源地国将该所得归属其本国居民的情况,以及代理等情形。[692] 目前美国认同受益所有权等同于税法归属,但需根据来源地国的税法原则确定归属。[693]

如果上述对受益所有权的解释被接受,对信托 DIR 所得适用透明实体条款以及承认协定居民对该所得享有受益所有权的条件,两者确定的纳税主体相同。因此,可以综合运用这两种规则限制(或视情况而定的免除)来源地国的征税权,使其取决于:(1)信托、受益人或适格委托人是否为另一国居民;(2)所得在该另一国归属其居民的程度,并且没有因代理、委托代持关系或仅为中介(intermediary)而从受益所有权中被排除。

如果上述建议未被采纳,这两种规则可能会确认不同的主体,也无法做到必要的整合适用。

本节将依次考虑受益所有权规则对信托、受益人和委托人的适用问题。在每一种情况下,都假定基于透明实体条款或《合伙企业报告》原则的适用,居民国将 DIR 所得归属信托、受益人或委托人[694]从而享有协定利益,并且被归属主体不仅仅是代理或名义持有人。以下各段所述的任何一种情况都不是避税的代表性情形。

信托:如果适用所有权归属(attributes-of-ownership)的方法,尤

---

[692] See Nikolakakis et al.,注释 549,BTR 334.

[693] See *US Model*: *Technical Explanation* (2006) Art 10(2)(至本文写作时,2016 年 US 范本尚未发布技术性解释)。

[694] 能否根据透明实体条款认定委托人为相关居民取决于先前对税收透明实体条款的适用范围、信托所得和委托人归属所得之间的同一性的要求是否得到满足(第 8.3.3 节、第 8.3.7 节和第 8.3.8.2 节)。类似的考虑也会影响到委托人是否为实体所得受益所有人的认定。

其是在受托人被认定为相关信托实体的情况下,存在这样一种风险,即为信托目的而非受托人个人利益使用信托财产的义务可能被理解为否定受益所有权。如果将信托简单理解为普通法和衡平法上的所有权分离,可能会加剧这一风险。[695]

新西兰是为数不多的明确处理这一问题的国家,根据其一直以来的协定政策立场,其在协定中纳入了这样的条款,即如果相关所得在非来源地国被认为是受托人所得而应承担纳税义务,则认定受益所有权条件得到满足。[696] 协定使用的术语不尽相同。[697] 除美国和

---

[695] 澳大利亚判例法承认可能存在这种分离,但拒绝认为这种分离是固有的。如果没有任何受益人对于特定信托财产享有衡平法上的财产权,则受托人将拥有全部的普通法和衡平法上的财产权:Glenn v. Commissioner of Land Tax(1915)20 CLR 490;CPT Custodian Pty Ltd. v. Commissioner of State Revenue(2005)224 CLR 98,112。

OECD 第 1 条注释第 28 段支持这样一种观点:一个被公众持有的集合投资工具也应当被视为投资的受益所有人,该工具可能以信托形式设立,只要实体的管理人对投资资产享有酌情权并且实体层面不存在不符合条件的情形。这一观点总体上并不能说明通常情况下信托的适当处理。

[696] 最早的例子可以追溯到 1966 年:《1966 年新西兰—英国协定》第 6 条第 3、4 款(股息),第 7 条第 1 款、第 2 款(特许权使用费);1980 年新的股息条款(参见《1980 年新西兰和英国议定书》)替换了该规定。考虑这一出处,新西兰政策可能被视为英国早期的已征税测试(subject-to-tax requirement)在信托问题上的延续[See Richard J. Vann,*Beneficial Ownership*:*What Does History(and Maybe Policy)Tell Us?*,in Michael Lang et al. eds.,Beneficial Ownership:Recent Trends,IBFD,2013,p. 267;John F Avery Jones,*The Beneficial Ownership Concept Was Never Necessary in the Model*,in Michael Lang et al. eds.,Beneficial Ownership:Recent Trends,IBFD,2013,p. 333]。这一规则被调整至《1972 年澳大利亚—新西兰协定》第 3 条第 2 款的定义条款中,这也是新西兰现在协定规定此规则的通常位置。

[697] 一个典型的现代版本是《2009 年澳大利亚—新西兰协定》第 3 条第 4 款:"为第 10 条、第 11 条和第 12 条的目的,在缔约国一方基于信托或通过信托而产生的股息、利息或特许权使用费,如果由缔约国另一方对该信托受托人征税,应当被认为由缔约国另一方居民受益性享有。"之后的一些协定将这一规则扩大适用于免税情况外所有需征税的股息(如《2012 年加拿大和新西兰议定书》第 10 条、第 11 条和第 12 条的规定)。

在一些协定中,该条款只适用于在新西兰应纳税的所得,表明国家希望确保功能性信托居民投资海外时不会被剥夺协定利益。

英国外,新西兰的大多数协定缔约方也采用了这些条款。[698] 该条款不同于美国使用来源地国归属决定受益所有权的解释方法。[699]

受益人:如果来源地国对受益所有权采用比受益人居民国的税法归属原则更为严格的观点,则受益人将面临风险。这一问题对于酌情型受益人尤为明显。如果来源地国采用本国归属规则作为受益人归属的衡量标准,并且这些规则要么要求既存权利,要么在参与人之间采用与其居民国不同的分配原则,那么可能会否认或者限制受益人对特定所得的受益所有权。如果来源地国根据其本国的归属规则决定受益所有权,并将特定所得归属另一国的委托人,受益人也将面临风险。

委托人:一个本身不会将相关所得归属外国委托人的来源地国,可能在技术和直觉层面上难以将该委托人认定为受益所有人。这是它采用所有权归属方式或参考其本国的归属规则时的结果。承认委托人为受益所有人的理由与承认透明实体条款下委托人归属的理由类似。委托人自愿对信托进行资本化,并且委托人居民国从税收角度认为这足以将信托所得归属委托人。如果居民国同样坚持其本国的委托人税收规则不受协定影响,来源地国可能不愿意在互惠的基础上考虑委托人归属。

鉴于受益所有权在国际上缺少明确的定义,如果各国达成协议,

---

[698] 《1983 年新西兰—英国协定》中没有规定这一条款。

[699] See Department of the Treasury, *Technical Explanation of the Protocol Between the United States of America and New Zealand Signed at Washington on December* 1, 2008 *Amending the Convention and Protocol Between the United States of America and New Zealand for the Avoidance of Double Taxation and the Prevention of Fiscal Evasion with Respect to Taxes on Income*, *Signed at Wellington on July* 23, 1982 *re Protocol Art* Ⅵ, *reflecting US Model*: *Technical Explanation* (2006).

最好能够在双边协定中进行明确。新西兰可以通过设置一项解释性规定扩大现有文本的有限适用范围,即承认根据透明实体条款进行的居民国归属满足受益所有权的要求,必要时排除代理等情况:根据第 10 条、第 11 条和第 12 条的规定,缔约国一方居民在第 1 条第 2 款项下的所得应当被认为由该国居民受益所有,只要该居民就这一所得在该国负有纳税义务(liable to tax)(并且不是作为非居民的代理或名义持有人取得的)。[700]

8.3.12 公司参股股息

本节讨论了受托人或信托参与人是公司时,因信托持有股份所获得的股息是否可以享受公司间(intercorporate)的特殊处理。[701] 除了对公司所得以及支付至最终个人股东的股息之外,为了缓解多层级中的公司间股息层叠征税所造成的经济性双重征税,协定项下公司参股股息通常适用低税率或零税率。OECD 范本规定,来源地国应对"(股息的)受益所有人是一家直接持有支付股息公司至少 25%股权的公司"以低税率征税。[702] 其他情形中,无论是否规定直接持有要求,通常也会使用不同的所有权或持有门槛规定作为限制。

当一个拥有公司受托人的信托作为股东介入时,相对明确的是受托人的公司身份是无关紧要的。除非信托本身在其居民国作为公司被征税从而不适用该国的信托税制,否则需要解决的问题就是,

---

[700] Brabazon 在 *Treaty and Transparent Entity* 一书第 4.4.5 节中使用的措辞,注释 474。不同于"已纳税"(subject to tax),"纳税义务"(liable to tax)一词保护了免税组织的利益。如果认为之前的表述已经涵盖了这一范围,最后 11 个词语(指括号内的内容)可以省略。

[701] 参见注释 700,第 4.5 节。

[702] 参见 OECD 范本第 10 条第 2 款(a)项。2017 年 OECD 范本在适用于"公司"的要求中删除了"(合伙企业除外)"。

(信托)所有权(ownership)是否可以通过被视为透明体的信托追及公司受益人或公司委托人(可能性较小)。

与股息适用的受益所有权(beneficial ownership)条件不同,产生股息的资本需要满足所有权的要求。这个问题已经超出了透明实体条款的适用范围,并且通常会从适用协定的来源地国角度确定。无论如何,如果受益人对信托资本没有权益或其权益是酌情指定的、或有的(contingent)或可撤销(defeasible)的,则不满足资本持有或所有的要求。

公司受益人面临的主要问题是,拥有信托资本中不可撤销的既得利益能否满足持有/所有权要求,以及能否满足OECD范本中规定的直接性要求。当前各方意见不一,甚至澳大利亚税务机关也采取了相互矛盾的做法:"直接持有"测试只要求持股股东作为该公司股东进行法定登记,[703]名义股东也可以满足"直接持有"测试,[704]在没有"直接持有"字眼的零税率条款中的所有权要求可以穿透信托考察。[705]这其中的做法至少有一个是错误的或是过分严苛的。尽管并不总是具有说服力,但美国的官方观点通常会穿透透明体追及所有权。US范本在后续修订中分别规定了对相关资本的直接或间接

---

[703] ATO ID 2011/14 *Income Tax*: *Dividend withholding tax*: *dividend paid by an Australian resident company to a New Zealand Limited Partnership*,基于 FCT *v.* Linter Textiles Australia Ltd. (in liq) (2005) 220 CLR 592,604,将持有等同于法定所有权。其判决总结道,为符合《2009年澳大利亚—新西兰协定》第10条第2款(a)项规定的"直接持有"要求,该公司"必须是股份的法定所有人,在其本身和股份之间不存在代理或中间(interposed)实体"。

[704] TD 2014/13, Income tax:适用英国协定第10条第2款(a)项。

[705] ATO ID 2004/863 所得税:英国居民公司收到澳大利亚股息所得——股息80%受益所有权测试的评税。

所有权(1977年),所有权(1981年)或直接所有权(1996年,2006年,2016年)要求。[706] 2006年的技术解释淡化了直接性要求,并规定可以穿透透明体追及所有权。[707]

2016年US范本处理了这一测试和透明实体条款之间的衔接问题,规定就当前目的而言,应当认为缔约国一方的居民公司直接拥有下列实体所拥有的股份:(1)按照该缔约国法律,该实体被视为税收透明;(2)当股息支付公司为缔约国另一方居民时,(该实体)并非该国居民;按照该公司在实体内享有所有权权益的比例……[708]

虽然所有权和权益的概念多次出现在利益限制条款中,但"在[介入的透明(interposed transparent)]实体中拥有所有者权益(ownership interest)"这一关联概念尚无定义。

最近澳大利亚与德国在后BEPS时代缔结的协定采用了另一种解决方案,在最终议定书中处理了透明实体条款和股息条款的衔接问题:关于第1条第2款和第10条,双方认为,为缔约国税收之目的,透明实体/安排取得或通过其取得的股息应作为该国居民的所

---

[706] 参见2016年US范本第10条第2款(a)项。不同于之前仅适用于"表决权股"(voting stock),2016年US范本对"表决权和股份价值"(vote and value of the shares)规定了10%的所有权要求。

[707] 《2006年美国范本技术性解释》第10条第2款,第33~34页。有关来源地国税收的技术性解释认为,未被定义的直接所有权根据协定适用国(来源地国)的国内法确定。尽管获得所得的人(根据居民国法律项下的透明实体条款确定)和股息的受益所有人(美国认为,根据来源地国国内法中受益所有权要求确定)不需要是同一人,但二者都应当是居民国的税收居民。这与US范本和OECD范本规定有所不同,两类范本均要求符合条件的公司还应当是受益所有人。这也忽略了资本所有权与股息所有权可能错位的问题,因为根据美国的打钩规则,中介实体可能被视为透明予以处理。

[708] 参见2016年US范本第10条第2款(a)项(ii)目。

得、利润或利得时,视为该居民直接取得股息而适用第10条。[709]

澳大利亚对这一点的理解,概言之,即第三国透明体以公司形式在中间介入不会因其公司身份而使非公司受益所有人适用较低的协定税率。[710] 就"直接持有"的要求而言,介入实体本身被"无视"了。[711] 对该实体的"无视"意味着,如果一个公司受益人基于其在信托中的固定权益而有权按持有股份获得股息,则为协定目的该受益人将被视为直接持有这些股份。以上述方式"无视"该实体排除了基于受益人未作为股东进行登记而提出异议的情况,[712] 但并不意味着收款的受益人"持有"或对产生股息的股份拥有所有权:[713] 如前所述,酌情指定型受益人仍然不符合条件。

从政策上理解为什么通过包括信托在内的透明体以固定资本权利(fixed capital entitlement)方式持有的股份权益不能同时符合"持有"和"直接持有"要求。前面引用的澳大利亚和德国的协定中的议定书为余下的问题提供了一个可行的解决方案。

类似地,承认公司委托人(可以享受OECD范本第10条或者类

---

[709] 参见《2015年澳大利亚—德国议定书》第3条。

[710] 在本国被视为透明体的公司型中介的身份不会导致适用低税率,这一观点并不局限于与德国签订的协定:参见ATO,私人约束裁定(Private Binding Ruling)第1012320848597号。德国早期判例法与此不同,一家美国的透明体S型公司在收到德国股息时,尽管其所有股东均为个人,但基于其公司身份成功适用了较低的协定税率[*Re US S Corporation's German Withholding Tax Status* I R 48/12;(2013)16 ITLR 428]。然而,该案中涉及的协定并未包含前述议定书中的类似规定,特别是没有明确"该居民"。

[711] 参见《解释性备忘录》第1.46~1.48条,《2016年国际税收协议修正案》第1.211条。

[712] 正如ATO ID 2011/14(注释703)所述,如果作为法律上股东的实体的中间插入阻碍了参与人持有权益的认定,那么按照议定书的要求,承认所得取得的直接性毫无意义。

[713] 参见《解释性备忘录》第1.47条,《2016年国际税收协议修正案》第1.211条。

似规定项下的协定利益)并非不可能,[714]但其受限于所有权和直接持有都由来源地国来确定这一事实。

8.3.13 居民国协定减免

本章前述部分已经讨论了透明实体条款的适用范围和适用方式,以及它与协定分配规则之间的相互影响。本节将继续论述居民国如何根据双重征税减免条款,处理属于其他条款适用范围的信托所得。[715]

OECD 范本对居民国税收的影响受到保留条款的限制,该条款排除了大多数协定分配规则(第8.3.5节)中减免规定的适用;[716]同时还受到双重征税减免条款附加资格(parenthetical qualification)的限制,如果缔约国另一方"仅因所得同样由该国居民取得"而进行征税,缔约国一方不提供相应抵免是符合协定的。[717] 这些规定都是在2017年 OECD 范本中新增的,尽管类似原则此前已经可以隐含

---

[714] 美国的委托人归属规则将信托的所有权(信托财产)全部或部分归属委托人。

[715] 本节考虑的问题在 Brabazon 所著 *Treaty & Transparent Entity* 一书(注释474)第4.6节中关于居民国与来源地国或居民国与居民国+来源地国之间的税收冲突,以及第4.7节关于居民国之间的税收冲突问题部分具有更详尽的论述。

[716] 被明确排除在 OECD 范本第1条第3款的适用范围之外的少部分协定分配规则会对居民征税产生影响。

[717] 参见2017年 OECD 范本第23A条第1款、第3款,第23B条第1款;对比表8.1和注释475。对于透明实体条款的效力,MLI 第3条第2款与第3条第1款具有类似效果。接受了第3条第1款的少数国家(包括英国)可能会就第3条第2款作出保留。可以推测这些国家打算在解释现有双边协定时根据 MLI 接受透明实体条款,根据2017年之前的原则(参见注释718)拒绝对另一国征收的居民税提供双重征税减免。

适用。[718]

双重征税减免条款要求所得在两国具有同一性,但不要求纳税人身份具有同一性。无论透明实体条款是否在这些情形中适用,[719]很明显双重征税减免条款已经考虑到不同纳税人的可能性。OECD对双重征税减免条款的注释也对这一情况作出了回应。[720] 在透明实体条款能够适用于某一信托所得时,OECD认为:(1)如果来源地国对或(在适用免税法时)可能对受益人或委托人就该所得征税,则信托居民国应给予减免;(2)如果来源地国对或可能对信托或委托人就该所得征税,则受益人居民国应给予减免;(3)如果来源地国对或可能对信托或受益人就该所得征税,则委托人居民国应给予减免。

这些排列组合中的情况发生的概率有所不同。[721]

特别是在涉及委托人居民国征税时,有必要考虑可适用的委托

---

[718] 至少在英国在之前的避免双重征税条款中的立场如此,参见案例 Bayfine UK Ltd. v. HMRC [2011] STC 717;(2011)13 ITLR 747。Brabazon 所著 *Treaties and Transparent Entities* 一书第 4.6.1 节,注释 474 进一步讨论了该案例与 2017 年 OECD 范本更新的相关背景。

[719] 新西兰上诉法院在 Lin v. CIR (2018) 20 ITLR 602 中提出的部分理由是,OECD 范本中避免双重征税条款仅仅考虑了针对同一纳税人进行双重征税的法律性双重征税,因此它不涉及新西兰股东要求就中国对其受控外国公司的征税进行抵免或饶让抵免的问题。该案件在某些方面受到了严厉批评:见 the ITLR editorial note and Brian J. Arnold, *The Relationship between Controlled Foreign Corporation Rules and Tax Sparing Provisions in Tax Treaties: A New Zealand Case*, 72 Bulletin for International Taxation 430 (2018)。就现行目的而言,只要认定 Lin v. CIR 所涉协定不包含透明实体条款,并且本案出现的时间早于规定避免双重征税不要求纳税人的同一性的 OECD 注释就足够了(参见注释 720)。此案也超出了合伙企业报告的适用范围。

[720] 参见 OECD 范本第 23 条注释[9]-[11.2](其中大部分条款都是 2017 年更新版);另见 Brabazon, *Treaties and Transparent Entities*,注释 474,§4.6.2。

[721] 来源地国委托人征税可能并不常见,但这种情况可能在英国[ITTOIA s 648 (2)]和美国[IRC s 672(f)(2)]发生。参见第 2.4 节。

人规则是否符合协定,特别是其中透明实体条款的规定,以及是否要求所得的同一性。这一点上,英国的协定实践在某种程度上是完善的,其对于在两国就同一所得计算的税款,允许根据协定给予外国税收抵免。[722] 根据这一方式,即使国内法间接将信托所得归属委托人从而否认委托人归属所得与信托所得的同一性,委托人仍然能够适用双重征税减免条款,即使委托人可能无法就相关信托所得根据协定的分配规则享受协定待遇。

在符合这些条件的前提下,即使存在来源地国和居民国之间的归属冲突,双重征税减免条款一般也能够避免来源地国和居民国之间对信托所得的双重征税,其效果不会低于居民国纳税人直接在另一国投资并缴税的情形。

前述居民国避免双重征税的前提是其中一个缔约国根据协定享有来源税收管辖权。对于不同纳税人在各自居民国(这些居民国均无来源税收管辖权)的双重征税,OECD范本没有规定这类双重征税的减免。这一点在2017年对避免双重征税条款的附加资格修订中(第23A条)得到了明确体现。该修订明确这一条款的目的在于就符合协定的来源地国税收提供相应的居民国税收减免。因此,如果信托和受益人居民国将完全来自第三国的所得归属本国居民并征税,两国间的协定无法提供任何减免。信托与委托人居民国、受益人和委托人居民国之间同样如此。

---

[722] 参见《2003年澳大利亚—英国协定》第22条第2款(a)项;《1983年新西兰—英国协定》第22条第1款、第2款;《2001年英国—美国协定》第24条第4款(a)项(注释148)。"计算"的表述在英国与澳大利亚和美国的协定中仅适用于英国给予的双重征税减免,但与新西兰的协定中双边适用。

如果两个居民国的其中一国根据两国间协定同时也享有来源税收管辖权,另一国仅需在基于来源税收管辖权进行征税的范围内避免双重征税。因此,对于非常设机构利息所得,居民国应当对同时具有来源地国和居民国身份的国家给予税收抵免,最高不超过利息适用的协定优惠税率;但对于归属来源地国+居民国内常设机构的所得,[723]居民国应当给予充分的抵免或免税。[724] OECD 范本仅考虑对涉及来源地国+居民国和居民国之间的复合归属冲突中的来源地国+居民国部分提供双重税收减免。

居民国与居民国之间的归属冲突是协定尚未解决的问题。[725]这些冲突不仅仅局限在信托中,但因信托参与人和涉及税制的多样性,信托中极易产生这种冲突。少数协定已在寻求解决这些冲突的办法。[726] 其中一些协定直接通过透明实体条款处理,另一些就他们所关注的具体类别的实体或所得进行处理。

(1)《2001 年英国—美国协定》包括一项修改的双重征税减免条款,当各国对其居民征税时,该条款与透明实体条款和保留条款同时适用。[727] 征税权的优先顺序为:第一,来源(财产所在地)国对其居民的不动产所得和相应资本利得的征税权;第二,实体的居民国征税权;第三,当居民是信托委托人和受益人时,受益人所在国的征税权。优先权意味着能够要求另一国对其居民提供外国税收抵免。

---

[723] 假定协定允许基于常设机构的来源税收;参见第 8.3.10 节。

[724] OECD 注释第 23 条第 9~11.2 段和 Brabazon 所著 *Treaties and Transparent Entities* 一书第 4.6.2 节(注释 474)涉及一种更复杂情况,即在每一居民国均有来源税收管辖权时,这些原则如何适用。

[725] See Danon, *Qualification of Entities*,注释 12,198 - 199。

[726] See Wheeler, *Missing Keystone*,注释 39,§ 2.4.4。

[727] 参见《2001 年英国—美国协定》第 24 条。

（2）《2009年澳大利亚—新西兰协定》包括一项与透明实体条款同时适用的特殊双重征税减免条款：如果一国对其居民实体征税，另一国对其居民实体参与人就同一所得征税，则参与人居民国应对该实体的居民税收给予抵免，不论该所得来源。[728]

（3）《2015年澳大利亚—德国协定》要求，如果因缔约国双方根据透明实体条款同时对实体和实体参与人行使居民税收管辖权而导致双重征税，主管当局应当充分协商以"寻求适当解决方案"。[729]这表明这种双重征税并非有意为之，并且该条规定旨在积极引导主管当局寻找解决方案。由于这一规定是强制性的，它将比标准的相互协商条款具有更大作用。[730]

（4）部分英国缔结的协定通过修改其他所得条款提高了受益人（居民国）税收优先次序，将"支付给"另一国居民受益人的信托/遗产所得视同该受益人直接取得。[731]

---

[728]　参见《2009年澳大利亚—新西兰协定》第23条第3款；对比《解释性备忘录》，《国际税收协议修正案》（2009年第2号）第2.318～2.322条。该协定不包含保留条款，但谈判记录表明双方已经达成共识，即保留条款原则适用于透明实体条款（第1条第2款）；《解释性备忘录》第2.25条。

[729]　《2015年澳大利亚—德国议定书》第2条；参见Nikolakakis et al.，注释549，BTR 350。

[730]　OECD范本和《2015年澳大利亚—德国协定》第25条第3款均规定，主管当局"应当"尽力解决与协定解释或适用有关的困难或疑义，"可以"在协定未作规定的情况下就消除双重征税问题进行协商。然而，议定书尚未允许纳税人根据第25条第1款的规定启动相互协商程序。

[731]　参见《2013年挪威—英国协定》第20条第2款。已分配信托/遗产所得的归属包括实体所纳税款的归属。传统的英国协定区分信托/遗产所得与其他所得条款，不作区分将排除对此类分配的来源税收（如《2001年英国—美国协定》第22条第1款）。长期以来，英国的征管实践是根据ESC B18的规定判断实体透明度；所引用的条款似乎是这一征管实践的代替（感谢John Avery Jones的解释）。

(5)1996年《北欧协定》通过给予实体(居民国)税收优先权的方式确定了遗产居民税和受益人居民税之间的优先顺序。[732]

(6)一些协定包含所谓的"反向保留条款"(reverse saving clause),这一条款具有广泛影响,尤其是将对混合性公司的居民国征税权进行限制,要求该国对于在根据协定可由来源地国征税的范围内,参与人在其母国缴纳的税款给予抵免,并且不再对分配单独征税。[733] 这使参与人居民国征税权优先于实体居民国的非来源地税收管辖权。

在少数其他情况下,也可能存在通过确定双重税收减免序位来解决居民国与居民国之间双重征税的问题。[734]

上述大部分协定都为透明实体居民国税收和该透明体参与人居民国税收之间的归属冲突提供了解决方案(如信托居民国税收和受益人居民国税收之间的冲突);其中,《2001年英国—美国协定》为委托人和受益人居民国税收之间的冲突提供了解决方案。

避免双重征税条款为处理居民国与居民国之间的双重征税问题提供了最有保障的处理方式,尤其是在涉及混合实体或透明体的情况下。在此方面,较为合适的是首先依据实体及其参与人而不是信

---

[732] 《1996年北欧协定》第24条。不对已经缴纳遗产税的受益人就同一所得再次征税。

[733] 参见 Nikolakakis et al.,注释549,BTR 347,353-354;《2001年比利时—荷兰议定书》(2),(4)(b)。在援引的例子中,该条款是根据相关参与人(在将该公司视为透明体的居民国纳税)对公司资本持有的权益比重来适用的。

[734] 由于美国对公民和居民的全球所得征税,广义来说,避免双重征税的形式表现为认定居民征税优先于公民征税:如《1982年澳大利亚—美国协定》第22条第1款(a)项,第2款、第4款。OECD关于员工股票期权的报告表明,根据避免双重征税条款的规定,在相互协商程序中确定不同国家对同一员工在不同时间(居民国变更前后)取得的同一所得的税收优先顺序可能是避免双重征税的合适方法。

托及其受益人或委托人来制定解决方案。对于实体参与人的双重征税问题,有两种解决方案可以考虑:实体居民国的免税(意味着实体参与人居民国的征税权具有优先性)和实体参与人居民国的抵免(意味着实体居民国的征税权具有优先性)。[735] 策略的选择反映了对相互冲突的税收政策和可操作性的评估。如果一国认为委托人归属意味着实体的税收透明度,那么在避免双重征税问题上将要考虑的第二问题是不同类型的信托参与人——受益人和委托人之间的税收冲突。在这两个层面上,透明实体条款都为避免居民国和居民国之间的双重征税提供了一个权宜之计。[736]

已有学者提出了两个可行条款,[737] 见表 8.4。两个条款的建议都是以可以被添加至 OECD 范本的避免双重征税条款为前提假设的。第一种方法基于参与人居民国的抵免,反映了《2001 年英国—美国协定》《2009 年澳大利亚—新西兰协定》条款的一般逻辑。第二种方法基于实体居民国的免税,反映了反向保留条款的一般逻辑。[738] 只有在其中一国为实施与透明实体条款衔接的委托人征税

---

[735] 参与人所在国的免税和实体所在国的抵免在理论上可行,但从政策和实践角度这些方式难以被各国接受。

[736] 这是《2009 年澳大利亚—新西兰协定》第 23 条第 3 款和《2001 年英国—美国协定》第 24 条提出的做法。

[737] See Brabazon, *Treaties and Transparent Entities*, 注释 474, §4.7.

[738] 第二版包含对相符性分配的免税规定,以反映前述比利时与荷兰协定条款中的做法(注释 733),并且需要进行某种形式的追及。如果参与人与其居民国之间的征纳关系较为脆弱或仅人为设定,则可能存在滥用免税条款的风险。利益限制规则和/或主要目的测试可能会提供足够的保护。否则,对滥用问题表示关切的国家可以增加一项已征税测试。

模式时才可能涉及每一版本的第 2 款。[739] 两种条款都没有试图解决同一类居民之间的归属冲突,如各国将同一信托所得归于本国居民受益人的情况。

表 8.4　两版避免居民国与居民国间双重征税条款的对比

条款	具体规定
避免居民国与居民国间双重征税条款—第一版	第 1 条第 2 款适用于一项所得,并且缔约国各方根据本协定条款可能仅基于该项所得由该国居民取得,即可对该项所得征税。 (1)当缔约国一方对该款提及的,作为其居民的实体或安排征税时,缔约国另一方应当允许从对其居民征收的所得税中扣除相当于在首先提及的国家缴纳的所得税数额。 (2)当这些居民是应纳税的(委托人)和信托受益人时,则(委托人/受益人)为其居民的缔约国应当允许从对其居民征收的所得税中扣除相当于在缔约国另一方缴纳的所得税数额。 但是,在任何情况下,该项扣除不应超过扣除前该项所得计算的税额
避免居民国与居民国间双重征税条款—第二版	第 1 条第 2 款适用于一项所得,并且缔约国各方根据本协定条款仅基于该项所得由该国居民取得,即可对该项所得征税。 (1)非为该款提及的实体或安排居民国的缔约国一方应当对该所得(及其分配)免税。 (2)当这些居民是应纳税的(委托人)和信托受益人时,则(委托人/受益人)为其居民的缔约国应当允许从对其居民征收的所得税中扣除相当于在缔约国另一方缴纳的所得税税额,但该项扣除不应超过在扣除前该项所得计算的税额

---

[739] 适用国可能以其他术语取代(委托人)。对(委托人或受益人)的选择取决于税收优先权的确定。受益人税收的优先权(英国和美国协定条款,注释727)意味着委托人居民国的税收减免;而委托人税收的优先权意味着受益人居民国的税收减免。

8.4 分配

区别于已当期归属的信托所得的话题，本节将讨论协定如何影响对信托的分配征税。[740] 信托居民国与受益人居民国之间缔结的协定是唯一与分配相关的协定，在此种情况下，信托居民国将被视为来源地国。[741] 根据信托和受益人居民国国内法（第五章），信托分配将引起一系列的税务处理。如果信托适用一国税制的一般信托规则，特定的分配可能被视为所得或非所得（如资本分配、赠与或仅为实体层面已归属所得的传递），或两者兼有。

第8.4.1节从信托居民国的角度出发考虑相关问题，第8.4.2节从受益人所在国的角度考虑相关问题，第8.4.3节从协定减免的综合效果出发考虑相关问题。第8.4.4节阐述了在分配时信托居民国的协定后减免（post-treaty relief）对协定的影响。

8.4.1 来源地税收

信托分配所得的来源地国征税权适用何种（协定）分配规则取决于来源地国如何对作为受益人所得的该项分配进行定性。

如果来源地国从税收角度将该实体认定为信托并适用信托税收规则，则该分配很可能不会被归入任何特定的协定所得类别。原始信托所得的性质不应影响对源自信托所得的征税。股息性质要求对

---

[740] See Brabazon, *Treaties and Transparent Entities*, 注释474, §5。

[741] 一国可以在不主张信托为其居民的情况下主张来源地国征税权的这种情形在理论上不大可能出现。

第八章　协　定

该实体进行公司税务处理。可以预想的是,在一些相当特殊的情况下信托分配可能具有营业所得的性质。然而,最有可能的结果是对该分配的来源地国税收适用可适用协定的其他所得条款。

在 OECD 范本中,除非该所得与所得的接收方在来源地国的常设机构有实际联系,否则其他所得条款的适用将导致来源地国无征税权。[742] 联合国范本[743]和许多现存协定保留了来源地国对其他所得征税的权利。加拿大支持的另一种方式虽然允许来源地国征税,但却限制来源地国对源自居民信托的所得的适用税率。[744]

除非该所得与所得接收方在来源地国的常设机构有积极联系,否则来源地国对于营业利润没有征税权。对于捐赠信托,可能会排除受益人在来源地国存在这样的常设机构的可能性,[745]但对于任何其他类型的信托,需要视情况作出专门规定。

对于信托征税倾向于采用单层方法的国家一般不会对分配征税,除非是作为针对居民从非居民或曾为非居民的信托中获得分配的补充性措施。在被调研的国家中,只有英国对信托向非居民的分

---

[742]　参见 OECD 范本第 21 条(假设信托分配不符合不动产所得的条件)。

[743]　参见联合国范本第 21 条第 3 款。

[744]　参见如适用于加拿大居民信托的《1980 年澳大利亚—加拿大协定》第 21 条第 3 款。加拿大对居民信托分配给非居民受益人的收益按 25% 的统一税率征税[加拿大 1985 年所得税法,第 212 条第 1 款(c)项,第 11 段],而该协定将适用税率降低到 15%。

[745]　受益人在信托所在国是否拥有可归属信托所得的常设机构,与是否为分配通过信托取得的所得(derived through the trust)征税权之目的,将在该国或其他国家的信托常设机构归属至受益人无关。

配认真地行使了征税主张。[746] 在某些主要涉及 DIR 所得和外国来源信托所得的情况下，英国还通过一项法律外优惠措施放弃了这一征税权，这一优惠措施将使其转向一种透明的处理方式。[747]

部分国家（特别是英国）对外缔结的协定，为税收之目的可能对信托或遗产分配所得重新定性，以反映实体层面原始所得的性质。[748] 总的来说，这一做法意味着为协定之目的采用了一种透明处理的范式，信托的分配被认为代表了实体层面的原始所得。实体层面的所得产生和分配之间的延迟问题尚未解决；（各国）似乎假定这种迟延都比较短暂，且递延纳税问题在此并不重要。

8.4.2 居民税收

本书关于税收制度的调研表明，受益人居民国可以基于两个主要依据来理解对另一国居民信托进行分配的征税问题：(1)特定分配在本质上是否是所得。这是英国在年金和大量酌情分配方面的立场，其依据是上述分配对于受益人的性质。(2)特定分配是否并不表现为信托资本（不包括资本增值）或其他在该国已完税的所得。广义上讲，这是澳大利亚、美国和新西兰的立场。

---

[746] 加拿大也对非居民受益人的分配征税（注释744）。由于对"不遵从"信托向非居民进行的分配征税无法适用分配征税的规定（常见的管辖限制），新西兰仅在名义上对非居民就该分配征税。从"不遵从"信托中获得的应税分配会根据 ITA NZ BF 1(b) 适用特殊税收规则，并被 HC 19 和 CX 59 视为免计所得（excluded income）；根据 BD 1(5) 条，源于国外的非居民所得被排除在应税所得之外，但这无关紧要，因为作为特殊所得，它们已经被排除在应税所得之外，并且在无须参考该概念的情况下征税。从外国信托中获得的分配如果可以追及源于新西兰的信托所得就会引起一系列其他问题。然而，无论哪种情形，新西兰都没有明确的政策或意愿向非居民受益人从信托中获得的分配征税。

[747] 参见第 5.3.2 节和 5.3.4 节。

[748] 例如，注释731提及的英国与我国香港特别行政区、挪威的税收协定，《2001年英国—美国协定》以及关于第22条第1款的换文。

除了被调研国家之外,其他国家的情况可能有较大差别。[749]

如果受益人居民国对一项分配征税,则传统的双重征税减免条款要求该国对信托所在国根据其他所得条款(如果协定允许)或根据股息条款(如果来源地国将某一信托视为适用公司税制的实体)进行的任何征税提供抵免。信托所在国仅有的其他协定项下征税权要求受益人在该国拥有相关常设机构,此种情况下,受益人根据双重征税减免条款中的一般免税或抵免规定可享受税收减免。对于原始信托所得的征税不存在协定减免。

8.4.3 协定减免的效果

以下各段概括了协定减免的综合效果。

受益人只可能在信托所在国拥有单独的常设机构并将其作为一个一体化国际业务架构的一部分,在这种架构中,信托可能被视为投资、经营或控股实体——这是一种比较特殊的情况。上述分析并不意味着协定中影响分配征税的条款会导致双重征税或不征税。

在一般情况下,有关双重征税或双重不征税的问题可以由以下方式解决:(1)协定允许或限制对信托分配征税,在由信托所在国征税,并且得到协定的其他所得条款一般性的或限制性的允许的情况下;(2)协定限制股息税,在该信托在信托所在国被征收公司税的情况下;(3)如果受益人所在国对分配征税可以享受双重征税减免,但应当限制在已征分配税收的限度内。透明实体条款不再适用,因为所得不是由或通过该实体产生的。当然,如果受益人本身是一个透明体,情况就不同了。其必须重复整个过程从而将来自信托的所得

---

[749] See Avery Jones et al., *Treatment of Trusts* Ⅰ,注释 8,93 – 96.

视为由或通过受益实体产生的所得。相关协定将涉及作为来源地国的信托所在国、受益实体及其参与人的居民国。

至少在涉及信托的情形下,可以看出前述反向保留条款[750]所应对的分配减免仅限于抵消预提税。另一个单独的规范性问题是协定是否应该要求居民国减免信托层面隐含的税收。被调研国家对此问题采取的单方措施存在较大差异。减免机制还需要就追及规则达成一致,使得信托已税所得与分配匹配。[751] 在某些国家,分配征税规则具有明显的反避税意味。因此确保避免对非当期跨境信托分配的双重征税不太可能成为获得国际社会优先考虑的问题。这些因素表明在此问题上达成国际协议是没有意义的,除非是在经济关系密切的国家之间达成双边协议,并且要求至少其中一国拥有完善的信托税制。

8.4.4 协定后减免

信托收益的分配不仅可以作为信托所在国的征税依据,也可以作为该国根据本国法给予税收减免的依据。如果一项分配与信托归属所得有关,信托归属所得因被视为信托所在国居民的所得已经在来源地国享受协定利益,并且如果后续非协定减免是将该协定利益传递给不符合类似减免条件的受益人(最明显的是,当该受益人是与原始来源地国没有协定或协定待遇相对较低的国家的居民),则与受益人直接投资相比,可以在一定程度上规避来源地国税收。如果受益人在其居民国未被征税或征税较少,则可能产生一定程度的全球不征税问题。

---

[750] 参见第 8.3.13 节、注释 733、738。
[751] 一些国家的国内法规则中有这样的机制来衡量分配的可税性。

第八章 协定

可能有人认为前述情况是不可能的,但被调研国家的两个例子可以证明这一点。在澳大利亚,与对居民受益人取得的(非居民)信托分配征税相对应的是,如果信托归属所得随后可以通过分配追及给在所得取得时为非居民的受益人,那么信托就信托归属所得缴纳的税款可退还给受益人。[752] 在英国,与信托分配相关的一种法律外优惠措施是,如果向非居民受益人支付的款项被认定为来自信托所得,而该信托所得由于受益人的非居民身份而不属于受益人的应税所得,则受益人可以要求退还被视为已从支付中扣除的税款,该税款为信托按照英国信托税率计算缴纳的。[753] 基于后续确定的非居民受益人适用的导管税务处理和有权获得退税的这一点,上述措施都具有将信托所得本来承担的最终实体或代理税收,溯及既往为该非居民受益人的非最终预提税的效果。同时,如果信托能够根据其居民国与来源地国签订的协定而在原始来源地国享受免税或限制征税的处理,这一协定待遇不会受到影响。

《2009年澳大利亚—新西兰协定》的谈签明显意识到了套利的风险。该协定包含一项条款,如果某一信托在其居民国应承担纳税义务,则DIR所得应被视为信托受益所有。[754] 在谈判过程中,两国代表团提出一项共识,即"如果受托人支付的税款随后将退还给非居民受益人,则受托人在这一范围内不被视为承担纳税义务"。[755] 然而,这一观点并未在协定文本中正式确立,也不影响其他类型的所

---

[752] See ITAA 1936 s 99D(见注释312).

[753] See ESC B18(见第5.3.2节及第5.3.4节).

[754] 参见《2009年澳大利亚—新西兰协定》第3条第4款(注释697).

[755] See Explanatory Memorandum, International Tax Agreements Amendment Bill (No.2) 2009 (Cth) [2.69]; cf [2.70] referring to ITAA 1936 s 99D.

得,如根据澳大利亚与最终来源地国协定中的营业利润条款可能免税的所得。

如果受益人已经就信托分配承担完全的居民纳税义务,那么来源地国协定利益的给予将会被抵销,全球不征税的情况将不会发生。最大的套利风险出现在作为受益人的个人或实体无须或者只需缴纳较低有效的居民税收的情况下。

无意不征税的问题可以通过协定(必须是信托居民国与信托归属所得的最终来源地国之间的协定)或者信托居民国单边减免规则来解决。最有可能作出改变的是信托居民国。它可以通过限定减免(不包括来源地国)因适用与其签订的协定而放弃的任何税收,来实现这一目的,或者可以通过修改协定的条款以拒绝给予协定利益。这种方式的好处在于能够确保来源地国的税基。一种更好的方式是,如果该所得负担的税款随后将被退还,缔约国一方应拒绝将这一所得确认为其居民的所得。协定居民所得的概念比受益所有权概念更实用,因为它是所有协定利益的基础。

无论是在信托居民国还是在来源地国,上述两种解决方案在信息以及相应申报方面都面临挑战。以协定为基础的解决方案增加了解决问题的难度,因为其依赖有追溯的重新定性,但是信托的税务账目和评税可能在分配和获得相关减免之前就已经确定。

8.5 小结

本章回顾了协定如何影响信托取得/通过信托取得/源自信托取

得的所得的跨境征税。主要结论载于以下各段,侧重于双重征税或双重不征税问题。

第8.2节指出了通过以异常协定居民身份为基础主张不合理的协定待遇的可能性,并建议包括信托在内的潜在应税实体应被承认为协定目的上的人,协定居民的概念应与在居民国/来源地国就全球范围内的信托归属所得承担纳税义务相对应。

第8.3节讨论了对信托所得的当期征税问题。该节指出除非相关所得与协定居民之间的主要联系由居民国税法确定,否则协定利益可能被不当授予或否定。采用透明实体条款能够避免这种异常问题。透明实体条款是一种简明而有效的解决方式,但在该条款的适用及其与OECD范本中分配规则和双重征税减免条款的衔接方面仍然存在一些尚未解决的问题。

第8.3.3节和第8.3.4节讨论了对税收透明的一般解释以及在涉及信托背景下透明实体条款的适用。第8.3.3.3节、第8.3.7节和第8.3.8节指出了影响该条款适用范围的概念性和技术性问题,这些问题使很难确定特定的委托人归属规则(特别是明示出境委托人规则)能否支持透明体的分类和透明实体条款在委托人归属模式下对信托所得的适用。基于这些原因,如果拟议协定的缔约国任何一方存在委托人规则,那么双方就应当在协定谈判过程中考虑并解决这一问题。如果一国委托人规则无法通过透明实体条款与协定衔接,那么所有双重征税的减免都将取决于相关国家的单边规则。

第8.3.10节指出了对一致性的需求。为分配和量化协定征税权的目的,需要保证所得归属与相关信托常设机构及经营结构归属之间的一致性。相对于可比的非信托投资(non-trust investment),无法保证一致性可能导致征税过高或过低。修改协定中对于"缔约国一方企业"的定义可能是一种解决方案。第8.3.11节提出,受益所有权的概念应主要基于居民国的税法归属判断,且与透明实体条款保持一致,并提议如果缔约国双方同意,该问题应尽量在协定文本中明确。如果做不到这一点,协定避免DIR所得双重征税的效果可能会在涉及信托时被削弱。第8.3.12节提出,协定条款允许公司参股股息享受更优惠的来源地国待遇,从来源地国税法的角度看,应解释为承认公司型受益人对税收透明信托持有的股份中享有不可剥夺的既得权益。在某些情况下,类似的方法可能同样适用于公司型委托人。

第8.3.13节讨论了在涉及信托情形时,居民国对OECD范本双重征税减免条款的适用问题。该条款的预期作用在于避免因来源地国与居民国归属冲突引起的双重征税,但它无法避免居民国与居民国之间的归属冲突。之后,该节提出了修改避免双重征税条款的方案来解决实体与信托参与人归属冲突和委托人与受益人归属冲突。

最后,第8.4节讨论了不同国家对信托分配的双重征税,以及对信托所得和信托分配的双重征税而引起的法律性和经济性双重征税问题。前者一般通过协定方式处理;后者无法通过协定处理,而取决于单边减免措施。当信托已经就信托所得的先前征税获得来源地国协定待遇后,信托居民国又对非居民受益人分配的征税适用单边减免措施时,可能产生择协避税和全球不征税的风险,该节参照信托居民国的国内法和/或协定文本给出了解决上述难题的方案。

第九章　总结和建议

本章基于第 1.1 节中概述的三个主要目标,对前几章的主要研究结果进行了梳理。第 9.1 节将讨论置于多国拥有潜在税收管辖权的国际背景下,总结了各国对信托取得、通过信托取得或者是源自信托取得的所得进行征税的原则,并对被调研国家的信托税收规则进行了功能比较,基于这些工作落实了上述三个主要目标中的第一个目标。第 9.2 节总结了在涉及协定和不涉及协定的情形下各国税制之间相互作用可能导致的双重征税或双重不征税的主要情形。这是通过对被调研国家的国内法和税收协定的研究,加之对国际税收领域的学术研究成果更加广泛的分析,以及对 OECD 范本和 BEPS 行动计划的研究这几个方面来完成的。第 9.3 节为避免不合理的双重征税和不征税,对协定和国内税法设计的原则给出了一些建议。第 9.4 节对本书进行概述性总结。

正如一开始所提到的,本书完成了基础性的工作:它为同类分析提供了基础,可以扩展适用于本书讨论没有直接涉及的税务辖区,包括那些没有在其一般法律中承认信托的税务辖区。

9.1 原则

在国际税收中,被调研国家对信托取得的、通过信托或源自信托取得的所得征税所依据的原则,基于以下四个联系因素分类:信托所得的来源、委托人、受益人和信托本身。可以合理推断,任何想要对信托相关所得征税的国家将依据一个或者多个上述因素行使征税权。被调研国家对信托所得和分配征税的一般、入境和出境制度及其信托居民身份规定已经在第6.1节中进行了总结。本节在第一部分分析的基础上,探讨作为征税原则的联系因素。

9.1.1 来源原则

来源原则反映了最初来源征税的概念,所得来源的判断在各国各有不同,也因所得类别(包括资本利得)而存在差异。它包括对东道国境内的应税存在征税,通过这一应税存在取得的所得可能来源于该国,也可能最初来源于其他国家。信托所得适用的来源原则并非信托所特有,尽管当所得是通过信托产生时,信托居民国可能将所得重新识别为来源于本国(正如加拿大的做法)。分配作为源自信托的所得,将适用单独的来源规则。

被调研国家中存在来源原则未能与受益人归属协调一致的情况。例如,信托层面的应税存在在涉及非居民受益人所得归属与在涉及非居民直接投资者的情形中所产生的不同税法后果(这一后果

第九章 总结和建议

本该相同),[756] 以及澳大利亚对受益人归属的资本利得的异常处理。[757] 这种情况主要是有关国家及其国际税收制度的内部一致性的问题。这些问题的出现说明了在进行税制设计时,对信托税收规则、一般来源或入境规则在技术层面上进行协调是很重要的。

9.1.2 委托人

委托人原则是信托征税领域独有的原则。在国际税收的背景下,委托人原则将使得(一国)对信托所得享有的征税权是以委托人的税收居民身份为依据。委托人原则可能(但非必然)要求按委托人所适用的边际税率征税。[758] 征税权可以通过以下两种方式行使:将信托所得归属委托人(见第二章),或者根据委托人在税法上的属性对信托就信托归属的全球所得征税(见第二章和第四章)。[759] 被调研国家将委托人原则适用于对当期信托所得的征税,这一原则在其他情况下几乎没有适用空间,但在特殊情形下一国可能会对原来为非居民的居民委托人采取追缴法(catch-up approach)对其征税。[760] 据此,可以推断委托人原则只在对当期信托所得征税方面有实际意义。

9.1.2.1 征税原则的优先性

对居民委托人行使的征税权天然优先于其他任何将所得归属信

---

[756] 参见第3.2.4节和第3.2.6节。
[757] 参见第3.2.5节。
[758] 新西兰依据委托人居民身份适用本国的信托税率对信托归属所得征税。
[759] 澳大利亚:ITAA 1936 第102号(第2.3.3节)。新西兰:根据委托人制度对信托归属所得征税(第4.2.4节)。
[760] 与适用于原来为非居民的居民受益人的 ITA NZ s HC 23 进行比较。

托本身而进行的征税或者免征。[761]

委托人归属(或基于委托人身份进行的征税)可能优先于受益人归属,也可能劣后于受益人归属。在澳大利亚、美国和英国,与委托人相关的征税权是该国国内一般(基础)税制的一部分,其将始终处于第一顺位并取代受益人归属。特殊出境规则的(征税权)优先次序不一而足。有些国家将会优先适用委托人原则;[762]而在另一些国家,受益人规则将会优先于委托人原则适用。[763]

9.1.2.2 纳税主体

一些以委托人为基础的征税规则通过将信托所得归属委托人而对委托人征税,并且不再进一步调整。[764] 另一些国家的规则根据委托人的税收属性对信托征税,但是委托人不承担纳税义务。[765] 还有一些国家采取中间立场,向委托人征税并规定了求偿权和调整机制,以使得按委托人的税率征收的税收负担最终由信托承担,或当受益

---

[761] 各国的做法各不相同,简单的委托人归属是直截了当的。根据 ITAA 1936 第 102 号,委托人的适用税率和居民身份被用来替代信托的适用税率和居民身份。新西兰委托人的规则更进一步,将委托人的居民身份作为功能信托居民身份的主要认定标准。

[762] 例如,IRC s 679 中的美国出境规则与 ss 673 - 677 中的一般规则具有同一顺位的优先级。

[763] 新西兰设立人制度基本适用于出境情形,只影响不归属受益人的所得。在澳大利亚,如果将信托所得归属居民/非居民信托或者受益人,并实现了对信托所得的净所得评税,则澳大利亚设立人信托规则不再适用[ITAA 1936 s 102AAU(1)(c)(i)];以及在部分情况下,如果另一国已经就某信托所得向其居民受益人征税,澳大利亚将不对该所得适用设立人信托规则[s 102AAU(1)(c)(ii)]。

[764] 这是美国委托人税收规则和澳大利亚转让人信托规则(ITAA 1936 s 102AAZD)均采取的做法。

[765] 澳大利亚:ITAA 1936 s 102。新西兰:这是受托人在整个纳税年度中都是居民情况下的一般的做法;ITA NZ s HC 29(3)。

人收到委托人归属的信托所得时,由该受益人承担,[766]也可能将委托人视为信托的代理人从而规定其承担纳税义务,但允许委托人向信托求偿。[767]

（由委托人）对信托财产或受益人已经获得的信托所得承担最终法定纳税义务,与对委托人征税或者委托人征税的政策和理论依据相一致:在信托财产被交付给特定受益人并完全为其所有前,信托服务于委托人的私人目的。这使得委托人所在国有充分理由认为,该所得完全属于其居民并可由此对其居民的全球所得进行征税。这也证明了对该人和/或所得本身以及产生所得的资本资产（capital assets）行使税收管辖权是合理的。如果有正当理由认为,委托人设立捐赠信托这一行为不能被视为将委托人与信托财产完全分离,从而使委托人居民国仍有权行使居民税收管辖权向其征税,那么同样可以对信托资本或所得行使居民税收管辖权。信托财产或者某项受益可以扣除与委托人相关的税收也完全正常,这类似于在税后按委托人的意愿处理这一所得。原则上这是正确的结果,但可能会出现对委托人征税但是不给予补偿和调整的异常情况。如果委托人所在国征收转移税（transfer tax）,并且未能将信托就委托人税收给予的有效补偿确认为净转让（net transfer）,则这部分财产实际未承担转移税。[768]或者,如果委托人丧失支付能力,那么可能产生实际所得但无法对其征税。

---

[766] 这是英国财产授予制度下的一般立场:ITTOIA s 646。
[767] 新西兰:ITA NZ s HC 29。
[768] 关于使用委托人信托来避免或减少美国转让税,见注释81。

9.1.2.3 入境和出境制度

有一些国家规定了入境委托人归属(将来源于本国的所得归属非居民委托人,将其作为非居民所得行使来源地税收管辖权),而另一些国家将此类归属规则排除在外。[769]

在大多数情况下,委托人原则的适用不会导致(信托所得适用)导管税务处理——由于委托人是非居民而对外国来源的信托所得免于征税。在被调研国家中发现了两个重要的例外情况,这两个例外在国际税收筹划/逃避税方面具有重要作用。第一项例外是排除非美国委托人归属一般规则适用。[770] 该例外允许非美国委托人将外国所得累积在可撤销信托中或者当期指定并分配给美国受益人,且无须缴纳美国所得税。第二项例外是新西兰设立人制度的内在结构性要素要求:如果不满足设立人联结,就不能对归属信托的外国来源所得征税——信托是功能上的非居民。这一点加之历来宽松的信息报告要求,一直是新西兰境外信托产业发展的基础。现在该行业的避税因素正在被消解。[771]

不管是对于一般或特殊出境委托人归属规则,还是就新西兰的功能信托居民规则而言,委托人原则在出境情形中的适用是每一个被调研国家信托税制的重要特征。

9.1.3 受益人

受益人原则包括根据受益人的居民身份或其他类似税收属性

---

[769] 在英国财产授予立法中存在相关规定。在美国,根据IRC第672条(F)款,一般不允许入境委托人归属,但第672条(F)款(2)项规定了例外情况。

[770] See IRC s 672(F)(2).

[771] 参见注释282-284、443及相关内容。

(fiscally characteristics),将通过信托取得或源自信托的所得认定为受益人所得并征税。在被调研国家中,受益人原则有三种主要模式。

第一种模式将信托所得的包容性受益人归属规则与分配征税的补充规则相结合,前者包括酌情指定的所得以及既定所得;后者在一般情况下仅适用于来自某些信托的分配,这些信托累积了未征税或以较低税率征税的离岸所得。这是澳大利亚、美国和新西兰的一般做法(第3.1节、第5.2节、第A.1.2节、第A.1.3节和第A.1.4节)。

澳大利亚、美国和新西兰的受益人归属规则和分配税规则在结构上相似度很高,当然也有所差异。这些国家入境税收规则的差异应在前述来源原则的背景下理解。简单地说,就当期信托所得而言,在何种情形下通过何种方式,根据信托法对所得的分派确定该所得的税法归属,各国对此均有自己的做法。这一差异的出现是因为受益人归属规则的包容性。假设信托所得的酌情指定可以使所得归属受益人,那么需要解决的是它们是否以及如何将具体的所得项目在受益人和信托之间进行归属,包括某一特定来源(境内或境外)的所得归属。每个国家都在不同程度以及不同情况下对信托法项下的分派予以认可,并在此基础上通过税法公式(tax-law formulae)进行调整。在涉及补充性的分配征税时,对于是否就信托所得的先前税收给予双重税收减免,这些国家的做法也存在明显差异(第5.2.2节)。每个国家都有收回税收递延利益的情况,尤其是税收递延主观故意可能性较大的时候。

第二种模式采取限制性受益人归属,对既定信托所得进行(当期)归属,并且(在相对包容地)将分配单独作为一种所得形式,但不包括信托分配仅代表受益人归属所得传递的情况。这是英国所得税制的做法(第3.1节、第5.2节和第A.1.1.1节)。在纯粹的境内情形中,它包括一个整合了信托所得征税和分配征税的特殊归集制度。然而,在很多跨境情形中,法律外优惠措施导致英国对分配的征税转向准归属范式(第5.3.2节和第5.3.4节)。这表明英国对制定法现行规定有所不满,并且更倾向于对信托所得的国际税收进行透明化处理,即使这是通过非常规(unorthodox)手段实现的。

第三种模式是资本利得税,英国是主要代表。根据这种模式,在境内情形中,信托层面的利得根本不会归属受益人,[772]但是,受益人的资本分配如果与受益人为居民时产生于英国征税范围之外的信托利得相匹配,那么将在匹配的当年作为应税利得进行确认(第3.3.2节、第5.3.5节和第A.1.1.2节)。这种混合方法将当期归属和补充性的出境征税相结合。

英国对所得和资本性质的分配征税存在差异化处理。所得税要求从受益人的角度来看,分配具有所得的性质。与其他被调研国家不同,分配是否对应具体的信托所得在这一过程中并不重要。

上述模式并未穷尽一国在其信托相关所得的国际税收中适用受益人原则的所有可能方式。然而,他们的确体现了两种基本模式之间的分歧。第一种模式对当期归属持包容性观点,即在可行范围内,尽可能对信托所得适用透明化税务处理。如果一国对剩下的信托归属所得按其满意的税率征收最终税,并且不希望在随

---

[772] 美国对信托和受益人之间的资本利得归属采取了更加微妙的方法(第A.1.2.2节),这并不背离美国国际税收的一般模式。

后分配给较低税率等级(tax bracket)受益人时给予减免,那么对分配征税只需作为国际税收中的补充性措施。[773] 对澳大利亚、美国和新西兰规则的分析揭示了这一模式可能会出现的问题。第二种模式意味着更具限制性的当期归属,并将信托分配作为除了受益人归属外的第二个征税环节。这类似于公司/股东双重征税以及整合处理的问题。对此的解决方案相当之多,这里讨论的英国规则只是其中一种方案。

9.1.4 信托

对于没有归属信托参与人的当期信托所得,信托原则将其归属信托本身。将信托与税收居民或非居民进行类比,可以主张相应的国际税收管辖权。如果信托作为委托人的税收代理人而被一国(如新西兰)征税,信托原则与委托人原则将会产生合并的效果。在其他部分被调研国家,信托作为未确定(unascertained)受益人的代理而被征税(第6.4节)。在某些情况下,如果信托可以在所得追及后续分配时获得退税,对信托的征税就类似于对最初未确定受益人的非最终预提税。[774]

信托居民身份是一个国家对全球范围内的信托所得行使税收管辖权的判定标准。在特定入境情形中,信托居民身份也可以作为一国对源于该国的信托归属所得进行征税的标准(第4.3节),但各国

---

[773] 如果一个国家适用包容性当期归属规则但是对实体适用的税率不高(作为最终税并不能使该国满意),或者该国希望对分配进行补偿性调整,那么需要更加包容的分配征税规则与相对限制的当期归属规则结合使用。这意味着在分配时该国需要征收补充税(top-up tax)或进行抵免调整。

[774] 例如,英国基于国内税收池制度和法律外优惠措施给予国际减免(ESC B18;参见 SP 3/86);又如,澳大利亚根据 ITAA 1936 s 99D 退税。

在这方面的具体规则存在较大差异。这种入境征税可能是以毛所得为税基计征最终预提税,在某些情况下税率可能为零或者优惠税率,这取决于具体的入境税收规则。新西兰设立人联结的判定主要依据委托人在当年或去世当年的居民身份。其他被调研国家则侧重于受托人(与一国)的联系或信托的管理地或司法监督国,但这些国家的认定标准之间也大有不同。即使信托原则没有与委托人原则合并(新西兰做法下将两者合并),这两项原则在受益人原则无法适用时也能起到保护一国税基的补充性作用(第4.2节和第6.1.4节)。

9.1.5 双重征税减免

双重征税减免是所有以居民身份为基础的税收原则都会面临的议题。每一个被调研国家都允许其居民就合格外国税收通过抵免获得单边减免。抵免的一般条件因国而异。但是每一个被调研国家都认为抵免可以适用于信托所得缴纳的外国税收。各国也都认为,外国对本国纳税人或者对信托本身征收的外国税收有资格获得抵免。如果受益人或委托人与寻求抵免的纳税人不是同一主体,那么该纳税人是否可以就受益人或委托人缴纳的外国税收享受税收抵免,各国对此不是很明确。在这方面,美国的做法有所不同,其拒绝给予抵免,而其他国家倾向于给予抵免。[775]

---

[775] 见第2.5节、第3.3.3节和第4.4节中的讨论以及表6.1中的总结。对外国已税所得提供单边免税待遇的国家,应该不愿意承认并非其居民纳税人的受益人或委托人所缴纳的外国税收。

9.2 不征税和双重征税

本节概述了在涉及协定适用和不涉及协定适用情形下,各国国内税制相互影响而产生的双重征税或者不征税的主要情形。在国际税收研究成果、OECD范本和BEPS行动计划的基础上,本节综合讨论了以下内容:前述章节(第6.2节和第6.3节)关于被调研国家国内法的相互影响,对各国国内法之间的相互影响的一般性分析(第七章)以及税收协定的适用(第八章)。

9.2.1 不征税

有很多种方式可以使信托相关所得在全球范围内不被征税,下面列出了本书梳理的主要情形以及最可行的解决方法。虽然对此没有统一概念,但是信托居民身份及所得归属的错配以及涉及取得所得的情形是反复出现的主题。

9.2.1.1 无居民身份的信托

如果没有任何一国将信托认定为其居民,也没有任何一国将信托所得归属其居民委托人或受益人并征收居民税收,那么信托所得可以据此逃避居民税收。没有信托居民身份的信托会出现是因为:各国信托居民身份认定规则的多样性;对于一些国家来说,即使信托设在(based)这些国家或者在这些国家开展实际管理,这些国家仍允许其以非居民身份行事;受托人、信托所在地(trust situs)、准据法通常可以轻易改变;信托居民身份与信托营业/创收投资(income-producing investment)之间的联结度要求相对较低;以及委托人在信托设立或资本化时行使的主要酌定权。所以,即使是在拥有完善税制并且熟悉信托形式的被调研国家,也会出现不被任何国家视为税收居民的信托(第6.3节)。

BEPS行动计划2报告的建议5.2与之相关:信托设立地税务辖区应将无居民身份的信托认定为其税收居民,并且通过将该信托所得归属该辖区对其征税,否则该信托将不被视为任何国家的税收居民,从而得以逃避居民税收。但是该建议仅仅涉及与该实体处于同一控制集团下的投资者的应计所得,本书认为对捐赠型信托、封闭型信托,以及无税收居民身份的信托应该放宽这一要求。[776]

9.2.1.2 消极归属冲突

当期信托所得归属规则的多样性创造了这样一种可能性,即没有一个国家将特定所得归属其居民,结果是该所得仅需承担来源地税收以及随后分配的税收。[777]

造成消极归属冲突的原因有许多:首先,有关国家可能在税法项下对信托安排存在不同定性。受益人居民国可能将某一信托认定为类似于公司的税收实体,而信托居民国将其视为差别透明的信托。如果信托居民国将某一所得归属受益人,两个国家都没有基于居民税收管辖权对该信托所得征税,但是若受益人居民国确认存在应税股息,那么可以避免经济上的不征税。

其次,两个国家在税法项下认定该安排是信托,但是对所得的

---

[776] 参见第7.2节;Brabazon, *Trusts as Hybrids*, 注释431。特别是新西兰很可能按照该建议采取行动(注释284、443)。

[777] 上文所述无居民身份信托的所得是否会导致消极归属冲突,视具体情况而定,因为"不征税"的出现还以委托人和受益人的居民国未将所得归属自己的居民为前提。

归属适用不同的标准。信托居民国可能对受益人归属持更加包容性的观点，而受益人居民国可能持更加限制性的观点。信托所得可能基于前者归属受益人，而基于后者不归属受益人，这样两国都不会根据居民税收管辖权对该信托所得征税，对此如果受益人居民国认为应对源自信托所得的分配征税，则可以避免经济上的不征税。另一种可能性是，信托居民国和受益人居民国可能将某一信托所得归属非居民委托人，[778]但是委托人居民国又没有等效（equivalent）的规则，或者说没有任何可以将该所得归属本国居民的规则。如果信托所得实际上被分配给了受益人，这将逃避当期居民税收，[779]而如果受益人居民国将所得归属委托人，这项所得同样也逃避了分配税收。

最后，两个国家可能对信托所得的归属采取大致相似的做法，但两国在规则上的差异仍可能导致某些所得项目在受益人和信托之间的归属不同。各国在信托所得归属过程中，适用不同的信托法分配规则，以及这一过程中对税法公式或者追及规则的使用差异，将会导致某些所得项目出现归属冲突。由这种冲突所造成的不征税可能是无意产生的，也有可能是故意为之。除非不征税是经过筹划并且性质严重，否则对其采取税法上的规制措施不具合理性。如果税收筹划要素是显而易见的或者人为的，那么一国的一般反避税规则或者原则可能得到适用。

---

[778] 如果因为所得归属非居民而导致境外所得没有被征税，或者本地来源所得享受优惠的入境待遇，那么问题就出现了。这显然与 IRC 第 672 条（F）款（2）项相关，该条对非美国委托人的可撤销信托保留适用美国委托人的税务处理。

[779] 前提是信托居民国未将所得归属信托。

当出境委托人归属规则和一般委托人归属规则对其居民适用时,不会出现消极归属冲突。这和 BEPS 行动计划 2 报告的建议 5.1 是一致的。

BEPS 行动计划 2 报告的建议 5.2 也涉及了消极归属冲突的应对。如果采纳本书(第 7.2.2.2 节)中的提议,相关所得将被信托居民国归属信托本身。如果其他国家没有将外国来源所得归属本国居民,那么信托居民国也不应将该外国来源所得归属非居民委托人而应归属信托。[780] 但是如果受益人居民国可能将所得归属其居民而非委托人,则更好的解决方法是否定受益人居民国进行的委托人归属。

9.2.1.3 库藏

如果信托是避税天堂的税收居民,并在该税务辖区取得信托归属所得或者在其他辖区享受入境税收优惠时,该所得将得以逃避大量的当期税收。此时将累积的信托所得归属酌定受益人或者或有受益人(contingent)无法有效规制。对于该信托所得,唯一切实可行的规制方式是由委托人居民国将所得归属委托人,或者由受益人居民国对分配征税。

9.2.1.4 分配税漏洞

分配税是一国对可能已经逃避了实质征税或者单一征税的信托所得相关经济利益进行征税的最后机会,无论其是作为对包容性当期信托所得归属制度的国际性补充,还是作为一国信托税制的必要组成部分。[781] 这也是对递延纳税的相关利益进行征税的唯一机会。

---

[780] 正如目前在美国根据 IRC 第 672 条(F)款(2)项可能得出的结果。
[781] 参见第五章。

如果分配征税规则允许将信托中资本化的信托所得在未被实质性征税的情况下以不应税的形式进行经济性转移,则其结果是经济性不征税。如果从持有所得或者所得接受者的角度确定分配的性质,会出现这种结果。另一种方法是采取或者新增一项规则,分配默认是应税的,除非分配可以追及无风险(untained)或者低风险的所得来源。制定有效但不过度的分配征税规则具有一定难度。

9.2.1.5 双重征税减免

可能会出现两个国家都对另一国所征税款提供减免的情况。[782] 为了防止这种情况的出现,需要确定对委托人、受益人、信托征税的优先次序,这需要从税收协定与国内法两方面同时进行。国内法层面的减免可能需要根据其他国家的税务处理而定,税收协定层面的减免可以作为提供双重税收减免的主要或者补充方法,同时可以避免无意的不征税。

9.2.1.6 内部一致性的失调

如果一国将信托所得归属非居民受益人,但对其征税时没有以所得在信托层面取得时的具体情况为基础,则可能导致该国的税基受到侵蚀,比如基于信托所得与某一经营结构的关联,该经营结构可以构成普通非居民投资者的应税存在的情况。当归属非居民受益人的 DIR 所得是通过信托层面的本地营业取得,但是对其的税务处理就如同该营业并不存在或者离岸时就会产生问题(第3.2.4节)。另一个内部一致性失调的情况是在澳大利亚的入境税收规则的适用中发现的,该规则适用于对受益人归属的信托资本利得征税(第3.2.5

---

[782] 参见第6.1.3节(表6.1)和第2.5节、第3.3.3节、第4.4节的讨论。

节)。是否会导致全球不征税取决于受益人居民国的税制规定,但保持内部一致性的税制设计主要是来源地国/东道国需要考虑的问题。总的来说,解决方法是对非居民通过信托取得的所得与同类非居民投资者直接取得的所得适用同等税务处理。

9.2.1.7 协定套利

各国缔结税收协定通常是为了避免双重征税。在涉及信托的情形下,税收协定可能会成为无意不征税的工具,第 8 章对此进行了部分讨论,也提出了应对方案。

异常的协定居民身份:如果协定适用国内法项下对居民身份的认定规则,当缔约一方国内法没有确定信托居民身份的规则,并以受托人的个人居民身份作为信托居民身份时,就可能出现择协避税。通过明确将信托确定为(协定中的)"人",并将国内法对信托居民的认定规则和/或对相应的纳税义务的规定作为协定居民身份的标准(第 8.2 节),可以对这一问题予以解决。

协定归属的错误依据标准:从协定适用的角度,如果依据来源地国税法而不是居民国税法来确定所得归属,也可能出现择协避税(第 8.3.2 节)。这在涉及包括信托在内的反向混合实体时很常见。可以参考《合伙企业报告》在涉及合伙情形时所提出的建议,通过纳入透明实体条款或适用等效的解释原则来防止这种情况。

未被归属的常设机构:如果某信托在某国构成常设机构,从协定适用的角度来看,如果该常设机构或者商业结构没有归属就相应所得有权享受协定待遇的非居民委托人或受益人,那么常设机构所在国的税基可能会受到侵蚀。解决这个问题的最好办法是阐明协定中"缔约国一方企业"的定义(第 8.3.10 节)。

协定减免后的单边减免：如果信托居民国根据受益人的非居民身份以及可追及外国来源信托所得的分配，给予单边税收减免，其效果是信托将先前根据其居民国与来源地国之间缔结的协定所获得的协定利益传递给了受益人，此时也可能出现择协避税（第8.4节）。这种情况发生在信托居民国最初将所得归属信托并征收居民税收，但随后将这一所得与分配关联产生类似于通过抵免或退税进行导管处理的效果。也就是说，原始信托所得被有效地传递给受益人，并且这一所得可以享受协定中（受益人居民国并非协定的缔约方）由来源地国提供的免税和低税率的协定待遇。为防止这种不征税情况的出现，协定可以追溯否认与原始所得有关的协定待遇（如否认这一所得是信托国居民的所得），或信托居民国可在对分配征税时修改国内法中关于单边减免的规则，不再对已享受协定待遇的所得提供减免。上述任一方法的实施都要求信息交换和报告制度作为配套规则。

9.2.2 双重征税

本节总结了信托相关所得产生国际双重征税的具体情形，以及在涉及协定及不涉及协定的情况下避免表面上（prima facie）双重征税的方式。

当两个国家对相同或不同的纳税人就同一信托所得征税时，就会出现双重征税，具体情形为：(1)两个国家就所得归属达成一致，并对同一纳税人征税；(2)来源地国和居民国在归属问题上存在分歧，并对不同的纳税人征税（纯粹的来源地国与居民国归属冲突）；(3)来源地国也享有居民税收管辖权时，与另一居民国的所得归属不同（复合归属冲突）；(4)两个居民国在都没有来源地税收管辖权的情况下对所得归属存在分歧（纯粹的居民国与居民国归属冲突）。如果两个国家对代表相同经济利益的信托所得和分配行使重叠税收管辖权,但两国认为是不同来源的不同所得,也可能出现双重征税。

9.2.2.1 信托所得归属同一纳税人

如果两个国家都同意将信托所得归属同一受益人、委托人或信托,一个国家基于所得来源征税,而另一个国家行使居民征税权,则通常通过居民国的单边减免和/或协定减免避免双重征税,就像纳税人直接投资并取得所得时一样。

如果两国同时主张居民税收管辖权或者同时主张来源地税收管辖权,情况就会更加复杂。

双重居民信托:如果两个国家都将某一信托认定为其居民,双方都将对信托归属所得征税。这与无居民身份信托的情况恰恰相反。对于外国征收的居民税收,各国给予本国居民单边双重征税减免的条件各有不同。如果这种情况涉及税收协定,那么协定居民身份将通过加比规则或相互协商程序解决,"放弃国"的征税权将受到限制,这与根据协定将公司或者个人认定为另一国居民时的效果一样。

双重来源冲突:如果信托居民国对归属非居民受益人的外国来源信托所得重新定性,认定这一所得来源于信托居民国,[783]那么原始来源地国和信托居民国都将行使来源地税收管辖权。受益人可能是第三国或原始来源地国的税收居民。双重征税减免将适用受益人居民国的单边减免规则,以及受益人居民国与每个来源地国之间的协定规则,如果受益人是原始来源地国的居民,则依据该国与信托居民国之间的协定。[784] 这种双重来源冲突相对而言并不常见。

---

[783] 正如加拿大的做法:参见注释167。
[784] 参见注释544、545和相应文本。

9.2.2.2 来源地国与居民国归属冲突

接下来的情况涉及两个国家通过将同一信托所得归属不同纳税人，从而对同一所得行使重叠的税收管辖权，一个国家基于纳税人居民身份征税，另一个国家根据所得来源征税。这一归属冲突可能以下列方式出现：各国可能对信托实体的税法性质存在不同认定，一些国家认为信托实体是差别透明的，而另一些国家认为其本身是不透明的；在那些都认为信托实体是差别透明的国家，也可能适用不同的受益人归属与信托归属标准，这些既可能是原则上的差异，也可能是就特定所得在适用细节上的差异；或者（委托人）居民国可能适用委托人归属规则将所得归属其居民，而来源地国将同一所得归属信托和/或信托受益人。问题的关键不在于冲突是怎么发生的，而是在于当两国的入境和出境税收规则以及相关协定条款得以适用的情况下，双重征税是否仍然存在。

这是一种因纳税人不同而导致的经济性双重征税。然而，如果来源地国和居民国之间的税收协定包含透明实体条款（或适用等效的解释原则，如《合伙企业报告》的相关建议），则可以适用该协定避免双重征税。否则，将无法享受协定待遇或适用不适当（inappropriate）的协定。例如，当来源地国 S 将信托所得归属 T 国的居民信托，但受益人居民国 B 将同样的所得归属其居民时——只有 S–B 协定应得到适用。[785]

协定的分配规则通过在来源地国和居民国之间分配征税权来平衡两国之间的税收。如果本应征税更重的国家根据协定分配规则或

---

[785] 参见第 8.3.2 节和第 8.3.9 节；《合伙企业报告》也涉及这一情形（Brabazon, *Treaties and Transparent Entities*, 注释 474, §1.2.6）。

(在允许征收来源税收时)通过双重税收减免条款需要给予免税待遇,那么还可以产生降低纳税人总体税负的效果。

在涉及信托的情形时,如何根据分配规则在缔约国间分配征税权以及由此能否避免双重征税,需要综合适用协定分配规则、(协定依据 OECD 范本缔结的)透明实体条款和保留条款中的原则。然而,首先需要解决的是,居民国归属规则是否在协定和透明实体条款的考量范围之内。这个问题最有可能出现在涉及委托人归属时,特别是在所涉规则属于特殊出境规则或可能被认定为反避税规则时。OECD 范本和 OECD 注释对此没有提供明确答案或原则。本书的结论是,如果协定缔约国中任意一方存在委托人归属规则,那么这个问题应该在协定谈签中单独解决(第 8.3.4 节)。如果缔约国意图使某一归属制度的适用不受协定双重征税减免的影响,缔约国最好明确就此提前达成一致意见。

透明实体条款以及其与协定的其他部分分配规则的适用衔接方面,仍然存在一些协定的解释问题。第 8 章建议对该条款和相关标准适用实质性(essentialist)解释的方法,特别是涉及这些条款与受益所有权和常设机构归属的解释,这将导致在大多数涉及信托的情况下,能否享有协定利益取决于居民国对信托所得的归属。如果适用这种解释方法,对于因来源地国与居民国归属冲突造成的双重征税,涉及信托的处理与涉及直接投资者时的处理通常应保持一致。相反,如果需要同时满足居民国与来源地国的归属标准才能享受协定待遇,那么双重征税可能仍然存在。

如果来源地国根据协定的分配规则享有征税权,那么居民国双重征税减免的给予取决于其国内法(第 9.1.5 节)和协定中的双重征税减免条款(第8.3.13节)。被调研国家的国内法存在差异。单边减免和协定减免哪个能够提供更加广泛的减免不能一概而论。

所得的同一性:单边减免规定可能要求被两国征税的所得是同一所得或满足其他形式的同一性,如根据同一所得计算税法所得。[786] OECD范本对所得的同一性存在要求。这意味着居民国可以根据国内法,对协定项下的信托所得以及根据该信托所得进行的受益人或者委托人归属是否满足同一性要求进行判断。[787] 这给予了委托人或受益人的居民国一项实质性的否决权从而排除透明实体条款的适用,而且似乎更普遍地排除了该居民就该所得可以享有的协定利益。但是有些协定(特别是英国的协定)背离了OECD范本,其只要求依据税法计算的所得具有同一性即可。[788] 如果国内法通过否认委托人归属所得与该信托所得具有同一性的方式,将信托所得间接归属委托人,委托人可以适用协定双重税收减免条款,但是信托所得不会因此而获得协定分配规则下的优惠待遇。

纳税人的同一性:单边减免规则可能要求也可能不要求申请双重征税减免的人和负有外国税收纳税义务的纳税人(信托、受益人或委托人)之间具有同一性。OECD范本不要求纳税人具有同一性。

9.2.2.3 复合归属冲突

当来源地国将信托所得归属自己的居民信托、居民受益人或居民委托人时,也会出现归属冲突和双重征税。"来源地国+居民国"

---

[786] 参见TIOPA第9(1)、(2)节中的"计算依据"规则(见第3.3.3节,注释215)。
[787] 参见第8.3.7节的讨论;Baker, *Finance Act Notes*,注释37、409。
[788] 例如《2003年澳大利亚—英国协定》第22条第2款(a)项;《1983年新西兰—英国协定》第22条第1款、第2款;《2001年英国—美国协定》第24条第4款(a)项(注释148、722)。

和居民国之间的税收管辖权发生了重叠。"来源地国+居民国"的国内税法可能认为这是纯粹的境内情形,或者当来源地国将所得归属(居民)受益人或者委托人,而信托是另一国居民,来源地国则会认为这属于往返情形。虽然这仍然属于来源地国与居民国归属冲突,但它同时也涉及居民国与居民国归属冲突。

总体上来说,应当由居民国而非所得来源地国给予双重征税减免,但可能仅限于"来源地国+居民国"行使来源地税收管辖权的部分。具体结果需要具体分析,主要取决于各国的单边减免规则以及两国之间是否已经缔结协定。

"来源地国+居民国"不太可能给予单边双重征税减免。各国一般不会对本国来源的所得负担的外国税收给予减免,尽管各国为达到这一结果所使用的方法各不相同。[789] 在涉及协定的情形下,保留条款或等效的解释原则(如果得到承认)将使得"来源地国+居民国"无须根据协定分配规则给予协定利益,并且双重征税减免条款[790]也不要求其减免另一国征收的居民税收。

居民国是否提供单边双重征税减免以及减免程度取决于:(1)居民国国内法的具体规定;(2)居民纳税人各自的身份(信托、受益人或委托人);(3)当非居民可以同时行使来源地税收管辖权和居民税收管辖权时,该国的居民税收能够在多大程度上获得居民国的减免。[791]

---

[789] 参见第3.3.3节。

[790] 2017年更新前后——见第8.3.13节;Bayfine UK Ltd. *v.* HMRC[2011] STC 717;(2011) 13 ITLR 747;Brabazon,*Treaties and Transparent Entities*,注释474,§4.6.1。

[791] 参见第3.3.3节和第6.1.3节中的表6.1。例如,在新西兰,税收抵免仅适用于外国来源的所得,如果新西兰纳税人在另一国依据居住地、住所或公民身份缴税,那么在新西兰可获得抵免的数额仅限于不存在上述个人联系因素时应缴纳的外国税收数额(第3.3.3.1节)。

在涉及协定的情形下,对于"来源地国+居民国"根据协定行使来源地征税权所征的税收,居民国有义务给予双重税收减免。[792] 这在来源税收和居民税收之间保持了巧妙的平衡,特别是协定要求居民国应向与设立在另一个居民国的常设机构"存在联系"的所得提供减免。但是,如果两国都享有"来源地国+居民国"征税权,那么若要防止双重不征税,各国应隔离自己在协定项下享有的来源地征税权,使其不被根据另一国的来源地征税权给予的重叠的抵免或免税所侵蚀。[793]

如果"来源地国+居民国"的居民税收超过其基于协定征收的来源税收,OECD范本不要求任何一个国家就超出部分提供优惠或减免。至此,还剩下居民国与居民国归属冲突尚未讨论,这一双重征税无法通过协定范本避免,仅能通过居民国的单边减免措施以及特殊的双边协定条款给予解决。

9.2.2.4 居民国与居民国归属冲突

如果两国分别就同一信托所得向本国居民征税,且征税并非依据来源地税收管辖权或者超越了来源地税收管辖权的行使范围,则OECD范本协定不能消除这种双重征税。在没有特殊的双边协定规定或主管当局之间自愿达成相互协商协议的情况下,仅可能由两国的单边减免规则给予双重征税减免。

单边减免取决于有关国家的国内法规定和纳税人在该国的各自

---

[792] 依据2017年OECD范本对第23条A款和B款的修改。此次修改与之前这一条款的含义仅有些微差异。见第8.3.13节;Brabazon, *Treaties & Transparent Entities*,注释474,第4.6.1节。

[793] Brabazon, *Treaties & Transparent Entities*,注释474,第4.6.1节。

身份。一个特殊的问题是,当外国没有行使来源地税收管辖权时,外国征收的居民税收能够在多大程度上获得本国的减免。对于信托或委托人居民国就来源于第三国的所得征收的居民税收,一些国家似乎存在就此向居民受益人提供抵免的单边减免规则[794]——这一结果并非不合理,但不清楚起草该规则的人是否有此考虑。判断一国是否需要给予双重税收减免,应当通过征税权行使的优先次序确定,这一次序根据纳税人的身份以及其与所得的联系而定(第9.2.1节)。

对于涉及信托或其他透明实体的居民国与居民国归属冲突,本书已经分析了一个潜在可行的协定机制以避免双重征税(第8.3.13节),即在OECD范本的双重征税减免条款中增加一项居民国—居民国规则,并确定实体及其参与人居民国的居民税收管辖权行使的优先顺序。

9.2.2.5 对信托所得和分配征税

信托所在国和受益人居民国对信托分配的双重征税可以通过两国之间的协定,或者通过单边外国税收抵免(至少在被调研国家)来避免。这是一类与上述双重征税不同的经济性双重征税,具体表现为,首先由信托国和/或来源地国对原始信托所得征税,然后由受益人所在国对基于该所得进行的分配征税。如果信托的适用税率等于或接近个人最高税率,那么将会导致较为严重的双重征税。

OECD范本没有对这些因所得不同而导致的双重征税提供减免。一些双边协定对信托或已故遗产的分配进行了重新定性,以反映实体一级原始所得的性质。[795] 这导致了信托所在国对信托所得

---

[794] 参见第3.3.3节。
[795] 例如,英国与挪威和美国的协定(注释731、748)。

和受益人所在国对分配的不透明征税转换为在协定层面的透明化处理。这种策略隐含地需要一个分配追及程序，所以除非要求相对及时的分配，否则就有纳税递延的可能。

在其他情况下，避免双重征税取决于受益人居民国是否承认分配与特定信托所得的对应关系，以及受益人居民国是否会根据相关国家和/或第三国先前对该所得的征税情况进行调整。被调研国家的国内法采取了宽泛且多样化的方法，从重构外国税收抵免计算规则到断然拒绝承认先前对原始所得的征税。[796]

如果信托所得未被征收当期税或当期税收税负轻，则取得信托所得和进行相应分配之间的延迟会产生递延纳税的利益。受益人居民国可以通过追加利息或对分配适用更高税率的形式来对递延纳税产生的利益征税。目前还没有找到既准确又强力的解决方案。强力的措施可能适用范围过于宽泛；适用范围适度的措施可能容易被规避。关注递延纳税的国家各自找到了平衡点。[797]

9.3 税收和协定设计

对信托相关所得的征税与对其他类型实体相关所得的征税有两个主要区别：信托的差别透明和委托人的作用。这些区别产生了一系列特殊的国际税收问题以及无意不征税或双重征税的风险，前面章节对此进行了探讨。基于这些问题的讨论，本书提出了一套解决

---

[796] 参见第5.2.2节、第5.3.3节和第5.3.4节。
[797] 参见第5.2.3节和第5.3.5节。

方案可在一国税制设计以及缔结税收协定时予以适用。本节通过研究差异透明和委托人作用的方式,对纳税主体和协定设计问题进行研究,并讨论下述三个主要领域的问题和应对:当期信托所得的归属冲突(第9.3.1节和第9.3.2节)、信托所得和分配的连续征税(或不征税)(第9.3.3节)以及国内税法和协定体系保持内部一致的必要性(第9.3.4节)。

9.3.1 归属冲突

首先,差别透明意味着,信托可能是按居民国/来源地征税的国家的税收居民,但信托并非对其所有信托所得都需承担税法义务;同样,信托也可能是非居民,而本地来源的信托所得可能归属征税国或第三国(信托不是其税收居民)的居民受益人或居民委托人。因此,特别是在涉及协定的情形时,信托所得的税务处理应以单个所得项目为基础逐项进行,因为不同所得的税务处理依据被归属纳税人的居民身份而定。这就是OECD范本中的透明实体条款的做法。如果来源地国也将所得归属其本国居民,透明实体条款的适用可能会导致协定层面的无意不征税,但是通过适用一般性保留条款(现已纳入OECD范本)或者一项基于居民身份征税与保留条款等效的协定解释原则,这种无意不征税可以被避免。在涉及信托时归属冲突的可能性很大,因此当协定缔约国一方或另一方承认信托税收时,协定应包含这两个条款(第8.3节和第9.2节)。本节接下来的讨论,将假定协定已经纳入这些条款。

其次,差别透明产生了这样一种可能性,即同一信托所得在不同国家可能会有不同的归属方式。信托可能是混合实体,即同一笔所得可能在信托居民国归属信托,同时在其他信托参与人(如受益人)

的居民国归属其居民参与人,这可能导致双重征税。信托也可能是反向混合实体,即每个国家都将信托所得归属另一国居民,因此可能导致双重不征税。无税收居民身份的信托是一种特殊的类型:如果一个信托不属于任何一国的居民,并且其所得没有归属信托参与人居民国的参与人,那么这种所得将逃避当期居民税收。无税收居民身份的信托可能造成无意全球不征税的重大风险。

就归属冲突而言,差别透明与委托人归属之间相互影响较为明显。委托人居民国可在其税收制度中纳入一项关于委托人归属的一般或特殊出境规则,这样可以有效防止信托就某一所得起到反向混合的作用。无论委托人居民国是否同时是信托居民国还是受益人居民国,都可以起到这样的效果。[798] 委托人归属是防止不征税的有效策略。同样,这种归属增加了信托发挥混合实体作用的可能性。委托人归属所得也可能在信托或受益人居民国分别归属给信托或受益人,这可能会导致在当期基础上对不同国家的不同纳税人就同一所得进行双重征税。

非居民委托人归属也可能会排除一国依据居民信托归属或居民受益人归属而行使的征税权。这将会导致不对来源于境外的所得征税,或者对来源于本国的所得适用特殊入境税收规则,还可能享受税收优惠,而这些所得本应承担完全的居民税收。如果适用非居民委托人归属,那么会产生严重的税收套利和无意不征税的风险。

除了采用透明实体条款和保留条款外,与归属冲突相关的无意

---

[798] IRC s 679 中的美国出境规则要求潜在受益人是居民身份,但这不是出境委托人归属规则的必要要件,在其他被调研国家也不存在类似要件。

不征税和双重征税的风险还可以通过下述方案解决:(1)对信托居民身份采用广义定义,这使得信托居民国可以征税。(2)依据委托人的居民身份定义信托居民身份,这使得委托人居民国可以作为信托居民国征税。(3)采用委托人归属的一般规则,即不论是否为出境情形,都可以适用委托人归属规则,这使得委托人居民国可以征税。(4)采用特殊出境委托人归属规则,这也使得委托人居民国可以征税。(5)对在各国都未承担完全纳税义务的所得采取防御性信托居民身份认定和归属规则,这使得信托设立国可以征税。(6)对居民受益人和(现在或曾经的)非居民信托适用强效的分配税规则,这使得受益人居民国可以征税。

上述方案给潜在居民国提供了征收居民税收的依据,在理论上形成了一整套防止无意不征税的对策,那些希望本国和其他国家的税基免受因信托介入而被侵蚀的国家应该考虑采纳这些对策。侧重于信托居民身份、信托归属或委托人归属的对策是为了解决信托所得的当期征税问题,这些对策将在本节余下部分讨论。分配税收在性质上有所不同,因此将单独予以讨论(第9.3.3节)。

9.3.1.1 信托居民身份

对信托居民身份采用扩张的定义[799]可以应对这样一种情形:信托在一国被其居民委托人、居民受益人或其居民关联方控制或影响,但却逃避了信托归属所得的全球纳税义务,并累积未在该国纳税的

---

[799] 如澳大利亚的做法(第4.2.1节)。

外国所得。由于难以证实"在岸控制"(onshore control)的存在,[800]以及委托人可能合法规避此类规则,这一策略的效力将会受到一定限制,但它仍可以发挥反税基侵蚀的作用。

采取根据委托人居民身份确定信托居民身份(包括本书中提到的功能性信托居民身份)这一做法的国家(如新西兰),为该国税基提供了强有力的保护,但是如果外国委托人的居民国不存在类似规则或能够适用于这一情形的委托人归属规则,那么可能会导致在该国设立的信托不被任何国家认定为其居民(该信托的委托人是外国居民)。因此,仅从国内层面看,根据委托人居民身份确定信托居民身份是有效的策略;但是当委托人是非居民时,则应辅之以防御性措施,才能在国际层面也具备合理性(第9.3.1.3节)。

9.3.1.2 委托人归属

一国对一般委托人归属规则的设置,通常是由其国内税收政策推动的。委托人归属一般优先于受益人或信托归属,并需要对保留决策影响或潜在经济利益进行宽泛定义。

一般委托人归属在跨境情形中也有适用场景。首先,它可能适用于委托人是居民而所得来源于境外的出境情形。在满足委托人归属要件的前提下,可以为委托人所在国的税基提供有效保护,并在委托人生前/存续期间不会出现国际不征税的情况。

其次,一般委托人归属规则也可能导致信托所得归属非居民委

---

[800] 即使举证责任由纳税人承担,税务机关也不会在没有合理依据的情况下认定信托为其税收居民。这需要税务机关能够通过国际层面的信息共享机制获取相关信息。较以前而言,现在"真实控制地"更易查明;See Bywater Investments Ltd. v. FCT (2016) 260 CLR 169。

托人。如果在优惠入境税收制度下,将外国来源的所得或当地所得归属非居民委托人,而不是归属居民信托或居民受益人,则可能导致不征税。各国并不希望出现这样的结果,因为它们会招致国际套利,尽管由此造成的税基侵蚀和横向不平等主要甚至完全由允许这种归属的国家独自承担。

当一般委托人归属规则缺位时,一国可以制定特殊出境委托人制度,该制度也可以作为一般规则的补充。不管是单独适用还是补充适用,特殊出境委托人规则将会使得该国有权对委托人征税或者参照委托人征税,但这一征税权不会延及本地来源的所得。因此,较之一般规则,特殊出境委托人规则在应对不征税和基于信托的套利方面作用更大。出境委托人归属规则与本书提议的 BEPS 行动计划 2 报告中的建议 5.1 相一致(如果可能导致不征税的结果,那么这一所得的支付方在计算自身所得时不得扣除支付数额)。在设计中,委托人居民国通常会基于出境委托人规则对信托所得(与委托人的自愿捐赠相对应)在初始行使宽泛的征税权,并通过排除(exclusion)或豁免(exemption)除此之外的已税所得,和/或对此类税收进行抵免的方式来限制这一征税权。

一国若打算与存在委托人归属制度的国家缔结协定,那么在协定谈签过程中,该国需要考虑委托人归属制度是否以及如何与协定及其透明实体条款相互影响,同时需要注意的是,协定中的保留条款仅涉及居民税收的问题,不影响双重征税减免条款的适用。

如果信托在一国税收制度中已占据一席之地,那么纳入上述出境委托人规则是非常容易实现的。不熟悉信托制度的国家可能更愿意通过其他方式来处理这个问题。因为这些国家的居民可能在信托法域(前述承认信托并纳入了出境委托人归属规则的法域)设立信托并转移资产,税基侵蚀的风险对于这些国家来说仍然存在。由于被调研国家都是承认信托的法域,因此非信托法域在进行出境委托人归属时可能出现的问题还无法确定,也不属于本书的讨论范围,这是一个值得进一步调研的领域。

9.3.1.3 防御性信托居民身份及其归属

基于BEPS行动计划2报告中的建议5.2构想的防御规则可作为一种备用措施以使信托设立国能够确认信托所得并对该所得征税,但前提是信托所得因为归属冲突或信托不属于其他国家的居民,而在其他国家逃避了实质性税收。防御性信托居民身份可适用于捐赠型信托、封闭型信托,或者无居民身份的信托。如果信托设立的税务辖区遵循新西兰模式,依据委托人居民身份对信托归属所得征税,那么该规则是必不可少的。

9.3.2 应对归属冲突和双重征税

前述对策旨在防止无意不征税和/或保护征税国的税基,但如果另一个国家通过将同一所得直接或间接归属其本国居民并征税,则以信托和委托人为中心的对策(第9.3.1.1节和第9.3.1.2节)可能会导致国际性双重征税。因此,一国在评估是否以及如何实施或保留这类规则时,应在下述情形中分别考虑本国如何看待这种双重征税:(1)在与另一国未缔结税收协定的一般情形下;(2)在涉及协定适用的情形下。另外,一国应特别考虑双重征税减免机制如何运行以及其是否与本国税收目标保持一致。一般来说,一国应该对双重征税予以减免,但前提是不损害本国税制的完整性也不违背更高层级的税收政策。

9.3.2.1 信托居民身份

当两国不存在协定关系时,采用扩张型的信托居民身份规则不太可能使双重信托居民身份导致的双重征税得到减免,除非另一国同时也是来源地国。双重征税减免的程度取决于各国国内法的具体规定;[801]但这个问题并不是信托领域所特有的。在涉及协定的情形时,信托的双重居民身份问题通过加比规则或相互协商程序解决,后者是现行 OECD 范本的默认路径,实效还有待观察。本书没有对此提出进一步修改建议。

9.3.2.2 委托人归属

如果一国在出境情形中,根据其一般委托人规则将所得归属居民委托人,同时另一国也将同一所得归属其居民信托或居民受益人,在这种情况下政策层面委托人居民国不太可能给予单边免税或抵免以使得另一国征税权处于优先地位,除非另一国同时也是来源地国。相反,如果委托人归属是适用特殊出境委托人归属规则的结果,并且委托人居民国在国内同类情况下不会对委托人征税,在信托或受益人居民国确实会对这一所得征税的前提下,委托人居民国可以单方面限制其征税权或者提供单边减免。但一些国家可能只愿在协定情形中这么做。

如果外国征税国也是来源地国,则委托人居民国应该给予税收减免。减免范围限于委托人居民国在一般情况下(来源地国直接征收同类税收时)给予的单边减免,该外国税收是向委托人、信托还是受益人征收并不重要,因为最终是由实现委托人目的的信托所得承

---

[801] 参见第 3.3.1 节。

第九章 总结和建议

担这一外国税负。一国给予单边税收减免还是仅通过协定给予,属于该国政策考量问题。

相应地,将信托所得归属(居民)信托或受益人的国家需要解决的是,如何对委托人居民国的一般或出境委托人税收进行认定,以便向其居民提供双重税收减免。在没有税收协定或非互惠的情况下,信托居民国或受益人居民国没有令人信服的政策理由提供减免,除非委托人居民国是来源地国并且委托人税收减少了信托财产。

一国试图在一般委托人税收和受益人或信托(就同一所得的)税收之间单方面设计征税优先权顺序将会面临巨大困难,即在有关国家达成一致意见之前,无论怎么排序,其合理性都可能被质疑。这表明征税优先权问题最好通过协定解决。

在涉及协定的情形时,首先需要解决协定是否以及如何与委托人居民国的一般委托人归属规则相联系,这关乎透明实体条款能否适用,从而使得包括分配规则在内的协定整体得以适用,或者换个角度说,这关乎委托人居民国如何适用双重税收减免条款。OECD范本及其注释没有明确解决这个问题,而且一国有可能根据本国委托人规则,从规则层面否认信托所得和委托人归属所得之间的同一性以避免适用协定,[802] 因此,如果缔约国一方有一般委托人归属规则,那么应在协定谈判中解决这个问题。这也让缔约国有机会考虑如何对因居民国与居民国归属冲突与来源地国与居民国归属冲突造成的双重征税提供减免,以及在委托人、信托和受益人(居民国)征税权三者之间,哪一个可以相对优先行使。

---

[802] 这更可能在特殊出境委托人归属规则中出现(第8.3.7节和8.3.8.2节)。

承认委托人的一般归属将会产生协定权利。这种归属表明，税法项下委托人仍然是受影响所得的适当所有人（proper owner），而且受影响所得不仅限于外国来源所得。即使有关国家（来源地国）不愿基于委托人归属适用（税收协定）分配规则，缔约国一方如果根据一般委托人归属规则将信托所得归属其居民，那么该国也将提供相应的协定减免，该协定减免将以缔约国另一方根据协定享有的来源地税收管辖权实际征收的来源税收为限，因为这一来源税减少了借以实现委托人目的的信托财产，也排除了用以否定协定利益的反避税规则的适用。这同样可以解释为什么需要对因纯粹的居民国归属冲突导致的双重征税提供减免。各国需要就居民税收管辖权行使的优先顺序达成一致；也有观点认为，税收减免的事实可能比如何在各国之间分配征税权更为重要（第7.3.6节）。

在适用特殊出境委托人归属规则时，委托人居民国更可能将这些规则视为特别法（sui generis）或反避税规则。因此，该国可能希望其可以单独决定国际双重税收减免机制在该制度下如何适用，并可能不愿承认协定对此的影响。除此之外，出境委托人归属规则也可能适用于非避税的情形，但只有在可能导致不征税[803]的情况出现时，或者对信托或其受益人承担的外国税收提供抵免的前提下适用，才具有合理性。也可能会出现这样的情况：与信托或受益人承担的一般外国税收相比，特殊出境委托人税收的优先级较低，这正是因为信托或受益人居民国对本地来源所得征税的规则将优先于特殊委托

---

[803] 这种想法在澳大利亚的规则中体现明显，如果信托所得被澳大利亚或"列举国家"完全征税，该规则会将这一所得排除在委托人归属范围之外[ITAA 1936 s 102AAU（1）(B),(C)(I),(ii)]。

人出境规则适用。[804] 如果委托人居民国在一般委托人归属的情形下提供协定减免,无论是通过一般途径还是双重征税减免条款的单独规定,都应该将这一减免扩大适用于居民税收管辖权冲突导致的双重征税的情形。

如何避免因与委托人有关的归属冲突而产生的双重征税是一个复杂的问题,可以通过不同方式加以解决或允许其存在。本书通过分析提出了一些可行方案,但这一问题不存在唯一正确的答案。比如,各国至少应在其国内法中主动解决这一问题,尤其(但不仅限于)是那些对委托人征税的国家;另外,当缔约国一方存在委托人归属规则时,这一问题也最好在税收协定谈判中解决。在委托人没有过错(culpable conduct)或避税意图的情况下也可能会导致委托人归属;一国应通过单边国内法规则或者协定条款来避免双重征税,但不能因此促进避税行为或者导致最终不征税(ultimate non-taxation)。

9.3.2.3 防御性信托归属和信托居民身份

如果信托所得在一国或多国被完全征税(full taxation),则本书所述的防御规则不适用。该规则不会导致双重征税,除非来源地国对信托所得行使了更为有限的征税权,对此信托国更为恰当的是应当通过抵免来进行双重征税减免。

9.3.2.4 双重征税和一般归属冲突

前述关于委托人归属的讨论解决了因归属冲突而导致的双重征税问题,其中一国根据委托人归属规则向其居民委托人征税。信托居民国与受益人居民国之间的归属冲突也可能导致经济性双重征

---

[804] 参见第2.6节。

税。无论是单边减免还是协定减免,避免这类双重征税比涉及委托人时更简单。一般来说,在信托与受益人归属冲突的情况下,不大可能出现相关主体能否享有协定权利这样的先决问题。不过,各国仍需考虑是否以及如何对不同纳税人承担的外国税收提供单边双重征税减免——特别是在涉及受益人的外国税收时。如果两国都提供税收减免,就可能导致不征税。在涉及协定的情形时,应考虑如何对因居民国与居民国归属冲突产生的双重征税提供税收减免,以及对信托和受益人征税的优先次序(第8.3.13节)。

9.3.3 信托所得和分配

本节将讨论一个单独领域的潜在不征税或双重征税,即在信托居民国或者信托设立国累积所得,并将该所得分配至另一国居民受益人的时候。对分配征税是信托相关所得可能被征税的最后一个环节,也可能是受益人居民国能够实际对这类所得征税的唯一环节。

在信托所得逃避了实质性当期税收的同时,如果受益人居民国不将传递相应价值的分配确认为受益人的税法所得,则存在全面(overall)不征税的风险。如果信托所得已经在信托所在国或者来源地国缴纳了实质性的当期税收,但受益人居民国仍将相应分配确认为受益人所得并且拒绝根据已缴纳的当期税收给予抵免,同时信托所在国也未在分配时作出相应调整,则最终会发生经济性双重征税。这并不取决于受益人居民国如何对受益人归属/分配所得征税。

为防止套利和无意不征税,需要建立一个强效的分配税收制度,对源自(现在或者以前)非居民信托的分配征税,包括将已经被重新定性为信托内资本的部分认定为信托所得的处理。仅根据受益人收到的分配不足以界定其所得类型;如果在境内情形中适用这种方法,

第九章 总结和建议

则应辅之以跨境追及规则。[805]

在防止无意不征税和避免经济性双重征税之间可能难以实现完美平衡。[806] 就本书所调研的这些国家的税制而言,各国的折中做法各不相同。除了分配本身导致的法律性双重征税外,还没有找到令人满意的避免双重征税的协定机制。如何对分配征税以及避免经济性双重征税仍然是各国税制面临的主要问题之一。如果为避免原始信托所得在当期可能出现的国际不征税,各国出台了更严密的应对措施,那么受益人居民国更有可能承认原始信托所得已承担的税负,并且如果强化全球信息交换制度[807]的行动有效,那么受益人居民国可能会对原始信托所得税收的实现更有信心。

如果信托居民国在信托向非居民受益人进行分配时给予税收减免,就会出现基于协定的无意不征税的第二个风险点(第8.4节)。这种减免主要是为了避免因信托已经基于实体或代理的身份被征税而导致的双重征税,其实际效果是转向透明范式。而原始信托所得的当期税收可能已经享受了来源地国给予的协定减免;随后的信托国税收减免可能会不当地将来源地国协定减免传递给受益人,受益人因此享有了在直接投资时无法享受的协定利益。为了防止这种意料之外的影响,协定可以规定当后续税收减免发生时撤销协定利益的授予,信托国在制定单边减免规则时也应注意防止协定利益的

---

[805] 这与第6.3节和第9.2.1节中提到的分配税漏洞有关;参见第5.3.1节。
[806] 参见第五章。
[807] 根据OECD/G20发起的共同报告标准[OECD:《金融账户涉税信息自动交换标准》(第2版,2017年)]而应要求或自动进行的国际信息交换不属于本书讨论范围。然而,核实纳税人所述内容的真实性以及挖掘复杂的国际安排背后的经济实质,对于各国税务机关来说具有重要的现实意义。

传递。

9.3.4 税法和协定的内部一致性

如果一国税制未能将信托征税规则与一般国际税收规则相协调,或税收协定未能以一致和连贯的方式协调其关于协定居民身份和所得之间关系的规则,也可能会出现税负过高或征税不足的异常结果。

对一致性的需求是一种概括性的表达,但其表现是具体的。例如,在国内法层面,只要一国税制将(由应税存在产生的)信托所得归属受益人,信托在当地的应税存在也应归属受益人;[808] 一国是否对归属非居民受益人的信托利得享有税收管辖权,其结果应当与该国是否有权对归属非居民直接投资者的利得征税一致。[809] 在涉及协定适用时,有观点认为,应根据居民国税法对透明实体条款下的信托或其他透明实体的当期所得归属进行认定,而无须考虑非必要的复杂理论;[810] 为协定适用之目的,如果信托所得归属缔约国一方居民,那么相应的信托层面常设机构或者营业也应归属该居民;[811] 信托或其他透明实体的 DIR 所得的受益所有权应主要依据居民国的归属规则予以解释。[812]

---

[808] 参见第 3.2.4 节,关于将受益人归属的 DIR 所得的入境征税与信托层面应税存在相关联。
[809] 参见第 3.2.5 节。
[810] 参见第 8.3.2 节、第 8.3.3 节和第 8.3.4 节。
[811] 参见第 8.3.10 节。
[812] 参见第 8.3.11 节。

9.3.5 一般建议

本书提出了在制定国内税法[813]以及缔结税收协定[814]时,可供各国参考的一些对策。由于各国对信托征税方式的不同(许多国家在其一般法律中不承认信托),以及税收主权原则的存在,综合决定了应该采用这样一种方法——承认对信托相关所得各国国内法将会不可避免地持续存在差异,并在国内法和当前协定实践的既有基础上逐步发展。

---

[813] 本书就国内法层面的税制设计主要提出下述建议,以及相应的交叉引用。对非居民或前非居民信托的分配征税:第五章、第7.3.3节、第9.2.1.4节、第9.2.2.5节、第9.3.3节。当不同纳税人需承担外国税纳税义务时的双重征税减免:第6.1.3节、第7.3.6节、第9.2.1.5节、第9.2.2.2节、第9.2.2.3节、第9.2.2.4节、第9.3.2.2节、第9.3.2.3节、第9.3.2.4节。一般委托人归属:第2.1节、第2.3节、第7.3.3节、第9.2.1.2节、第9.3.1.2节。出境委托人归属:第2.5节、第2.6节、第7.2.2.1节、第7.3.4节、第9.2.1.2节、第9.3.1.2节。不适用于非居民的委托人归属:第2.4节、第9.3.1.2节。内部一致性(信托规则和国际规则):第3.2.4节、第3.2.5节、第3.2.6节、第3.4节、第9.2.1.6节、第9.3.4节。信托应税存在,受益人归属:第3.2.4.5节。信托居民身份和归属,防御性规则:第7.2.2.2节、第7.3.4节、第9.2.1.1节、第9.3.1.3节。根据委托人居民身份决定的信托居民身份:第4.2.4节、第4.4节、第4.5节、第9.3.1.1节。信托居民身份的扩张定义:第4.2.1节、第4.5节、第9.3.1.1节。

[814] 本书就协定设计主要提出如下建议,以及相应的交叉引用。所得的受益所有权一般遵循居民国归属:第8.3.11节、第9.3.4节。协定中"人"的定义,这一定义将信托包括其中:第8.2.1节。居民身份的定义与功能性信托居民身份:第8.2.2节。衍生协定权利,国内程序的建立与维护:第8.3.9节。双重征税减免条款,扩大适用于居民国—居民国归属冲突:第8.3.13节、第9.2.2.4节、第9.3.2.2节、第9.3.4节。缔约国任一方存在委托人归属规则时,需要在协定谈判时明确协商:第8.3.7节、第9.3.1.2节、第9.3.2.2节。协定的内部一致性:第8.3.2节、第8.3.3节、第8.3.4节(透明实体条款)、第8.3.10节(营业和常设机构)、第8.3.11节(受益所有权)、第9.3.4节。常设机构和营业归属应遵从所得归属:第8.3.10节、第9.3.4节。保留条款:第8.3.5节、第9.3.1节。透明实体条款:第8.3节、第9.3.1节。

9.4 小结

本书从单个国家对当期信托所得征税着手,阐述了委托人归属(一般归属和出境归属)、受益人归属、信托居民身份及信托归属之间的互补政策关系。如果用于分配的外国来源所得以前未被征税,则这种互补性还延伸到对获得跨境信托分配的居民受益人征税。

当期信托所得的归属和征税在信托相关所得的国际税收中占据主要地位。这些规则的错配是导致无意国际不征税以及协定套利的主要原因,规则错配同时也可能导致国际双重征税。本书指出,各国应该积极采取合作行动,在保护本国税基的同时防止或消除基于信托的税收套利。本书还提出了一种可以使各国实现上述目标的路径,同时不会造成不当的双重征税。概括地说,这种方法涉及承认和考虑当信托具有跨境特征(international feature)时的相关归属和征税方法,以及这些归属之间的适当优先顺序。考虑到各国信托税收规则存在较大差异、各国税收主权平等以及在确定征税权优先级时的政策方面的平衡,本书提议仅作为指南,而不是处方。各国实际采纳的方法不可避免地存在差异,特别是在一国何时可以优先于另一国行使征税权方面。尽管如此,国内税法的合理性以及税收协定的设计都还需继续完善。OECD范本最近纳入了税收透明实体条款,这将有助于协调与信托所得有关的跨境征税权,同时也不会促进无意不征税。

本书也对信托分配的跨境征税方法提出了建议。该领域的主要问题涉及对原始信托所得及其征税的认定,这两个问题都属于受益人居民国的国内法问题。

委托人为实现其自身目的自愿将财产资本化为信托;受托人获取所得;受益人——或其中部分受益人——最终将拥有收益(proceeds)。这些主体各自的居民国之间,以及和所得来源地国之间的潜在征税权的相互作用,使得信托成为透明实体中最具挑战性的一类。本书试图回应的挑战是,厘清那些现实可行的征税权的界限范围及其之间的相互影响,并且避免出现国际不征税和双重征税的有害后果。

附　录

本附录部分对于被调研国家的具体税制中将信托所得归属受益人以及受益人归属所得的征税问题进行了比较分析。本附录每一节分别关注一个主题，并分别探讨各国的相关税收规则。本书第三章对于这些研究的结果进行了汇总和说明。

A.1 节讨论对信托所得以及信托层面资本利得的一般受益人归属基本规则。这些规则在纯粹境内情形中适用，在跨境情形中也同样适用，除非有其他法律对其进行了修改。本节的研究为第 3.1 节的比较分析提供了依据。

A.2 节关注归属非居民受益人的信托经营所得的入境税收制度。它除了探讨基本税收管辖权以外，还探讨了通过外国税收抵免进行单边减免的可行性——如果信托通过本地营业取得外国已税所得，就会产生这个问题。本节的研究为第 3.2.2 节的比较分析提供了依据。

A.3 节关注归属非居民受益人的 DIR 信托所得的入境税收制度。本节对于各国 DIR 所得的一般入境税收制度以及与信托受益人的入境税收制度之间的相互影响进行了讨论。本节的研究为第3.2.4节的比较分析提供了依据。

A.4节关注了如何在信托背景下放宽外国税收抵免对于纳税人一致性的要求。本节只考虑了澳大利亚和美国。本节的研究为第3.3.3节的比较分析提供了依据。

A.1 一般归属

A.1.1 英国

A.1.1.1 所得税

在缺乏清晰制定法(statutory)规则的情况下,英国信托所得归属和征税的指导原则经由法院在税法和信托法之间进行调和的实践发展而来。[815]绝大多数基础性原则在20世纪20年代被确定。1914年英国对无住所居民的汇付制税基征税进行了限制,并大幅提高了所得税税率以支付战争支出。这些事件诱发了许多之前尚未引起重视或根本不存在的问题。虽然制定法在这些问题上并非全无规定,但是税收规则应如何在涉及信托的情形时适用,很大程度上依赖法官在个案中的适用。由此产生的判例法规则产生了一个悖论,至今仍是英国信托税的核心问题所在。具体来说,受托人对信托层面所得

---

[815] 判例法被认为是"将税法规则应用于信托之上的理智之举":Loutzenhiser,注释53,§29.1。

通常应当纳税,因为受托人是收到款项或者有权收取款项的人。[816]但是如果某受益人对在信托中产生的[817]特定信托所得拥有衡平法上的不可撤销的占有既得权,[818]该受益人同样应该在收到或有权收取款项时缴纳相应税款。对于这一矛盾现象,英国通过将受托人认定为受益人的代表并由受托人承担相应纳税义务进行解决,这建立在对该受益人有税收管辖权的基础上。[819] 从英国税收角度来看,受益人(在信托中)的权益"使得信托成为(税收)透明体,因为英国信托法给予受益人(根据信托的原始财产和所得)获得信托所得

---

[816] See Reid's Trustees *v.* IRC[1929]SC 439;14 TC 512;cf Williams *v.* Singer[1921]AC 65,71,72. 确定纳税义务人的具体制定法标准因所得类别的不同存在差异。最普遍的方式是将义务施加于"收到或有权收取"应税所得项目的"人"身上[例如 ITTOIA ss 8,271,371,385(1)(b),404,425,554,581,611,616,685,689]。这一标准中的"收到"要件被认为足以将受托人认定为纳税义务人,而无须考虑受益人可能就某一所得享有的衡平法权利:See Avery Jones, *Beneficial Ownership*,注释696。还有很多其他条款中的标准也将纳税义务指向受托人[例如,ss 385(1)(a),413,417,429,659]。

[817] See Baker *v.* Archer-Shee[1927]AC 844. 现在还包括受益人在未来指定日期才可以请求支付的不可撤销的既得所得,如成年之日:Loutzenhiser,注释53,§29.3.3.1。

[818] 一个既得但可撤销的权益不足以支撑受益人归属,如在满足后续条件后(比如当受益人达到某一年纪时),将累积的信托所得归属某一受益人:Stanley *v.* IRC[1944]KB 255 121。关于既得权利的问题:见 Loutzenhiser,注释53,§29.3.2.1。

[819] 这一归属问题的特殊解决路径来自 Viscount Cave 在 Williams *v.* Singer[1921]AC 65,73 中的论述:"简言之,这一法律的意图似乎在于当受益人拥有并控制信托所得并且受益人是完全行为能力人时,他才是应该被征税的人;但是受托人在某些特定情形下也可能被征税,在这些情形下,受托人应被认定为受益人的代表,并且受托人也有权就受托人已征税的所得免税或者在该法律允许的范围内减少应纳税额。"另见 Baker *v.* Archer-Shee[1927]AC 844;Reid's Trustees *v.* IRC[1929]SC 439;14 TC 512,SC 447;Kelly *v.* Rogers[1935]2 KB 446。受益人满足归属标准时,受托人代表受益人纳税(或不应税)。Loutzenhiser,注释53,§29.2.2.2,将受托人责任依赖受益人责任作为受托人一般规则的一种(尚无坚实基础的)例外,而这样的受托人一般规则忽略了受益人的具体情况(§29.2.1.1)。尽管如此,在受益人无须承担纳税义务时,受托人也同样无须承担纳税义务。

的权利"。[820] 由受托人支付的税款也因此可由受益人享受抵免。[821]因此这一情况应被认定为受益人归属,而不是混合或双重归属。

受益人是否拥有这样的占有权益取决于信托准据法的相关规定。英格兰和威尔士的信托法承认受益人对特定信托所得可以存在这样的权利,这与澳大利亚和新西兰的立场是一致的。但是在另一些比较重要的信托司法管辖区,包括苏格兰、纽约和美国其他的一些州,虽然给予受益人同等程度的法律保护,但并不认为受益人对信托财产享有相应的衡平法所有权益。英国税法重视这种差异做法,并且仅在根据信托准据法以必要的方式(将受益人认定为衡平法所有权人)确认受益人的权益时才适用受益人归属。[822] 这在根据苏格兰法生效的信托中存在一个例外,如果受托人是英国居民,这类信托的受益人会被视为对信托财产享有相应的衡平法权利。[823] 这一语义协调强调了难以就受益人归属条件的一般要求(信托的准据法包含衡平法所有权原则)找到政策依据。

如果受益人对某一所得项目享有特定的信托法权利,那么英国将该所得项目归属受益人被认为是一种逻辑必然。作为信托取得的所得项目,无须明确的所得性质保留规则,其包括来源在内的税法性质在受益人手中也得以保留。同理,单纯的视同税法所得在尚未被信托法确认时,不适用受益人归属。

---

[820] See Malcolm Gammie, *The Origins of Fiscal Transparency in UK Income Tax*, in John Tiley ed., Studies in the History of Tax Law, Vol. 4, Hart Publishing, 2010, p. 33, 52. 讨论了 Baker *v.* Archer‐Shee [1927] AC 844 的影响。

[821] See TSEM 3765 (at 27 December 2017).

[822] See Archer‐Shee *v.* Garland [1931] AC 212.

[823] See ITA UK s 464.

相对限缩的英国受益人归属范围通过对信托分配适用相对广泛的受益人税收规则实现了平衡,这也导致了双层征税以及相应双重税收减免条款的设置(第5.2节)。

在将信托所得归属占有权益受益人时,可以扣除信托层面(因营业或财产租赁所得而产生)的折旧和费用,[824]但是对于受益人而言,能否就信托层面的(净)损失在缴税时申请扣除并没有相应的规定。

A.1.1.2 资本利得税

英国在征收资本利得税时将信托视为税收实体。信托层面的利得归属信托本身,纳税义务由受托人承担,适用较高资本利得税率;信托就该利得对受益人进行的相应分配,英国不再征税。[825]

除非信托已经走到了生命的尽头,并且正在清算或者分配,否则上述规定反映了大多数信托在存续期间的实际运作情况:首先,信托一级的利得通常保留在信托中,并用于后续再投资;其次,若信托为赠与信托,那么在利得实现的时候,通常很难确定信托层面资本利得的受益所有人或者接受者。

A.1.2 美国

A.1.2.1 一般所得

美国对非委托人信托所得征税的规则体现了三个基本观点:首先,信托被认定为对其所得[826]负有纳税义务的人;[827]其次,对于受

---

[824] See TSEM 3772 and 3773 (at 27 December 2017).

[825] 关于信托税率,见 TCGA s 4(3);Loutzenhiser,注释53,§40.1.2.2。如果受益人是居民并且信托是非居民,那么可能导致对分配进行征税,但是这一征税并不再将已缴纳英国税的利得计算在内。见第5.3.5节。

[826] See IRC s 7701(a)(1).

[827] See IRC s 641(a).

益人取得的分配(distribute)或者完全分派(sufficiently allocate)给他们那部分信托层面所得来说,信托被认定为导管;[828] 最后,赠与不是所得。[829] 第一个与第二个观点之间的竞合关系是通过 IRC（US）（1954 年修订）中采纳的一个复杂的税务会计机制予以解决的。第二个观点中的导管税收原则被认为具有优先地位,这种优先地位体现在：信托在计税时可以对分配[830]以及等效分配的权利(equivalent entitlements)予以扣除（"分配扣除"）,并且将相应的信托所得认定为受益人各自的税法所得。

新会计机制的一个重要目标是避免将信托所得的特定项目追及受益人的权利与分配,这在先前的法典中造成了异常复杂的结果。新机制意图在保留导管原则的同时简化这一过程,并继续将实体层面的所得归属受益人。[831] 现在的制度是从 1954 年法典中继受而来,并且可被视为一个经过修改且有些公式化意味的追及制度。[832]

---

[828] See IRC ss 652, 662.

[829] See IRC s 102 表明"总收入并不包括通过赠与、遗赠或继承取得的财产价值",但不排除来源于"赠与、遗赠"等这类财产中取得的所得。

[830] See IRC ss 651, 661.

[831] See Holland et al., 注释 64, p. 317－321, 329－339 及附注。Stanley S. Surrey & William C. Warren, *The Income Tax Project of the American Law Institute*: *Partnerships, Corporations, Sale of a Corporate Business, Trusts and Estates, Foreign Income and Foreign Taxpayers*, 66 Harvard Law Review 1161（1953）; Sherwin Kamin, Stanley S. Surrey & William C. Warren, *The Internal Revenue Code of 1954*: *Trusts, Estates and Beneficiaries*, 54 Columbia Law Review 1237（1954）; Alex Evans, *The "Economic Benefits Model" for Trusts - Fool's Gold*? 43 Australian Tax Review 162 (2014). 法典中提到的分配数额等,并不意味着分配本身是受益人的所得。

[832] 在修改时发现"任何追及规则都涉及法定授权,即授权受托人在一定程度上可以决定分配的税收结果": Kamin, Surrey & Warren, 注释 831、1242。这表明(修改后的)税务会计系统的公式化可能也具有反避税的目的。

这一机制围绕"可分配净所得"进行,[833] 它等同于信托就分配扣除以及就其税法所得归属受益人部分的最高额度限制。DNI 实际上是当前年度的净应税所得,[834] 并且需要进行一系列调整,这些调整将会影响对受益人就信托层面所得进行的潜在归属。超过 DNI 限额进行的分配(等类似行为)都会被认为是赠与,也因此不属于受益人的所得。只有当 DNI 超过了分配数额(如通过累积所得)或者某一税法所得被 DNI 排除在外时,信托才会有应税所得。显然,信托层面的损失无法传递给受益人。该机制的公式化特性有时也会产生不合理的结果。[835]

信托所得通过一个分阶段程序进行归属,该程序在进行过程中将会不断消耗 DNI 余额。这一程序的第一阶段将所得归属受益人,以被要求当期分配的信托法所得为上限,无论是否实际分配。[836] 如果信托被要求分配所有当期所得(即使在酌定分配的情形下),并且该年没有进行任何资本分配,这被认为是一个简单信托(就该年而言),这种情形下将只涉及第一层归属。否则,如果 DNI 账户留有余

---

[833] See IRC s 643(a)(3).

[834] 根据当期信托所得确定 DNI 限额意味着分配扣除制度和公司股息扣除制度存在实质性差异。现行美国信托法规则认为在国内情形下,当期信托所得最终仅应在当年被征一次税,不论是由信托还是其受益人缴纳。

[835] 在 Brigham v. US, 160 F. 3d 759 (1st Cir, 1998) 中,一个寡妇选择法定继承其丈夫 1/3 的遗产(适用 DNI 规则),以代替其遗嘱中的规定。丈夫的遗嘱执行人在规定的年份支付了她所选部分的金额,事实上,这部分金额超过了 DNI 的限额。这里显然没有其他分配,她被认为就其持有的等同于 DNI 数额的遗产部分应税。这个结果是不正常的,因为这个寡妇最终需要对全部遗产产生的所得承担纳税义务。本规则(见注释 832)的反避税功能在这里并未奏效。

[836] See IRC ss 651(a), 661(a)(1). 参见 26 CFR ss 1.652(b) - 2, 1.662(b) - 1 提及的"当地法"(local law)[可适用的信托法(applicable trust law)]。

额,从而需要进行第二阶段归属,那么在第二阶段归属中受益人归属部分以相关年度[837]"任何适当支付或贷记或被要求分配的其他数额"为限。这一表述涵盖了酌定分配和对信托本金的分配。这一阶段归属并不要求实际支付,但是要求受益人至少有请求支付的权利。[838]

特定的非酌定赠与被完全排除在这个过程之外。[839] 另外,如果在一个信托中不同受益人之间存在实质性区分且独立的权益,为了方便归属和分配扣除,他们将会被视为独立的次级(子)信托。[840]

将某一所得项目归属某一受益人的原则,在两个阶段的归属程序中存在不同:(1)在第一层程序中,可以根据信托条款或者可适用的信托法将不同类别的所得分别分配给不同受益人,税法归属通常遵循这种分配。在其他情况下,所有所得项目按比例归属。如果信托法分配的总额小于 DNI 账户余额,受益人归属的所有税法所得项

---

[837] See IRC s 661(a)(2). 信托与遗产在下一个纳税年度内有 65 天的选择期来完成"支付或贷记"程序:s 663(b)。

[838] 判例法认为,单凭账面记录不足以认定"贷记或被要求分配"给受益人:"所得必须明确分发给[受益人],这要求所得是无法收回的⋯⋯如果各相关方的账簿都有记载,可能足以证明这一点⋯⋯"[CIR v. Stearns, 65 F.2d 371 (1933), 373];所得必须由受益人"视同接收",它必须"到目前为止受制于[受益人]的指令,即不接收只能出于受益人自己的选择"[Lynchburg Trust & Savings Bank v. CIR, 68 F.2d 356 (4th Cir.1934), 359]。澳大利亚读者会发现这与受益人对信托所得的现时权利的概念存在一定程度的相似性。受益人在信托中拥有大额未付权利的现象在澳大利亚实践中十分普遍,但在美国并不常见。那么美国是否会因为虚假交易(根据美国税法中规定的含义)或缺乏经济实质而否认受益人的权利,这是个需要解决的问题,尤其是在没有累计利息或其他回报的时候。

[839] IRC s 663(a) 排除了依据信托条款进行的任何赠与,前提是这一赠与应当一次性或不超过三次分期支付或贷记,并且不包括仅能从信托或遗产的所得中支付或贷记的金额。被排除所得不计入信托的分配扣除额[s 661(a)],也不计入受益人的毛所得[s 662(a)]。

[840] See IRC s 663(c)。

目按比例减少。[841] (2)在第二层所得项目归属和分配,通常也是按比例进行的。适用上述相同的原则,[842] 但是由于第二阶段的特性,这些原则并没有单独规定出来。所得或本金的酌情指定为税收之目的适用所得的公式化分配。

对于归属受益人的信托所得项目,其所得性质也依旧保留。[843] 根据信托法授权(主要指与既定的或者固定的权利相关的授权)和按比例的公式化分配(主要指与酌请指定有关的分配),信托所得及其税法上的所得性质被归属受益人并在受益人之间进行分配。

在境内情形中,受益人对受益人归属所得以常规的方式评税。信托必须进行申报,但是信托本身没有纳税或收税的义务。

A.1.2.2 资本利得

信托资本利得被认定为税法所得,但是如果这些利得在信托法资本账户上,则通常被排除在境内信托的 DNI 账户之外,除非这些利得在同一年支付、贷记或被要求分配给某一受益人。[844] 在常规交易中或者在某些增值资产分配的情况下,利得在信托层面进行确认。[845]

---

[841] See IRC ss 652(b), 662(b); cf s 661(b). Section 643(b)通过信托条款以及可适用的本地法律(信托法)贴切地定义了这一没有限制条件的"所得"的含义。

[842] See IRC ss 661(b), 662(b).

[843] IRC ss 652(b), 662(b),其中规定,已归属的实体层面的所得"在受益人手中的性质应与在遗产或信托手中时是相同的"。

[844] See IRC s 643(a)(3)[与涉及外国信托的 s 643(a)(6)(C)相比较]。一些以慈善为目的的利得同样被排除在 DNI 之外。

[845] 参见 Zaritsky, Lane & Danforth,注释 295 (at 27 December 2017) [4.11]。其适用的规则相对复杂。信托条款规定的特定赠与通常会使受益人纯粹获利,并且受益人不承担信托层面的利得或损失[IRC ss 643(e)(4), 663(a)(1)]。其他分配通常会导致信托中资本利得的确认,如同按照市场价值进行交易时一样;如果这将导致产生损失,那么在某些情形下损失在信托中被确认,而在另一些情形下原始计税基础将转移至作为接收方的受益人处进行确认。

将资本利得不纳入DNI的计算通常会导致利得被归属信托而非受益人。然而，如果利得在实现当年被支付给受益人，那么这一利得将会参与前述DNI程序并且通常通过第二层归属进行处理。对于某一利得的具体归属取决于该年的DNI计算方式、是强制还是许可(permissive)分配等，以及固定信托法权利和法定比例归属公式之间的相互作用。广义而言，如果信托参与人希望确保信托利得归属受益人而非信托，他们通常需要确保这些利得在实现的当年分配(等)。

美国方法比英国方法更复杂、技术性更强，也或许更细致。如果利得实现后留存在信托当中，那么他们将归属信托。但是当信托财产(包括利得)实现和/或分配时，在该过程中被确认的资本利得可以(通过合理审慎的管理)归属受益人。这些利得以及其他的第二层归属过程中的所得在多个受益人之间的具体归属可能受到比例分派公式的影响，也因此会与这些项目的信托法分派产生差异。

A.1.3 澳大利亚

A.1.3.1 一般所得

澳大利亚一般信托征税规则[846]根据相关年度预先确定(embark)或者指定(appoint)给受益人的信托法所得的比例，将信托的税法所得归属受益人。[847] 就任一年度而言，信托全球范围内的净税法所得被称为"信托财产的净所得"。[848] 根据本节和后续章节提到的针对资本利得和免税股息的特殊导流规则，税法所得根据受益

---

[846] See ITAA 1936 Part Ⅲ Div 6.

[847] See ITAA 1936 ss 97, 98A, 100.

[848] See ITAA 1936 s 95(1). 小部分修正的规定予以适用，如当受益人仅作为终身受益人(life tenant)时，损失被排除在"费用扣除"之外，而完全由信托本金承担。澳大利亚信托财产净所得的概念并不等同于美国DNI的概念，两者的功能截然不同。

人对信托法所得拥有现时权利的比例归属受益人,并基于受益人的澳大利亚居民身份或者虽然受益人是非居民但存在来源澳大利亚的所得时而被征税。[849] 对于所有受益人均无现时权利的信托法所得,这一部分的信托所得在税法上归属信托本身。[850] 澳大利亚一般规则的适用涉及两个不同的阶段:首先,根据现时权利这一概念,计算每一受益人对信托所得享有的特定权益份额比例以及信托的剩余权益份额比例;其次,根据第一阶段计算的比例,归属和分配税法所得。

---

[849] 归属标准结合管辖权限制的相关内容,在上述征税规则中均有涉及。See ITAA 1936 ss 97,98,98A,100. 因此 s 97(1)(a)规定:"除6D分部(关于封闭型信托受托受益人的不完整声明)另有规定外,如果信托受益人不属于缺乏法律上行为能力的人(澳大利亚判例法确定的缺乏法律行为能力的人包括:未满18岁的未成年人、没有解除破产的破产人、精神病人、重罪犯),其对于信托财产的所得享有现时权利:(1)受益人应评税所得包括:①信托财产净所得中属于受益人为居民期间的权益份额对应部分;②信托财产净所得中属于非居民受益人但存在澳大利亚来源的权益份额对应部分……"第98条也使用了类似的措辞,该条规定(主要是)当受益人是非居民或者无行为能力人时,受托人将代表其承担初步纳税义务(initial tax liability)。其他条款使用了"受益人个人权益"(individual interests of the beneficiary)而不是现时权利的概念,包括免税所得条款[s 97(1)(b)],不应税不免税所得条款[s 97(1)(c)]或信托财产的净所得条款(ss 98A,100)。ss 98A与100(在 s 98后适用并由受益人承担最终纳税义务)中的"受益人个人权益"可被解释为与"现实权利"有相同含义,因为受益人对于信托财产所得拥有现时权利的部分与对净所得享有权益的部分是吻合的。但是在 s 97(1)(b)[关于此,见 FCT v. Australia and New Zealand Savings Bank Ltd. (1998) 194 CLR 328]与 s 97(1)(c)中两者含义不同,因为免税所得与不应税不免税所得并非信托财产净所得的组成部分[s 95(1)]。

[850] See ITAA 1936 ss 99,99A. 存在例外情形,比如说对于外国来源的纯粹名义上的税法所得项目,如果其本身不属于现时权利的归属对象或者不构成信托法所得的一部分,只要其没有归属居民受益人,将会归属居民信托并由居民信托承担纳税义务,见 ss 99(2)(c),(3)(c),99A(4)(c),(4A)(c)对现时权利的论述。与第6分部不同,这些规定似乎强调的是税法所得而不是信托法所得。如果这样的话,澳大利亚税收规则可适用于归属居民信托(该居民信托是一个非居民信托的委托人)的所得,尽管此种情形下在当期对所得享有现时权利的受益人都是非居民。作者感谢 Daryn Moore 对这一要点的提示。

现时权利主要是指在纳税年度结束时,[851]受益人要求受托人支付相关所得的现时法定权利,[852]并隐含包括本应享有这一权利但确因缺乏法律上的行为能力(legal disability)而没有享有这一权利的受益人。[853] "现时权利"这一概念同样存在对制定法明文规定的扩张适用。[854] 对于受托人行使酌情处理权支付给受益人的或者为其利益而使用的当期信托法所得,受益人被视为享有现时权利。[855] 总而言之,现时权利通过下述方式确定:(1)受益人在信托所得产生时对所得拥有的既定权利是现时权利;(2)受益人对受托人酌请指定并在当年支付给受益人或为受益人利益而使用的所得也享有现时权利。对所得进行不可撤回的指定也可以满足现实权利的要求。[856] 在酌定的情况下,如果要确定受益人现时权利的存在,那么受托人的酌情指

---

[851] See Harmer v. Federal Commissioner of Taxation (1991) 173 CLR 264.

[852] See FCT v. Whiting (1943) 68 CLR 199. 制定法关于这一表述的出处,See Alex Evans, *The Legislative Origins of Present Entitlement in Australia*, 40 Australian Tax Review 235(2011)。

[853] See Taylor v. FCT (1970) 119 CLR 444; cf ITAA 1936 ss 98, 100.

[854] See ITAA 1936 ss 95A and 101, 后文将就此进行讨论。

[855] See ITAA 1936 s 101. 支付并非判断现时权利是否存在的必要条件:s 95A(1)。s 95AB 中还有一条关于"特殊残疾信托"的简化规则,该类信托为残疾的主要受益人提供照顾(这种信托被要求拥有不超过一个受益人,即主要受益人),s 95A(2)中还有一条专门针对损害赔偿信托的特殊规则[explained by Alex Evans, *Dispelling the Urban Myth around s 95A(2)*, 42 Australian Tax Review 173(2012)]。

[856] See Re Vestey's Settlement [1951] Ch. 209; IRC (NZ) v. Ward (1969) 1 ATR 287; Chianti Pty Ltd. v. Leume Pty Ltd. (2007) 35 WAR 488; Fischer v. Nemeske Pty Ltd. (2016) 257 CLR 615.

定应该在所得当年行使,[857] 即使在账目最终确定之前,其具体价值可能还未可知。在上述这些情形中,现时权利直接根据信托法原则确定。

澳大利亚在相关制定法通过时,可能还没有充分认识到将酌情指定与(非酌情)既得所得进行同等认定的全部后果,[858] 但它显然已成为澳大利亚信托税制根深蒂固的特点。[859] 酌定信托被认为是一种可以合法有效地分割家庭或关联实体[860]所得的方式,同时避免了

---

〔857〕 See Colonial First State Investments Ltd. v. FCT (2011) 192 FCR 298. 相反的观点,见 Andrew Mills, *Trusts Update: What the ATO Thinks and Why You Should Care* (Paper presented at the Taxation Institute of Australia, Western Australia State Convention, Bunker Bay, WA, 22 August 2013); Mark L. Robertson, *Discretionary Trusts: An Illusory Problem*, 5 Taxation In Australia, Red Edition 19 (1996)。

〔858〕 该规则规定在 ITAA 1922 s 31(4) 中,并在 ITAA 1936 年原文中再次规定。皇家委员会(Royal Commisssion)未经讨论便决定延续该规则的适用,这表明立法者除了整合法条外并不认为这一规定存在任何政策问题[*Ferguson Report*, Vol.3 (710), (719)]。1915 年最初制定的联邦所得税也没有区分基于固定权利的分配和酌情分配,但采取了不同的结构方法。该法项下信托所得对受托人征税(ITAA 1915 s 26),但允许按比例扣除分配给受益人的部分[s 27(2)]。1936 年法律的起草者并没有预见 20 世纪末酌定信托的现代化发展,这一发展使得信托变成家庭经营和投资的所得分割工具。20 世纪 30 年代,酌定信托较多地适用于遗嘱信托以及一部分生前信托,这些信托是为了幼童及其他不能或不被信任能够进行财富管理的人的利益而采取的信托安排。

〔859〕 在提交 2015 年度纳税申报表的 823,488 个信托中,642,416 个(78%)为酌定信托:Australian Taxation Office, *Taxation Statistics* 2014–2015 (2017) Trusts–Table 4.1。另有 8970 个(1%)被认定为"混合"(hybrid)信托——在澳大利亚国内,这一概念通常是指所得可以酌情指定的单位信托(unitized trust)。可以推测的是,所得税务处理很大程度上决定了这些统计数据的分布。

〔860〕 参见 Australia, *ANTS*, 注释 98、105、113、115,其建议保留通过信托进行的所得分割(政府提议的信托税改没有落实,所以利用信托分割所得的做法得到了承认和容忍)。分割所得通常的做法是:将所得指定给较低边际税率的个人和/或作为"桶公司"(bucket company)的公司受益人(公司税率远低于最高个人税率)。不需要用于受益人个人使用或者其他目的的现金作为未付现时权利,保留在受托人手中。对于由信托进行的紧密持有经营活动,未支付现时权利通常是营运资本的重要来源。

信托归属所得对应的较高税率的适用。这种所得分割策略并非毫无限制,但是主要的限制并非专门针对信托。[861] 受益人归属的所得并不要求进行实际支付,实践中(尤其是)酌定信托将之前年度现时权利对应的未支付的信托所得进行高程度的资本化是很常见的。

当信托法所得与税法所得存在差异时,美国扣除制度和澳大利亚比例制度之间会出现一个明显差异。简单假设前提为信托法所得完全分配(给受益人)且受益人对其享有现时权利:如果信托法所得超过税法所得,两种制度都仅将税法所得归属受益人;但是如果税法所得超过了信托法所得,美国规则以信托法权利及分配对应的数额为受益人归属的上限,并将超过的部分归属信托本身,然而澳大利亚规则会将全部税法所得归属受益人。澳大利亚的方式更倾向于将税负穿透至受益人处由其承担。

澳大利亚的规则同样规定了所得性质保留。归属受益人的税法信托所得保留了其最初信托层面的税法所得性质。[862] 根据一般规则,将某一所得项目归属特定受益人或者在特定受益人之间进行归属,是完全依据比例进行的,并不会被受益人对特定所得项目享有的

---

[861] 首先,ITAA 1936 Part Ⅲ Div 6AA 对于儿童取得的非遗嘱来源的大多数所得适用最高边际税率;这覆盖了归属未成年受益人的生前信托的大部分所得。概言之,这一规则针对的是非遗嘱来源所得,这种所得(包括大多数生前信托的所得),很可能是为了分割所得。其次,ITAA 1997 Part 2-42 (Divs 84 to 87)个人劳务所得规则将一部分准受雇所得分派至提供劳务的人。这些规则对于经营所得的影响相对较小,即使经营所得反映了劳动力价值的绝大部分。还有一项更旧和更一般的原则禁止将委托人纯粹的个人所得认定为信托所得。See Leighton *v.* FCT (2011) 84 ATR 547, 556; FCT *v.* Everett (1980) 143 CLR 440, 452; Stewart Dawson Holdings Pty Ltd *v.* FCT (1965) 39 ALJR 300, 301.

[862] See Charles *v.* FCT (1954) 90 CLR 598.

信托法权利所影响。[863] 这导致的结果类似于美国 DNI 机制的第二层比例归属。

股息导流规则基于税收之目的承认附带澳大利亚归集抵免的特定股息所得("免税分配")的信托法指定,会优先于一般归属规则适用。[864] 澳大利亚规定对这些股息的酌定分配是有意为之的,这会使得这些股息可以分配给能够在税收上充分利用这些附带抵免的受益人。

在绝大多数境内情形中,受益人直接就受益人归属所得应税,[865] 信托唯一的作用是提交报税表。如果受益人是婴幼儿或者其他无法律行为能力的人,或者在该纳税年度结束时为非居民,[866] 那么首先应根据受益人的性质[867] 向受托人征税,受益人就受托人所缴税款可以享受抵免。[868] 就信托内部管理而言,受托人向受益人支付

---

[863] See Colonial First State Investments Ltd. *v.* FCT(2011)192 FCR 298. 其遵守在 Zeta Force Pty Ltd. *v.* FCT(1998)84 FCR 70 and FCT *v.* Bamford(2010)240 CLR 481 中被承认的比例归属方法,并且不存在其他追及规则。

[864] See ITAA 1997 Sub-div 207–B;ITAA 1936 Part Ⅲ Div 6E(esp s 102UX). 免税分配根据受益人的"特定权利"归属受益人(见注释 876,资本利得导流规则采用了相似概念);信托法所得的现时权利仅在未考虑某一免税分配的特定权利时进行适用。归集抵免反映了相关公司之前已缴纳的澳大利亚税收。

[865] See ITAA 1936 s 97(1).

[866] 非居民受益人的税务处理更适合放在入境受益人归属部分进行讨论(第 3.2 节)。这里提及是因为其与无法律行为能力的受益人的税务处理在很大程度上是相似的。

[867] See ITAA 1936 s 98. 居民或非居民受益人个人适用累进税率应税,不考虑受益人其他所得,或者对于非居民公司受益人适用公司税率。税率规定在 *Income Tax Rates Act 1986*(Cth)中。

[868] ITAA 1936 s 98A(非居民受益人),s 100(无行为能力受益人);参见注释 849。无行为能力居民受益人如果没有其他所得,那么他不用单独承担 s 100 规定的纳税义务。

的税款作借记处理。[869] 由受托人代表某一受益人（而非信托整体）纳税的这个推论被立法历史和外部议会材料予以证实。[870]

如果一个信托的受益人是另一个信托，当期信托所得的归属可能需要重复适用归属规则，穿透多层信托进行确定。虽然在其他被调研国家好像不存在这个问题，但是在澳大利亚却很突出。[871] 在纯粹境内情形中，如果信息充分[872]且受益人在法律上适格，信托法可能会穿透所有中间信托归属最终的受益人，并且受托人无须纳税。如果存在一个离岸的中间信托，可能需要在涉及离岸环节时暂时性

---

[869] 就信托法而言，根据 ITAA 1936 s 98 的规定，向受益人征收或者根据受益人的性质以及信托法上的权利征收的税款，应当被视为受益人个人义务的履行。根据 s 98A 或 s 100，受益人存在相应的个人义务，因此上述观点也得到了重申。这与 s 97（未调和的受益人义务和归属）及 s 98（已调和的受益人义务和归属）规定的处理方式是相同的。信托所得的税法归属及税负分配之间的不匹配在这种情况下是被允许的。任何试图根据 s 98 重新安排税法义务的信托法负担的其他安排在原则上似乎是站不住脚的，实际上也是行不通的。然而，根据 ss 98A 和 100 中规定的"个人利益"而非 s 97(1)(a) 中的措辞形式可能产生解释上的困难：见注释 849。

[870] ITAA 1936 s 98 仅处理无法律行为能力受益人的权利问题，其在 1979 年第六分部重新修订的过程中被替换 [Income Tax Assessment Amendment Act 1979 (Cth) s 13]。同期议会材料表明是信托财产净所得的"受益人权益份额"[Explanatory Memorandum, Income Tax Assessment Amendment Bill (No.5) 1978 (Cth) note to cl 13]。1983 年之前，非居民受益人根据 s 97 的规定仍然被直接征税，1983 年法律进行了修订，受托人代表当年构成非居民的受益人缴税，其中 s 98A 中规定了相应的受益人税收和抵免规则 [Income Tax Assessment Amendment Act 1983 (Cth) ss 17, 18, 19]。这一修改是为了解决征收方面的困难 [Explanatory Memorandum, Income Tax Assessment Amendment Bill 1983 (Cth), note to cl 17]，受托人在 s 98 下的纳税义务被解释为代表某一受益人应税（notes to cll 18, 19）。

[871] 嵌套信托（nested trust）的重要性主要体现在境内情形中。所得在信托（尤其是酌定信托）之间转移是一种自助形式的税收合并（tax consolidation）。同时，这也增加了审计的难度。

[872] 如果封闭型信托的受托受益人没有提供必要信息以识别归属链条的下一个链接，那么澳大利亚会适用默认最高税率征税（ITAA 1936 Part Ⅲ Div 6D）。

纳税。[873]

信托损失在澳大利亚是重要的,因为信托通常被用作商业实体。在遵守了一系列针对信托损失的复杂规则后,信托中的非资本税法损失允许结转抵减未来年度所得。[874]

A.1.3.2 资本利得

澳大利亚一直在努力寻找一种令人满意的方式来处理信托取得的资本利得在税法上的归属问题。当资本利得被包含在1986年税法规定的所得税税基中时,信托所得的归属规则并未作出修改。当期实现的资本利得也因此按照(信托参与人)对信托法所得享有的现时权利的比例进行归属,即使所得受益人对于被归属的利得并不享有法律上或者经济上的利益。这种显然不能让人满意的情形一直持续到2011年资本利得导流规则的出现才有所改观。[875]

资本利得导流规则和免税分配的导流规则在很多方面具有相似之处。两者均承认基于"特定权利"(special entitlement)对信托层面的所得项目进行的临时酌情指定,"特定权利"要求受益人对最终收

---

[873] 当所得通过信托链条归属时发现其中一个中间信托的受托人某一年年末时是非居民,那么税收及抵免条款的适用将会产生相应调整:见 ITAA 1936 s 98(4), s 98B 及相关条文。概言之,如果信托所得归属另一个作为受益人的信托并且受益人信托的受托人在某一年年末不是澳大利亚居民,澳大利亚将会以最高个人税率对该所得征税,但是最终受益人还是可以就此享受相应抵免。这个特殊规则削弱了跨境多层信托结构的税收吸引力。它在往返情形中也起到了保证税收链条完整性的作用(第3.3.4节)。

[874] See ITAA 1936 Sch 2F [s 95(1)中净所得的定义同样排除了对于资本没有任何权益的所得受益人向以后年度结转补亏]。

[875] See ITAA 1997 Sub-div 115 – C, ITAA 1936 Part III Div 6E, substituted/inserted by the Taxation Laws Amendment (2011 Measures No.5) Act 2011 (Cth)。更多关于规则以及其历史沿革的描述,见 Brabazon, *Trust Gains*,注释35。

到相关(所得)利益拥有现实的、客观上合理的期待,而不要求现实支付。[876] 在缺乏"特定权利"时,资本利得要么与一般所得相同的方式归属受益人——这种方式仍然不合理地忽视了信托法所得和资本利得之间的差异,要么由受托人作出选择,由其代表整个信托作为资本利得的归属对象。[877] 就合理分配税负而言,受托人作出这样的选择是合理的,但是由于它可能导致整体税负变得更高,所以这对信托参与人来说毫无吸引力。[878]

将信托财产授予受益人或者以实物形式分配财产可能会导致信托层面的资本利得在税法上被确认。[879] 利得是否归属受益人取决于在具体情况下如何适用归属规则:授予或分配的情形可能证明,也可能无法证明作为接收方的受益人对信托层面的利得享有"特定权利"。[880] 但在导流规则当中似乎也考虑到了信托层面的资本利

---

[876] ITAA 1997 ss 115-228(资本利得),207-58(免税分配).收到或者预期收到必须"依据信托条款的相关规定",可以通过明文规定,也可以通过信托条款中规定的酌情指定,并且必须遵守法定的记录保存要求。该规则没有说明如何或根据什么标准来确定"预期收到"的合理性。

[877] 股息导流规则中没有规定受托人的选择权(ITAA 1997 s 115-230)。

[878] 受益人以他们自己的累进或公司税率应税,这一税率可能低于 ITAA 1936 s 99A 中规定的绝大部分生前信托所适用的最高个人税率。对于大多数资本利得的应税数额,个人居民受益人可以享受 50% 的折扣。而根据 s 99A 对信托征税时不可以获得这种优惠。

[879] 例如,这可能在 CGT event E5(ITAA 1997 s 104-75),E6(s 10480),E7(s 104-85)中发生或者在 A1(s 104-10)也可能发生。

[880] 假设受益人有权取得 $Z 的所得,受托人根据这项权利向该受益人转移了价值 $Z 的资产。这些事实只不过意味着这一资产是一种便于传递 $Z 价值的形式。但是,转让或授予的目的可能是向受益人进行或完成一个赠与行为,包括至转让时尚未实现的价值增值。

得可以从信托财产中分离并指定给受益人,就如同这是一个所得项目。[881]

总体来说,在导流规则的设计与实施过程中,议会一直在努力让信托参与人对信托利得的税法归属可以实施酌情处理权。

简要讨论资本损失的处理。某一信托层面的资本损失本身不会归属受益人,而是抵减同一年度信托层面的资本利得,因此影响可能归属受益人的利得。净资本损失结转抵减未来的信托层面利得。[882]

A.1.4　新西兰

A.1.4.1　一般所得

新西兰将信托的当期税法所得分为两类:受益人所得和受托人所得。[883] 这个简单的划分是税法归属的划分。受益人所得按照受益人直接取得所得时适用的税基和征税规则纳税。[884] 信托(受托人)作为受益人的法定代理人也应纳税,[885]受益人因此对于受托人代表其所缴纳的税款有权享受抵免。受益人所得和受托人所得并不

---

[881]　假设一个信托拥有一个成本为 $X 的资产,其以 $(X+Y) 的价格将该资产出售。受托人将相应的利得($Y)指定给某一受益人但没有特殊说明,将余额($X)作为普通信托财产的一部分。假设受托人是根据信托条款规定行使权利,并且信托在税法上没有任何资本损失抵销利得,同时特定权利标准已经满足,澳大利亚税法将会承认将该利得归属该受益人的做法。

[882]　这是根据资本损失的一般规定得出的结论(ITAA 1997 Div 102),同时也不存在将信托资本损失归属信托以外(其他主体)的任何规定。

[883]　See ITA NZ s HC 5.

[884]　See ITA NZ s HC 17(1). 该规定有一项除外规定,但这在跨境情形中不太重要,即若受益人是未成年居民,其取得的受益人所得在一些情况下被视为受托人所得,由信托以信托税率应税[ss HC 17(2),HC 35 以及相关条款];这一规定的目的在于限制所得分割的税收吸引力。

[885]　See ITA NZ ss HC 32, HD 12(1); cf s HD 4. 在境内情形中,信托同时可能根据 RE 分部,就股息、利息受益人所得,承担非最终预提义务。

是主要的所得类别(如经营所得或利息所得)。受益人和受托人所得的类别区分是其次的,其目的在于识别所得归属的纳税人,并根据纳税人的(税法)性质决定相应的税收后果。归属规则的基本结构默示了所得性质的保留。

将信托层面的税法所得项目归属受益人的一般规则是,该所得在取得当年利益完全授予受益人的部分,或者在该年度内或加上一段时间(通常是6个月)的期限内支付或视为支付给受益人的部分是受益人的所得。[886] 这部分所得作为受益人的所得,被视为在取得信托层面所得的同一年度由受益人取得。[887]

从信托法的角度看,授予和支付取决于谁拥有或接收各项税法所得项目。授予这一概念在技术上是明确的并且反映了信托法权利。[888] 支付这一概念是宽泛的,甚至包括将某一款项作贷记给某人处理或者为该人的利益或代表该人处理该笔款项。[889] IRD认为,某一所得的支付并不要求将该部分所得的占有转移给受益人。受托人可以通过给予受益人绝对不可剥夺的权益的方式向受益人"支付"这一数额,即使受托人仍然保留这部分所得的占有。就此而言,"支付"的定义和"利益完全授予"在实质上是重合的。[890]

不可剥夺的授予或视同支付的具体数额无须特别载明,但是必

---

[886] See ITA NZ s HC 6(1), (1B).

[887] See ITA NZ s HC 6(3).

[888] See IS 18/01 [5.20] – [5.27]; IRD, *Explanation*, 注释196, [5.14] – [5.18] and authorities there cited。

[889] See ITA NZ s YA 1 [(a)(ii), (iii)是关于"支付"的定义]。

[890] See IS 18/01 [5.37]; 类似效果见 IRD, *Explanation*, 注释196, [5.22], [5.24]。

须在客观上是可衡量的且不可撤销的。[891] 综上所述,这些概念实际上与澳大利亚现时权利的概念没有什么区别,[892]但新西兰规则是直接适用于信托税法所得的,而不是信托法所得。如果某年信托取得的税法所得不满足信托法所得的条件,IRD对此持通融的观点,认为即便所得并没有被受托人实际接收,这类所得在满足上述授予或支付条件的前提下仍可以被视为受益人所得;这取决于信托条款的规定以及具体情况。[893]

一般归属标准在下述两个方面有所修改。第一,有部分税法所得出于完整性考虑被视为受托人所得,因此不满足受益人所得的认定条件。[894] 第二,在某些主要(并非全部)的出境情形中,信托层面授予或支付的对象可能通过法定顺序规则(statutory ordering rules)而不是信托法原则决定。[895] 这一修改是分配税收机制的辅助机制,分配税收机制本身是对新西兰主要信托税收规则的补充,主要税收规则仅在信托层面的所得取得当年对信托所得征一次税(第5.2节)。它还限制了可能利用新西兰归属规则进行一般性递延,这些规则主要适用于某些信托所得项目的信托法分配。依据修改后的规

---

[891] See IS 18/01 [5.17]; IRD, *Explanation*, 注释196, [5.28], citing Davidson *v.* CIR [1976] NZLR 705; See also *Ammundsen*, 注释49, §3-090。

[892] 关于时间节点方面仍有差别;澳大利亚规则要求在信托层面取得所得的年末确定现时权利的存在。

[893] 参见 ITA NZ s HC 5(2); Interpretation Statement IS 12/02 Income tax 关于税法上视为产生所得,但信托法持相反观点的情形下,是否存在受益人所得。信托必须拥有足够的可用资产以向受益人进行具有实际意义的现时拨付。

[894] See ITA NZ ss HC 4(3)-(5), HC 7(2)(b), (3)(可扣除的转让,本应为应税所得的转让,与债务免除相匹配的分配)。

[895] See ITA NZ s HC 16(2)(a).在受益人是居民并且相关所得来源于外国时,该修改所产生的影响最大。

则,如果信托拥有当期税法所得并且被界定为"外国"或"不遵从"(信托),其分配(通过授予或支付)通常[896]会首先被追及认定为当期所得,不管其信托法性质为何。对于分配在金额上能与当期税法所得匹配的部分,将会导致受益人归属所得"包括"[897]这一部分并保留所得性质,即使这部分所得的信托法性质是资本。根据这一规则,具有不同性质的信托所得如何分配至受益人以及如何在受益人之间分配尚存一些不确定性;如果法律没有规定或者没有明确规定,IRD的做法是接受受托人选择的所得归属方法,但要求这一方法是合理的。[898]

新西兰将信托分为"遵从信托""外国信托""不遵从信托"。这并非信托居民的概念。他们的功能在于决定信托分配而并非当期信托所得(根据定义是受益人所得)的税务处理。广义来说,"遵从"信托要求受托人所得从未逃避新西兰税收,并且受托人所得不包括以下两类:(1)由非居民取得的外国所得;(2)虽然来源新西兰但是被视为属于非居民的 DIR 所得。[899] 一个只有居民委托人和居民受托人的信托通常来说是"遵从"信托。如果信托从未拥有居民委托人,那么它是"外国"信托,[900] 如果一个信托既不是"外国信托"也不是

---

[896] 这一规则存在一些例外。特别见 ITA NZ s HC 16(6)(b),(8)(关于非酌情信托)。

[897] See ITA NZ s HC 16(2).

[898] See IS 18/01 [8.121],[10.21] Examples 27,28;IRD, *Explanation*,注释196,[13.9]。

[899] See ITA NZ s HC 10(1)(a)[本条(a)(ii)目规定了"遵从信托"的构成要件]。HC 10(1)(ab)规定委托人、受托人或受益人根据 s HC 33 作出选择并且已经纳税的情况下也可以成为"遵从信托"。HC 10(2)以及 HC 30 允许外国信托在非居民委托人移民至新西兰后成为"遵从"信托,前提是在选择日后受托人所得应当纳税。

[900] ITA NZ s HC 11,仅考虑现行信托规则生效后的时间(1987年12月7日)。

"遵从"信托,那么它就是"不遵从"信托。[901] 如果委托人从税收居民变成非居民,或者从税收非居民变成居民,并且信托没有通过一个"合格的人"选择就受托人全球所得承担个人纳税义务的方式保留或者获得遵从地位,[902]那么这个信托属于"不遵从"信托。委托人曾经的非居民身份可能意味着信托离岸累积了新西兰免税的受托人所得。

信托损失不能转移给受益人,但是可以在信托中留存,用以结转抵减信托未来所得。[903]

A.1.4.2 资本利得

虽然新西兰通常不对资本利得征税,但一小部分的利得还是会被重新定性为税法所得。[904] IRD认为受益人所得可能包括这类利得,但前提是要满足授予或支付的条件——这取决于信托条款和具体情况。[905] 受益人的权利或者获得的支付在信托法上被确认为所

---

[901] ITA NZ s HC 12.

[902] ITA NZ s HC 10(1)(ab); s HC 33.

[903] 这一规则可能非刻意地确定了存在一种不太可能的情形,即在同一年内信托同时存在受益人所得及净税收损失。取得受益人所得的人"无法扣除受托人在取得所得时产生的费用或损失",并且为了确定受托人的扣除项目,受益人所得被视为受托人所得(ITA NZ s DV 9)。所得是毛所得的概念。在某一纳税年度为了计算应税所得时,从评税所得(毛所得)中减去扣除额才能计算"净所得",继而确定应税所得,这就是扣除的作用[ss BD 1(1),(5),BC 2 – BC 5]。与澳大利亚和美国不同,新西兰在确定信托所得归属时,并没有事先计算信托税法净所得。但这在实践中似乎没有造成什么障碍。

[904] 参见ITA NZ ss CB 9 – CB 15,原始取得土地后的10年内进行处置,并且所有权人或其关联方为当时的土地交易商、开发商或建筑商,或者至少20%的价值增值可归属城市规划的变更。另见ss CB 2 – CB 7,如果被处置的财产与营业、营利(profit)活动具有更直接联系,或者本身就是为了处置的意图而获得的,其对应的资本利得应被视为税法上的所得。另见财务安排规则(financial arrangement rules)(EW分部)。如果不满足主要住所排除规则(s CB 16A),当住宅用地在5年内就发生了处置行为时,相应的资本利得也将被视同所得(s CB 6A)。

[905] See IS 12/02 [15], [104] – [124].

得还是资本(利得)并不重要。由于这类情况十分有限,所以在本书关于资本利得的国际税收分析中并未提及。

A.2 经营所得的入境税收

如前所述,本节讨论归属非居民受益人的信托层面经营所得的税收规则。本节涉及每一被调研国家的基本税收管辖权以及是否可以通过外国税收抵免提供单边双重税收减免的问题。本节调查结果为第3.2.2节的比较分析提供依据。

A.2.1 澳大利亚

A.2.1.1 征税权

经营所得并非澳大利亚所得税的单独税目(separate head),而是被放在所得的综合税目(general head)下进行税务处理。澳大利亚通常对非居民就"所有来源于澳大利亚的"所得征税。[906] 信托所得有自己的管辖权规则,澳大利亚对于归属非居民受益人的信托所得通常以净所得税基征税,前提是这一所得"可归属澳大利亚来源"。[907] 这一概念存在一些解释上的困难之处,但是更合适的解释是信托层面的所得在税法上归属非居民受益人且该所得来源于澳大

---

[906] See ITAA 1997 ss 6-5(3)(a), 6-10(5)(a).
[907] See ITAA 1936 ss 6B, 97(1)(a), 98(2A), 98A.

利亚。[908] 这表明澳大利亚在信托和受益人之间采取（所得）性质保留原则的基本立场。

澳大利亚几乎没有制定法项下的来源规则，经营所得的来源通常基于具体案件逐项依据判例法原则予以确定。[909] 在确定所得来

---

[908] 问题的难点产生于制定法的措辞和历史。ITAA 1936 s 6B 对所得"可归属"某个来源的概念进行了阐述。该条主要涉及股息、消极所得以及利息，但同时它在 s 6B(2A)(a)(ii) 中还包括一个更具一般性的规则，该规则适用于所有其他类型的所得并规定"为本法之目的，某人取得的所得应视为拥有某一来源……如果所得是由信托受益人取得，并且该受益人所得可以被直接或间接地归属来自该来源的所得或者归属根据本款的任何其他应用，被视为来自该来源的那部分所得数额"。这一措辞与之前关于股息、消极所得和利息的规定是同样的。这些条款与 s 6B(3) 中规定的现时权利的概念相衔接："若信托受益人享有信托财产的现时权利，就本节而言，这一所得应视为受益人取得的所得。"

难点在于，现时权利是指受益人在信托法所得中的信托法权利，这种现时权利在一般所得和特定 DIR 所得的归属过程中，所起的作用是不同的。根据 Part Ⅲ Div 6 规定的一般信托税收规则，在采用两阶段公式法归属税法上的信托所得时，第一阶段的适用需要确定受益人对信托法所得享有的现时权利（见第 A.1.3.1 节）。在 Div 11A 中，对 DIR 所得享有现时权利是对该所得项目进行归属的前提测试［见 s 128A(3)，第 A.3.1.2 节对此进行了分析］。

S 6B 奇怪的措辞反映了 FCT v. Angus (1961) 105 CLR 489 股息案带来的难题，该案的结果被该节及相关条款推翻了。推翻 FCT v. Angus 判决结果的目的在于确认性质保留原则的普适性，该原则先前在 Charles v. FCT (1954) 90 CLR 598 中得到承认 [See Explanatory Memorandum, Income Tax Amendment Bill (No.4) 1967 (Cth), notes on cl 5]［鉴于 FCT v. Tadcaster (1982) 13 ATR 245 at ATR 249 – 250 这一案件中对 FCT v. Angus 的嗣后解释，s 6B 中的"可归属"（attributable to）公式对于性质保留原则是否必要是存疑的，但该节及其措辞仍然保留了下来］。

在澳大利亚转向外国税收抵免一般制度的背景下（以前的抵免仅限于股息所得），1986 年《税法修正案（外国税收抵免）》(Cth) 第 4 条增设了第 6B(2A) 条。现时权利在 Div 6 和 Div 11A 中的不同功能在该条款的起草过程中貌似被忽略了，或者是因为这一差异完全不重要，结果就是如果按照文义解释 s 6B(2A) 无法适用。正文中的解释方法强调制定法措辞的重要性，以达到可适用于 Div 11A 范围外的所得类型，如经营所得。

[909] See Michael Dirkis, *Is it Australia's? Residency and Source Analysed* (Australian Tax Research Foundation, 2005) p.278 – 285 ［该文中的一些成文法规则现在已经失效。*Tax Laws Amendment (Repeal of Inoperative Provisions) Act* 2006 (Cth) Sch 1 cl 57 废止了 ITAA 1936 Part Ⅲ Div 2 Sub-div C］。

源时,机构所在地或经济活动发生地起到重要作用,但并不是决定性的。如果澳大利亚与取得相关所得的人的居民国缔结了协定,这一情况通常会有所调整,根据澳大利亚税法(不仅在涉及协定适用的情形),澳大利亚有权根据协定征税的所得被视为源于澳大利亚的所得。[910] 澳大利亚的税收管辖权也因此扩张至包含归属非居民在澳大利亚设立的常设机构的全球所得,这一所得根据与取得所得的人的居民国签订的税收协定中的营业利润条款,属于澳大利亚的税收管辖权范围。

这些原则同样可以适用于受益人归属的经营所得。澳大利亚税收协定通常包含一个条款,如果某一由澳大利亚信托常设机构取得的所得在税法上归属另一国的居民受益人,那么这一条款会将澳大利亚信托常设机构归属该受益人,这使得澳大利亚根据协定的营业利润条款对该所得拥有征税权。[911] 前段提及的修正后的来源规则将会产生如下效果:澳大利亚国内法将这一所得认定为源于澳大利亚,并且澳大利亚的税收管辖权可以扩张至包含澳大利亚信托常设机构的受益人归属的全球所得。这种分析并不局限于信托为非居民

---

[910] 这是综合适用 IntTAA s 4 的规定与澳大利亚协定政策的结果,前者将澳大利亚协定与国内法相结合,并赋予协定优先效力,后者将导致适用相关协定条款并对缔约国家产生效力。例如,"如果英国居民取得的所得或利得,根据协定第 6 条至第 8 条、第 10 条至第 16 条、第 18 条任何一条或多条的规定,可以在澳大利亚被征税,那么就澳大利亚税法而言,该所得被认定为来源于澳大利亚"[《2003 年澳大利亚—英国协定》第 21 条(斜体部分由作者添加用以强调)]。不同的协定中存在不同的措辞,但是澳大利亚的基本立场在这些协定中是高度一致的。在 Tech Mahindra Ltd *v.* FCT(2015)一案中,佩里(Perry)法官适用了类似的协定条款将相关所得认定为来源于澳大利亚,没有人对此表示明确反对。详见 Tech Mahindra Ltd *v.* FCT(2015)101 ATR 755;18 ITLR 239, 765 [36][上诉被其他原因驳回:Tech Mahindra Ltd. *v.* FCT (2016)103 ATR 813;20 ITLR 70]。

[911] 参见第 8.3.10.1 节。

时的情形。协定项下常设机构的标准定义为"企业进行全部或部分营业的固定营业场所"。[912] 这并不意味着常设机构是子公司,也不意味着该企业由东道国的非居民拥有。也没有明显的政策原因对居民信托或非居民信托的非居民受益人进行区分。

需要注意国内法项下与协定相关的修改仅限于所得来源的确定:在国内法项下并没有将信托常设机构归属受益人,也没有改变澳大利亚对受益人归属所得进行征税的方式。[913]

就澳大利亚税法的角度而言,虽然信托可能以代表的身份纳税,但是受益人才是相关纳税人。如果在纳税年度末受益人为非居民,那么信托将依据该受益人的(税法)属性与居民身份承担纳税义务,对于信托所缴纳的税款,受益人可以享受相应抵免。[914]

A.2.1.2 外国税收抵免

非居民受益人与居民受益人一样有权享受外国税收抵免。[915] 制定法并不要求抵免申请人的居民身份或者外国已税所得的外国来源。但是,制定法对"一国居民根据该国所得税相关法律,就来源于

---

[912] 参见 OECD 范本第 5 条第 1 款。

[913] 参见第 A.3.1.3 节及 GE Capital Finance Pty Ltd. v. FCT (2007) 159 FCR 473;9 ITLR 1083,法院驳回了税务机关的观点,即对于归属美国受益人的澳大利亚信托常设机构的利息所得,应当根据净所得税基征税,而非征收毛所得税基的预提税(所得来源于澳大利亚没有争议)。

[914] 参见 ITAA 1936 ss 98(2A),98A;详见注释 866 及相关内容。同见 s 97(1)(a),该条规定了对当年成为居民的受益人的直接征税。

[915] 参见 ITAA 1997 Div 770"外国所得税抵消";第 3.3.3 节(注释 227)以及第 A.4.1 节。主要的前提条件是已征收外国所得税;税款由申请澳大利亚抵免的纳税人缴纳,或者相关所得归属申请抵免的人;对于已缴纳的外国税收,澳大利亚将其认定为纳税人的应税所得。受益人税收抵免规定在 s 770-130 中,该规则适用于受益人被认定为就其归属的所得已缴纳外国税收。

该国以外的所得向该国缴纳的税款"[916]排除了税收抵免的适用。也就是说,澳大利亚信托常设机构的受益人归属所得承担的外国来源税收,包括通过上文所述途径获得的被视为澳大利亚来源的原始外国所得,非居民受益人有权享受外国税收抵免。

最后一个问题是,缴纳外国税收的人——委托人、受益人或信托——的角色是否会影响非居民受益人获得抵免的权利。这可能会以与居民受益人相同的方式回答(第 A.4.1 节以及第 3.3.1 节):信托以及(大多数情况下)委托人缴纳的外国税可以得到抵免。[917]

A.2.2 美国

A.2.2.1 征税权

对非美国人征收的美国税收分为以下两类:第一类是"与美国境内开展的贸易或商业活动(以下简称商贸活动)"存在"积极联系"(effective connected)的所得,这类所得以净所得税基评税;[918]第二类是不存在上述联系的消极投资所得,这类所得在存在美国来源的情况下以毛所得税基征税。[919] 为简便起见,前者通常被称为存在"积极联系的"所得。

---

[916] See ITAA 1997 s 770 – 10(3).

[917] 鉴于第3.3.1节规定的理由,虽然受益人以居民身份为基础的外国税收在超过该国征收的来源税外的部分无法申请抵免,但是受益人可以就信托或委托人缴纳的以居民身份为基础的外国税申请抵免。

[918] See IRC s 871(b)(非居民外国人,以累进税率被征税), s 882(a)(外国公司)。

[919] See IRC ss 871(a), 881(a).

美国境内商贸活动在概念上基本没有定义;[920] 虽然它与协定中常设机构的概念并不相同,但大多数商业存在如果满足了其中之一的话通常会满足另一个概念。广义来说,"积极联系"的概念包含了所有来源于美国的积极经营所得,[921] 如果与美国的办事处或固定营业地建立了充分联系,那么来源于境外的这类积极经营所得也被认定为存在"积极联系"。[922]

信托或者合伙从事的美国商贸活动,将根据具体情况归属非美国人受益人或合伙人。[923] 据此,就归属非美国受益人的"积极联系的"信托所得将按照净所得税基征税,无论信托本身是不是居民。部分(但不是全部)美国税法项下的信托可以直接从事积极经营,[924] 但是这样的信托可能更乐意成为合伙企业中的合伙人。如果一个从事美国商业活动的合伙企业拥有信托合伙人并且美国经营所得通过信托在税法上归属非美国受益人,那么美国商业活动也会通过信托被归属该受益人,对于相应的归属受益人并且存在积极联系的所得,受

---

[920] See Joseph Isenbergh, *International Taxation* (Thomson/Foundation Press, 3rd edn., 2010) ch. 6; Joel D. Kuntz & Robert J. Peroni, *US International Taxation* (RIA/Westlaw, electronic looseleaf) (at 27 December 2017) §C1.04[4] and case law cited. 参考 IRC s 864(b)给出的部分定义。

[921] See IRC s 864(c)(3). 这是一种不完全的吸引力规则(force-of attraction rule),该规则适用于非居民在美国有贸易活动并且恰巧取得了与贸易活动不存在关联但是来源于美国的积极经营所得。

[922] See IRC s 864(c)(4)(B).

[923] See IRC s 875.

[924] 参见注释43、45。

益人将按照净所得税基纳税。[925]

非美国人的积极经营所得在没有美国贸易或商业的情况下是不被征税的,即使(从美国的规则中)认为这一所得拥有美国来源。相应的,如果这样的所得归属非美国人受益人,将同样被排除在美国的税收管辖权之外,除非其与信托层面实际的或者已归属该受益人的美国商业存在积极联系。[926]

A.2.2.2 外国税收抵免

对于"积极联系"所得负担的外国税收,尤其是当所得来源于该国时,非美国受益人通常可以享受外国税收抵免。非美国个人可以就"积极联系"所得负担的税款申请抵免,[927]但是如果某国对来源于美国且对"积极联系"所得征收的所得税是基于居民身份或类似标准的话,那么将不满足税收抵免的条件。[928] 如果外国税收是向来源于美国的所得征收的,那么获取抵免的实际情况将会进一步受到一般税收抵免限制公式的限制。[929] 非美国受益人与直接取得积极联系

---

[925] See Goldberg & Shajnfeld, 注释 687, commenting on Rev. Rul 85-60; IRS, General Counsel Memorandum 39361 (20 Jan. 1982), (1985) 27 Tax Notes 1034。该判例是在涉及协定的案例中产生的,它拒绝给予非美国受益人根据第7条享受的免税待遇。受益人寻求保护的税收由 IRC s 875 决定。问题的关键是,合伙企业在美国的常设机构是否应当通过信托归属受益人。与 s 875 规定的美国商业活动的归属相一致,是导致 IRS 作出肯定回答的原因之一。关于协定,见 Brabazon, *Treaties and Transparent Entities*, 注释 474, § 4.3.4.; 参见第 8.3.10.2 节。

[926] 至少在受益人未拥有单独的美国商业时,就现在看来这样的可能性微乎其微。

[927] See IRC ss 901(b)(4), 906.

[928] See IRC s 906(b)(1) [居民身份(residence), 公民身份(citizenship), 法人成立或设立地(corporate creation or organization), 法人税收居所(corporate fiscal domicile)]。

[929] 对于美国人,外国税收抵免的限额为纳税人的美国应税所得适用的平均美国税率乘以外国来源所得(IRC 904)。对于非美国人,上述公式中所指的平均美国税率仅由积极联系所得确定[IRC s 906(b)(2)]。如果所有积极联系所得都来源于美国,那么抵免限额为0。

所得的非美国人享受抵免的方式相同。[930] 可抵免的外国税收可能是向受益人或者信托征收的。制定法考虑在有限的情况下就委托人缴纳的外国税给予抵免，[931] 但是实施这种抵免的财政规章从未颁布。

A.2.3 英国

在英国，贸易信托几乎无人知晓，究其原因可能与最初适用于酌定信托所得的高税率有关；特别是信托税率自1997年实行以来一直远高于公司税率。[932] 这一现象可能表明，在英国通过信托以外的其他经营结构从事贸易活动已经令人满意或者英国人不习惯将信托当作经营实体（尽管信托法在19世纪股份公司的发展中扮演重要角色）。尽管如此，对于拥有非居民占有权益受益人的居民或非居民信托仍有可能在英国从事贸易活动。本节探讨英国税法如何对此类安排进行税务处理。

A.2.3.1 征税权

英国税制采取来源原则而非具体的来源规则，对所得来源进行确认。其所得税中对非居民的税收管辖权根据所得类型的不同而分别规定，这反映了英国分类税制的结构。如果非居民"产生"的贸易所得是在英国土地的交易或开发过程中取得的，或者部分或"完全来源于在英国境内进行的贸易"时，则该非居民需要承担纳税义

---

[930] See IRC s 901(b)(5)（注释1064及相应文本）.

[931] IRC s 901(b)(5)第二句话，提及了名义美国委托人归属（注释1066、1067及相应文本）。

[932] See Loutzenhiser，注释53, §29.2.3.2。

务,[933]其他情况下则无须承担。关于英国土地的贸易活动,以交易标的物所在地作为对此类贸易所得征税的来源标准。其他情况下,英国贸易活动产生的外国所得应税,而在英国产生的外国贸易所得不应税。所得产生地并非英国选定的来源地税收管辖权标准——是否具有管辖权是通过贸易活动发生地进行判定的。[934] 贸易所得通常通过以净所得税基评税,如果是自然人承担纳税义务,适用累进税率。如果所得是通过非居民在英国的分支机构或代理机构产生的,那么该分支机构或代理机构作为该人的"英国代表"承担附随(collaterally)纳税义务,[935]但是存在产生所得的贸易是判定税收管辖权联结的充分且必要条件。[936] 对于非居民通过合格经纪人或投资经理在英国进行贸易取得的所得可以适用一项税收优惠,但前提

---

[933] 参见 ITTOIA s 6(2),也适用于 sub-s(3)中的专业(professions)和职业(vocations)所得。

[934] 参见 Loutzenhiser,注释 53,§72.3:就英国分类税制而言,这一"全有或全无"的方法(对于贸易活动发生地而言)被用来决定所得的来源地;然而,这与所得产生地是两个不同的问题。虽然贸易活动地是所得的来源并且仅存在一个地点,但是其所得可能在超过一个地方产生。贸易活动发生地由判例法确定,这一地点很大程度上由合同签订地决定,尤其是对于制造业以外的合同。

这表明英国和美国税法原理(至少在术语上)存在差异,当美国认为某一经营所得存在美国"来源"时,美国可能并不是经营活动发生地,然而这一"来源"标准也不一定是经营所得的入境征税标准,英国贸易所得"产生"的地点与贸易活动发生地可能不同,但英国将贸易活动本身视为所得的来源,并将该来源作为入境税收的管辖权标准。术语差异在实际运行中也可能不会产生差异(但英国不会根据注释 921 中提及的吸引力原则将本地贸易与不存在联系但是来源于英国的积极经营所得联系在一起)。

[935] See ITA UK Part 14 chapters 2B, 2C. 如果非居民在英国有分支机构或代理机构,Section 835E 就其所得将分支机构及代理机构认定为非居民的英国代表。

[936] 参见 Loutzenhiser,注释 53,§72.3。在英国税法中,英国的全部或部分贸易无须在英国存在分支机构或代理机构。除此之外,英国分支机构或代理机构本身也并不意味着相关贸易的本地存在。See F. L. Smith & Co. v. Greenwood [1921] 3 KB 583; Greenwood v. F. L. Smith & Co. [1922] 1 AC 417.

是不存在相关的英国代表;这样的所得将会被"无视",英国仅对源泉扣缴的那部分所得征税。[937]

公司税采取了一个不同但相似的方法。对于非居民公司,只有当所得是在英国土地的交易或开发过程中取得的,或者"通过英国常设机构……在英国进行贸易活动"取得时,英国才有权对其征收公司税。[938] 在后面这种情况中,包括贸易所得、财产或权利所得、应税利得在内的全球利润;与常设机构有必要联系的所得;可归属常设机构的所得;这几类被统称为"应税利润"(chargeable profits)。[939]

非居民自然人应缴纳所得税。非居民公司应缴纳公司税和/或所得税,这取决于所得的性质和来源。属于公司应税利润的所得应缴纳公司税,因此被排除在所得税之外;其他所得应缴纳所得税,但需遵守相关所得类型应适用的英国来源规则。[940] 因此,当非居民在英国境内从事贸易活动但不存在英国常设机构的情况下,非居民的所得应该缴纳所得税。

这些原则在修改后将适用于非居民占有权益信托受益人归属的英国贸易信托所得,这反映了信托代表受益人缴纳的中间税收(intermediate taxation)。

---

[937] 参见 ITA UK ss 811, 813(1)(e), 814 ("disregarded transaction income"), 816(1)(c)、(d)及相关条款。Cf HMRC, *International Manual* INTM 269180.

[938] See CTA 2009 s 5(2).

[939] See CTA 2009 s 19. 如果不存在 s 5(4)规定的情形,则根据 s 5(3)征税。所得联结的要求明文规定在19(3)(a)和(b)中:贸易所得必须直接或间接通过或来自常设机构,来自财产或权利的所得仅限于由该常设机构使用、持有或服务于该常设机构的部分。归属规则在 ss 20-32 中有详细阐述,包括适用于集团内交易的独立企业原则和独立交易标准。

[940] See ITA UK s 5(b), CTA 2009 s 3(1)(b)(ii).

在第一种情况下，信托按基本税率就相关所得纳税。[941] 受益人如果是自然人的话，根据适用于非居民个人直接取得所得的一般征税规则进行征税，[942] 就如同所得直接由其取得一样；与存在居民受益人的情形一样，信托层面的税收被视为代表其进行的支付。税收规则并不要求有关纳税人进行英国贸易；因此也无须为了判定是否存在纳税义务而将信托的贸易活动归属受益人。有关英国分支机构和英国代表的相关税法条款没有明确提及非居民受益人。这一点，加之条文明确提到了适用于非居民合伙人这一截然不同的事实，[943] 对非居民受益人是否可以根据信托事务被视为拥有英国代表产生了重大疑问；当信托是居民并从事英国贸易或者信托是非居民并且拥有英国分支机构作为信托代表时，就会产生这一问题。这将会影响税款征收机制的运行，但基于已经在上文说明的原因，这将不会影响税收管辖权。

非居民公司受益人就当期归属的信托贸易所得缴纳所得税，而非公司税。虽然就公司税的征收来说，受益人归属的信托利润被认定为由公司直接实现，[944] 但是英国仅就应税利润征收公司税（不包括所得税）。[945] 英国没有任何规定将英国信托的贸易归属非居民受

---

[941] See ITA UK s 11. 鉴于征税对象是英国贸易所得，因此信托的税收居民身份无关紧要。累进税率缺位是个由来已久的问题。另见 IRC *v.* Countess of Longford［1928］AC 252，该案肯定了 IRC *v.* Countess of Longford［1927］1 KB 594，认为受托人无须缴纳额外税款。根据 s 479（累积或酌情所得），受益人归属的贸易所得适用较高信托税率；其他情况下 s 481 规定的税率主要反映完整性方面的考虑。

[942] See ITTOIA s 6(2)（注释 933）.

[943] See ITA UK ss 835E(1), 835F.

[944] See CTA 2009 s 7.

[945] 参见注释 940。

益人、公司或其他人;就公司税来说,信托营业(与公司本身的营业不同)在英国的机构或者实际存在并没有包括在公司受益人的常设机构定义之中。[946] 因此,公司与个人在相同的基础上被征税,对信托层面所缴纳税款享受抵免,但公司适用的是基础税率。[947] 如果信托(代受益人)履行了其英国纳税义务,那么该非居民公司就无须再行缴税。

A.2.3.2 外国税收抵免

英国仅在有限情形中向非居民提供外国税收抵免。在向居民提供外国税收抵免的情形下,如果税收协定中允许抵免或者明确不予抵免,协定条款将排除单边减免规则的适用。[948] 对于单边减免的适用,如果所得税满足"适格外国税收"的条件,则可以享受抵免,"适格外国税收"指的是税款是"根据在该(外国征税国)境内产生的所得,或实现的任何应税利得进行计算确认的"。[949] 如果纳税人是非居民,申请相关的抵免需要满足下列两个条件:首先,纳税人在另一国承担纳税义务并不是因为居民身份或者类似标准;其次,外国已税所得是"非英国居民在英国的分支机构或代理机构"的所得。[950] 对非居民的征税权取决于是否存在英国贸易,而享受抵免的权利取决于是否为英国分支机构或代理机构的所得。如前所述,信托的英国分支机构是否会归属受益人尚存疑问,但是单边税收抵免条款并不要求申请抵免的纳税人与分支机构所有人之间身份的一致性。这意

---

[946] 参见 Corporation Tax Act 2010 (UK) s 1141 及相关条款。
[947] See ITA UK s 11.
[948] See TIOPA s 11.
[949] See TIOPA s 9(1).
[950] See TIOPA s 30(2), (3); cf s 26.

味着非居民信托的英国分支机构可以同时为信托和非居民占有权益受益人提供抵免的途径,前提是英国分支机构的所得在另一国产生并在该国纳税,同时信托或受益人(根据具体情况)并非该国的税收居民。如此的话,非居民受益人可以就非居民信托的英国常设机构的利润所缴纳的非英国税收,享受单边税收减免。

如果相关信托是英国居民并且进行英国贸易,信托可以基于其居民身份申请单边外国税收抵免,[951] 但是非居民受益人仅能就受托人的英国存在及活动满足"非英国居民在英国的分支机构或代理机构"的部分,享受税收抵免。这一条件在信托是居民时无法得到满足。在法律外优惠措施或制定法规则缺位的情况下,信托可以享受抵免,而受益人无法享受抵免。这一结果看似不正常,并且难以找到政策合理性。但是,这并没有引发抱怨或异议(这很可能是实践中英国居民贸易信托较少的原因)。

如前所述,无论外国税收是向受益人、信托还是委托人征收,英国的外国税收抵免都可以适用。

A.2.4 新西兰

A.2.4.1 征税权

新西兰仅就来源于新西兰的所得向非居民征税。[952] 这包括在新西兰进行的任何程度的"营业活动中取得的所得"[953]以及在新西兰履行的任何程度的"合同中取得的所得"。[954] 但是当上述营业活

---

[951] See TIOPA s 26.
[952] See ITA NZ s BD 1(4), (5); s YA 1(对"外国来源金额"进行了定义).
[953] See ITA NZ s YD 4(2).
[954] See ITA NZ s YD 4(3).合同签订地的相关性有限,如纳税人可以声称所得来源于没有履行的合同。

动有在新西兰境外进行的部分或者上述合同有在新西兰境外履行的部分时,需要遵循分摊规则。作为分摊的基础,该规则要求假设存在一个"单独且独立的人"(separate and independent person)在新西兰境内开展"该人"的活动,应根据独立交易原则进行所得的分摊。[955]来源规则也同时予以适用。对于完全在新西兰进行的营业活动产生的所得(包括在境外履行合同取得的所得),可以认为100%来源于新西兰;对于完全在新西兰履行的合同(包括为了从事外国营业而签订的合同),可以认为100%来源于新西兰。积极经营所得适用净所得税基评税。[956]

这些规则也相应适用于归属非居民受益人的信托营业和合同所得。将信托所得分为受益人归属所得(受益人所得)和信托归属所得(受托人所得),[957]这使所得性质保留自动实现。信托层面的所得来源是明文规定保留的;[958]因此也就无须讨论信托营业活动是否由受益人进行或者是否归属受益人;唯一的问题仅在于信托营业是否在新西兰境内进行。与居民受益人一样,信托视为非居民受益人的代理人应税,受益人负主要纳税义务并就信托代表其缴纳的税款享受抵免。[959]

---

[955] See ITA NZ s YD 5. 对于混合型离岸借款,也存在一项利息分摊规则。

[956] See ITA NZ s BC 1(2); s YA 1 [对"申报纳税人"(filing taxpayer)、"非申报纳税人"(non-filing taxpayer)进行了定义]。如果存在来源于新西兰的积极经营所得,则不存在任何"非申报纳税人"。

[957] See ITA NZ s HC 5; cf s HC 17.

[958] See ITA NZ s YD 4(13).

[959] See ITA NZ ss HC 32, HD 4, HD 12(1).

A.2.4.2 外国税收抵免

新西兰外国税收抵免仅适用于居民,[960] 居民受益人可以就受益人归属的信托所得申请税收抵免(第3.3.3节)。归属非居民受益人的信托所得所承担的外国税收,不享受单边税收抵免。这在涉及协定情形下或许会有所不同。这取决于协定是否包含措辞恰当的非歧视条款[961]以及受益人是否可以就信托常设机构的受益人归属所得申请该条款的协定适用。

A.3 DIR 所得的入境税收

本节探讨了对归属受益人的 DIR 信托所得的入境征税问题。每个被调研国家都依次解决了如下问题:(1)在非信托情形下,对 DIR 所得适用的一般入境征税规则;(2)如何对非居民受益人以及受益人归属的 DIR 所得适用入境征税规则;(3)如果信托在本国有应税存在时,对 DIR 所得适用的税务处理,这种应税存在在非信托情形下会影响入境税收的税基;(4)DIR 所得相关规则以及信托相关规则之间的相互影响,是否会导致对归属受益人的实际净所得以毛所得税基征税的结果(后面被表述为对净所得税基适用毛所得税基税率)。本

---

[960] See ITA NZ s LJ 1(2)(a).
[961] 新西兰对 OECD 范本第24条提出了保留,其一般政策立场即反对非歧视条款纳入协定,但是其超过半数的税收协定中(不一定与 OECD 范本一致)均纳入了该条款。见注释218中提及的 Elliffe 的著述第6.4.5节。相关条款是 OECD 范本第24条第3款关于常设机构税收的规则,OECD 范本第24条注释第67段认为(如 Elliffe 所注意到的),这一款的规定要求在给予居民企业抵免时,也应当给予常设机构相应的抵免。

节的调查结果为第3.2.4节的内容和表3.1的总结提供了依据。

A.3.1　澳大利亚

A.3.1.1　一般规则

澳大利亚主要存在两种就DIR所得向非居民征税的制度。第一种制度是就来源于澳大利亚的所得向非居民征税的一般征税制度,这种制度会导致按净所得税基评税。[962] 第二种制度是征收跨境预提税。[963] 在以下两种情况下,澳大利亚可以对非居民DIR所得适用预提税制度:(1)支付方具有澳大利亚税收居民身份;(2)由非居民支付利息、特许权使用费所得,但该支付与支付方在澳大利亚所设的常设机构存在联系。[964] 这种税收管辖权取代了在评税时会使用的所得来源这一概念。[965] 对这一类DIR所得适用的是最终预提税,并且不以净所得为税基征税,[966] 预提税率分别为:30%(股息)、10%(利息)、30%(特许权使用费)。[967] 预提税的征收是基于税收征管法

---

[962]　See ITAA 1997 ss 6-5(3), 6-10(5).

[963]　See Under ITAA 1936 Part Ⅲ Div 11A. 第11A分节的设计和起草异常复杂。此处的描述已经过简化,忽略了与归属非居民受益人的所得的税务处理有很低或根本没有相关性的情况(比如,如何对由澳大利亚税收居民拥有的外国常设机构取得的所得进行税务处理)。

[964]　See ITAA 1936 s 128B(1), (2), (2B).

[965]　See ITAA 1936 s 128B(10).

[966]　参见ITAA 1936 s 128D: 除了由澳大利亚居民拥有的外国常设机构获得的,或者根据128B(3)(ga)、(jb)或(m)段,128F节、128FA节或者128GB节取得的所得,其他应缴纳预提税的所得都不是评税所得,也不是免税所得。"不评税不免税所得"(non-assessable non-exempt income)被分隔在其他所得之外并不被征税;与英国法律中"无视所得"的概念相比,英国的术语可以使人们更清晰地理解这种所得的税务处理。

[967]　See ITAA 1936 s 128B(4), (5), (5A); *Income Tax (Dividends, Interest and Royalties Withholding Tax) Act* 1974 (Cth) s 7. Cf machinery provisions in *Taxation Administration Regulations* 1976(Cth) regs 40, 41, 42.

规定的代扣代缴义务。[968]

存在如下例外：非居民在澳大利亚设有常设机构,由/通过该常设机构在澳大利亚从事经营活动,支付给该非居民且可归属其澳大利亚常设机构的股息所得;[969]以及"由/通过非居民拥有的澳大利亚常设机构从事经营活动取得"的利息所得,[970]不适用预提税制度。这些情况下,澳大利亚依照一般征税权对非居民以净所得税基评税。[971] 相比之下,除非可适用的协定将某一特许权使用费所得排除在一般特许权使用费征税条款的适用范围之外,该所得才不适用预提税制度(第128B条)[972]——通常协定规定的情形为：据以支付特许权使用费的财产或权利由缔约国另一方的居民受益所有且和该居民在澳大利亚所设常设机构存在积极联系。[973]

除了上述常设机构例外,澳大利亚不再对非居民的股息征税,这部分股息由于附带了代表在先公司税的归集抵免而实际上享受免税待遇——原始公司税实际上成为澳大利亚征收的最终税。[974] 因此,即使满足了预提标准的免税股息也不适用预提税制度,同样也不再

---

[968] See TAA Au Sch 1 Sub-div 12 – F.

[969] See ITAA 1936 s 128B(3)(h)(ii).

[970] See ITAA 1936 s 128B(3E); cf s 44(1)(b), (c).

[971] 根据ITAA 1936 s 44(1)(c),澳大利亚可以对归属非居民设在澳大利亚的常设机构的全球股息所得征税;cf s 44(1)(b)。

[972] See IntTAA s 17A(4).

[973] 例如,《2003年澳大利亚—英国协定》第12条第4款;对比OECD范本第12条第3款。

[974] 主要的公司税税率仍为30%,但根据2015年通过的《税法修正案(小型企业措施第1号)》的修订条款,2016年财年对小型营业实体公司适用较低税率(28.5%)。根据2017年通过的《财政法律修正案(企业税收计划)》,未来几年将进行更深层次和更广泛的税率下调。但是没有提议改变30%的股息预提税率。

适用净所得税基评税。[975] 某些特定种类的离岸借贷利息也因为同样原因不适用预提税和净所得税基评税。[976]

即使非居民的 DIR 所得不是由澳大利亚居民或者位于澳大利亚的常设机构支付的,澳大利亚仍有权依据来源地税收管辖权对其征税,这种情形下澳大利亚按照适用于非居民的一般征税规则进行征税。[977]

A.3.1.2　受益人制度

在涉及信托的情形中,DIR 所得的预提税制度适用特殊归属规则而非一般归属规则:就本部分而言,对信托财产的 DIR 所得享有现时权利的受益人,应被视为在获得现时权利之时就已经取得了该 DIR 所得。[978]

根据这一特殊规则,非居民受益人取代了受托人与信托,成为取得相关所得的人。[979] 如果此类所得因被视为由受益人取得而被征收预提税或者由于其他原因被排除在净所得税基评税范围外,澳大

---

[975]　See ITAA 1936 ss 128B(3)(ga), 128D. "免税的"分配股息根据 ITAA 1997 s 976-1 进行定义,见注释 966。

[976]　参见 ITAA 1936 ss 128F(公开发行的公司债券等),128FA(公开发行的单位信托债券等),128GB(离岸银行部门的离岸借款)以及 s 128D。与免税股息一样,如果属于常设机构例外[s 128B(3)(h)(ii)],则排除预提税制度而适用净所得税基评税。

[977]　举例来说,由非居民公司支付给非居民股东的股息,该股息来源于在澳大利亚产生的利润[ITAA 1936 s 44(1)(b);cf ITAA 1997 ss 6-5(3)(b), 6-10(5)(b)]。

[978]　See ITAA 1936 s 128A(3). "就本部分"指向的是 Part III Div 11A. 特别归属规则只影响澳大利亚居民或者(在某些情况下的)澳大利亚常设机构支付,并由非居民或者(在某些情况下)外国常设机构取得的本分部所得。

[979]　ABB Australia Pty Ltd v. FCT(2007) 162 FCR 189, 229 [185](Lindgren J):"在我看来,第 128B(1)及(4)条适用于由受托人取得的股息所得,除非满足第 11A 分部中规定的一项例外。因此,如果非居民受益人现时享有包括在信托财产所得中的股息,则受益人而非受托人被视为取得所得[第 128A(3)条]。"

利亚就该项所得对其他主体也不再适用净所得税基评税。[980] 因此，如果受益人作为直接投资者，其收到的免税股息和利息所得将适用优惠税务处理而不再被征税，那么在涉及信托的情形下该部分免税股息和利息所得将同样被排除在澳大利亚的税收管辖权范围之外，因为根据该规则，这些股息和利息所得将归属非居民受益人。

根据受益人制度将 DIR 所得视为由非居民受益人取得的特殊归属规则取代了一般归属规则（第 A.1.3.1 节），但是对于非 DIR 所得的其他所得或者对于其他受益人，一般归属规则仍然适用。如果要适用特殊归属规则将 DIR 所得归属非居民受益人，那么可以推知该所得以及非居民受益人对该所得享有的权利在一般归属规则第一步项下将被无视（确定信托法所得的权利比例）；同样，相关所得在一般归属规则第二步项下也被无视（税法所得归属）。在根据一般归属规则计算现时权利份额时将适用特殊归属规则的 DIR 所得排除在外，这种做法并没有明文规定，但是为了防止其他信托所得的错误分配或者对 DIR 所得的双重征税，这种做法是有必要的。

尽管"现时权利"这一概念在一般归属规则和特殊归属规则中含义相同，[981] 都是指对信托法所得拥有的既得权利或者根据（受托人）酌定可获得的权利，但是这一概念在两种规则中发挥的功能有所不同。在一般归属规则下，受益人对信托法所得享有的现时权利以及现时权利缺失后的剩余部分，被用以确定每一受益人以及信托

---

[980] 这类所得不是任何人的应税所得，也不是免税所得（ITAA 1936 第 128D 条）。
[981] ITAA 1936 ss 95A 和 101 的法定修改不局限适用于其在第Ⅲ部分第 6 分部中直接相关的内容，而是明确适用于整个法律。

整体对信托所得享有的权利份额;这种份额将在一般归属规则的第二步项下予以适用,即根据份额将税法上的全部信托所得在受益人之间以及在受益人和信托之间进行归属。而在特殊归属规则下,基于非居民受益人对特殊当期 DIR 所得项目的现时权利,可以直接确定该所得项目的税法归属并决定是否征收预提税,不论这种权利是既得权利还是通过分配获得的权利,也不论是否实际进行了分配。通过这种方式,适用于非居民受益人既得的或者被指定有权获得的 DIR 所得的特殊预提归属制度,在很大程度上与适用于免税股息的国内导流规则相似:逐项遵循信托法项下的权利和指定。[982]

当信托层面的所得产生时或者当受益人有获得该所得的现时权利时,将会产生缴纳预提税的义务。如果当信托取得该所得时受益人的权利是作为一种固定权利存在,那么不管信托是哪国的居民或者设立在哪国,信托取得所得的时间也同时是受益人取得所得的时间以及预提税义务产生的时间。如果受益人的权利是在信托取得所得以后才首次产生(比如通过之后行使酌情处理权获得),那么"现时权利"的条件首次被满足的时间就是受益人取得相关所得的时间。如果受益人是非居民,此时就会产生受益人预提税纳税义务。这一义务,根据具体情况,由澳大利亚支付方或澳大利

---

[982] See TR 92/13 *Income tax: distribution by trustees of dividend income under the imputation system*(withdrawn). 该裁定涉及较早版本的股息归集规则以及第 11A 分部的规定。最初的股息分配规则是否如人们所认为的那样具有导流效应值得怀疑,但其在现行 ITAA 1997 Sub div 207 – B 中已得到明确解决(参见注释 864 和相应文本)。

亚受托人承担。[983]

A.3.1.3 应税存在

就股息和利息所得方面，居民或非居民信托在澳大利亚从事的营业，或在澳大利亚设立的常设机构将不会归属非居民受益人，以此将受益人归属的所得排除在预提税的征收范围之外，或者转换成对其按净所得税基评税。

如果股息被支付给同时也是受托人的非居民股东，则税法明确规定不适用前述的股息常设机构条款，[984]除此之外，也没有可以将信托营业视为属于受益人的其他依据。对利息所得按净所得税基评税必须满足非居民受益人本人"通过在澳大利亚从事营业活动取得"的要求，而不是信托在澳大利亚从事营业活动。举例来说，如果非居民受益人本身在澳大利亚没有常设机构也没有在澳大利亚从事经营

---

[983] See TAA Au Sch 1 Sub-div 12 – F. 例如，居民公司向澳大利亚境外地址，或拥有外国地址的股东支付股息时，必须根据第12－210条代扣预提所得税——无论拥有现时权利的受益人此时是否能够确认，当信托设立在海外时，税务机关很容易就支付的股息征税——如果根据第12－215条，当非居民对澳大利亚公司支付的股息享有现时权利时，那么必须从澳大利亚人代该非居民收到的这一股息中代扣预提税——当受益人的现时权利不论通过何种方式产生时，澳大利亚的受托人都应该承担预提义务。这种解释与IT 2680《所得税：澳大利亚信托的非居民受益人承担预提税的纳税义务一致》（这项裁决提及了ITAA 1936 s 221YL——Sub-div 12 – F的法定前身）。对于"信托取得所得"，同时参见FCT v. Tadcaster (1982)13 ATR 245。

如果非居民受托人取得居民受益人享有现时权利的澳大利亚DIR所得，税务局同意，根据Sub-div 12 – F实际征收的任何预提税均可由受益人享受抵免：TR 93/10。如果信托所得是累积的，而且没有受益人享有这种现时权利，则根据ITAA 1936第99条或第99A条而不是Div 11A对信托进行评税——在这种情况下，第12 – F项下的预提税应当由信托享受抵免。

必须承认，根据Sub-div 12 – F、Div 11A以及Div 6对受益人和/或信托进行的正常评税之间在逻辑上的一致性仍然难以实现：Div 6中的来源原则与Div 11A中的来源原则不同，更重要的是这些规则中税法归属的适用存在差异。

[984] See ITAA 1936 s 128B(3E)(c).

活动,但是对信托通过设在澳大利亚的常设机构进行营业活动取得的所得(其中包括从澳大利亚借款人处赚取的利息所得)拥有现时权利,那么此人对这一利息所得负有按照10%税率计算的最终预提税义务,而不是(如预期的那样)通过净所得税基计税。[985] 但是此处的分析并没有涉及适用澳大利亚和受益人居民国之间缔结的协定是否可以减少澳大利亚的应征税款,或者是否可以按照营业利润条款下的净所得或者股息、利息条款中的毛所得征税。

这些规则到底是会起到增加税收的效果还是会对纳税人更加有利,取决于个案的情况,但通常情况下,纳税人可以人为操纵具体安排,现行法律规定明显为纳税人提供了税收筹划的空间。

相比之下,对归属非居民受益人的特许权使用费所得可能不适用预提税处理而转向净所得税基评税。但前提是澳大利亚和受益人居民国之间缔结了协定,通常协定中会包含对特许权使用费来源地国征税权的一般税率限制,但协定另一条款可能优先适用——通常是因为特许权使用费与信托设在澳大利亚的常设机构存在积极联系,从而对特许权使用费不再适用一般税率限制。这是一般征税规则与澳大利亚在其协定中规定信托常设机构的协定实践相结合的效果(第8.3.10.1节)。就来源于澳大利亚的所得向非居民征税的一般征税制度下,如果直接取得的特许权使用费与信托的常设机构有

---

[985] 基于 GE Capital Finance Pty Ltd *v.* FCT(2007) 159 FCR 473; 9 ITLR 1083 得出。该案的争议焦点是,根据 IntTAA s 3(11) 的规定以及澳大利亚与美国之间的税收协定,信托常设机构是否可以归属该案中的美国居民受益人。这个问题最后被给出了有利于纳税人的否定答案。其判决基础在于,第3条第11款明文规定适用于协定之目的,因此适用效果受到了相应限制。与之相比,在同一法律项下通过 s 4 的规定对协定条款项下澳大利亚来源规则进行了修改(注释913和相应文本)。

关,根据协定规则不适用税率限制也不再缴纳预提税。[986] 因此,澳大利亚和美国[987]、英国[988]、新西兰[989]之间缔结的协定中都明确包含将通过信托常设机构进行的信托营业归属特定人的条款,该特定个人"受益享有"(beneficially entitled)(美国、英国)或者"受益所有"(beneficially owns)(新西兰)相应份额的经营所得。根据对受益权和受益所有权的解释,澳大利亚常设机构取得并归属受益人的特许权使用费采用通常的净所得税基评税。在适用信托常设机构条款的情形下,不管最终税负是高于还是低于简单的预提税,对相关所得都完全按照净所得税基评税。[990]

A.3.1.4 对净所得税基适用毛所得税基税率

税法项下根据信托法(对信托所得)享有的权利确定税收后果的机制,产生了对实际上是净额的净所得适用毛所得税基计征预提税的可能——相比之下,如果受益人直接投资且在澳大利亚没有应税存在,很难实现这一结果。如果适用的预提税率低于本应适用的净所得税基税率,这一问题就显得特别重要。

澳大利亚信托法允许受托人在向受益人支付信托所得之前扣除合理的信托费用,税务局(正确地)承认受益人对 DIR 所得享有的

---

[986] See IntTAA s 17A(4) (注释972)。

[987] 参见《1982年澳大利亚—美国协定》(经2001年议定书修订)第7条第9款。该协定第12条第3款排除了第12条第2款中规定的一般特许权使用费税率限制条款的适用。

[988] 参见《2003年澳大利亚—英国协定》第3条第(b)款。该协定第12条第4款排除了第12条第1款、第2款中规定的一般特许权使用费税率限制条款的适用。

[989] 参见《2009年澳大利亚—新西兰协定》第7条第7款;参照该协定第1条第2款。第12条第4款排除了第12条第1款、第2款中规定的一般特许权使用费税率限制条款的适用。

[990] 参见 ITAA 1936 ss 98(2A),(3),98A。

"现时权利"是扣除费用以后的净额。[991] 如果采取该观点,那么没有任何理由在向受益人征税时拒绝扣除取得相关所得时发生的信托层面的支出(包括利息)。[992] 因此,信托层面上与受益人已归属的 DIR 所得相关的费用,实际上从该所得中被扣除了,就像是受益人的扣除项一样。

如何对一般信托征税规则下的应评税毛所得和支出进行税务处理,仍然存在一个技术问题。假设某信托获得了 200 美元的澳大利亚利息所得,并且支出了 120 美元的相关可扣除费用。剩下的 80 美元由非居民受益人既得所有或者经酌情指定享有,澳大利亚将会对这部分所得征收 10% 的预提税。很明显,80 美元被排除在了"信托财产的净所得"的范围之外,但是对于另外 120 美元的毛所得以及 120 美元的费用应该怎么处理呢?最简单的也可能是正确的观点是它们都被包括在了不属于信托财产净所得的 80 美元中,因为它们是计算 80 美元净利润时必须考虑的因素。也可能有人认为,剩下的 120 美元所得减去 120 美元扣除额中按比例计算($120 - 120/200$)的部分,差值仍应该被视为信托财产的净所得,[993] 并且归属信托(假定信托没有其他的信托法所得)。[994] 最终应该采取哪种看法目前还没

---

[991] See IT 2680 [11], [43].

[992] See GE Capital Finance Pty Ltd. v. FCT(2007) 159 FCR 473; 9 ITLR 1083. 该案说明了这一点;税务局从不同的角度对这个案子进行了抗辩(见注释 985)。IT 2680 在 [43] 中假设了一个案例,其中设想了(由于借款而发生的)利息支出是在租金所得(通过净所得税基计税)项下扣除,而信托管理费用同时在租金所得和利息所得中按比例扣除,这意味着该借款与租赁业务投资有关。类似的推理也同样适用于与 DIR 所得有关的支出。

[993] 参见 ITAA 1936 s 95(1) (第 A.3.1.1 节;注释 848)。

[994] 尽管这个问题可能是基于 GE Capital Finance Pty Ltd. v. FCT(2007) 159 FCR 473; 9 ITLR 1083 一案中的事实产生的,但是没有任何迹象表明税务局已经采用了这种观点。

有确定。两者(尤其是后者)都会产生异常的结果。本书认为第一种观点是正确的,接下来的分析也将基于此观点进行。

除非对特许权使用费所得征税并且存在适当措辞的协定,否则澳大利亚在向当地信托常设机构就相关所得征税时,不会将该常设机构归属非居民受益人,这使得预提税税基是净所得这一问题的严重程度被放大。除了例外情况,来自澳大利亚信托常设机构并归属非居民受益人的 DIR 所得会被以净额乘以预提税税率征税。

前述分析都建立在税收征管方面,由受托人承担相应的扣缴义务,即受托人为本国居民或者在岸经营。[995] 如果受托人是离岸的,上述分析同样有效。但是,如果最初的付款人进行了代扣,那受托人需要再行向税务局申请退回多缴税款。因此,对于非居民投资者来说,更实际的做法是通过当地受托人进行投资。

总而言之,非居民受益人可能基于信托的介入而对实际上是净所得的金额以毛所得税基计征最终预提税。如果预提税税率明显低于不适用预提税时应适用的个人所得税或公司所得税净所得税率,那么非居民受益人将会获得税收利益:在对利息所得适用 10% 的法定预提税率以及在涉及协定的情形下。[996] 本节所考虑的各种规则的适用效果,在制定相关法律的时候,可能并没有得到足够的重视。

在考虑通过信托就当地 DIR 所得向受益人按净所得税基征税的相关政策问题上,需要对两个要素进行区分:(1)将净受益(net benefit)作为税基;(2)适用毛所得预提税率,这种预提税率在某些情

---

[995]　See TAA Au Sch 1 Sub-div 12 – F.
[996]　澳大利亚缔结的协定中通常规定股息预提税税率上限为 15%,利息为 10%,特许权使用费为 5% 或 10%。

形下可能低于净所得税基计税的税率。采用净受益作为税基并不异常;因为从经济学角度看,所得就是一个净额的概念。适用毛所得预提税率涉及不同的考量,如果毛所得预提税率反映了扣除项无法计算的情形,此时征税国缺乏可靠且便捷地评定净所得的能力。如果转向净受益税基,应适用一般净所得评税的税率。同样,如果非居民纳税人没有当地应税存在且仅有限地进行了当地的经营活动,会因此就相关所得适用更低的税率;但如果信托层面存在这样的应税存在时,则应该对受益人归属所得以净所得适用净所得税基税率进行征税。

A.3.2　美国

A.3.2.1　一般规则

DIR 所得属于广义上的消极所得,通常被认为是"固定的或可确定的"(fixed or determinable)。[997] 消极所得的来源包括除了销售所得、资本利得和保险费收入[998]以外的几乎所有类型的所得。[999] 非美国人的固定或可确定所得如果"来源于美国境内",那么对该所得一般按毛所得税基以及30%的统一税率征税。例外情况是当该所得与在美国进行的商贸活动存在积极联系时,[1000] 对该所得以净所得

---

[997]　IRC ss 871(a)(1)(A)和881(a)(1)所列最后一项条文的表述为,"其他固定或可确定的年度或定期收益、利润和所得"。

[998]　毛所得包括"从营业活动中获得的毛所得",其中包含了诸如对货物成本的承认等。See [26 CFR s 1.61 – 3; Boris I. Bittker, Martin J. McMahon & Lawrence A. Zelenak, *Federal Income Taxation of Individuals*(RIA/Westlaw, electronic looseleaf) (at 27 December 2017) (39.06)]. 这些所得是无法对产生"毛所得"的利润部分进行评税的所得(IRC s 61,非居民外国人与外国公司分别适用经 s 872 与 s 882 修改后的规则),在进行相应扣除后,产生净纳税所得额(net-basis taxable income)(s 63)。

[999]　See Isenbergh, 注释 920, 83 – 85。

[1000]　See IRC ss 871(a), 881(a).

税基征税。只存在美国商贸活动是不够的,还需要所得和商贸活动之间有相关的实际联系。[1001] 30%统一税率的税负由非美国人最终承担,但是一般通过跨境预提的方式进行征收。[1002]

还有一些跨境层面的税收优惠,包括对非居民[1003]获得的投资组合利息免税,根据该项税收优惠,"美国人可以定期借入大量资金,但是不需要在支付利息时预提任何美国税"[1004]。广义上来说,外国非银行贷款方从实质上不存在关联关系的借款方处获得的利息,可以免于以固定税率在美国纳税,这种有价值且有吸引力的免税待遇建立在一系列完整性要求和反套利的措施的基础之上。[1005]

A.3.2.2 受益人制度

如果根据一般受益人归属规则,税法项下信托所得通过 DNI 会计程序归属非美国受益人,那么就该所得应该对非美国受益人按照统一税率征税。在 DNI 会计程序的第一阶段中,如果信托法分配不是通过酌情指定的,则优先考虑按照信托法分配进行受益人归属;其他情况则进入第二阶段程序进行归属,即按照公式进行比例归属。对于来源于美国但是与美国商贸活动不存在积极联系的固定或可确

[1001] See IRC s 864(c)(2). 所得必须"来自用于经营或为经营目的而持有的资产",或者经营活动必须是实现所得的"实质要素"(material factor)。参见 s 864(c)(3)(注释921)中关于营业所得的不完全吸引力规则。

[1002] See IRC ss 1441, 1442. 主要征税规则和预提规则不完全相同,即使没有预提义务,也可能产生主要纳税义务:Central de Gas de Chihuahua SA v. CIR, 102 TC 515 (1994)(适用了统一税率,但是没有因为相关实体之间的名义设备租赁而产生预提义务);Kuntz & Peroni, 注释 920 (at 27 December 2017) C1.03[1]。

[1003] See IRC ss 871(h), 881(c)。

[1004] See Kuntz and Peroni, 注释 920 (at 27 December 2017) §C1.03[1]; see also §C1.03[2][c]。

[1005] See Isenbergh, 注释 920, 86-92。

定所得,首先适用统一税率。[1006] 实际上对这种所得的征税是根据预提税条款完成的。这些条款中明确规定了受托人作为扣缴义务人(进行税款的扣缴)。[1007] 受托人的代扣代缴义务不仅限于在分配实际支付时;只要满足了受益人归属的条件,即使没有发生实际支付,受托人也要承担代扣代缴义务。[1008] 由此可见,至少存在两个代扣代缴的情形:一是在向信托支付固定或可确定所得时,二是信托根据DNI会计程序向受益人分配或作贷记处理时。在涉及境内信托、美国信托、境外信托或离岸信托的情况下,预提税的义务必然有所不同。但假设信息全面充分,受益人归属所得的主要纳税义务取决于受益人的税收居民身份。

对特定类型的固定或可确定所得适用的税收优惠,比如投资组合利息免税待遇,可以扩大适用于由信托取得并归属非美国受益人的所得。投资组合利息免税规则中的一个完整性规则明确承认:对

[1006] 这个基本立场几乎是明确的,尽管它在某种程度上是推导而来的。它并非直接来自 IRC ss 871(a)、881(a)的明文规定,这些条文中并没有提及信托,而是来自入境征税规则(包括 s 875 规定的美国贸易归属规则)中对待受益人的一般方式。s 871 的规定中对受益人的少量提及[包括详细阐述信托预提税的条款(注释 1008)]证实了这一结论[See 26 CFR ss 1.871-7(d)(2)(iii), 1.871-10(b)(i), 1.871-14(g)(4)]。

[1007] 参见 IRC s 1441(a),以及参考引用了 s 1441(a)的 s 1442(a)。这项预提义务并不局限于境内信托和遗产的受托人,尽管这是其适用的主要领域。

[1008] 参见 Kuntz and Peroni,注释 920(at 27 December 2017)C2.02[2][d]以及 IRC s 1441 的规定,特别是 26 CFR s 1.1441-5 关于合伙、信托或者遗产进行的支付或分配问题。为了适用这些规定,必须有关于某一所得的最终收款人或受益人具有境外属性或者其他性质的一系列推定和证据。纳税人或者预提代理人必须能够知晓或者获得这些推定和证据。

于支付给全额分配信托的利息而言,[1009] 10%持股测试(如果一个股东拥有作为借款人的公司或者合伙企业10%以上的有表决权的股份,那么对于该股东收到的利息所得不适用投资组合免税待遇)[1010]同样适用于被归属所得的受益人。对美国银行和类似存款所获得利息的免税待遇也同样可以穿透至非居民受益人享受。[1011]

A.3.2.3 应税存在

将信托在美国的商贸活动归属受益人的成文法规则[1012]将会产生如下效果:在信托层面与美国商贸活动存在积极联系的固定或可确定所得,对于在税法上被归属该所得的受益人而言,该所得同样被视为与美国商贸活动存在积极联系。对该所得不再按照统一税率征收预提税,而是通过净所得税基征税,这在某种程度上就像受益人直接或者通过合伙间接在美国从事信托营业一样。

A.3.2.4 对净所得税基适用毛所得税基税率

第A.3.1.4节中提到,由于信托的介入,可能会使澳大利亚对毛所得征收的跨境预提税变成对毛所得适用净所得税基税率征税。在美国也会产生类似的结果,前提是信托是美国居民,并且所得与信托

[1009] See 26 CFR s 1.871-14(g)(4). 该规则提到支付给"简单信托"的利息,根据26 CFR s 1.651(a)-1的定义,简单信托要求信托分配其纳税年度的所有当期所得,并且……[d]并未规定任何款项可在纳税年度支付、永久拨备或用于第642(c)条所述的慈善事业等用途,且不得进行除当期所得以外的任何分配。简单信托不会进入DNI会计程序的第二阶段。如果所得不能在信托中累积,那么即使是在受益人之间进行酌情指定分配的信托也可能成为简单信托。时点规则见26 CFR s 1.871-14(g)(3)。

[1010] See IRC ss 871(h)(3), 881(c)(3)(B)。

[1011] See IRC ss 871(i), 881(d); Kuntz and Peroni,注释920 (at 27 December 2017) § C1.03[2][h]。

[1012] 参见IRC s 875(2),在前述经营所得中已讨论(注释923及相应文本)。

在美国的商贸活动不存在积极联系。[1013] 下面将用两个简化的场景模型说明这一问题。

场景1——境外信托：境外信托获得了来源于美国并且与在美国的商贸活动不存在积极联系的 DIR 所得 200 美元，并产生了 120 美元的相关费用，这些费用在适用净所得税基征税时可以扣除。信托没有获得其他所得。信托将所得分配给非居民受益人，该受益人因此收到或者贷记 80 美元作为信托法上的权利。80 美元对信托来说是分配扣除额，对于受益人来说是税法所得。对该境外信托的征税应该类比对从未在美国居住的非居民外国人的征税，[1014] 包括适用统一税率征税并且也不能扣除相关费用——分别对受益人的 80 美元以及对信托的 120 美元适用统一税率。

场景2——境内信托：境内信托获得了来源于美国的 DIR 所得 200 美元，并产生了 120 美元的相关费用，这些费用在适用净所得税基征税时可以扣除。信托没有获得其他所得。信托将所得分配给非居民受益人，该受益人因此收到或者贷记 80 美元作为信托法上的权利。假设该信托正好属于美国税法中规定的信托，而不是合伙、分支机构或者公司，那么就有必要确定信托是否在美国从事商贸活动。如果信托在美国从事商贸活动，并且相关所得与本地商贸活动之间存在必要联结，相关所得就会和经营活动存在积极联系，从而在将信托在美国的商贸活动归属受益人的同时对受益人以净所得税基征税。但是如果信托没有在美国从事商贸活动，或者某一所得与美国

[1013] 后一个要求使得 GE Capital Finance Pty Ltd *v.* FCT（2007）159 FCR 473；9 ITLR 1083（注释 985）的结果不会在美国重现。

[1014] See IRC s 641(b).

的商贸活动不存在积极联系,就会产生不同的结果:80 美元同时作为信托的分配扣除额以及受益人归属所得,对受益人按照统一税率就 80 美元征税。而通过一般的费用扣除(120 美元)和分配扣除(80 美元),信托本身的应税所得降至 0。

A.3.3 英国

A.3.3.1 一般规则

英国根据多类税目对非居民的 DIR 所得征税。本节考虑的主要是居民公司的股息或者其他分配[1015]、利息[1016]、特许权使用费和其他来自于知识产权的所得。[1017] 取得或有权取得上述所得的人应承担纳税义务,[1018] 但是如果上述所得的接收者是非居民,那只有当这一所得来源于英国或者虽然所得不来源于英国,但是存在"来源于英国"的同等联结度时,英国才能对该非居民征税。[1019] 英国对上述所得按照毛所得税基征税;[1020] 如果非居民想要就这类所得(如利息)获得任何扣除处理,只能寻找其他的法律依据。[1021]

如果非居民个人拥有与某一所得相关的英国代表(相关的英国分支机构或者代理机构),英国将对该非居民的这一所得适用净所得

[1015] See ITTOIA Part 4 ch.3(不考虑非居民公司根据第四章分配的股息,以及根据第五章由居民公司分配的股票股利)。

[1016] See ITTOIA Part 4 ch.2[不考虑第 2A 章中规定的伪装利息(disguised interest)]。

[1017] See ITTOIA Part 5 ch.2。

[1018] See ITTOIA ss 371(利息),385(股息),581(特许权使用费)。

[1019] See ITTOIA ss 368(2),(3)(位于 Part 4),577(2),(3),577A(位于 Part 5)。

[1020] See ITTOIA ss 370(利息),384(股息),580(知识产权特许权使用费)。

[1021] 例如,ITA UK Part 8 ch.1。根据 ITA UK s 23 的规定在评税过程中进行这种扣除。参见 Loutzenhiser,注释 53,§10.2:"目前只有为了特定目的申请贷款而产生的利息,才是可以扣除的。"

税基征税。[1022] 该规则不仅适用于通过或从分支机构、代理机构获得的贸易所得，还适用于从分支机构、代理机构使用或者持有的财产和权利中获取的所得。[1023] 对于非居民企业而言，DIR所得将计入应税利润，并根据其与英国常设机构之间的类似联系被征收英国公司税。[1024] 除了以上两种情况外，由非居民取得的前述所得项目（以及其他特定类型的消极所得）将"被无视"：无视所得将和非居民的其他所得区分处理；英国对这些所得享有的税收管辖权仅限于源泉扣缴或视为源泉扣缴的部分；同时不再考虑净所得税基评税过程中的所得扣除项。[1025]

英国历来十分依赖源泉扣缴的方式对投资所得进行征税。按基础税率（20%）对所得税进行源泉扣缴适用于许多类型的利息及类似性质所得[1026]（当然也存在一些重要的例外情况[1027]）、特许权使用费及类似性质所得。[1028] 扣缴的金额通常被视为由所得接收者支付的所得税。[1029] 源泉扣缴属于非最终预提税的一类，但是如果相关所得

[1022] See ITA UK s 813(2); Part 14 ch.2B.

[1023] See ITA UK s 385E(2).

[1024] See CTA 2009 s 19(3)(a),(b).

[1025] 参见ITA UK ss 811（非居民个人）、813（无视所得）、815（非居民公司）、816（无视处理的企业所得）；s 825(1)(a)（股息），s 825(1)(b)、(2)(a)（利息），s 826(a)（特许权使用费）；参见s 989及ITTOIA s 830（相关境外所得）。

[1026] See ITA UK Part 15 chapters 3, 4, 5 [ss 874(2), 889(4), 892(2)].

[1027] ITA UK s 874中的ss 875–888E规定了对银行、住宅购建互助协会存款利息（building society interest）、符合条件的私募以及其他利息类型的投资回报的除外情况，还有s 892中规定了对于总额支付（gross-paying）的政府债券利息免税（s 893）。

[1028] See ITA UK Part 15 chapters 6, 7 [ss 900(2), 901(3), 903(5), 906(5), 910(2)]. 第906节只适用于相关知识产权所有人的惯常居所在国外的情况；cf s 910(1)。

[1029] ITA UK s 848,指的是个人所得税法第15部分中提到的扣除和视为扣除的情形。

属于"无视所得",那么它就转化为最终税。股息一般不适用源泉扣缴或预提。如果非居民的所得中包含了居民公司支付的股息,那么这一股息将被视为已经按照一般股息税率(现行税率是 7.5%)缴纳了税款,但被视为已缴纳的税款将不予退还。[1030] 英国对股息的税收抵免政策全面取消以后,该规定仍然有效,[1031] 并可能在股息不属于"无视所得"的情况下影响非居民的税负。

A.3.3.2 受益人制度

英国仅在非居民受益人对(信托获得的)信托所得拥有不可剥夺的既得占有权益时,将信托所得归属受益人。所以当信托取得某一所得时,就可以确定该所得是否可以归属某一受益人。

如果信托所得归属一个非居民受益人,同时该所得不以"无视"所得进行税务处理,并且属于英国对非居民受益人的征税范围,那么信托本身首先就受益人归属所得以基础税率纳税,并对于已源泉扣缴、视为扣缴、视为支付的税款按照通常的方式给予抵免。不管信托是居民还是非居民,情况都是如此。信托纳税后,受益人仍需根据相应的个人累进税率或者基本税率(非居民受益人是公司的情况)缴纳所得税,同时可就前面一层视为缴纳或者实际缴纳的税款申请抵免。第 A.3.3.3 节讨论了这种无视税务处理以外的处理

[1030] See ITTOIA s 399. ITA UK s 8(1)规定了股息适用的一般税率。现行的股息税率结构适用于 2016~2017 年度[FA 2016 s 5(3)]。

[1031] FA 2016 s 5 and Sch 1 废除了股息税收抵免制度。Sch 1 para 11 对 ITTOIA s 399 进行了修订。正如谅解备忘录中总结的一样,Finance (No.2) Bill 2016 (UK), vol.1"Clause 5 and schedule 1"[18],指的就是这一修正案:"从一家英国居民公司获得分配的非英国居民被视为已经根据股息的一般税率就该分配纳税。在取消股息税抵免后,使得修正案有必要进行相应的调整。它还使该立法(ITTOIA)不受税法重写项目无意中对其进行了修订的影响。"

(non-disregarded treatment)能否适用于 DIR 所得的问题。

如果某信托不存在实际或潜在的居民受益人,那么"无视"税务处理将会对非居民受托人、公司、个人的所得税纳税义务产生影响,信托受到"无视"税务处理影响的方式与非居民个人相同。[1032] 该规则的要点是,防止将优惠待遇适用于那些可能以资本分配的形式回到居民受益人手中的所得。如果将此解读为对非居民占有权益受益人的当期所得不适用"无视"待遇,则会出现不合理的情况。有观点认为,对于非居民占有权益受益人的当期所得,不适用"信托不存在实际或潜在的居民受益人"这一附加条件,本书的分析采纳了这种观点,[1033] 即优先适用的是非居民受益人所得税[1034] 相关的征税规则而非受托人所得税的相关征税规则。与英国的基本观点(受托人代表占有权益受益人被征税)一致,[1035] 下一步是在可归属(所得的)受益人适用"无视"税务处理时,不再考虑非居民受托人本应适用的附加条件。结果就是信托或者受益人不需要再缴纳额外的税款。

如果这一推论是正确的,还会产生另一个后果:归属居民信托中的非居民占有权益受益人的所得也会以同样的方式享受"无视"税务

[1032] See ITA UK s 812; cf s 811(1).
[1033] 参见 Chamberlain & Whitehouse,注释50,§10.55:"如果非居民信托没有英国受益人,或者虽然有潜在的英国居民受益人,但是信托将一个非英国居民视为占有权益受益人,那么英国只能对租赁或者贸易所得征收所得税(根据 ITA UK s 811)。"作者没有进一步详述。
[1034] 根据情况需要,适用 ITA UK s 811 或 s 815 对受益人所得税义务的规定。
[1035] 参见注释819及相应文本。

处理。[1036]

A.3.3.3 应税存在

如前所述,对于非居民个人来源于英国的 DIR 所得,适用"无视"税务处理还是适用净所得税基征税,取决于 DIR 所得与非居民个人在英国拥有的分支机构或代理机构之间是否存在联系;对于非居民企业而言,适用"无视"税务处理还是适用公司税处理取决于所得与其设在英国的常设机构之间是否存在联系。

不能仅仅因为公司型占有权益受益人在信托中拥有权益,就将信托在英国的分支机构或者代理机构认定为其在英国的常设机构。如前所述,很难将居民信托在英国进行的主要运营活动认定为信托在英国的分支机构或代理机构,也不能根据一般法将信托本身认定为占有权益受益人在英国的分支机构或者代理机构。即使非居民信托在英国拥有分支机构或者代理机构,如何将这种分支机构或者代理机构归属受益人仍然存在困难,[1037] 如何对非居民个人受益人进行归属;如何在相同情况下对非居民公司受益人进行归属,以及当信托为居民时如何进行归属,三者路径存在差异。但可以认为,不能仅仅因为居民信托或非居民信托在英国的主要业务所得归属非居民受益人,就认为该主要业务是非居民受益人在英国的分支机构或代理机构。

[1036] 当然,信托所得的支付方可能不知道受益人是否享有这种地位。如果非居民和源泉扣缴义务没有关系,或者对这种源泉扣缴义务适用广义解释使得它与受托人关联,付款人即使不知道受益人的信息也不会对源泉扣缴的正确适用产生影响。大多数扣缴义务是针对"付款人或者通过其进行付款的人"[ITA UK s 874(2);similarly, ss 889(4), 892(2), 906(5), 910(2)]可以将其解释为同样对受托人适用。在其他条款中指的是支付方[ss 900(2), 901(3), 903(5)]。

[1037] 参见注释943。

因此，对于归属非居民受益人的 DIR 所得，所得和英国分支机构或者信托的贸易活动之间存在联系并不妨碍"无视"税务处理的适用。即使在该英国分支机构或者贸易活动直接或者通过合伙为一个非居民所有，从而对该所得适用净所得税基征税时，情况也是如此。

前述的分析是基于占有权益受益人是 DIR 所得的所有人，其税务处理也是基于这一事实确定的。英国在这一领域的税收原则在概念上飘忽不定。[1038] 如果认为非居民信托因为存在信托层面的英国分支机构（不考虑受益人相关因素）而应承担纳税义务，那么就会导致不同的处理结果，即使该所得受益人没有英国分支机构。

A.3.3.4　对净所得税基适用毛所得税基税率

在英国没有出现对毛所得适用净所得税基税率的情况。以下几个因素的存在，使得受益人取得的所得即使在信托法项下扣除了信托层面的费用，对非居民受益人归属所得的任何最终预提税也都是按照原始所得的毛额征收的。[1039] 这些因素包括：(1) 英国的分类税制以及英国历来对源泉扣缴制度的重视；(2) 对 DIR 所得按照毛额征税的相关方法（不管是适用累进税率还是固定税率）；(3) 在对所得评税时，允许在单独的时间点进行扣除和抵免；(4) 所得归属测试

[1038]　参见注释 819。

[1039]　英国税法项下对信托的管理费用做单独处理，广义上来讲，信托管理费用在对受益人评税时可以扣除，而受托人层面不能申请扣除，其结果是在境内情形中对与这部分费用对应的所得只按照基本税率征税（参见注释 164）。See Chamberlain & Whitehouse, 注释 50，§ 8.49 – § 8.58; Loutzenhiser, 注释 53，§ 29.2.1.3，§ 29.3.2.2。正文中讨论的是信托层面为了赚取所得发生的费用和支出，而非管理信托本身发生的成本。如果受益人归属所得被"无视"处理，则不能扣除信托管理费用。

只需要判断当信托取得某所得时,受益人是否已经是该所得的受益所有人。

A.3.4 新西兰

A.3.4.1 一般规则

新西兰就来源于新西兰的 DIR 所得向非居民征税时,采用了净所得税基征税、最终毛所得预提税和最低毛所得预提税结合的方法。[1040] 如果净所得税基征税会产生更高的税负,那么净所得税基征税将会作为最低预提税的补充。新西兰有两种预提制度:(1)居民预提税,这是非最终税,在境内情形中适用;(2)非居民预提税,[1041] 这一制度适用于非居民取得相关所得的情形。本文接下来会着重讨论非居民预提税。

新西兰一般结合新西兰的归集抵免制度,按照 30%、15% 或者 0 的税率对股息征收最终预提税。[1042] 如果股息附带了反映先前公司税的归集抵免额,那么可以认为股息已经得到充分的归集。对于没有得到充分归集的股息,适用 30% 的预提税。如果非居民在分配股息的公司中享有直接表决权的比例低于 10%,那么可以认为对于支付给非居民且得到了充分归集的股息适用 15% 的税率,并且公司增加了向非居民支付的定向附加股息。附加股息为公司提供了外国投

[1040] 第 A.3.4.1 节和第 A.3.4.2 节的阐述与分析的主要依据为注释 235 提及的 Brabazon 的 *Ariadne* 一书。

[1041] See ITA NZ subpart RF.

[1042] See ITA NZ s RF 2(1)(a),(3)(a),(4).投资协会(investment society)的股息将以类似于利息的方式单独进行考虑。对此本书不作进一步讨论。

资者的税收抵免,实际上支付和抵消了预提税。[1043] 通过公司的协助,企业所得税被转化为股息预提税,非居民也可以在其本国内申请双重征税减免。对于充分归集但是不能获得附加股息并得到外国投资者税收抵免的股息,适用0税率——根据现行的法律,[1044] 这种情况只在非居民拥有10%或以上直接表决权时才可能发生。

如果非居民通过设立在新西兰的固定场所在新西兰进行营业活动,那么其取得的利息适用净所得税基征税;利息所得与经营活动或固定场所之间不要求存在特定联系。[1045] 其他情形下,对于非居民取得的利息所得都适用NRWT。[1046] NRWT是最终税,除非借款人和贷款人之间存在关联关系(在这种情况下NRWT是最低税)。初步预提税率是15%,但是如果借款人和贷款人不存在关联关系,并且借款人选择适用并支付了"特许发行人征收税",那么NRWT的税率就降低至0。"特许发行人征收税"是NRWT的一种可选替代税,适用的税率通常是2%。鉴于预提税的负担一般都转嫁给了新西兰借款人,如果贷款人能够通过其本国的外国税收抵免或多或少利用

[1043] 只有在适用了相关协定后,税率(在没有进行归集抵免的情况下)低于15%,才能适用15%的非居民预提税率和外国投资者税收抵免条款(ITA NZ subpart LP)。关于外国投资者税收抵免的更多内容,see Brabazon,*Ariadne*,注释235,§3.1;Elliffe,注释218,§5.2.2;Andrew M. C. Smith,*International Tax Policy Changes Arising from New Zealand's Latest Tax Treaties: New Perceptions of Being a Capital Exporter*? 69 Bulletin for International Taxation 3(2015);Andrew M C Smith,*Dividend Imputation and International Equity Investment: Unilateral Extension of Imputation to Non-Resident Investors*,11 Australian Tax Forum 248(1994)。

[1044] 对于持有10%以下直接投票权的股东,新西兰现行的协定政策中没有规定低于15%的股息税率:见注释235提及的Brabazon的*Ariadne*一书中的第3.1节。

[1045] See Elliffe,注释218,§5.1.5(2) n 88。

[1046] See ITA NZ s RF 2(1)(d)。

这笔税款(以减轻其在本国的税负),就会存在选择适用15% NRWT的动机,如果无法实现这一目标,那么贷款人会青睐特许发行人税。新西兰不想放弃与国内借贷无异的借贷活动相关的征税权,并且如果NRWT可由贷款人享受抵免并由外国财政实际承担这一享受抵免的税收,那么相比特许发行人税收制度,NRWT拥有更大优势。[1047]

新西兰对与版权或者类似的文化知识产权相关的特许权使用费所得征收最终预提税;对与其他(广义上的)工业知识产权相关的特许权使用费所得,适用最低预提税,税率为15%。

A.3.4.2 受益人制度

将信托的DIR所得当期归属非居民受益人,根据新西兰受益人归属的一般规则进行。可以依据受益人预先存在的不可剥夺既得权利,或者随后进行的及时分配(包括通过指定或没有实际支付的贷记处理从而被视为分配的情形)来进行受益人归属。一般的受益人归属规则通常会遵循信托法中的追及或者分配原则。[1048]

DIR所得可以在该所得在信托层面产生时或在随后指定给受益

[1047] 参见 Brabazon, *Ariadne*, 注释235, §3.2; Elliffe, 注释218, §1.3.3, §5.2.3。另见 Minister of Finance, Michael Cullen, Minister of Revenue, Peter Dunne, *New Zealand's Inter-national Tax Review: A Direction for Change: a Government Discussion Document* (IRD, 2006) [8.23]:"特许发行人税制背后的政策基础是,当贷款人不能或不愿就非居民预提税获得外国税收抵免时,借款人可以选择适用特许发行人税。"特许发行人税相关规则在 ITA NZ s RF 7, TAA NZ s 32M 以及 Stamp and Cheque Duties Act 1971(NZ) Part 6B 中进行了原则性规定。

[1048] 就分配征税而言,如果相关信托是"外国"信托或者"不遵从"信托,则一般归属规则可能作出相应调整,其效果是将(后续)分配视为当期信托所得第一部分:ITA NZ s HC 16(2)(a)(注释895)。如果信托有意按当期(信托所得)为基础进行分配,这一调整适用不太可能起到实质作用。

人时被确认为受益人归属所得。在前一种情况下,预提税纳税义务由支付方(需要获得相关信息)或者居民受托人承担(要求受益人具有居民身份)。在后一种情况下,在居民受托人和非居民受益人之间会产生一个单独的 NRWT 的征税环节。在这些情况下,是否适用 NRWT 是根据受益人是否为非居民而定,是否满足(一般预提税规则要求的)借款人和贷款人关系是通过对借款人和受益人之间的关系进行判定(在此情况下,将受益人与受托人结合起来考虑)。外国投资者抵免和特许发行人税制的判定和适用,仅仅根据受益人的非居民身份确定。[1049]

在每一个相关的征税环节或者预提节点均适用信托所得归属规则,可以使 DIR 所得的一般入境征税规则和可归属受益人的居民身份协调一致。如果 NRWT 作为最低税适用并且需要进行补充评税,则新西兰通常直接对受益人评税,此时受托人是法定代理人。

A.3.4.3 应税存在

如果非居民没有通过设在新西兰的固定场所在新西兰从事营业活动,新西兰对非居民取得的来源于新西兰的利息只征收 NRWT。[1050] 一般认为,固定场所是指"某人从事实质性经营活动的固定经营场所"。[1051] 前文已经提及,征收 NRWT 不需要在利息和营业活动之间存在特定联系:只要非居民在新西兰从事了符合

[1049] See Brabazon, *Ariadne*, 注释 235, §5.1, §6.2. 这些结论是通过法律目的解释来克服立法中的一些空白和解释上的困难情况而得出的,已经在税法重写中纳入了其中一些结论。另请注意,外国投资者税收抵免规定中的 10% 直接表决权测试(不是税收居民测试)现在似乎适用于受托人,而不是受益人。

[1050] See ITA NZ s RF 2(1)(d).

[1051] See ITA NZ s YA 1.

条件的营业活动,对于该非居民所有的新西兰来源的利息所得都适用净所得税基征税。虽然受托人被视为受益人的法定代理人,并就受益人所得和应税分配承担缴纳所得税的义务,[1052] 但也仅限于此。

但是,即使信托通过设立在新西兰的固定场所在新西兰从事营业活动,受益人也不能因为基于以下原因被视为从事了该营业活动:(1)受益人这一身份;(2)该营业活动的所得归属受益人;(3)为了确定是否适用 NRWT 而将信托营业活动归属受益人。

将本节结论结合前述在信托规则下适用 NRWT 的讨论,可以得出以下结论:只有当受益人单独从事符合条件的新西兰经营活动,对归属该非居民受益人且来源于新西兰的利息所得简单地按照净所得税基征税;而在由信托从事该经营活动时,不会排除 NRWT 的适用。[1053]

A.3.4.4　对净所得税基适用毛所得税基税率

澳大利亚税法项下对毛所得适用净额税率这一问题,在新西兰税制中有更清晰的体现。这个问题涉及对信托层面的损失和支出在技术上应如何处理,以及在信托中如何进行隔离处理。在考虑某所得是否应税以及在考虑扣除项目之前,新西兰首先对两个概念进行了区分——归属受益人的"受益人所得"以及归属信托的"受托人所

[1052]　See ITA NZ ss HC 32(3), HD 12(1).

[1053]　其后果可能如下所示:如果非居民受托人从事符合条件的新西兰经营活动,在取得来源于新西兰的所得时,不适用 NRWT,除非该所得此时已经归属非居民受益人。如果该所得随后归属非居民受益人,其在新西兰没有从事符合条件的经营活动,对该所得适用 NRWT 并由受托人承担预提义务。在相反的情况下,非居民受托人没有符合条件的经营活动,而非居民受益人拥有符合条件的新西兰经营活动,如果非居民受托人获得了随后会被归属非居民受益人的所得,对这种所得最初征收 NRWT,但是最终会按照一般方式向受益人评税,并就最初的预提税给予抵免。

得"。[1054] 为了防止将信托的损失传递给受益人,新西兰设置了一项特别规定:获得受益人所得的人"不允许扣除受托人在获得该所得时发生的费用或者损失",并且为了确定受托人的扣除项目,受益人所得应被视为受托人所得。[1055]

在前几章已经提及的简单案例有助于理解上述内容:某信托拥有的 200 美元源于当地的 DIR 所得,为取得该所得产生了 120 美元的费用,该费用可以先进行初步扣除。剩余的 80 美元,通过既得权利分配或者是酌情指定给一个非居民受益人。受益人有权享有的金额就是衡量"受益人所得"的标准。毛所得中剩余的 120 美元是信托应税的"受托人所得",120 美元的费用对于信托而言可以全部扣除。如果受托人是非居民,[1056] 对 120 美元的(受托人)毛所得适用 NRWT,而不扣除 120 美元的费用;其结果与受益人直接投资时的预期税收结果类似。[1057] 但是,在受托人是新西兰居民的情况下,受托人所得不适用 NRWT,在对受托人所得总额进行扣除之后,使得新西兰只对受益人所得征税。此时如果对受益人所得征收最终 NRWT,那么新西兰将对 80 美元(而非 200 美元)适用非居民预提税率计税。也就是说,如果所得需要缴纳最终预提税,那么非居民受益人相较于非居民直接投资者会获得更优惠的税收待遇。当所得是股息、版权

[1054] See Flowchart B2 in ITA NZ subpart BC. 在 s HC 5 中规定的"信托中受托人取得的所得"是指 s BD 1(1) 中的"所得"。"应评税所得"是"所得"的一个子集[s BD 1(5)]。扣除在之后阶段进行。"净所得"的计算是通过有关年度的评税所得减去扣除项目得到的(BC 4)。

[1055] See ITA NZ s DV 9. 如果在扣除受益人所得后信托出现净亏损,这些净亏损可在信托内结转:ITA NZ s IA 2; Ammundsen, 注释 49, ch. 11。

[1056] 非居民预提税对受托人所得的最终影响取决于受托人(个人/公司)自身是否为非居民。参见 Brabazon, *Ariadne*, 注释 235, §5.1.4 和其他部分。

[1057] 此处不考虑受益人和信托是不同国家居民时可能产生的协定问题。

附　录

使用费所得时,很可能发生上述情况。

A.4　外国税收抵免:纳税人的同一性

一般情况下,澳大利亚和美国通过外国税收抵免对双重征税提供单边税收减时会对纳税人同一性提出要求,本节会重点讨论不需要满足该要求的例外情况。本节的研究成果是第3.3.3节相关讨论的基础。

A.4.1　澳大利亚

澳大利亚对纳税人同一性的扩大认定由两个规则共同组成,两者都不是针对信托制定的,适用范围也不仅限于信托。为适用这一扩大认定,首先需要依据澳大利亚税法,确定应该将多少税法所得归属申请抵免的纳税人,也就是所谓的"已税金额"(taxed amount)。[1058]第一个规则适用于——"由另一个实体根据与申请抵免的人达成的安排或者根据外国所得税相关法律"就"已税金额"予以缴纳外国税收的情形。[1059]第二个规则适用于外国税收是基于"已税金额"征收:(1)因为根据另一规则(section 6B of the ITAA 1936)将受益人归属所得追及原始信托所得[1060](原始信托所得的性质穿

[1058]　ITAA 1997 s 770-130(1),指的是"包括普通所得(ordinary income)和法定所得(statutory income)"在内的所得金额。除了归属要求,在澳大利亚对所得征税时,还需要满足 s 770-10(1)中规定的有关当地征税的要求。

[1059]　See ITAA 1997 s 770-130(2)。

[1060]　ITAA 1936 s 6B(在注释908中进行了进一步的讨论). 根据 s 6B 进行的追及并不遵循任何特定规则,如 Div 6 的比例归属规则或 Div 11A 中 s 128A(3)的追及规则,能否进行追及只取决于受益人取得的所得能不能直接或间接归属原始所得项目。信托法分配也许是 s 6B 追及规则的合理依据。

透至受益人归属的所得),"使得已税金额被视为属于另一所得类型或来源";(2)已经就第1项中提到的所得缴纳了外国税收;(3)"已税金额比(税款未支付时的)应计金额少"。[1061]

通常来说,第一个规则适用于直接向信托征收外国税收并由该信托进行支付的情况,第二个规则适用于向信托以外的其他主体征收外国税收或由其他主体支付相应税款的情况,其他主体可能包括向信托支付所得并通过预提方式缴税的人,或者将该信托作为受益人的另一个信托。[1062]

如果属于以下情形之一,实践中进行外国税收抵免就不会遇到困难:(1)外国税收由信托本身缴纳;(2)付款人在向信托支付所得时扣除了已缴预提税额;(3)将信托视为受益人的另一信托(根据澳大利亚法律被认为是税收透明体)缴纳了外国税收并在分配时扣除已缴税款。但是如果外国税收是对委托人征收的呢?在一个简单案例中,澳大利亚将信托所得归属居民受益人,而外国就同一信托所得直接向委托人征税时,不管信托取得的所得是否因为委托人缴纳的

[1061] See ITAA 1997 s 770–130(3).

[1062] See Explanatory Memorandum, Tax Laws Amendment (2007 Measures No.4) Bill 2007(Cth) [1.100], [1.108], [1.110], cited by Thomson Reuters, *Checkpoint*, *Australian Income Tax* 1997 *Commentary*(online) (at 27 December 2017) §770–1400, §770–1420. 就2007年外国税收抵免规则重写前,ITAA 1936 s 6AB(3) and (4) 的适用效果以及更往前追溯,在 Explanatory Memorandum, Taxation Laws Amendment (Foreign Tax Credits) Bill 1986 (Cth) Part II, 标题为"Section 6AB: Foreign Income and Foreign Tax"中的规则而言,这体现了 TR 2007/4 *Income tax*: *entitlement to foreign tax credits under Division* 18 *of Part III of the Income Tax Assessment Act* 1936 *when foreign income is included in the net income of a trust estate*[25]–[27]中一贯的观点(2007年的规则在2007年解释性备忘录出台的几个月前,在 TR 2007/D3 Income tax *Income tax*: *entitlement to foreign tax credits under Division* 18 *of Part III of the Income Tax Assessment Act* 1936 *when foreign income is included in the net income of a trust estate* 中以草案的方式公布)。

税收而减少,都满足上述第一个规则的要求。

如果有必要适用上述第二个规则对纳税人同一性进行扩大认定,那么基于前述规则中的第3项,分析会更加复杂。很难想象归属澳大利亚受益人的已税金额会因为外国税收而减少。第3项从文意进行解释的话,它将永远无法被满足,即使根据传统观点申请抵免时(不包括委托人)也是如此。更合适的观点似乎是,第3项的"减少"是指外国税收的缴纳减少了受益人在信托法项下有权取得的所得。[1063]

[1063] 制定法的立法沿革并无太大助益。其前身条款为 ITAA 1936 s 6AB(4)(C),两者的结构不同,但同样难以对这些规则进行解释。它要求受托人减记获得的"外国所得的数额","因为支付了外国税收",这使得该数额比应有的金额要低。2007年对外国税收抵免规则的重新修订似乎不是 s 770-130(3)(c)规定存在解释困境的唯一原因。更好的解决办法是考虑如何基于目前的措辞进行解释,以达成一个合理且一致的结果。

将"已税金额"认定为实际应缴纳澳大利亚税的所得并非解决之道,因为如果没有其他原因,澳大利亚一般不适用扣除法对受益人的双重征税提供减免。关注外国税收对受益人实际收到的真实经济利益的影响似乎更为合理。也就是说,受益人从法律或者经济事实中(根据这些事实受益人被归属了"已税金额")获得的经济利益可能会受到外国税收的影响,因为受托人就外国税收在受益人的账户作借记处理,并且只就净剩余部分(总的信托法权利减去税款)进行分配。这似乎更有可能是财政规章起草人员的想法。如果是这样的话,由于将经济利益、信托法利益与税法所得和归属的概念混为一谈,起草工作未能很好的完成。如果要正确地表意,对应的文本应该对第3项中"已税金额将比(税款未支付时的)应计的金额少"这一表述作出更正:其中的"已税金额"应该更正为"已税金额对应的经济利益,其中已税金额包括一般所得和法定所得在内"。是否允许作出这种解释还有待确定[see Taylor v. The Owners SP 11564(2014) 253 CLR 531, 47-49; Newcastle City Council v. GIO General Ltd. (1997) 191 CLR 85, 113, 116 per McHugh J]。由于缺乏其他可理解又可行的解释方法,本文将假定上述解释方法是正确的,以便作进一步分析。不得不承认的是,这一结果仍然会导致一些异常情况:如果根据 s 770-130(3)(b)的规定,外国税收是可以抵免的而且不会对受益人的信托法权利造成影响(如在这种情况下——如果外国与美国的委托人税收制度相似,对委托人征税并且委托人不能从信托中获得补偿),就不会存在外国税收对受益人产生实际影响的问题。但是理解为"实际利益"仍然会对第二个规则的适用具有一定意义。

立法的历史和议会的材料表明,澳大利亚没有考虑过基于委托人税收给予外国税收抵免的情况。虽然澳大利亚与美国、英国之间有着密切的经济与人员之间的连结——美国和英国都会对委托人征收大量的一般和出境委托人税收,尽管两国的委托人征税模式有很大不同,特别是在委托人能否就委托人税收从信托受偿的问题上存在较大分歧——但是澳大利亚还是没有明确规定纳税人能否就委托人税收获得外国税收抵免。

A.4.2 美国

美国受益人有权就"某一纳税年度向外国支付或应付的税款……在信托中的对应的权益份额比例"申请外国税收抵免,受益人在税务处理方面就像信托的地位一样。[1064] 有观点认为,如果根据可适用的信托税收规则,所得归属某一受益人,那么就该所得已付或应付的外国税收在确定外国税收抵免时都应该(为受益人申请外国税收抵免之目的)得到承认。[1065] 只要受益人归属通过一般 DNI 会计机制(DNI accounting mechanism)进行,那么无论是通过评税还是通过其他实体征收预提税而由信托负担的税收,都应与受益人承担的同类税收同等对待。

第二条规则考虑对外国信托委托人缴纳的外国税款给予抵免,前提是假设该外国征税国适用美国税收规则,也将对该委托人征税。[1066] 该规则不直接给予纳税人外国税收抵免;它只会"根据(财政部)规定的规则或规章"给予外国税收抵免。由于财政部从来没有发

[1064] 参见 IRC s 901(b)(5)第一句。
[1065] See Zaritsky, Lane & Danforth, 注释 295 (at 27 December 2017) 2.11[3]。
[1066] 参见 IRC s 901(b)(5)第二句。

布过这样的规则或规章,所以与国会的期望相反,第二条规则似乎从未在法律上生效。[1067] 从目前的情况来看,美国只是将纳税人同一性的原则扩大适用于对信托的境外征税。

[1067] 参见 *Conference Report on Small Business Jobs Protection Act of* 1996, HR Report 104-737(1 August 1996) 333:"如果一个外国人(在没有上述规定的情况下,其将被视为信托的所有者)实际上向某一境外国家或地区就信托所得纳税,可以预见财政规章会规定,为了外国税收抵免之目的,就同一笔所得缴纳美国所得税的美国受益人会被视为缴纳了实际上由外国委托人缴纳的境外税收。"这也是对新规则如何适用的明确总结。这可能是为了确保 IRC s 672(f)修正案(其否定了大多数入境委托人归属)发生效力的政治代价(注释101及相关内容);所有修正案都源自1996年的《小企业经营保护法》(*Small Business Job Protection Act of 1996*), Pub. L 104-188, 110 Stat 1909 s 1904。同时见注释25提及的布鲁斯(Bruce)的著述第194~195页。广义而言,国会预期美国受益人能够就委托人居民国征收的委托人税收获得抵免,条件是委托人所在国假设适用美国税法的规则,也同样会将所得归属委托人。国会也可能曾经考虑过存在极小的可能性,即委托人并非该境外征税国与美国的居民,那么此时该国对委托人征收的来源地税收在名义上将由 s 672(f)(3)予以调整。国会的预想目前仍然没有实现。

参考文献

Vicki Ammundsen, *Taxation of Trusts*, CCH, 2nd edn., 2011.

Brian J. Arnold, *The Relationship between Controlled Foreign Corporation Rules and Tax Sparing Provisions in Tax Treaties: A New Zealand Case*, 72 Bulletin for International Taxation 430 (2018).

Mark L. Ascher, *Grantor Trust Rules Should Be Repealed*, 96 Iowa Law Review 885 (2011).

The Income Taxation of Trusts in the United States, 53 Bulletin for International Taxation 146 (1999).

Alan J. Auerbach, *Directions in Tax and Transfer Theory*, in Melbourne Institute ed., Australia's Future Tax System Conference, Melbourne Institute of Applied Economic and Social Research, 2010, p. 63.

Hugh J. Ault, *Corporate Integration and the Division of the International Tax Base*, 47 Tax Law Review 565 (1992).

Issues Relating to the Identification and Characteristics of a Taxpayer,

56 Bulletin for International Fiscal Documentation 263 (2002).

The Role of the OECD Commentaries in the Interpretation of Tax Treaties, 22 Intertax 144 (1994).

Some Reflections on the OECD and the Sources of International Tax Principles, 70 Tax Notes International 1195 (2013).

Hugh J. Ault, Wolfgang Schön & Stephen E. Shay, *Base Erosion and Profit Shifting: A Roadmap for Reform*, 68 Bulletin for International Taxation 275 (2014).

Australia, Status of List of Reservations and Notifications at the Time of Signature, OECD (7 June 2017), www. oecd. org/tax/treaties/beps-mli-position-australia. pdf.

Australia, Board of Taxation, *Review of the Foreign Source Income Anti – Tax – Deferral Regimes: A Report to the Assistant Treasurer and Minister for Competition Policy and Consumer Affairs* (September 2008).

Australia, Royal Commission on Taxation, *Third Report* (1934) (*Ferguson Report*, Vol. 3).

Australia, Treasurer, *Tax Reform: Not a New Tax, A New Tax System—The Howard Government's Plan for a New Tax System* (AGPS, 1998). *Taxation of Foreign Source Income: A Consultative Document* (AGPS, 1988). *Taxation of Foreign Source Income: An Information Paper* (AGPS, 1989).

Australian Taxation Office, *Taxation Statistics* 2014 – 2015, (2017), www. ato. gov. au/ printfriendly. aspx? url = / About – ATO/

Research-and-statistics/In-detail/Taxation-statistics/Taxation-statistics – 2014 – 15/ – Statistics.

John F. Avery Jones, *The Beneficial Ownership Concept Was Never Necessary in the Model*, in Michael Lang et al. eds., Beneficial Ownership: Recent Trends (IBFD, 2013) 333.

Treaty Interpretation, in Richard Vann ed., Global Tax Treaty Commentaries IBFD (IBFD, last updated 2018).

et al., *The Origins of Concepts and Expressions Used in the OECD Model and their Adoption by States*, British Tax Review 695 (2006).

The Treatment of Trusts under the OECD Model Convention – I, British Tax Review 41 (1989); 23 Taxation in Australia 686 (1989).

The Treatment of Trusts under the OECD Model Convention – II, British Tax Review 65 (1989); 23 Taxation in Australia 686 (1989).

Reuven S. Avi – Yonah, *All of a Piece Throughout: The Four Ages of US International Taxation*, 25 Virginia Tax Review 313 (2005).

Commentary on Rosenbloom, International Tax Arbitrage and the International Tax System, 53 Tax Law Review 167 (2000).

International Tax as International Law: An Analysis of the International Tax Regime, in Cambridge Tax Law Series, Cambridge University Press, 2007.

International Taxation of Electronic Commerce, 52 Tax Law Review 507 (1997).

Philip Baker, *Finance Act Notes: Section 26 and Schedule 10:*

Amendments to the Transfer of Assets Abroad Legislation, British Tax Review 407 (2013).

The Multilateral Convention to Implement Tax Treaty Related Measures to Prevent Base Erosion and Profit Shifting, British Tax Review 281.

Jeremy Beckham & Craig Elliffe, *The Inconvenient Problem with New Zealand's Foreign Trust Regime*, 66 (6) Bulletin for International Taxation (Journals IBFD) (2012).

Mark J. Bennett, *Implications of the Panama Papers for the New Zealand Foreign Trusts Regime*, 21 New Zealand Association of Comparative Law Yearbook 27 (2015).

Boris I. Bittker, Martin J. McMahon & Lawrence A. Zelenak, *Federal Income Taxation of Individuals*, WGL – INDV (RIA/Westlaw, electronic looseleaf).

Alan Blaikie, *International Aspects of Capital Gains Tax*, 21 Taxation in Australia 742 (1987).

Peter Blessing, *Final Section 894 (c) (2) Regulations*, 29 Tax Management International Journal 499 (2000).

M. L. Brabazon, *Application of Treaties to Fiscally Transparent Entities*, in Richard Vann ed., Global Tax Treaty Commentaries IBFD (IBFD, last updated 2018).

Ariadne in the South: New Zealand International Taxation of Passive Trust Income, 23 New Zealand Journal of Taxation Law and Policy 279 (2017).

Australian International Taxation of Attributed Trust Gains, 44 Australian Tax Review 141 (2015).

BEPS Action 2: Trusts as Hybrid Entities, British Tax Review 211 (2018).

Tolerating Deferral: Australia's Proposed Foreign Accumulation Fund Rules, 39 Australian Tax Review 205 (2010).

Trust Residence, Grantor Taxation and the Settlor Regime in New Zealand, 22 New Zealand Journal of Taxation Law and Policy 346 (2016).

Yariv Brauner, *What the BEPS?*, 16 Florida Tax Review 55 (2014).

Charles M. Bruce, *United States Taxation of Foreign Trusts* (Kluwer, 2000).

Charles M. Bruce & S. Gray, *US Taxation of Foreign Trusts: Post-1976 Act Changes and Continued Uses*, 17 Tax Management International Journal 192 (1988).

Charles M. Bruce, Lewis D. Solomon & Lewis J. Saret, *Foreign Trusts - Continuing Uses*, 7(6) Journal of Retirement Planning 39 (2004).

Lee Burns & Richard Krever, *Interests in Non-resident Trusts: A Review of the Conflicting Income Tax Regimes*, ATRF Research Studies, Australian Tax Research Foundation, 1997.

Madeleine Cantin Cumyn, *Reflections Regarding the Diversity of Ways in Which the Trust Has Been Received or Adapted in Civil Law*

Countries, in Lionel Smith ed. , Re‐Imagining the Trust: Trusts in Civil Law, Cambridge University Press, 2012. p. 6.

Emma Chamberlain & Chris Whitehouse, *Trust Taxation and Estate Planning* (Sweet & Maxwell, 4th edn. , 2014).

Graeme Cooper, *Reforming the Taxation of Trusts: Piecing Together the Mosaic*, 35 Sydney Law Review 187 (2013).

Laura Cunningham & Noel B. Cunningham, *Tax Reform Paul McDaniel Style: The Repeal of the Grantor Trust Rules*, in Yariv Brauner and Martin James McMahon eds. , The Proper Tax Base: Structural Fairness from an Inter‐national and Comparative Perspective – Essays in Honour of Paul McDaniel (Kluwer, 2012).

D. Angelo Nuncio, *The Trust: From Guardian to Entrepreneur; Why the Changing Role of the Trust Demands a Better Legal Framework for Allocating Stake‐holder Risk*, PhD Thesis, University of Sydney, 2012.

The Unsecured Creditor's Perilous Path to a Trust's Assets: Is a Safer, More Direct US‐Style Route Available?, 84 Australian Law Journal 833 (2010).

Robert T. Danforth, *Proposal for Integrating the Income and Transfer Taxation of Trusts*, 18 Virginia Tax Review 545 (1999).

Robert J. Danon, *Conflicts of Attribution of Income Involving Trusts under the OECD Model Convention: The Possible Impact of the OECD Partnership Report*, 32 Intertax 210 (2004).

Qualification of Taxable Entities and Treaty Protection, 68 Bulletin for International Taxation 192 (2014).

Switzerland's Direct and International Taxation of Private Express Trusts with Particular References to US, Canadian and New Zealand Trust Taxation, Droit fiscal suisse et international (Linde/Schulthess/Westlaw/Bruylant, 2004).

Reinout de Boer & Otto Marres, *BEPS Action 2: Neutralizing the Effects of Hybrid Mismatch Arrangements*, 43 Intertax 14 (2015).

Luc de Broe & Joris Luts, *BEPS Action 6: Tax Treaty Abuse*, 43 Intertax 122 (2015). Michael Dirkis, *Is it Australia's? Residency and Source Analysed*, ATRF Research Studies, Australian Tax Research Foundation, 2005.

Richard L. Doernberg & Kees van Raad, *Hybrid Entities and the US Model Income Tax Treaty*, Tax Notes International 745 (1999).

Alexander Easson & Victor Thuronyi, *Fiscal Transparency*, in Victor Thuronyi ed., Tax Law Design and Drafting, International Monetary Fund, 1998, Vol. 2, p. 925.

Craig Elliffe, *International and Cross-Border Taxation in New Zealand* (Thomson Reuters, 2015).

Monica Erasmus-Koen & Sjoerd Douma, *Legal Status of the OECD Commentaries—In Search of the Holy Grail of International Tax Law*, 61 Bulletin for International Taxation 339 (2007).

Alex Evans, *Dispelling the Urban Myth around s 95A(2)*, 42 Australian Tax Review 173 (2012).

The "Economic Benefits Model" for Trusts – Fool's Gold?, 43

Australian Tax Review 162 (2014).

The Legislative Origins of Present Entitlement in Australia, 40 Australian Tax Review 235 (2011).

G20 Leaders' Communiqué (Antalya, 16 November 2015, www. g20. utoronto. ca/ 2015/151116 - communique. html).

G20 Leaders' Declaration (Los Cabos, 19 June 2012, www. g20. utoronto. ca/2012/ 2012 - 0619 - loscabos. html).

(St Petersburg, 6 September 2013, www. g20. utoronto. ca/2013/ 2013 - 0906 - declaration. html).

Malcolm Gammie, *The Origins of Fiscal Transparency in UK Income Tax*, in John Tiley ed. , Studies in the History of Tax Law Vol. 4 (Hart, 2010) 33. Carlo Garbarino, *An Evolutionary Approach to Comparative Taxation: Methods and Agenda for Research*, 57 American Journal of Comparative Law 677 (2009).

Murray Gleeson, *Justice Hill Memorial Lecture: Statutory Interpretation*, 44 Taxation in Australia 25 (2009).

Sanford H Goldberg & Saul M. Shajnfeld, *Attribution of a Trust's Permanent Establishment to its Beneficiaries*, 34 Canadian Tax Journal 661 (1986).

Robert Gordon, *Increasing Use of Tax - Transparent Entities by Private Groups Due to BEPS*, 19 The Tax Specialist 136 (2016).

George L. Gretton, *Scotland: The Evolution of the Trust in a Semi - Civilian System*, in Richard Helmholz and Reinhard Zimmermann eds. , Itinera fiduciae: Trust and Treuhand in Historical Perspective. *Comparative*

Studies in Continental and Anglo – American Legal History, Duncker & Humblot, 1998, p. 507.

Trusts without Equity, 49 International and Comparative Law Quar-terly 599 (2000).

Hague Conference on Private International Law, *Status Table for the Convention of* 1 *July* 1985 *on the Law Applicable to Trusts and on their Recognition*, www. hcch. net/en/instruments/conventions/status-table/? cid = 59.

Robert M. Haig, *The Concept of Income: Economic and Legal Aspects*, in R. M. Haig and E. R. A. Seligman eds. , The Federal Income Tax: A Series of Lectures Delivered at Columbia University in December, 1920, Columbia University Press, 1921, p. 1.

Henry Hansmann & Reiner Kraakman, *The Essential Role of Organizational Law*, 110 Yale Law Journal 387 (2000).

Marjaana Helminen, *EU Tax Law – Direct Taxation* – 2017, Online Books IBFD, 2017.

Lilo A. Hester, Michael G. Pfeifer & Joseph S. Henderson, *US Withholding and Foreign Trusts*, 43(8) Tax Management Memorandum 139 (2002).

J. D. Heydon & M. J. Leeming, *Jacobs' Law of Trusts in Australia*, LexisNexis Butterworths, 8th edn. , 2016.

Lusina Ho & Lee Rebecca, *Reception of the Trust in Asia: An Historical Perspective*, in Lusina Ho and Rebecca Lee eds. , Trust Law in Asian Civil Law Jurisdictions: A Comparative Analysis, Cambridge

University Press, 2013, p. 10.

Adam Hofri - Winogradow, *Zionist Settlers and the English Private Trust in Mandate Palestine*, 30 Law and History Review 813 (2012).

H. Brian Holland et al., *Proposed Revision of the Federal Income Tax Treatment of Trusts and Estates—American Law Institute Draft*, 53 Columbia Law Review 316 (1953).

Tony Honoré, *Obstacles to the Reception of the Trust: The Examples of South Africa and Scotland*, in A. M. Rabello ed., Aequitas and Equity: Equity in Civil Law and Mixed Jurisdictions, Hebrew University of Jerusalem, 1997, p. 793.

Graham Hunt, *New Zealand's Evolving Approach to Tax Treaties*, 14 New Zealand Journal of Taxation Law and Policy 131 (2008).

Joseph Isenbergh, *International Taxation*, Thomson/Foundation Press, 3rd edn., 2010. Sunita Jogarajan, *Double Taxation and the League of Nations*, in Cambridge Tax Law Series, Cambridge University Press, 2018.

Sherwin Kamin, Stanley S. Surrey & William C. Warren, *The Internal Revenue Code of 1954: Trusts, Estates and Beneficiaries*, 54 Columbia Law Review 1237 (1954).

Charles. I Kingston, *The Coherence of International Taxation*, 81 Columbia Law Review 1151 (1981).

Carol Doran Klein & Diane L. Renfroe, *Section 894: Payments to Flow - Through Entities*, 26 Tax Management International Journal 547 (1997).

Richard Krever, *The Ironic Australian Legacy of Eisner v. Macomber*, 7 Australian Tax Forum 191 (1990).

Joel D. Kuntz & Robert J. Peroni, *US International Taxation*, WGL – INTTAX (RIA/Westlaw, electronic looseleaf).

John H. Langbein, *The Contractarian Basis of the Law of Trusts*, 105 Yale Law Journal 625 (1995).

J. P. le Gall, *International Tax Problems of Partnerships: General Report*, 80a Cahiers de droit fiscal international 655 (1995).

Michael Littlewood, *Using New Zealand as a Tax Haven: How Is It Done? Could It Be Stopped? Should It Be Stopped?*, SSRN (11 April 2016), http://ssrn.com/abstract=2761993.

Using New Zealand Trusts to Escape Other Countries' Taxes, SSRN (13 July 2017), https://ssrn.com/abstract=3002172.

Glen Loutzenhiser, *Tiley's Revenue Law* (Hart, 8th edn., 2016).

F. W. Maitland, *The Unincorporated Body*, 3 Maitland, Collected Papers, Bristol University, 1911, www.efm.bris.ac.uk/het/maitland/unincor.mai. *The Origin of Uses*, 8 Harvard Law Review 127 (1894).

Carlyn S. McCaffrey, Ellen K. Harrison & Elyse G. Kirschner, *US Taxation of Foreign Trusts, Trusts with Non – US Grantors and Their US Beneficiaries*, 26 ACTEC Notes 159 (2000).

Carlyn S. McCaffrey & Elyse G. Kirschner, *Learning to Live with the New Foreign Nongrantor Trust Rules: The Rise of the International Trust*, 32 Vanderbilt Journal of Transnational Law 613 (1999).

Angelika Meindl – Ringler, *Beneficial Ownership in International*

Tax Law, Series on International Taxation, Wolters Kluwer, 2016.

Andrew Mills, *Trusts Update: What the ATO Thinks and Why You Should Care* (paper presented at the Taxation Institute of Australia, Western Australia State Convention, Bunker Bay, WA, 22 August 2013).

New York State Bar Association, *Report on Foreign Trusts*, 31 Tax Law Review 265 (1976).

New Zealand, Cabinet paper: BEPS – Addressing Hybrid Mismatch Arrangements (13 July 2017, http://taxpolicy.ird.govt.nz/publications/2017 – other-beps/19 – cabinet-paper-hybrids).

New Zealand, Consultative Committee on International Tax Reform, *Inter-national Tax Reform*, *Full Imputation*, *Part 2 – Report of the Consultative Committee*, Ministers of Finance and Revenue, 30 June 1988.

IRD, *Base Erosion and Profit Shifting—A Summary of the Key Policy Decisions*, (2017), http://taxpolicy.ird.govt.nz/sites/default/files/2017 – other-beps-decisions.pdf.

Qualifying Trust Status: Section OB 1 of the Income Tax Act 1994, 16(1) Tax Information Bulletin 85 (2004).

IRD & Policy Advice Division, *Taxation (Annual Rates, GST, Trans – Tasman Imputation and Miscellaneous Provi-sions) Bill— Officials' Report to the Finance and Expenditure Committee on Submissions on the Bill*, (2003), http://taxpolicy.ird.govt.nz/sites/default/files/2003 – or-argtimp.pdf.

New Zealand Law Commission, *Court Jurisdiction, Trading Trusts and Other Issues: Review of the Law of Trusts Fifth Issues Paper*, NZLC IP28 (2011).

Review of the Law of Trusts: A Trusts Act for New Zealand, NZLC R130 (2013).

Review of Trust Law in New Zealand: Introductory Issues Paper, NZLC IP19 (2010).

New Zealand Minister of Finance, Michael Cullen, Minister of Revenue, Peter Dunne, *New Zealand's International Tax Review: A Direction for Change: a Government Discussion Document* (IRD, 2006).

New Zealand Minister of Finance, Bill English, Minister of Revenue, Michael Woodhouse, *Addressing Hybrid Mismatch Arrangements: A Government Discussion Document* (IRD, September 2016).

New Zealand John Shewan, *Government Inquiry into Foreign Trust Disclosure Rules* (New Zealand Treasury, June 2016), www.treasury.govt.nz/publications/reviews-consultation/foreign-trust-disclosure-rules.

Angelo Nikolakakis et al., *Some Reflections on the Proposed Revisions to the OECD Model and Commentaries, and on the Multilateral Instrument, with Respect to Fiscally Transparent Entities*, British Tax Review 295 (2017); 71 Bulletin for International Taxation 475–504, 553–567 (2017).

OECD, *Action Plan on Base Erosion and Profit Shifting* (2013).

Addressing Base Erosion and Profit Shifting(2013).

The Application of the OECD Model Tax Convention to Partnerships, Issues in International Taxation, No. 6 (OECD, 1999).

Commentaries on the Draft Convention(1963).

Commentary on the Model Double Taxation Convention on Income and Capital(1977).

Draft Convention for the Avoidance of Double Taxation with Respect to Taxes on Income and Capital(1963).

The Granting of Treaty Benefits with Respect to the Income of Collective Invest-ment Vehicles(2010).

Harmful Tax Competition: An Emerging Global Issue (OECD, 1998).

Hybrid Mismatch Arrangements: Tax Policy and Compliance Issues(2012).

Model Convention for the Avoidance of Double Taxation with Respect to Taxes on Income and on Capital(1977).

Model Tax Convention on Income and on Capital 2014 (*Full Version*)(2015).

Model Tax Convention on Income and on Capital: Condensed Version 2017 (2017).

Standard for Automatic Exchange of Financial Account Information in Tax Matters, 2nd edn., 2017.

Tax Treaty Issues Related to REITs (2008).

Treaty Residence of Pension Funds: Public Discussion Draft(2016).

et al. , *History of Tax Treaties Database*, www. taxtreatieshistory. org/.

OECD/G20 BEPS Project, *BEPS 2014 Deliverables* (2014), www. oecd. org/ctp/ beps – 2014 – deliverables. htm.

BEPS 2015 Final Reports (2015), www. oecd. org/tax/beps – 2015 – final-reports. htm.

Explanatory Statement to the Multilateral Convention to Implement Tax Treaty Related Measures to Prevent Base Erosion and Profit Shifting(2016).

Explanatory Statement: 2015 *Final Reports*(2015).

Neutralising the Effects of Hybrid Mismatch Arrangements, Action 2: 2015 *Final Report*(2015).

Preventing the Granting of Treaty Benefits in Inappropriate Circumstances, Action 6: 2015 *Final Report*(2015).

Ross W. Parsons, *Income Taxation: An Institution in Decay*, 13 Sydney Law Review 435 (1991).

Alison Pavlovich, *Trustee Tax Residence in New Zealand: Is It Relevant and How Is It Determined?*, 21 New Zealand Journal of Taxation Law and Policy 317 (2015).

John L. Peschel & Edward D. Spurgeon, *Federal Taxation of Trusts, Grantors & Beneficiaries*, WGL – TAXTRUST (Thomson/Westlaw, electronic looseleaf).

Dale Pinto & Stewart Karlinsky, *Darwinian Evolution of the Taxation of Trusts: A Comparative Analysis*, 10 Journal of Australian

Taxation 251 (2007).

John Prebble, *Accumulation Trusts and Double Tax Conventions*, British Tax Review 69 (2001).

Ectopia, Tax Law and International Taxation, British Tax Review 383 (1997).

Income Taxation: A Structure Built on Sand, 24 Sydney Law Review 301 (2002).

New Zealand's 1988 International Tax Regime for Trusts, 6 Australian Tax Forum 65 (1989).

The New Zealand Offshore Trust Regime, International Financial Centre Review 134 (2009).

New Zealand Trust Taxation: The International Dimension 53 Bulletin for International Fiscal Documentation 398 (1999).

Philosophical and Design Problems That Arise from the Ectopic Nature of Income Tax Law and Their Impact on the Taxation of International Trade and Investment, 13 Chinese Yearbook of International Law and Affairs 111 (1995).

Trusts and Double Taxation Agreements, 2 Journal of Tax Research 192 (2004).

Trusts and Tax Treaties, 8 International Tax Planning Association Journal 75 (2008).

Mark L. Robertson, *Discretionary Trusts: An Illusory Problem*, 5 Taxation in Australia, Red Edition 19 (1996).

Erik Röder, *Combining Limited Liability and Transparent Taxation:*

Lessons from the Convergent Evolution of GmbH & Co. KGs, S Corporations, LLCs, and Other Functionally Equivalent Entities, 21 Florida Tax Review 762 (2018).

H. David Rosenbloom, *Cross-Border Arbitrage: The Good, the Bad and the Ugly*, 85 Taxes 115 (2007).

The David R Tillinghast Lecture: International Tax Arbitrage and the International Tax System, 53 Tax Law Review 137 (2000).

H. David Rosenbloom & Stanley I. Langbein, *United States Tax Treaty Policy: An Overview*, 19 Columbia Journal of Transnational Law 359 (1981).

H. David Rosenbloom, Noam Noked & Mohamed S. Helal, *The Unruly World of Tax: A Proposal for an International Tax Cooperation Forum*, 15 Florida Tax Review 57 (2014).

Pascal Saint-Amans & Raffaele Russo, *What the BEPS Are We Talking About?*, OECD (8 April 2013), www.oecd.org/ctp/what-the-beps-are-we-talking-about.htm.

Dhruv Sanghavi, *BEPS Hybrid Entities Proposal: A Slippery Slope, Especially for Developing Countries*, 85 Tax Notes International 357 (2017).

Resolving Structural Issues in Income Tax Treaties (PhD Thesis, Maastricht, 2018).

Jacques Sasseville, *OECD Releases Report on Application of Model Treaty to Partnerships*, Tax Notes International 623 (1997).

Georg Schanz, *Der Einkommensbegriff und die Einkommen-*

steuergesetze, 13 Finanzarchiv 1 (1896).

E. R. A Seligman, *Double Taxation and International Fiscal Cooperation* (Macmillan, 1928).

J. R. Sharp, *Tindal, and All That...*, 18 Taxation in Australia 1038 (1984).

Henry Calvert Simons, *Personal Income Taxation: The Definition of Income as a Problem of Fiscal Policy*, University of Chicago Press, 1938.

Andrew M. C. Smith, *Dividend Imputation and International Equity Investment: Unilateral Extension of Imputation to Non – Resident Investors*, 11 Australian Tax Forum 248 (1994).

International Tax Policy Changes Arising from New Zealand's Latest Tax Treaties: New Perceptions of Being a Capital Exporter?, 69 Bulletin for International Taxation 3 (2015).

Jay A. Soled, *Reforming the Grantor Trust Rules*, 76 Notre Dame Law Review 375 (2001).

Frans Sonneveldt & Harrie L. van Mens eds. , *The Trust: Bridge or Abyss between Common and Civil Law Jurisdictions?* (Kluwer, 1992).

Stewart E. Sterk, *Asset Protection Trusts: Trust Law's Race to the Bottom?*, 85 Cornell Law Review 1035 (2000).

David P. Stopforth, 1922—1936: *Halcyon Days for the Tax Avoider*, British Tax Review 88 (1992).

The Background to the Anti – Avoidance Provisions Concerning

Settlements by Parents on Their Minor Children, British Tax Review 417 (1987).

The First Attack on Settlements Used for Income Tax Avoidance, British Tax Review 86 (1991).

The Legacy of the 1938 *Attack on Settlements*, British Tax Review 276 (1997).

The Pre – Legislative Battle over Parental Settlements on Their Children, British Tax Review 234 (1994).

Settlements and the Avoidance of Tax on Income—The Period to 1920, British Tax Review 225 (1990).

Stanley S. Surrey & William C. Warren, *The Income Tax Project of the American Law Institute*: *Partnerships*, *Corporations*, *Sale of a Corporate Business*, *Trusts and Estates*, *Foreign Income and Foreign Taxpayers*, 66 Harvard Law Review 1161 (1953).

C. John Taylor, *The Movement of Tax Preferences through Trusts and the Causes of Tax Law Complexity*, 36 Australian Tax Review 222 (2007).

Twilight of the Neanderthals, *or Are Bilateral Double Taxation Treaty Net-works Sustainable?*, 34 Melbourne University Law Review 268 (2010).

Thomson Reuters, *Checkpoint*, *Australian Income Tax* 1997 *Commentary* (online).

Victor Thuronyi, *The Concept of Income*, 46 Tax Law Review 45 (1990).

United Kingdom, HMRC, *Capital Gains Manual* (CG), www.gov.uk/hmrc-internal-manuals/capital-gains-manual.

Capital Gains Tax and Corporation Tax on UK Property Gains (6 July 2018), www.gov.uk/government/publications/capital-gains-tax-and-corporation-tax-on-uk-property-gains.

International Manual (INTM), www.gov.uk/hmrc-internal-manuals/international-manual.

Trusts, Settlements and Estates Manual (TSEM), www.hmrc.gov.uk/manuals/tsemmanual/index.htm.

United Kingdom, HMRC, HM Treasury, *Taxing Gains Made by Non-Residents on UK Immovable Property: Consultation Document* (22 November 2017), www.gov.uk/government/consultations/taxing-gains-made-by-non-residents-on-uk-immovable-property.

Overview of Tax Legislation and Rates (29 October 2018), www.gov.uk/government/publications/budget-2018-overview-of-tax-legislation-and-rates-ootlar.

Kees Van Raad, *Recognition of Foreign Enterprises as Taxable Entities: General Report*, 73a Cahiers de droit fiscal international 19 (1988).

Richard J. Vann, *Australia's Policy on Entity Taxation*, 16 Australian Tax Forum 33 (2001).

Beneficial Ownership: What Does History (and Maybe Policy) Tell Us?, in Michael Lang et al. eds., Beneficial Ownership: Recent Trends, IBFD, 2013, p. 267.

Writing Tax Treaty History (24 March 2011), Sydney Law School Research Paper No. 10/19, available at SSRN: https://ssrn.com/abstract = 1788603.

Klaus Vogel, *The Influence of the OECD Commentaries on Treaty Interpretation*, 54 Bulletin for International Fiscal Documentation 612 (2000).

Klaus Vogel & Alexander Rust, *Introduction*, in Ekkehart Reimer and Alexan-der Rust eds., Klaus Vogel on Double Taxation Conventions, Wolters Kluwer, 4th edn., 2015.

Robin Vos, *Finance (No. 2) Act 2017 Notes: Section 29 and Schedule 8: Deemed Domicile: Income Tax and Capital Gains Tax; Section 30: Deemed Domicile: Inheritance Tax; Section 31 and Schedule 9: Settlements and Transfer of Assets Abroad: Value of Benefits*, British Tax Review 572 (2017).

Joanna Wheeler, *The Attribution of Income in the Netherlands and the United Kingdom*, 3(1) World Tax Journal (Journals IBFD)(2011).

The Missing Keystone of Income Tax Treaties, 3 World Tax Journal 247 (2011)(Also: Joanna Wheeler, *The Missing Keystone of Income Tax Treaties*, IBFD Doctoral Series, IBFD, 2012).

Conflicts in the Attribution of Income to a Person: General Report, 92b Cahiers de droit fiscal international 17 (2007).

Howard Zaritsky, Norman Lane & Robert T. Danforth, *Federal Income Taxation of Estates and Trusts*, WGL – TAXET (Thomson/Westlaw, electronic looseleaf).

图书在版编目（CIP）数据

信托所得的跨境征税：原则、筹划与安排／（澳）马克·布拉巴松著；张泽平，赵文祥译. -- 北京：法律出版社，2025. -- ISBN 978-7-5197-9322-7

Ⅰ. D996.3

中国国家版本馆 CIP 数据核字第 2024U0R883 号

信托所得的跨境征税：原则、筹划与安排 XINTUO SUODE DE KUAJING ZHENGSHUI： YUANZE、CHOUHUA YU ANPAI	［澳］马克·布拉巴松 （Mark Brabazon）著 张泽平　赵文祥　译	策划编辑　陈　妮 责任编辑　陈　妮 　　　　　张思婕 装帧设计　李　瞻

出版发行　法律出版社	开本　A5
编辑统筹　法治与经济出版分社	印张　15　　字数　346 千
责任校对　裴　黎	版本　2025 年 3 月第 1 版
责任印制　吕亚莉	印次　2025 年 3 月第 1 次印刷
经　　销　新华书店	印刷　北京中科印刷有限公司

地址：北京市丰台区莲花池西里 7 号（100073）
网址：www.lawpress.com.cn　　　　　　　　销售电话：010-83938349
投稿邮箱：info@lawpress.com.cn　　　　　　客服电话：010-83938350
举报盗版邮箱：jbwq@lawpress.com.cn　　　　咨询电话：010-63939796
版权所有·侵权必究

书号：ISBN 978-7-5197-9322-7　　　　　　　　定价：120.00 元

凡购买本社图书，如有印装错误，我社负责退换。电话：010-83938349